"十三五"职业教育国家规划教材

高等职业教育电子商务专业系列教材

电子商务网站推广

（第2版）

童红斌　主　编

電子工業出版社
Publishing House of Electronics Industry
北京 • BEIJING

内 容 简 介

本书将整个电子商务网站推广的工作过程分成4个环节共计8个项目具体体现出来，用以培养读者具备网站推广所要求的职业素质和职业技能。全书内容包括认识电子商务网站推广、电子商务网站推广方案策划、电子商务网站推广之搜索引擎推广、电子商务网站推广之网络广告推广、电子商务网站推广之 E-mail 推广、电子商务网站推广之微信营销推广、电子商务网站推广之其他推广方式和电子商务网站推广评估管理共 8 个项目。在内容的设计上，本书着重强调了项目的具体实施，以翔实的语言描述了各种电子商务网站推广方法的操作实施过程，以帮助读者全面地掌握电子商务网站的推广应用技巧。

本书既可作为高职高专院校电子商务、计算机应用、信息管理等专业的课程用书，也可以作为网站推广爱好者自学的参考书和其他培训用书。由于网站推广和网络营销有着较强的内在联系，因此本书对网络营销爱好者和从业人员也有一定的参考价值。

图书在版编目（CIP）数据

电子商务网站推广/童红斌主编. —2 版. —北京：电子工业出版社，2019.6
ISBN 978-7-121-35314-7

Ⅰ. ①电… Ⅱ. ①童… Ⅲ. ①电子商务－网络营销－高等职业教育－教材 Ⅳ. ①F713.365.2

中国版本图书馆CIP数据核字（2018）第248321号

策划编辑：徐建军（xujj@phei.com.cn）
责任编辑：徐建军
印 刷：北京捷迅佳彩印刷有限公司
装 订：北京捷迅佳彩印刷有限公司
出版发行：电子工业出版社
北京市海淀区万寿路 173 信箱 邮编 100036
开 本：787×1 092 1/16 印张：17 字数：435.2 千字
版 次：2012 年 6 月第 1 版
2019 年 6 月第 2 版
印 次：2024 年 8 月第 8 次印刷
定 价：48.00 元

凡所购买电子工业出版社图书有缺损问题，请向购买书店调换。若书店售缺，请与本社发行部联系，联系及邮购电话：（010）88254888，88258888。

质量投诉请发邮件至 zlts@phei.com.cn，盗版侵权举报请发邮件至 dbqq@phei.com.cn。

本书咨询联系方式：（010）88254570。

再版前言

Preface

近年来，移动互联网的快速发展和对人们工作生活的不断渗透带来了两种现象，一是社会化媒体类应用加速推陈出新，二是人们对网络社交工具的依赖程度日益加深。我们不难发现，就在最近几年，主流社会化媒体类应用从论坛、博客，到微博，再到微信，快速地完成了地位转换。另一方面，伴随着人们生活水平的提升，网络社交工具的使用率急剧上升，微信已覆盖国内 90%以上的智能手机，并成为人们工作生活不可或缺的日常使用工具。从以上两种趋势，我们不难得出判断：在未来，社会化媒体类应用在网站推广中的作用将进一步提升。

基于上述分析，同时结合近几年部分兄弟院校教师对教材使用提出的一些好的建议，着手本教材的改版。一来将新的、重要的社会化媒体类网站推广工具加进来；二来不断优化教材内容，使其更便于项目化教学需要；第三是借此对本书配套教学资源进行进一步完善，以方便教学所需。

此次改版，具体情况如下：一是增加了微信营销推广和移动营销推广两个项目，以迎合目前社会化媒体营销的地位和移动互联网应用的普及；二是将博客营销推广项目改为博客（软文）营销推广，降低对博客的应用要求，突出对软文营销推广的实践；三是删除登录导航网站项目，将其内容简化并融入搜索引擎推广的内容中；四是将事件营销推广调整至所有推广手段之后，将其作为最后的综合性推广实践项目；五是对部分内容（如数据）进行了更新，以贴合目前互联网发展实际状况。

本书由浙江经贸职业技术学院电子商务专业教学团队策划编写。由童红斌担任主编，商玮教授、盘红华教授等参与了本书的编写和修订指导，邹玉金、韦芸等教学团队成员参与教材的编写和修订。同时在本书的编写和修订过程中，得到上海商学院宋文官教授、北京博导前程信息技术有限公司总裁段建，以及淘宝大学、阿里学院等的帮助和指导。

本书自出版以来，得到了同行的肯定与支持，在出版社的努力下，本书线下、线上销售均表现不错。此次改版也是希望本书能得到进一步优化。然而由于时间和水平有限，书中难免存在不足之处，恳请同行批评指正。

编　者

目录
Contents

项目一

认识电子商务网站推广

本项目的工作任务是通过各种途径了解电子商务网站推广的基础知识，调研企业电子商务网站推广相关岗位的岗位设置、工作职责和从业人员的职业素养，比较并分析国内知名电子商务网站推广模式的特点与差异，形成对电子商务网站推广的初步认知。通过项目实践，熟悉电子商务网站推广中常用的一些推广工具、方法和技巧，了解作为一名企业电子商务网站推广工作人员应具备的基本素质。

能力目标

- 能够分析中小企业电子商务网站推广所采用的方法和技巧；
- 能够比较分析同一类型电子商务网站的网站推广方案的优劣；
- 能够针对不同类型电子商务网站选择最佳的网站推广策略。

知识目标

- 掌握电子商务网站推广的含义；
- 了解电子商务网站推广对企业的重要性和必要性；
- 熟悉电子商务网站推广的常用工具、方法与技巧；
- 熟悉企业电子商务网站推广相关岗位的岗位设置、工作职责；
- 了解企业电子商务网站推广从业人员的职业素养要求；
- 熟悉电子商务网站的类型。

任务一　电子商务网站推广认知

一、任务导入

2019 年 2 月 28 日，中国互联网络信息中心（CNNIC）发布了《第 43 次中国互联网络发展状况统计报告》，报告显示，截至 2018 年 6 月底，中国网站数量为 544 万个。然而在如此数量庞大的网站中，有近八成的网站处于闲置状态，也就是说，只有其中 20%的网站会被网民经常光顾。分析表明，网站被网民“抛荒”的主要原因有三点：一是部分网站的域名难以记忆；

二是部分网站可信度较低；三是部分网站缺乏营销推广，不被网民所熟悉。由此可见，网站要想适应互联网行业的“二八定律”，除遵守行业规则以外，做好网站推广工作是其生存下来的重要途径。

本任务要求以项目小组的形式，通过登录专业的电子商务网站推广平台或者选用合适的搜索引擎（如百度、必应、Google 等）进行电子商务网站推广相关基础知识的探索与学习，记录主要操作步骤。任务具体包括以下问题：

（1）什么是电子商务网站推广？

（2）目前国内电子商务网站推广这一行业的现状如何？

（3）目前国内有哪些专业从事电子商务网站推广的知名企业？

（4）常用的电子商务网站推广方法和技巧有哪些？

在任务实施过程中，突出对电子商务网站推广基础知识的分析与理解，形成对电子商务网站推广这一领域知识的初步认知。

任务一需完成表格 1-1。

表 1-1　电子商务网站推广认知

序　号	问　　题	自我认知	
1	电子商务网站推广的界定		
2	行业发展现状	积极的因素	存在的问题
3	专业电子商务网站推广企业	企业名称	企业简介
4	常用的电子商务网站推广方法和技巧	方法和技巧	应用说明

二、任务实施

完成上述问题的探索与学习有多种途径，在互联网时代，通过搜索引擎进行检索是一种较便捷的方式。首先明确相关检索关键词，然后进行内容的检索与分析、筛选，形成对问题的初步认知。

如通过百度搜索“电子商务网站推广的含义”，可获得大量的检索结果，如图 1-1 所示。

互联网的信息总是错综复杂的，特别是大数据时代，检索结果量大却并不一定有非常匹配的信息，因此需要对检索结果进行筛选，找出相关度较高的检索结果，并通过整理、分析得出自己对于电子商务网站推广含义的初步认知。

图 1-1　百度搜索“电子商务网站推广的含义”的结果

三、任务分析

（一）电子商务网站推广的界定

互联网的诞生给人类带来了兆亿的 GDP，它彻底打破了过去人们观念中的二维空间，改变了人们对时间与空间的认识。如今，人们的生产、生活以及工作无不受其影响，可以说互联网改变了世界。谈到互联网，谁都无法回避网站在互联网中的地位和作用。网站是网络最基本的载体，是实现互联网各种功能的基本工具和手段。电子商务网站是网站的一种类型，是企业经营、管理活动上网，实现企业“e 化”的重要环节；是企业开展营销活动，与外部交流的重要平台。从一个传统企业到一个高度信息化的企业，不可能一蹴而就，首要的是建立一个功能完备、设施齐全的网站。当这个平台建成之后，企业就需要整合各种资源对其进行推广，以发挥其在企业经营中的作用。

电子商务网站推广是指在电子商务网站的建设和发展过程中，为了提高网站的知名度和影响力，突出网站特色，提升网站浏览率和关注度，从而打造网站品牌并以此带动整个电子商务网站全部营销活动有效开展，为完成以上目的进行的全部推广、宣传以及网站延伸建设活动。换言之，就是通过各种信息化技术手段，把你的网站展示到你的目标受众面前，让更多的用户知道你的网站的网址，让他们认识你的网站，并最终登录你的网站，成为你的客户。

理解电子商务网站推广的含义，应把握以下几点。

（1）电子商务网站推广工作贯穿电子商务网站建设的整个过程。电子商务网站推广是一个系统的、复杂的工程，必须在电子商务网站建设的各个环节充分认识并做好阶段工作，才能以较少的投入获取较好的效果。在电子商务网站建设策划阶段，应同时进行网站推广工作的策划。在电子商务网站建设过程中，应在策划的基础上，遵循利于网站推广的方式进行网站建设，如考虑如何使网站符合用户浏览习惯，对搜索引擎友好等，以免在网站建设完成后进行网站结构重新优化等返工。在电子商务网站建成发布之后，即开始网站推广的实质性工作。

（2）电子商务网站推广必须有明确的目标。电子商务网站推广作为企业电子商务战略中一项重要的工作，有着特殊的使命。一般而言，电子商务网站推广至少承担以下目标之一：

- 扩大网站知名度、影响力。这是电子商务网站推广最直接的目标。网站的知名度和影响力上升了，才能给企业带来更多的潜在客户，提升企业在所属行业的影响力。恰当的比喻是，网站的知名度犹如传统企业所处的地理位置。网站知名度高了，就相当于传统企业坐落在一个繁华闹市的黄金地段，有着川流不息的人流，将带来莫大的商机。
- 塑造企业品牌形象、提升企业品牌价值。电子商务网站是企业区别于线下的另一重要渠道，网站的品牌就犹如传统环境下企业的品牌，或者说是企业品牌的一个重要展示窗口。因此如何通过网站宣传、塑造企业品牌形象，是企业网站推广的重要目标。
- 提高网站流量、交易额。无论是提升知名度还是塑造企业品牌形象，最终目的都是为获取利润做好准备。因此电子商务网站推广的另一个关键目标是如何提升网站的客户访问量和客户转化率，最终促进企业商品或服务销售。

（3）电子商务网站推广是企业电子商务战略的重要组成部分。传统企业在生产、经营、销售和客户支持等全环节实施电子商务，建设企业网站是重中之重。而一个企业网站也只有在宣传推广之后，具备一定流量、知名度的基础上，才能发挥其在企业电子商务化过程中的特殊作用。

（4）电子商务网站推广需要借助各种信息化技术手段和媒体。电子商务网站推广不同于传统企业推广，必须充分利用各种现代化信息技术手段和媒体，才能起到良好的宣传推广效果，这些手段、媒体包括互联网、无线网络、搜索引擎、网络广告等。

（二）电子商务网站推广的形式分类

1. 按电子商务网站推广的范围分

（1）对外网站推广。对外网站推广是指针对站外潜在用户的推广，以达到增加网站 PV、IP、会员数或收入等目的，它是网站推广的主要工作。基于企业及企业电子商务网站的定位，对外网站推广又可以分为基于国内市场的网站推广和基于全球市场的网站推广。

基于国内市场的网站推广是指将网站推广到国内各大知名网站和搜索引擎，扩大网站在国内的知名度，获取国内潜在客户。推广渠道主要包括国内主要门户网站和主流搜索引擎等，表现形式主要为商业推广、普通推广、竞价排名、行业推广等。

基于国际市场的网站推广是指全球性的网站推广行为，即面向全球市场知名网站进行网站推广。国际推广的主要渠道是谷歌（Google）。谷歌是全球数据量最大、查询信息最方便、全球市场占有率最高、全球访问人数最多的网站之一。Alexa.com 的数据显示，Google.com 长期处于全球网站综合排名第一。

（2）对内网站推广。对内网站推广是指针对网站内部用户的推广。比如如何增加用户浏览频率，如何激活流失用户，如何增加频道之间的用户互动等。对于网站群而言，对内网站推广是网站之间流量转化的重要途径。

2. 按电子商务网站推广的投入分

（1）付费网站推广。是指需要向服务商缴纳一定费用才能进行的网站推广。表现形式主要为各种付费网络广告、竞价排名、电子杂志广告等，其中各门户网站的广告投放和关键词竞价排名是目前比较常用的付费网站推广方式。开展付费网站推广，必须充分考虑推广的目的和计价方式，做到少投入，高效果。

（2）免费网站推广。是指无须向服务商缴纳费用就能进行的网站推广。表现形式主要为搜索引擎优化（SEO）、资源互换，以及基于微信、微博、论坛等开展的社会化媒体营销等。由于目前国内外电子商务行业网站推广竞争激烈、成本极高，因此，对于大多数企业而言，免费网站推广是一种值得尝试的方式。

3. 按电子商务网站推广的渠道分

（1）线上网站推广。是指基于互联网等新兴网络媒体的网站推广，比如搜索引擎优化、网络广告、移动营销等。线上网站推广相对于传统方式而言性价比高，且通过各种网站推广工具可以更好地了解网站推广的效果和费用的使用情况。

（2）线下网站推广。是指通过非网络渠道进行的网站推广，即基于传统市场营销行为理论基础的网站推广方式。比如现场宣传促销活动、户外广告、传统报纸杂志等。较线上网站推广而言，线下网站推广通常投入比较大，所以一般线下网站推广都是以提升、树立品牌形象或是增加用户黏性为主，而不适合用于提升网站 IP、PV。

随着移动网络的发展，线上、线下网站推广渠道出现了融合的趋势，基于 O2O 模式的线上、线下互动推广可以在短时间内产生更好地推广效果。

4. 按电子商务网站推广的手段分

（1）常规手段网站推广。是指一些良性的、友好的推广方式。比如正常的网络广告、软文传播等。不过随着市场竞争的日益加剧，网络资源爆炸性增长，用户猎奇心理等个性化需求的日益明显，依靠常规手段进行网站推广，难度变得越来越大。

（2）非常规手段网站推广。是指一些恶性的、不友好的方式。比如未经许可 E-mail 营销推广、搜索引擎作弊、恶意网页代码，甚至在软件里植入病毒等。通常这种方法能够获得短期的效果，但从长远看，对品牌形象、用户忠诚度都将带来负面影响，所以在使用时，应把握好尺度，尽量避免用户欺骗和恶性的方法手段。

5. 按电子商务网站推广的目的分

（1）基于品牌的网站推广。以树立企业品牌形象为主要目的的网站推广活动。在现实网站推广活动中，这类推广一般都采用比较常规的推广策略和方式进行，而且考虑付费广告的情况较多。基于品牌的网站推广行为有两个重要任务，一是树立良好的企业和产品形象，提高品牌知名度和美誉度，形成长久的品牌效应；二是提高相关品牌产品的销量，最终提升企业盈利能力。

（2）基于流量的网站推广。以提升网站流量为主要目的的网站推广活动。流量是衡量一个网站最重要的指标，一个网站只有在具备一定流量的基础上才能获得生存能力。一般情况下，流量的增加也是网站推广最重要的目标之一。

（3）基于销售促进的网站推广。以增加企业收入为主要目的的网站推广活动。任何电子商务网站推广行为，最终的目的都是促进企业利润的增加，因此，销售促进是网站推广的主要目的之一。通过网站推广，可以增加网上销售渠道的盈利能力。

（4）基于会员的网站推广。以增加会员注册量、提供更高质量的客户服务为主要目的的网站推广活动。会员是企业的忠实客户群体，针对会员的网站推广行为，一则提高了网站的流量，二则为企业利润的增加提供了保障。基于会员的网站推广方式，一般以有奖注册等激励手段为主进行。

（5）其他目的的网站推广。网站推广的目的是多种多样的，除了上述几种，还有如以某一企业主题活动为目的的推广行为（一般会建一个活动主题网站）、以某一特色产品开发宣传为目的的网站推广（一般会建一个产品独立网站或独立页面）等。

6. 按电子商务网站推广的对象分

（1）网店的推广。网店是目前网上零售市场比较普遍的一种形式，基于淘宝等第三方平台建立的网店给广大网购人群提供了便捷的网上购物渠道，因此，针对网店的推广是网站推广的一种重要形式。

（2）电子商务网站的推广。电子商务网站的推广即一般意义上所提及的网站推广。电子商务网站是企业经营活动的重要组成部分，承担企业产品展示、销售的重要职能，因此电子商务网站的推广对于一个企业而言，意义重大，也是我们所研究的重点。

（3）其他网站的推广。比如公益网站，它不涉及企业商务活动，是社会公益事业的一部分。

（三）电子商务网站推广的特点

基于现代信息技术的电子商务网站推广较传统媒介推广模式而言，蕴含着电子商务的诸多内生特点，因此体现出了跨时空、交互性、便捷性、时效性、经济性等诸多优势，迎合了现代市场的运作规则。

然而电子商务网站推广并不是必须网站建成之后才能实施，应贯穿于整个网站开发过程，并且不同的阶段体现出不同的实施策略和特点。

1. 电子商务网站策划与建设阶段推广的特点

在网站策划和建设阶段，真正意义上可见的网站推广并没有开始，网站没有建成发布，也不存在网站访问量等问题，不过这个阶段的网站推广工作很关键，具有非常重要的意义。从工程学的角度而言，网站推广是网站建设的一个组成部分，在网站建设初期，应充分进行市场调研，了解用户的需求，并对后期网站推广进行详细的策划。特别是对于电子商务网站而言，应从利于网站推广的角度去进行网站的策划与建设。然而由于该阶段网站推广工作主要表现为策划行为，因此操作起来相对复杂，其特点有以下几点。

（1）网站推广很可能被忽视。大多数网站在策划和设计中往往没有将推广的需求考虑进来，特别是网站开发维护和网站运营推广属于不同的部门运作的情况下。这个问题很可能在网站发布之后才被重视，然后回头来重新考虑网站的优化设计等问题，这样不仅浪费人力，也延误了网站推广的时机。

（2）网站推广实施与控制比较复杂。一般来说，无论是自行开发，还是外包给专业服务商，一个网站的设计开发都需要由技术、设计、市场等方面的人员共同完成，不同专业背景的人员对网站的理解会有比较大的差异，因此对网站推广进度、成本投入的估算，特别是对客户需求的理解会产生较大的分歧，将直接影响网站后期的运营推广。

（3）网站推广效果需要在网站发布之后得到验证。在网站策划、建设阶段所采取的优化设计等推广策略，只能凭借网站建设相关人员的经验和前期调研。因此，是否真正能满足后期网站运营推广的需要，有待于网站正式发布一段时间之后的实践验证，并做出进一步的修正和完善。

2. 电子商务网站发布初期推广的特点

电子商务网站发布初期通常指网站完成测试正式对外发布之日起半年左右的时间。在该阶段，电子商务网站推广的特点主要表现为以下几方面。

（1）网络营销预算比较充裕。网站发布初期，应用于网站推广方面的网络营销预算通常较多。这是因为一些需要支付年度使用费的支出通常发生在这个阶段。另外，为了在短期内获得明显的效果，新网站通常会在发布初期加大推广力度，如发布广告、新闻等。

（2）网站推广人员具有较高的热情。在网站发布初期，网站推广人员非常注重尝试各种推广手段，对于网站访问量和用户注册数量的增长等指标非常关注。

（3）网站推广具有一定的盲目性。尽管推广人员具有较高的热情，但由于缺乏足够的经验、必要的统计分析资料，加之网站推广的成效还没有表现出来，因此无论是网站推广策略的实施还是网站推广效果方面都有一定的盲目性。

（4）网站推广的主要目标是提高用户的认知度。网站推广初期访问量快速增长，让更多用户了解是这个阶段的主要目标，也就是获得尽可能多的用户认知，产品推广和销售促进通常居于次要地位。

3. 电子商务网站增长期推广的特点

经过初期推广，网站已经拥有了一定的访问量，这个阶段一方面需要保持网站推广的力度，另一方面需要对初期推广效果进行分析，寻找最适合本网站的推广方法。网站增长期推广的特点主要有以下几点。

（1）网站推广方法具有一定的针对性。由于网站初期推广尝试了多种方法，并取得了一定的效果。基于前期的经验，增长期的推广往往更有针对性。

（2）网站推广效果的管理应得到重视。通过对网站访问量等数据进行统计分析等管理行为，可以发现哪些网站推广方法对访问量的增长更为显著，哪些方法可能存在问题，同时也可以发现更多有价值的信息。

（3）网站推广的目标将由用户认知向用户认可转变。通过初期推广获得的网站已有用户，只有在认可网站价值的基础上，才会重复访问网站以继续获得信息和服务。所以在此阶段，网站推广要兼顾新老用户的不同需求特点，特别是提升老用户的认可度。

4. 电子商务网站稳定期推广的特点

电子商务网站从发布到进入稳定阶段，一般需要一年甚至更长的时间，稳定期主要特点如下。

（1）网站访问量增长速度减慢。

（2）访问量增长不再是网站推广的主要目标。当网站拥有一定的访问量后，网站推广的目标将注重用户资源的价值化，而不仅仅是访问量的提升。

（3）网站推广的工作重点将由外转向内。由于该阶段网站已经具有大量比较稳定的用户人群，因此，网站推广目标将由获取新用户为主逐步转向维持老客户，以及网站推广效果的管理等方面。

（四）常用的电子商务网站推广方法和技巧

1. 搜索引擎推广

搜索引擎推广是指利用搜索引擎、分类目录等具有在线检索信息功能的网络工具进行网站推广的方法。由于搜索引擎的基本形式可以分为搜索引擎和分类目录，因此搜索引擎推广的形式也相应有基于搜索引擎的方法和基于分类目录的方法，前者包括搜索引擎优化、关键词广告、竞价排名、固定排名、基于内容定位的广告等多种形式，而后者则主要是在分类目录合适的类别中进行网站登录。随着搜索引擎形式的进一步发展变化，也出现了其他形式的搜索引擎，不过大多以这两种形式为基础。

从目前的发展趋势来看，搜索引擎在网站推广中的地位十分重要，并且受到越来越多企业的认可。搜索引擎推广的方式也在不断发展演变，因此应根据环境的变化选择合适的搜索引擎推广方式。

目前国内外比较知名的搜索引擎主要有Google、微软必应、百度等。

2. 电子邮件（E-mail）营销推广

E-mail 营销推广包括许可和未经许可 E-mail 营销推广两种方式。基于用户许可的 E-mail 营销与滥发邮件（Spam）不同，许可营销比传统的推广方式或未经许可的 E-mail 营销具有更明显的优势，比如可以减少广告对用户的滋扰、增加潜在客户定位的准确度、增强与客户的关系、提高品牌忠诚度等。根据许可 E-mail 营销所应用的用户电子邮件地址资源的所有形式，可以分为内部列表 E-mail 营销和外部列表 E-mail 营销，或简称内部列表和外部列表。内部列表是利用网站的注册用户资料开展 E-mail 营销的方式，常见的形式如新闻邮件、会员通讯、电子刊物等。外部列表是利用专业服务商的用户电子邮件地址来开展 E-mail 营销，是以电子邮件广告的形式向服务商的用户发送信息。

3. 资源合作推广

通过网站交换链接、交换广告、内容合作、用户资源合作等方式，在具有类似目标用户的网站之间实现互相推广的目的。

每个企业网站都拥有自己的资源，这种资源表现为一定的访问量、注册用户信息、有价值的内容和功能、网络广告空间等。利用网站的资源与合作伙伴开展合作，可以实现资源共享，共同扩大收益的目的。在资源合作推广中，交换链接是最简单、常用的一种方式。交换链接也称为互惠链接，是具有一定互补优势的网站之间的简单合作形式，即分别在各自的网站放置对方网站的 Logo 或网站名称并设置对方网站的超级链接，使得用户可以从合作网站中发现自己的网站，达到互相推广的目的。交换链接的作用包括获得访问量、增加用户浏览印象、在搜索引擎排名中增加优势、通过合作网站的推荐增加访问者的可信度等。一般来说，每个网站都倾向于链接价值高的其他网站，因此获得其他网站的链接也就意味着获得了合作伙伴和一个领域内同类网站的认可。

4. 信息发布推广

将有关网站推广的信息发布在潜在用户可能访问的其他网站上，利用用户在这些网站获取信息的机会实现网站推广的目的。适用于信息发布的网站包括在线黄页、分类广告、论坛、博客网站、供求信息平台、行业网站等。信息发布是常用的免费网站推广方法之一，尤其在互联网发展早期效果明显。随着网上信息量爆炸式的增长，以及各种新兴网站推广方式的出现，免费信息发布的作用开始下降，不过一些针对性强、专业性高的信息仍能引起人们的关注。

5. 快捷网址推广

即合理利用网络实名、通用网址以及其他类似的关键词网站快捷访问方式来实现网站推广的方法。快捷网址使用自然语言和网站 URL 建立对应关系，用户只需输入比英文网址更加容易记忆的快捷网址就可以访问网站。例如选择企业名称或者商标、主要产品名称等作为中文网址，这样可以弥补英文网址不便于宣传的缺陷，因此在网站推广方面具有一定的价值。

随着企业注册快捷网址数量的增加，当用户利用某个关键词检索时，即使与某网站注册的中文网址不一致，同样存在被用户发现的机会。

6. 登录导航网站

对于一个流量不大，知名度不高的网站来说，导航网站能带来的流量远远超过搜索引擎以及其他方法。目前国内比较知名的导航网站有网址之家（http://www.hao123.com)、265 上网导航（http://www.265.com）、百度网址大全（http://site.baidu.com）等，这些知名的导航网站流量都很大，可以带来一定的流量。

7. 病毒式营销

病毒式营销主要是利用互利的方法，让网友帮自己宣传，制造出一种像病毒传播一样的效果。

美国著名的电子商务顾问 Ralph F. Wilson 博士将有效的病毒性营销战略归纳为六项基本要素，即提供有价值的产品或服务；提供无须努力便可向他人传递信息的方式；信息传递范围很容易从小向大规模扩散；利用公共的积极性和行为；利用现有的通信网络；利用别人的资源。一个病毒性营销战略不一定要包含所有要素，但是包含的要素越多，营销效果可能越好。病毒式营销比较知名的案例是 Hotmail、Gmail 等邮箱所采取的宣传策略。

Hotmail.com 是世界上最大的免费电子邮件服务提供商之一。在 1996 年底，用户数是 50 万，一年后，用户数达到 1200 万。它采用的营销方式很简单，即在邮件的结尾处附上一句“现在就获取您的 Hotmail 免费信箱（Get your private，free E-mail at http://www.hotmail.com）”的链接。这样，每一个用户在发出每一封信时，都成为它的免费推销员，并且是朋友间值得信任的推销员。几乎不需营销费用，Hotmail 实现了无法想象的用户增长。Hotmail 堪称网络病毒式营销的鼻祖。第二年，这家当时二线的电子邮件服务商以 4 亿美元卖给了微软。

Gmail 因为有了 Google 这个品牌作支撑，同时作为全球第一个 1GB 免费邮箱，也采用了病毒式营销，并获得了巨大的成功。不同于 Hotmail，Gmail 采用神秘的邀请模式吊足了用户的胃口。表面上看，Gmail 并未大规模面对用户开放，而是采用有限的邀请方式，其实正是这种半遮半掩的做法搞得网民趋之若鹜，无不以获得一个邀请从而注册成功来炫耀，还将有限的邀请权限作为礼物送给同事、朋友。更有甚者，在 eBay 上拍卖 Gmail 邀请权。

8. BBS 论坛社区宣传

通过在各大社区、论坛发帖的形式进行网站宣传。论坛等社区形式的特点及用户结构，使得论坛成为很多网络推手最热衷的网站推广、网络营销阵地，并发挥了很大的作用。

9. 事件营销

事件营销是近年来国内外十分流行的一种公关传播与网络推广手段，集新闻效应、广告效应、公共关系、形象传播、客户关系于一体，并为新产品推介、品牌展示、快速提升品牌知名度与美誉度创造机会。20 世纪 90 年代后期，互联网的飞速发展给事件营销带来了巨大契机。通过网络，一个事件或者一个话题可以更轻松地进行传播和引起关注，大量成功的事件营销案例开始涌现，如封杀王老吉、联想红本女、冰桶挑战等。

10. 客户关系营销

一个网站最好的宣传方式是口碑相传，即做好客户关系管理，发挥老用户的口碑效应。一般而言，开发一个新客户比维护一个老客户的成本要大得多，只注意吸引新客户而不注重老客户的维护，违背客户管理的基本思想，是一种错误的做法。

（五）电子商务网站推广的重要性和必要性

电子商务网站推广是企业电子商务战略的客观需要，是提高网站客户量、访问量、交易量的重要途径，是企业营销活动的重要组成部分，是维护新型无形资产的重要手段。一个成功的网站等于专业的设计加成功的推广，因此，电子商务网站推广在企业经营活动中有着重要的作用和特殊的意义。

电子商务网站是网络营销活动的主战场，它既是市场调研的工具，又是销售产品的渠道，同时还是广告和公关的媒体，甚至还是某些可下载的产品（如软件、图像等）的运输路线。几乎所有的网络营销活动都在网络这个媒介上进行，因此，商务网站推广就显得非常重要。

企业网站是企业与顾客之间信息沟通的主要通道，也是企业开展网络营销必不可少的前提条件。建立一个独立的企业网站，拥有以公司名称或商标命名的域名，并将公司的简介、产品信息、销售以及售后服务等信息发布在网站中，可以方便企业和用户之间的互动。网站推广是网站建设中最重要的一个环节，也是能否让更多人访问网站的最重要环节。有效的网站推广能很好地提升网站知名度，并能让网站最大限度地发挥作用，成为企业运营的得力工具。因此，一个网站制作得再好、再时尚，如果没有有效地推广，也发挥不了它的作用，也就实现不了建站的目的。

据 CNNIC 调查数据显示，企业网站数占网站总体的 60.4%，比例最大，但在平均每天页面访问量低于 50 次的 39.6%的网站中，企业网站所占的比例达到了 51.5%。很多企业的站点成了无用之物，成为 Web 海洋里的孤岛、荒岛。

截至 2018 年 6 月，中国网站数量为 544 万个，半年增长率为 2.0%（不包括 edu.cn）。CN 下网站数量为 331 万个，半年增长率为 4.9%。这些数据表明，中国互联网行业正在蓬勃发展，企业网站数量飞速增长。然而如何在茫茫网络中，让用户发现自己的网站，吸引顾客的注意，显得更加困难。有人说，网络经济是一种典型的“眼球经济”，如何引起网络消费者的注意力，这成为企业网络营销成败的关键。因此，网站推广工作就显得至关重要，网站推广工作就是要让顾客知晓并主动点击企业网站，可以说这是企业网络营销成功与否的关键。

网站之所以需要进行推广，还有一个重要原因是行业环境因素。在同一个行业中，优质资源有限，竞争十分激烈。以搜索引擎推广为例，每个企业/网站都希望自己的信息出现在搜索结果中靠前的位置，否则就意味着很难被用户发现，因此对搜索引擎检索结果排名位置的争夺成为许多企业网络营销的重要任务之一。

网站推广的效果在很大程度上也就决定了网络营销的最终效果。企业建立了自己的网站后，如何才能使用户在全球数百万的网站中知晓你的网站、了解你的网站、点击浏览你的网站，使网站的营销功能充分发挥出来，便是企业急需考虑的问题了。

（六）我国商务网站推广现状及存在的问题

企业网站是开展网络营销的根据地，企业要成功开展网络营销，一般都需要建立具有较高知名度的网站。总体来说，我国电子商务起步较晚，因此企业网站的建设和推广工作也相对滞后，但近几年也取得了可喜的成绩。

1. 我国电子商务网站推广现状

（1）出现了大量专业的第三方服务商。

目前，我国大多数企业的主要业务都集中在传统行业，对网络的了解和应用不够，因此寻找专业的第三方机构成为一种可行的方式，这催生了一大批专业的第三方网络营销服务商的出现。一般来说，这些第三方机构都有专业的人员以及各种专业的软件。

据调查，国内的网络营销服务商主要集中于北京、广东、上海等地，三地的总数超过被调查网站的一半。而北京、广东、上海、天津、山东、福建、江苏、浙江这 8 个地区的服务商数量几乎占全国的 80%，可见网络营销服务主要集中在网络环境比较发达的地区。

（2）大型企业对电子商务网站比较重视，但网站推广水平总体不高。

我国过半数的大型企业在 2000 年之前就建立了企业网站，这说明大型企业对于企业网站的建设比较重视。同时，大多数企业网站的内容更新也比较及时，说明具有一定的推广意识。

不过中小企业的建站比例较低，大多数网站更新不及时。从企业网站的访问量等指标来看，整体水平普遍较低，这说明企业对网站推广的重视程度和技术水平需要进一步提高。

（3）搜索引擎推广仍是最主要的手段。

CNNIC 的调查显示，搜索引擎是网民经常使用的网络服务，其中，有 91.40%的网民经常使用搜索引擎，一般使用的占 6.45%，偶尔使用的占 2.15%。可见搜索引擎在网民中备受欢迎。正因为它的影响如此之大，使得企业分外注重搜索引擎在网站推广中的作用。艾瑞市场咨询（iResearch）研究表明，在网站推广方式中，搜索引擎推广是效率最高的。

（4）各种网站推广技术层出不穷。

随着互联网的发展，以及企业应用的深入，网络营销的技术和理论水平也在不断提升，各种新兴的网络营销技术被不断提出并应用于企业网站推广和相关互联网营销活动中。比如从论坛营销、博客营销到微博营销，再到微信营销、移动营销等，网络营销技术实现了多样化快速发展，并完成了从 PC 端到移动端的普及。

（5）其他传统的推广方法未广泛应用。

虽然网站推广的方法很多，但除了搜索引擎推广，其他方法在网站推广中的使用率并不高，企业显然忽视了其他推广手段的价值。以 E-mail 推广为例，E-mail 推广是网络营销服务的重要内容之一，但目前国内 E-mail 服务商大多以出售电子邮件地址和代发垃圾邮件广告为主，鲜有真正意义上的专业 E-mail 营销服务商。在这样的背景下，E-mail 推广在网站推广中的使用率可想而知。

2. 我国电子商务网站推广存在的问题

从国内实际情况分析，大型企业在网站推广方面的表现要明显优于中小型企业，这得益于其雄厚的资金和专业的人才队伍。总体而言，企业在网站推广方面仍存在以下问题。

（1）缺乏必要的推广维护。在现实中，一些网站会慢慢“死去”。发生这种情况，除企业网站缺乏吸引顾客的内容或内容缺少更新维护等原因外，更重要的原因是网站宣传推广不够，顾客无法得知和找到企业的网站。

（2）域名保护意识淡薄。域名好比网上的商标，尤其是优质域名资源日趋稀缺。而国内一些企业由于缺乏互联网意识，域名被其他企业或个人抢注，给企业带来损失。调查表明，被抢注的中国著名商标已有多个，其中包括长虹、全聚德、荣宝斋、同仁堂、中华、红塔山、中国 505、海信、中外运等。因此，保护网上商标，积极注册域名非常重要。

（3）推广不力以及推广方式单一。大部分中小企业受资金和人员的限制，通常不会建立网站维护与推广部门，也无法投入较多的广告资金。企业在网站推广方面，通常是向服务商购买几个搜索引擎登录和竞价排名服务，这种单一的推广手段，虽然能够获得一定的访问量，但是很难得到快速和爆炸式的流量提升。网站推广必须要多种手段和途径结合使用。

（4）没有做好搜索引擎优化工作。合理的优化网站是最好的网站推广方法。有的企业愿意尝试各种有偿的手段去推广网站，却往往在搜索引擎中表现欠佳，其中主要的原因就是缺少对网站自身的优化。试想，一个对搜索引擎不友好的网站会得到好的搜索排名吗？

（5）缺乏统一的管理平台。由于目前中小企业电子商务应用需求突出，面向中小企业的网络推广方案和针对中小企业电子商务产品日益丰富，国内中小企业电子商务应用迎来了高速发展的有利时机，但同时也面临着网络推广手段鱼龙混杂、参差不齐的现状，受行业不够规范等因素的影响，企业越来越多的营销成本浪费在无法实现透明化统一管理的环节。

（6）品牌观念淡薄。如果说那些尚未推出自己的网站的企业观念落后，那么成功推出自己网站的企业面临的又一难题就是自己的网络品牌遭到恶意的侵权。因此，企业一方面要做到未雨绸缪，在域名注册时多考虑到与自己域名相关的关键字以及注册多域名；另一方面，企业要敢于拿起法律武器，捍卫自己的权利。

四、任务拓展

通过实地走访熟悉的专业电子商务网站推广企业或电子商务企业、传统销售型企业的网站推广部门，与它们的网站推广主管、负责人或工作人员进行交流，了解他们对于网站运营和推广的个人看法，以及国内网站在运营和推广方面存在的问题。

任务二　电子商务网站推广岗位调研

一、任务导入

了解和熟悉企业电子商务网站推广相关工作岗位的岗位设置、工作职责与内容、技术能力要求、职业素养要求等，有助于更好地理解和认识电子商务网站推广的相关知识，帮助制定正确的学习目标和学习方式，有效地实现课堂学习与企业岗位工作有机结合。

本任务要求以项目小组的形式，对目前企业电子商务网站推广相关工作岗位进行调研，了解其岗位设置、工作职责等信息。具体涉及专业电子商务网站推广企业（如百度）、电子商务企业（如当当网、淘宝网、京东商城等）网站推广部门、传统销售型企业网站推广部门等。

在任务实施过程中，把握不同类型企业网站推广职能部门岗位设置的特点与差异。

二、任务实施

（1）通过实地调研和网络信息检索等途径，了解企业电子商务网站推广职能部门的工作职责和岗位设置情况。如以网上零售型企业为例，网站推广职能部门是企业网站推广、品牌塑造和销售促进的重要组织。其大致岗位设置一般如图 1-2 所示。

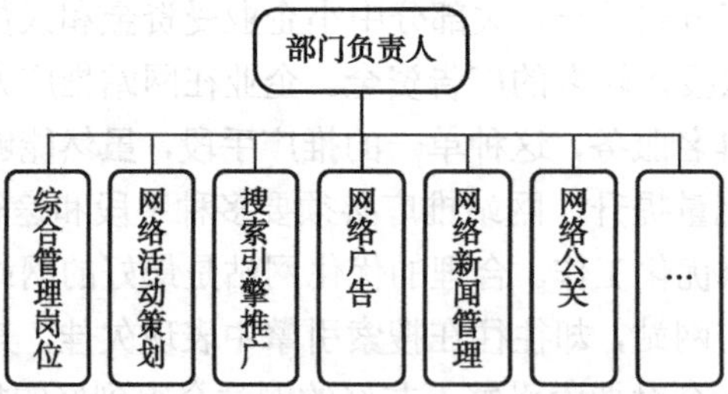

图 1-2　岗位设置示意图

（2）通过实地调研、登录人才网站和网络信息检索等途径，了解不同岗位的任职资格、工作内容和权利范围等信息，将结果整理形成岗位说明书，如表 1-2 所示。

表 1-2　岗位说明书范本

<table>
<tr><td rowspan="4">任职资格</td><td>教育背景</td><td></td></tr>
<tr><td>工作经验</td><td></td></tr>
<tr><td>技能与素质</td><td></td></tr>
<tr><td>个性特征</td><td></td></tr>
<tr><td>工作内容</td><td colspan="2"></td></tr>
<tr><td>权利范围</td><td colspan="2"></td></tr>
</table>

三、任务分析

（一）企业电子商务网站推广岗位的一般描述

一般而言，中小企业电子商务网站推广相关岗位设置比较简单，并且承担了全部的企业网站运营和推广工作，其岗位描述或招聘信息描述一般涉及以下内容及要求。

1. 工作内容

（1）负责网站 ALEXA 排名、PV（Page View，页面浏览量）、PR（Page Rank，网页级别）、IP 量、访问量、品牌提升等综合指标。

（2）研究和监控竞争对手的做法及搜索引擎的变化，及时提出调整方案。

（3）利用相关工具跟踪分析网站推广效果，在此基础上不断优化，在计划预算范围内得到最佳效果。

（4）网站推广策划及文案撰写。

（5）配合企业产品销售和宣传活动等。

2. 能力要求

（1）精通各大搜索引擎的搜索排名技术，有网站优化的经验或成功案例，一定时间的 B2B、B2C、C2C 领域 SEO 工作经验。

（2）熟悉 HTML、JavaScript、ASP、PHP、CSS 等多种页面语言。

（3）熟练掌握搜索引擎优化等各种网站推广工具和方法。

（4）对自身技术提升有强烈的学习欲望，能持续关注搜索引擎的发展，了解其最新动向。

（5）有市场营销、网络营销背景，熟悉网站服务各类产品，具有较强的市场意识、敏锐的行业分析能力。

（6）思维活跃，具有创新能力、执行能力、优秀的团队合作精神、沟通表达能力和学习能力。

（7）较强的文案撰写能力，PowerPoint、Word、Excel 等文档的编辑能力，能够独立完成网站运营活动策划手册并指导监督实施过程。

（8）一定时间积累的工作经验，如具备网站监控运营、市场推广、人气聚集、宣传策划、公关活动等网站推广活动的丰富实践经验。

（二）企业电子商务网站推广相关岗位的具体描述

上述岗位内容及要求是依据网络人才市场和企业岗位需求等信息，对企业电子商务网站推广相关岗位的一般描述，下面将对网站推广综合管理、网络活动策划等具体网站推广相关工作岗位做详细的说明。

1. 网站推广综合管理岗位（如表1-3所示）

表1-3 网站推广综合管理岗位说明书范本

<table>
<tr><td rowspan="4">任职资格</td><td>教育背景</td><td>大专以上学历，电子商务或市场营销专业及硕士以上学历更佳</td></tr>
<tr><td>经验</td><td>从事网络营销或销售工作，有网络推广、网站经营管理、网络策划和品牌宣传等方面经验，其中总监要求有10年以上、经理要求有5年以上、专员要求有2年以上工作经验</td></tr>
<tr><td>技能与素质</td><td>具有非常强的计划、组织、领导、控制、协调、人际交往能力，较强的运作能力和统筹协调能力
对本行业的网络市场环境有深刻的理解，对各种网络营销方式有全面的认识
能够规划网络营销活动，并具有对其他部门相关人员讲演和协调能力
计算机操作能力强，熟悉各种网络应用平台和工具，对网络新生事物具有敏锐观察力
英语听、说、写能力强</td></tr>
<tr><td>个性特征</td><td>具有敏锐的市场洞察力和逻辑分析能力，具有良好的团队沟通协调能力与敬业精神</td></tr>
<tr><td>工作内容</td><td colspan="2">分析网络市场环境、网络消费者行为变化，协助网络营销负责人制定网络营销目标、战略，并组织分解落实相应的网络营销活动
制定网络营销部门的管理制度和流程，提高管理效率
统筹网络营销部门资源，协调各部门人员工作，提升部门运作效率
配合企业年度经营目标，规划网络营销活动
管理网络营销活动预算及相关人力资源计划
研究网络中各种应用，收集行业网络营销信息
对下属进行指导，提高员工素质
其他相关工作</td></tr>
<tr><td>权利范围</td><td colspan="2">对公司的网络营销战略和目标有建议权
对网络营销活动进行计划、决策、实施、修改
对网络营销活动的费用进行控制
根据网络营销活动，对部门内各岗位进行监督和协调
按照制度奖惩内部员工
对下属员工进行考核</td></tr>
</table>

2. 网络活动策划岗位（如表1-4所示）

表1-4 网络活动策划岗位说明书范本

<table>
<tr><td rowspan="3">任职资格</td><td>教育背景</td><td>大专以上学历，电子商务或市场营销专业及硕士以上学历更佳</td></tr>
<tr><td>经验</td><td>从事网络媒体活动策划工作，具有网络宣传策划、媒体公关策划、品牌推广策划、网络媒体关系等方面经验，其中总监要求有10年以上，经理要求有5年以上，专员要求有2年以上</td></tr>
<tr><td>技能与素质</td><td>具有非常强的组织、计划、协调、人际交往能力和沟通技巧，善于把握消费者动向，思维开阔，创新能力强
具有团队整合和协作能力，能够带领团队进行高效工作
对本行业的网络市场环境有深刻的理解，对各种网络营销方式有全面的认识</td></tr>
</table>

续表

任职资格	技能与素质	能够独立策划网络活动专题和商业活动，进行有效组织和实施。并对相关人员进行培训和督导 具有优秀的文案功底，文笔流畅，能够编写网站各类策划文案和宣传文档 计算机操作能力强，熟悉运用办公软件 熟悉各种网络应用平台和工具，对网络新生事物具有较强的观察力 英语听、说、写能力强
	个性特征	具有敏锐的市场洞察力和创意能力，善于换位思考，具有良好的团队建设能力与敬业精神
工作内容	策划、组织和实施各种网络活动，制定网络专题活动，推广品牌文化和产品信息 编写网站各类策划文案和宣传文档，研究网络活动的可行性 收集市场反馈，为本部门和其他部门提供信息决策支持 了解消费者观念，进行网络活动创意 管理网络策划预算及相关人力计划 制定网络活动方案，定期对网络活动效果进行评估 协助网络营销部门负责人制定网络活动相关计划 网络活动策划团队工作任务的布置、监督与管理 对下属进行指导，提高员工素质 其他相关工作	
权利范围	对网络活动实施费用的支出进行控制 对网络活动方案设计、制定、实施、修改 根据市场反馈情况，对网络推广战略、网络宣传规划提出建议 按计划审批网络活动策划团队工作中所需资金，对超出计划资金提出方案，向网络营销部门负责人报批 按照制度奖惩内部员工 对下属员工进行考核	

3. 搜索引擎推广岗位（如表 1-5 所示）

表 1-5　搜索引擎推广岗位说明书范本

任职资格	教育背景	大专以上学历，电子商务或市场营销专业及硕士以上学历更佳
	经验	从事网站优化和网络搜索工作，具有网站系统优化、搜索引擎优化、搜索引擎排名、搜索网站管理、网络信息组织、网络信息检索等方面的经验，其中总监要求有 10 年以上、经理要求有 5 年以上、专员要求有 2 年以上工作经验
	技能与素质	具有非常强的组织、计划、协调、人际交往能力和分析能力，善于把握客户消费动向，能够带领团队进行高效工作 对本行业的网络市场环境有深刻的理解，对各种网络营销方式有全面的认识 能够独立制定网站优化方案，进行有效组织和实施，并对相关员工进行培训和督导 具有网络信息组织和检索的基本技能，能够设计网络信息组织方案和检索策略 能够制定提升网络搜索排名的方案 计算机操作能力强，熟悉运用多媒体办公软件 熟悉各种网络应用平台和工具，熟练运用各种网络信息组织和检索工具 英语听、说、写能力强
	个性特征	具有敏锐的市场洞察力和创意能力，具有服务意识，具有良好的团队建设能力与敬业精神
工作内容	策划、组织和实施各种网站优化方案，推广品牌文化和产品信息 设计网站信息组织结构，研究网站优化的可行性和预期效果 通过与大型门户网站、论坛、博客等网络媒体平台合作，交换网站链接，提高网站被检索概率	

续表

工作内容	通过与搜索引擎平台合作，提交公司网站链接和产品信息，购买付费排名服务，提升公司网站和产品信息在检索结果中的地位 通过搜索引擎和网络媒体平台，收集市场反馈，为本部门和其他部门提供信息决策支持 了解客户消费观念，进行网络搜索策略研究和企业网站信息组织方式策划 管理搜索管理岗位预算及相关人力资源计划 制定搜索管理方案，定期对搜索管理营销效果进行评估 协助网络营销部门负责人制定网络活动相关计划 搜索管理团队工作任务的布置、监督与管理 对下属进行指导，提高员工素质 其他相关工作
权利范围	对搜索管理费用支出进行控制 对搜索管理活动方案设计、制定、实施、修改 根据市场反馈情况，对网络推广战略、门户网站规划提出建议 按计划审批搜索管理营销团队工作中所需资金，对超出计划资金提出方案，向网络营销部门负责人报批 按照制度奖惩内部员工 对下属员工进行考核

4. 网络广告推广岗位（如表1-6所示）

表1-6　网络广告推广岗位说明书范本

任职资格	教育背景	大专以上学历，电子商务或市场营销专业及硕士以上学历更佳
	经验	从事网络媒体广告工作，具有网络媒体广告策划、创意、制作、评估等方面经验，其中总监要求有10年以上、经理要求有5年以上、专员要求有2年以上工作经验
	技能与素质	具有非常强的组织、计划、协调、人际交往能力和沟通技巧，善于把握消费者动向，创意能力强，能够带领一个团队进行高效工作 对本行业的网络市场环境有深刻的理解，对各种网络广告方式有全面的认识 能够独立制定广告推广和媒体投放计划，进行有效组织和实施，并对相关人员进行培训和督导 具有网络活动的媒体公关能力和良好的网络活动掌控力 具有优秀的归纳和抽象能力，能够制作网络广告方案 计算机操作能力强，熟悉各种网络应用平台和工具，对网络新生事物具有较强的观察力 英语听、说、写能力强
	个性特征	具有敏锐的市场洞察力和创意能力，具有良好的团队建设能力与敬业精神
工作内容	策划、组织和实施各种网络广告方案，推广品牌文化和产品信息 进行广告创意，设计与实施企业品牌及产品广告 了解消费者观念，收集市场反馈，为本部门和其他部门提供信息决策支持 与网络媒体、移动媒体、电视媒体、平面媒体等机构合作，进行广告投放 制定网络广告投放方案，定期对网络广告投放进行评估 管理网络广告预算及相关人力计划 协助网络营销部门负责人制定管理相关计划 网络广告管理团队工作任务的布置、监督与管理 对下属进行指导，提高员工素质 其他相关工作	
权利范围	对网络广告费用的支出进行控制 对网络广告设计、网络广告投放方案进行制定、修改 根据市场反馈情况，对网络推广战略、网络活动策划提出建议 按计划审批网络广告管理团队工作中所需资金，对超出计划资金提出方案，向网络营销部门负责人报批 按照制度奖惩内部员工 对下属员工进行考核	

5. 网络新闻管理岗位（如表 1-7 所示）

表 1-7 网络新闻管理岗位说明书范本

任职资格	教育背景	大专以上学历，电子商务或市场营销专业及硕士以上学历更佳
	经验	从事网络新闻和新闻营销工作，具有网络新闻撰写和编辑、网络媒体投放、网络新闻策划和传播、网络媒体公关、网络媒体关系等方面经验，其中总监要求有 10 年以上、经理要求有 5 年以上、专员要求有 2 年以上工作经验
	技能与素质	具有非常强的组织、计划、协调、人际交往能力和沟通技巧，善于把握消费者动向，反应迅速，创意能力强，能够带领团队进行高效工作 对本行业的网络市场环境有深刻的理解，对各种网络营销方式有全面的认识 能够独立策划网络新闻活动和商业活动，进行有效组织和实施，并对相关人员进行培训和督导 具有网络活动和新闻事件的媒体公关能力，良好的网络活动掌控力，解决敏感问题的能力 具有优秀的文案功底，文笔流畅，能够编写网络媒体活动文案和新闻文档 计算机操作能力强，熟悉运用办公软件 熟悉各种网络应用平台和工具，熟练运用各种网络媒体，对网络新生事物具有较强的观察力 英语听、说、写能力强
	个性特征	具有敏锐的市场洞察力和创意能力，善于换位思考，具有良好的团队建设能力与敬业精神
工作内容	策划、组织和实施各种网络新闻活动，推广品牌文化和产品信息 编写公司网络媒体文案和新闻文档，研究网络新闻的可行性和预期效果 通过企业网站、大型门户网站、论坛、博客等网络媒体平台，发布网络新闻 通过网络媒体平台，及时掌握网络新闻动向，开展网络媒体公关，解决企业品牌危机和产品事件 收集市场反馈，为本部门和其他部门提供信息决策支持 了解消费者观念，进行网络新闻策划 管理网络新闻预算及相关人力计划 制定网络新闻方案，定期对网络新闻营销效果进行评估 协助网络营销部门负责人制定网络活动相关计划 网络新闻管理团队工作任务的布置、监督与管理 对下属进行指导，提高员工素质 其他相关工作	
权利范围	对网络新闻传播费用支出进行控制 对网络新闻活动方案设计、制定、实施、修改 根据市场反馈情况，对网络推广战略、网络活动规划提出建议 按计划审批网络新闻管理团队工作中所需资金，对超出计划资金提出方案，向网络营销部门负责人报批 按照制度奖惩内部员工 对下属员工进行考核	

6. 数据库营销岗位（如表 1-8 所示）

表 1-8 数据库营销岗位说明书范本

任职资格	教育背景	大专以上学历，电子商务或市场营销专业及硕士以上学历更佳
	经验	从事网络传播和网络客户管理工作，具有网站数据库管理、电子邮件客户管理、即时通信工具客户管理、E-mail 营销、网络媒体关系、网络消费者研究等方面经验，其中总监要求有 10 年以上、经理要求有 5 年以上、专员要求有 2 年以上工作经验

续表

任职资格	技能与素质	具有非常强的组织、计划、协调、人际交往能力和分析能力，善于把握消费者动向，能够带领一个团队进行高效工作 对本行业的网络市场环境有深刻的理解，对各种网络营销方式有全面的认识 能够独立策划客户数据库，进行有效组织和实施，并对相关员工进行培训和督导 具有对网络用户行为和大量数据的综合分析能力，良好的网络活动策划能力。能够根据产品和客户的习惯，设计病毒式营销方案，具有优秀的文案功底，能够编写网络传播活动文案和新闻文档 计算机操作能力强，熟悉运用多媒体办公软件 熟悉各种网络应用平台和工具，熟练运用各种网络信息传播工具，能够对网络传播工具中的用户信息分类和挖掘 英语听、说、写能力强
	个性特征	具有敏锐的市场洞察力和创意能力，善于换位思考，具有良好的团队建设能力与敬业精神
工作内容	收集和积累消费者信息，建立用户信息库 通过与大型门户网站、行业网站、论坛、博客等网络平台合作，获取大量用户信息，完善用户数据库，并定期更新，分析消费者习惯和爱好 根据用户信息分析结果，向目标群体传播推广品牌文化和产品信息 编写网络传播活动文案和新闻文档，研究网络传播的可行性和预期效果 通过企业网站和网络媒体平台，及时掌握网络新闻动向，开展网络媒体公关，解决目标消费群体的疑问 收集市场反馈，为本部门和其他部门提供信息决策支持 了解客户观念，进行网络新闻策划 管理数据库营销预算及相关人力计划 制定数据库营销方案，定期对数据库营销效果进行评估 数据库营销团队工作任务的布置、监督与管理 对下属进行指导，提高员工素质 其他相关工作	
权利范围	对数据库营销费用支出进行控制 对数据库营销活动方案设计、制定、实施、修改 根据市场反馈情况，对网络推广战略、网络营销规划提出建议 按计划审批数据库营销团队工作中所需资金，对超出计划资金提出方案，向网络营销部门负责人报批 按照制度奖惩内部员工 对下属员工进行考核	

7. 网络编辑管理岗位（如表1-9所示）

表1-9　网络编辑管理岗位说明书范本

任职资格	教育背景	大专以上学历，电子商务或市场营销专业及硕士以上学历更佳
	经验	从事网络编辑和新闻撰写工作，具有网站管理、新闻编辑、中文写作、文字图片视频编辑等方面的经验，其中总监要求有10年以上、经理要求有5年以上、专员要求有2年以上工作经验

续表

任职资格	技能与素质	具有非常强的组织、计划、协调、人际交往能力和沟通能力，逻辑性强，善于归纳总结，能够从市场信息中挖掘出重点，能够带领团队进行高效工作 对本行业的网络市场环境有深刻的理解，对各种网络营销方式有全面的认识 能够独立制定网络编辑工作流程，进行有效组织和实施，并对相关员工进行培训和督导 具有文字、图片、视频等媒介的设计、编辑基本技能 具备网站框架和网页结构的设计能力 计算机操作能力强，熟悉运用多媒体办公软件，熟悉各种网络应用平台和工具 英语听、说、写能力强
	个性特征	具有敏锐的市场洞察力和创意能力，具有服务意识，具有良好的团队合作精神与敬业精神
工作内容	策划、组织和实施各种网站编辑工作方案，推广品牌文化和产品信息 设计网络编辑内容，研究网站内容的呈现方式和预期效果 网站的内容采编、整理、审核及发布，包括文字、图片、视频等资料 通过与网站技术支持部门合作，优化网站结构，提升网站内容的呈现效果 通过与网站推广管理部门合作，设计符合推广目标的网站内容，不断丰富企业门户网站的内容 通过门户网站，了解客户消费观念，收集市场反馈，为本部门和其他部门提供信息决策支持 网络编辑管理岗位预算及相关人力资源计划 制定网络编辑管理方案，定期对网络编辑管理营销效果进行评估 协助网络营销部门负责人制定网络活动相关计划 网络编辑管理团队工作任务的布置、监督与管理 对下属进行指导，提高员工素质 其他相关工作	
权利范围	对网络编辑管理费用支出进行控制 对网络编辑管理活动方案设计、制定、实施、修改 根据市场反馈情况，对网络推广战略、门户网站规划提出建议 按计划审批网络编辑管理营销团队工作中所需资金，对超出计划资金提出方案，向网络营销部门负责人报批 按照制度奖惩内部员工 对下属员工进行考核	

8. 网站技术支持岗位（如表 1-10 所示）

表 1-10　网站技术支持岗位说明书范本

任职资格	教育背景	大专以上学历，电子商务或市场营销专业及硕士以上学历更佳
	经验	从事网络编辑和新闻撰写工作，具有网站设计开发、网站系统维护、网站优化、文字图片视频编辑等方面的经验，其中总监要求有 10 年以上、经理要求有 5 年以上、专员要求有 2 年以上工作经验
任职资格	技能与素质	具备非常强的组织、计划、协调、人际交往能力和沟通力，逻辑性强，善于思考，解决问题能力强，能够带领团队进行高效工作 对本行业的网络市场环境有深刻的理解，对各种网络营销方式有全面的认识 能够独立制定网站技术架构和功能结构方案，进行有效组织和实施，并对相关员工进行培训和督导

续表

任职资格	技能与素质	具有企业网络管理维护能力，具有网站维护优化和升级设计的能力 具备一定的网站框架和网页结构的设计能力 具有一定的文字、图片、视频等媒介的设计、编辑技能 计算机操作能力强，熟悉运用多媒体办公软件，熟悉各种网络应用平台和工具 英语听、说、写能力强
	个性特征	具有敏锐的市场洞察力和创意能力，追求完美，具有良好的团队合作精神与敬业精神
工作内容	策划、组织和实施各种门户网站管理和优化方案，推广品牌文化和产品信息 设计网站优化内容，研究网站升级和优化的可行性及预期效果 保持网站系统的正常稳定运行，维护网站内容，包括文字、图片、视频等资料 优化网站结构，丰富企业门户网站的内容，提升网站的呈现效果 对其他部门在网站运行、网站推广和网络编辑等方面提供技术支持，以及解决其他网站操作方面的技术问题，并能够对相关员工进行培训指导 对网站系统的各种需求进行跟踪、管理、分析等 通过门户网站，了解消费者观念，收集市场反馈，为本部门和其他部门提供信息决策支持 网站技术支持岗位预算及相关人力资源计划 制定网站技术支持方案，定期对网站技术支持在网络营销中的效果进行评估 协助网络营销部门负责人制定网络活动相关计划 网站技术支持团队工作任务的布置、监督与管理 对下属进行指导，提高员工素质 其他相关工作	
权利范围	对网站技术支持岗位费用的支出进行控制 对网站技术支持活动方案设计、制定、实施、修改 根据市场反馈情况，对网络推广战略、网上营销规划提出建议 按计划审批网站技术支持团队工作中所需资金，对超出计划资金提出方案，向网络营销部门负责人报批 按照制度奖惩内部员工 对下属员工进行考核	

9. 网站推广管理岗位（如表 1-11 所示）

表 1-11　网站推广管理岗位说明书范本

任职资格	教育背景	大专以上学历，电子商务或市场营销专业及硕士以上学历更佳
	经验	从事网站运营和市场推广工作，具有网站管理和运营，网络活动策划、网络推广、媒体关系等方面的经验，其中总监要求有 10 年以上、经理要求有 5 年以上、专员要求有 2 年以上工作经验
任职资格	技能与素质	具有非常强的组织、计划、协调、人际交往能力和沟通能力，善于把握消费者观念，思维开阔，创意能力强，能够带领团队进行高效工作 对本行业的网络市场环境有深刻的理解，对各种网络营销方式有全面的认识 能够独立制定网站推广方案，进行有效组织和实施，并对相关员工进行培训和督导 具有企业网站运营能力，熟悉网站推广方式

续表

任职资格	技能与素质	具备一定的市场分析能力，具有分辨目标市场和目标客户的能力 熟悉电视、报纸、广播、网络等多种媒体渠道，具有一定的媒体关系管理能力 计算机操作能力强，熟悉运用办公软件，熟悉各种网络应用平台和工具 英语听、说、写能力强
	个性特征	具有敏锐的市场洞察力和创意能力，具有服务意识，具有良好的团队建设能力与敬业精神
工作内容	策划、组织和实施各种门户网站推广方案，宣传品牌文化和产品信息 设计网站推广方式，研究网站推广方式的可行性和预期效果 制定网站推广策略，明确推广活动所需的各种资源和外部合作机构 与企业内部其他部门合作，主导或参与网络推广活动，优化网站、提升搜索引擎排名 与网络媒体、移动媒体、平面媒体、电视媒体等各种媒体机构保持联系，不定期推出企业网站推广活动 与大型网站、行业网站、地区网站合作，交换网站链接、发布企业网站新闻，配合企业网站推广活动 通过媒体平台和门户网站，了解消费者观念，收集市场反馈，为本部门和其他部门提供信息决策支持 网站推广管理岗位预算及相关人力资源计划 制定网站推广管理方案，定期对网站推广在网络营销中的效果进行评估 协助网络营销部门负责人制定网络活动相关计划 网站推广管理团队工作任务的布置、监督与管理 对下属进行指导，提高员工素质 其他相关工作	
权利范围	对网站推广管理岗位费用的支出进行控制 对网站推广管理活动方案设计、制定、实施及修改 根据市场反馈情况，对网络营销战略、网络活动策划、网络广告活动提出建议 按计划审批网站推广管理团队工作中所需资金，对超出计划资金提出方案，向网络营销部门负责人报批 按照制度奖惩内部员工 对下属员工进行考核	

（三）电子商务网站推广人员应具备的职业道德与素养

1. 忠于职守、坚持原则

各行各业的工作人员，都要忠于职守，热爱本职工作。这是职业道德的一条主要规范。作为电子商务网站推广工作人员，忠于职守就是要忠于电子商务网站推广工作这个特定的工作岗位，自觉履行电子商务网站推广工作的各项职责，认真辅助企业领导做好各项工作。电子商务网站推广工作人员要有强烈的事业心和责任感，坚持原则，注重社会主义精神文明建设，反对不良思想和作风。

2. 兢兢业业、吃苦耐劳

电子商务网站推广工作人员的工作性质决定了从业人员不仅要在理论上有一定的造诣，还要具有实干精神。能够脚踏实地、埋头苦干、任劳任怨；能够围绕电子商务网站推广开展各项活动，招之即来，来之能干。在具体而紧张的工作中，能够不计个人得失，有着吃苦耐劳甚至委曲求全的精神。

3. 谦虚谨慎、办事公道

电子商务网站推广工作人员要谦虚谨慎、办事公道，对领导、对群众都要一视同仁，秉公办事，平等相待。切忌因人而异，亲疏有别，更不能趋附权势。只有谦虚谨慎、公道正派的电子商务网站推广工作人员，才能做到胸襟宽广，在工作中充满朝气和活力。

4. 遵纪守法、廉洁奉公

遵纪守法、廉洁奉公是电子商务网站推广工作人员职业活动能够正常进行的重要保证。遵纪守法指的是电子商务网站推广工作人员要遵守职业纪律和与职业活动相关的法律、法规，遵守商业道德。廉洁奉公是高尚道德情操在职业活动中的重要体现，是电子商务网站推广工作人员应有的思想道德品质和行为准则。它要求电子商务网站推广工作人员在职业活动中坚持原则，不利用职务之便或假借领导名义谋取私利，不搞你给我一点“好处”，我回报你一点“实惠”的所谓“等价交换”。要以国家、人民和本单位整体利益为重，自觉奉献，不为名利所动，以自己的实际行动抵制和反对不正之风。

5. 恪守信用、严守机密

电子商务网站推广工作人员必须恪守信用，维护企业的商业信用，维护自己的个人信用。要遵守诺言，遵守时间；言必信，行必果。在商务活动中，电子商务网站推广人员应当严格按照合同办事。通过网络安排的各种活动，自己要事先做好准备工作，避免因个人的疏忽对工作造成不良影响。

严守机密是电子商务网站推广工作人员的重要素质。电子商务网站推广工作人员的一个显著特点是掌握的机密较多，特别是商业机密。因此，要求电子商务网站推广工作人员必须具备严守机密的职业道德，无论是上机操作还是文字工作都要严格遵守国家的有关保密规定，自觉加强保密观念，防止机密泄露。发现盗窃机密的行为和盗窃机密的不法分子，应做坚决斗争，并及时报告公安、保密部门。

6. 实事求是、工作认真

电子商务网站推广工作人员要坚持实事求是的工作作风，一切从实际出发，理论联系实际，坚持实践是检验真理的唯一标准。电子商务网站推广人员工作的各个环节都要求准确、如实地反映客观实际，从客观存在的事实出发。电子商务网站推广人员无论是收集信息、提供意见、拟写文件，都必须端正思想，坚持实事求是的原则。在工作中，切忌主观臆断、捕风捉影，分析问题必须从客观实际出发。

7. 刻苦学习、勇于创新

电子商务网站推广工作头绪繁多、涉及面广，要求电子商务网站推广工作人员有尽可能广博的知识，做一个“通才”和“杂家”。现代社会科学技术的发展突飞猛进，知识更新速度加快，因此，电子商务网站推广工作人员应该具有广博的科学文化知识，以适应工作的需要。

作为电子商务网站推广工作人员，对自身素质的要求应更严格、更全面，甚至更苛刻一些。是否具有良好的素质，对于做好电子商务网站推广工作是一个非常重要的问题，也是评价电子商务网站推广工作人员是否称职的基本依据。因此，电子商务网站推广工作人员必须勤奋学习、刻苦钻研，努力提高自身的思想素质和业务水平。

现在各行各业的劳动者，都在破除旧的观念，勇于开创新的工作局面。作为复合型人才的电子商务网站推广工作人员更应具有强烈的创新意识和精神。要勇于创新，不空谈、重实干，在思想上是先行者，在实践上是实干家，不断提出新问题，研究新方法，走出新路子。

8. 钻研业务、敬业爱岗

从发展的角度看，电子商务网站推广人员必须了解和熟悉与自身职业有直接或间接关系的领域中取得的新成果，才能更好地掌握电子商务网站推广工作的各项技能。

电子商务网站推广人员要根据自身分工的不同和形势发展的需要，掌握电子商务网站推广所需要的各种技能，如计算机技能、网络营销技能等。这些技能都必须随着电子商务网站推广技术的发展和自身工作的需要，在实践中不断地学习和提高。同时，电子商务网站推广人员应掌握电子商务网站推广中的各种管理知识，将信息技术与商业管理有机结合起来，提高企业应用电子商务的能力，促进企业经济效益的提高。

四、任务拓展

通过实地走访当地熟悉的专业电子商务网站推广企业或电子商务企业、传统销售型企业的网站推广部门，与它们的网站推广主管、负责人或工作人员进行交流，了解他们在网站推广岗位设置上的差异，以及对于网站推广人才培养和录用方面的特殊要求，详细记录交流过程并进行总结，提出自己的看法。

任务三 知名电子商务网站推广模式比较

一、任务导入

很多网站通过实施合理的网站推广策略获得了成功，如知名的电子邮件服务提供商 Hotmail 和 Gmail 的病毒性营销，使他们在花费很小的情况下获得了爆炸性的客户增长，至今仍被奉为经典。

本任务要求以项目小组的形式，通过登录开心网（社交网站）、当当网（网上零售 B2C）和淘宝网（C2C）等电子商务网站，了解网站的主要产品与服务，然后通过搜索引擎信息检索等途径，调研分析上述网站采用的主要网站推广策略。将不同网站所采用的网站推广策略进行比较分析，形成对不同类型网站推广常用策略的一个总体认知。

在任务实施过程中，应能判断出对企业网站成功推广意义最大的一种或几种手段，将结果填入表 1-12 中。

表 1-12 知名电子商务网站推广模式比较分析

网站名称	所属类别	产品与服务	网站关键推广策略	评价
开心网				
当当网				
淘宝网				
阿里巴巴				
土豆网				

二、任务实施

（1）登录网站，通过浏览网站了解网站所属的类型，其主要产品与服务。

（2）通过浏览网站上的信息或搜索引擎检索等途径，了解企业网站所采用的网站推广策略。

（3）对网站所采用的推广策略进行评价，分析其优缺点。

（4）对比不同类型网站的推广策略，对不同类型网站推广模式形成初步认知。

以开心网为例，实施步骤如下。

打开开心网（http://www.kaixin001.com/），注册登录后，浏览开心网内容，得出开心网所属网站类别和主要的产品与服务，如图 1-3 所示。

图 1-3　开心网首页

通过浏览，可知开心网是一个社交网络（SNS），致力于为中国网民提供一个开心的互动平台，通过开心网让用户与朋友、同学、同事、家人保持更加紧密的联系，及时了解他们的动态，在线分享照片、日记、心情，通过轻松的互动传递最纯真的快乐。开心网提供的产品与服务主要包括：

（1）照片、日记、书评、影评等信息分享平台。

（2）短消息、留言、评论等沟通手段。

（3）事务管理、网络硬盘、收藏等个人工具。

（4）投票、答题、真心话等互动话题。

（5）朋友买卖、争车位、买房子送花园、钓鱼、开心餐厅等互动组件。

通过浏览开心网，以及通过搜索引擎检索，可以很清晰地看到开心网的邀请推广策略，这种策略就是前面所提及的“病毒性营销”，如图 1-4 所示。

点评：对于 SNS 网站而言，病毒性营销是个低成本、高转化率的推广方式，其本身的特点决定了此类方式特别适合 SNS 网站的推广。开心网将这种模式应用得非常完美。

> **1、邀请你的亲朋好友、同学、同事加入开心网**
>
> 你可以邀请你的任意亲朋好友、同学、同事加入你的开心网。只要输入对方的Email地址和邀请留言，系统就会替你发送邀请给他们；他们加入开心网时，就会自动出现在你的好友列表中！
>
> 如果你邀请的好友早已在开心网上安了家，系统会自动把他们的主页列出来。
>
> 我们提供很方便的邀请功能，可以从你的同学录、邮箱通讯录、你的MSN好友中批量导入好友名单，任你选择邀请对象。
>
> 个别情况下，由于对方的邮件服务商误把你的邀请邮件判为垃圾邮件等原因，造成对方接收不到你的邀请邮件。这时，可以请对方直接到开心网上来注册；对方注册后，系统会自动识别你们俩的关系，让你们很方便地在开心网上建立好友关系。

图 1-4　开心网邀请推广策略

三、任务分析

（一）电子商务网站的类型

电子商务网站的发展呈现出多样性，使得电子商务的应用可以在不同的层次上展开。按照不同的标准，有多种分类方式，常见的有以下几种分类的方法。

1. 按照企业建立电子商务网站的目的和业务功能分类

（1）行业电子商务网站。

这类电子商务网站是以行业机构为主体构建的大型电子商务网站，主要为行业内的企业和部门进行电子化贸易提供信息发布、商品交易、客户交流等活动平台。比如，阿里巴巴（http://www.alibaba.com.cn）、中国化工网（http://china.chemnet.com）、中国服装网（http://www.efu.com.cn）等。

（2）企业电子商务网站。

这类电子商务网站是以企业为构建主体，主要为企业的产品和服务提供不同层次的商务平台。比如，戴尔中国（http://www.dell.com.cn），海尔中国（http://www.haier.cn）等。

（3）政府电子商务网站。

这类电子商务网站是以政府机构为构建主体来实现电子商务活动，为政府面向企业和个人的税收、公共服务提供网络化交互平台。此类网站在国际化商务交流中发挥着重要作用，比如，中央人民政府门户网站（http://www.gov.cn）、北京市政务门户网站（http://www.beijing.gov.cn）。

（4）服务机构电子商务网站。

这类电子商务网站是以服务机构为构建主体，包括商业服务机构、金融服务机构、邮政服务机构、家政服务机构、娱乐服务机构等的电子商务网站。比如，中国工商银行（http://www.icbc.com.cn）。

2. 按照电子商务网站的交易主体分类

（1）B2B（Business-to-Business）电子商务网站。

这类电子商务网站是指从事企业与企业之间交易的网站，即商务活动的买卖双方均为企业，它包括采购类网站和批发类网站等。比如阿里巴巴、思科等。

（2）B2C（Business-to-Customer）电子商务网站。

这类电子商务网站是指从事网上零售业务的网站，即商务活动的卖方为企业，买方为消费者。零售商在网上开设店面、陈列商品、标出价格、说明服务，消费者在网上选择商品、提出要求、支付货款、快递送货或上门取货等。比如亚马逊、当当网、京东商城等。

（3）C2C（Customer-to-Customer）电子商务网站。

这类电子商务网站主要是指从事网上拍卖活动的网站，商务活动的卖方和买方均为消费者。消费者与消费者之间的艺术品交易、网上拍卖、旧货交易、网上人才市场、换房服务、邮票交易等交易活动都通过网络具体实现。比如 eBay、淘宝网等。

（4）B2G（Business-to-Government）电子商务网站。

这类电子商务网站主要是指从事政府与企业之间的交易活动的网站，其涵盖的内容很多，主要有政府网上采购、网上催税纳税、商品检验、海关及相关政策法规条例的颁布通告等。B2G 电子商务形式发展的最大特征是政府的双重角色——政府既是电子商务的消费者（如政府网上采购属商业行为）又是宏观管理的执行者，对电子商务起着引导、扶持和规范的重要作用。政府利用自己的行为可以大力促进电子商务的发展，同时也进一步带动了政府办公职能业务的高效规范性及信息化。

（5）C2G（Customer-to- Government）电子商务网站。

这类电子商务网站主要是指从事政府和个人之间的事务活动的网站，其涵盖的内容包括福利费发放、个人报税及征收等方面。

3. 按照电子商务网站的经营模式分类

（1）垂直型电子商务网站。

这类电子商务网站提供某一类产品及其相关的互补产品的一系列从网上交流到广告、网上拍卖、网上交易等服务。此类网站的优势在于产品的互补性和购物的便捷性，比如，在一个汽车网站不仅可以买到汽车，还可以买到汽车零件，甚至汽车保险等相关产品。顾客在这一类网站中可以实现一步到位的采购，因而顾客的平均滞留时间较长。

（2）专门电子商务网站。

这类电子商务网站提供某一类产品的最优产品。此类网站类似于专卖店，其优势在于提供优质价廉的产品。除直接面对消费者外，该类网站也面对很多垂直型和水平型网站的供应商。对于此类网站而言，提供品质优良、价格合理、品牌知名度高的产品比网站本身的维护更重要。

（3）水平型电子商务网站。

这类电子商务网站致力于某一类产品的网上经营。此类网站类似于网上购物中心或网上超市，优势在于其产品线的宽度，顾客在这类网站上不仅可以买到自己所能接受的价格水平的商品，而且可以“货比三家”。其不足在于深度和产品配套性的欠缺。由于此类网站充当的是中间商的角色，在产品价格方面处于不利地位。

（4）公司电子商务网站。

这类电子商务网站是以销售本公司产品或服务为主的，相当于公司的“网上店面”。其缺点在于可扩展性不足。除少数品牌知名度极高、市场份额较大的公司外，此类站点的发展空间非常有限。公司网站的一个出路在于向其他类型网站转型，从产品的形态看，金融服务、电子产品、旅游、传媒等行业在开展电子商务方面拥有较明显的优势。由于这些行业的共同特点是产品的无形化，不存在实物的流动，不需要相应的配送体系，因而特别适合于在网上开展业务。

4. 按照电子商务网站提供的产品与服务分类

（1）社交网站。

社交网站（SNS 网站，全称 Social Network Site），简称“社交网”。社会性网络（Social Networking）是指个人之间的关系网络，这种基于社会网络关系系统思想的网站就是社会性网络网站，即 SNS 网站。目前国内比较知名的社交网站如人人网、开心网、朋友网等。

（2）视频网站。

视频网站是指在完善的技术平台支持下，让互联网用户在线流畅发布、浏览和分享视频作品的网站。除了传统的对视频网站的理解外，近年来，无论是 P2P 直播网站、BT 下载网站，还是本地视频播放软件，都将影视点播扩展作为自己的一块战略要地。影视点播已经成为各类网络视频运营商的兵家必争之地。目前国内比较知名的视频网站有土豆、优酷、酷六、乐视网、爱奇艺、网易视频、搜狐视频等。

（3）搜索引擎网站。

简单而言，搜索引擎网站就是提供搜索引擎服务的网站。其根据一定的策略、运用特定的计算机程序从互联网上收集信息，在对信息进行组织和处理后，为用户提供检索服务，将用户检索相关的信息展示给用户的网站系统。目前全球比较知名的搜索引擎网站如 Google、百度、必应、雅虎等。

（4）综合门户。

综合门户网站，是指通向某类综合性互联网信息资源并提供有关信息服务的应用系统。门户网站最初提供搜索服务、目录服务，后来由于市场竞争日益激烈，门户网站不得不快速地拓展各种新的业务类型，希望通过门类众多的业务来吸引和留住互联网用户，以至于目前门户网站的业务包罗万象，成为网络世界的“百货商场”或“网络超市”。目前国内比较知名的门户网站如新浪、搜狐、网易、腾讯等。

（5）交易平台。

交易平台是一个第三方的交易安全保障平台，其提供的产品与服务主要是网络交易支持，主要作用是为了保障交易双方在进行交易时的安全、诚信等问题。交易双方可以将线下谈好的交易，搬到网上通过第三方的交易平台在网上进行交易；而网上交易更多的是客户通过在交易平台上找到自己所需要的产品，进而进行交易。目前国内比较知名的交易平台如淘宝、天猫、京东商城等。

（二）电子商务网站推广中的误区

电子商务网站推广在国际上尤其是在发达国家中已普遍应用，但在我国仍处于成长期，企业的网站推广意识还很落后。在初次建设网站的企业，尤其是一些中小型企业，由于资金缺乏和管理相对落后，很多企业并没有网站推广的计划。

1. 过于注重网址推广，缺乏有效网站内容

常用的网站推广方法通常能增加网站的访问量，很多企业网站通过应用一些网站推广方法提高了网站访问量，但是网络营销的效果却未见提升，这往往是因为网站的有效点击率低，而有效点击率很大程度上是由网站的有效内容决定的。如今，很多企业只重视对企业网址的推广，仅仅获得了潜在用户的访问，却未能最终促成购买决策而真正起到促进网络营销的作用，没有体现出网站推广的全部含义。

很多企业网站，内容非常贫乏，除了公司简介、产品简介之外，再也找不出其他能引起用户兴趣的内容，用户可以从中获得的有效信息非常有限，而且有些信息还是用图片或者 Flash 来表达的，让搜索引擎可以识别的文本信息就更为贫乏了，因此网站很难被用户通过常规渠道发现。对于中小型企业网站来说，内容贫乏是普遍存在的问题，这与大型内容网站是无法相提并论的。如何拓展网站的内容资源，以及如何有效地利用内容资源，这是中小型企业网站需要认真对待的重要问题。

因此，网站推广不能只重视对网址的推广，不能仅仅是对网站推广方法的简单复制和应用，而是要注重整体推广效果，把网站推广当作一个系统的工程来看待。

2. 缺少科学的电子商务网站推广计划

很多企业实施网站推广比较盲目，比如没有制定合理的预算、阶段目标和对推广效果的评价等，导致推广工作半途而废，而有些企业则耗费了巨大的人力和财力却得不到相应的回报。所以在网站推广实施前制定科学的网站推广计划显得至关重要。电子商务网站推广计划不仅是网站推广的行动指南，同时也是检验网站推广效果是否达到预期目标的衡量标准。一般来说，网站推广计划至少应包含下列主要内容：

（1）确定网站推广的阶段目标。如在发布后 1 年内实现每天独立访问用户数量、与竞争者相比的相对排名、在主要搜索引擎的表现、网站被链接的数量、注册用户数量等。

（2）在网站发布运营的不同阶段所采取的网站推广方法。最好能详细列出各个阶段的具体网站推广方法，如登录搜索引擎的名称、网络广告的主要形式和媒体选择、需要投入的费用等。

（3）网站推广策略的控制和效果评价。如阶段推广目标的控制、推广效果评价等。对网站推广计划的控制和评价是为了及时发现网络营销过程中的问题，保证网络营销活动的顺利进行。

3. 非正常的网站推广方法

在网站推广中，也出现了一些方法，这些方法采用有一定强迫性的或者非法的方式来达到推广的目的，这里称之为非正常的网站推广方法。常见的方法有：

（1）垃圾邮件。指在未经用户许可的情况下，强行向邮件用户发送大量广告信息。根据中国互联网协会反垃圾邮件（信息）中心近几年调查发布的“中国反垃圾邮件状况调查报告”统计，我国电子邮箱用户平均每周收到垃圾邮件数量在 10 封以上，平均每周收到的邮件中垃圾邮件所占比例在 30%以上，其中个人免费邮箱收到的垃圾邮件占比最高。垃圾邮件严重影响了用户体验，特别是个人免费邮箱和手机邮箱，用户满意度指数最低，如图 1-5 所示。

序　列	性　能	重要性（%）	权　数	免费邮箱满意指数	企业邮箱满意指数	手机邮箱满意指数
1	安全性、保密性	81.2	27.8	69.0	71.4	66.8
2	邮箱容量	18.6	6.4	71.5	63.1	65.4
3	收发邮件成功、及时性	85.2	29.2	73.7	70.2	69.4
4	防病毒、反垃圾邮件功能	50.1	17.2	57.6	65.9	61.6
5	邮箱登录、页面加载速度	17.0	5.8	62.8	65.8	61.9
6	邮件管理、分类功能等	10.0	3.4	66.2	66.1	63.5
7	邮件系统的稳定性	26.3	9.0	69.5	68.4	66.1
8	界面友好度（界面导航设计）	3.7	1.3	68.4	64.5	64.4
	综合指数、范围[0，100]	292.1	100.0	68.2	68.7	66.1

图 1-5　电子邮箱用户各项满意度指数

每年，光是删除垃圾邮件耗费中国网民的时间给中国带来的 GDP 损失就达到 63.8 亿元。这充分说明垃圾邮件的危害性，而垃圾邮件的泛滥也大大影响到用邮件进行网站推广的有效性。

（2）流氓软件。是指在未明确提示用户或未经用户许可的情况下，在用户计算机或其他终端上安装运行，侵犯用户合法权益的软件。一些企业为了达到推广和宣传的效果，在提供给用户的软件中附上另外的功能，如修改用户浏览器默认主页、自动安装工具栏等。

（3）弹出广告。弹出广告在一定程度上可以起到丰富网站内容，吸引访问者注意力的效果，但是大量的弹出广告会让用户不知所措，甚至产生反感情绪。现在很多知名的 ISP，如 Google、Yahoo!等都在采取措施限制各种弹出式广告的出现，所以不可能长期采用这样的方式来进行网站推广，弹出广告推广的方法一般是作为辅助方式与其他推广方法结合起来使用。

（4）带来法律纠纷的一些方法。如恶意抢注域名来获取高访问量，不正常利用搜索引擎引起的商标权诉讼，等等。针对电子商务领域所出现的法律纠纷，近几年国内外已经出台了相关法律法规来规范电子商务活动，如国内的《互联网电子邮件服务管理办法》，美国的《反域名抢注消费者保护法》等。企业在网站推广过程中应该加强电子商务法律法规的学习，避免触犯法律而成为非法网络营销。

真正值得推广的是合理的、文明的网站推广方法，而应该拒绝带有强制性、破坏性的网站推广手段，坚决反对非法的网站推广手段。

（三）不同类型电子商务网站推广策略

1. B2C 和 B2B 网站的推广策略

（1）B2C 和 B2B 有不同的网站优化目标。

当然，B2C 和 B2B 网站优化的最终目标都是为了提高销售量，在这点上，B2C 和 B2B 没有什么区别，但是在网站优化上，B2C 网站通常是为了提高人均访问的销售率。最理想的状态是，当用户通过搜索引擎发现网站，从登录页的引导进入网站设定的通道，最终完成购物的流程。

然而，这对于 B2B 的企业网站来说是不实际的，B2B 的买家通常不可能在网站完成整个购买流程，因此 B2B 企业网站优化目标不是立即见效的销售，而更多的是吸引买家将你的企业列入它的首选供应商候选名单中。在 B2B 领域的转化率通常不是马上就可以做到，在 B2B 网站优化中，使网站被采购商发现只是一个开始。

（2）提高用户黏性对 B2B 企业网站提高转化率非常重要。

B2B 企业网站应该把注意力集中在“黏性”上，让买家停留在网站上的时间更久，更深入地查阅网页及其他相关网页内容，从而建立买家对网站的信任。一个专业 B2B 采购商做决定时最大的影响因素是风险，换句话说，他怕做出一个错误的决定。

因此，B2B 买家看网站的一个主要目标是评估企业和企业所提供的产品。确保当买家登录网站的首页，当中链接到其他网页的内容有助于建立企业可信度，从而使买家把企业列入考虑范围。

（3）B2B 企业网站每个网页的内容都举足轻重。

B2B 企业网站文案内容的重要性不仅对网站在搜索引擎的排名有重要影响，更重要的是对采购商有影响，文案必须具有说服力。

虽然在 B2C 网站中文案的说服力也很重要，但一般典型的 B2C 客户是一些散户，他们对产品规格、颜色、优惠或者一些较为夸大地对产品作用的赞美之词感兴趣，但是一个商业采购商受规避风险的心态驱使，仅仅产品价格低并不意味着你就是他最好、最合适的供应商，B2B 采购商在一个采购流程中会做更多的调查研究。因此，为了让采购商无论浏览到网站的哪一页，都能建立对企业的信任，就需要对网站所有的网页内容进行认真的设计而不仅是一两个重要网页。

（4）了解 B2B 企业网站潜在买家所习惯使用的搜索引擎。

不同国家的人喜欢使用不同的搜索引擎，而不同的搜索引擎的算法和排名规则又有所不同。比如说百度和 Google，百度有人工参与编辑，Google 是全自动的，而针对 Google 的优化与百度的优化又有一点差别。不过由于搜索引擎的算法基本上没有太大的不同，因此对 Google 做好优化，网站在其他搜索引擎的表现也会很好。此外，随着垂直搜索引擎越来越受欢迎，要了解你的潜在买家喜欢使用哪些垂直搜索引擎，并采取行动让你的网站在这些垂直搜索引擎上也有较好的曝光度。

（5）B2B 买家搜索关键字多样性。

在 B2C 领域里，一个典型的销售流程从搜索到购买可以短至 10～20 分钟，但在 B2B 的世界里，一个购买流程长达几个月甚至一年。这是因为在 B2B 采购流程的各个阶段需经过更多的详细审查，在不同阶段中，同一个买家可能会进行不同的调查，而每次不同的调查有不同的目标从而会用不同的关键字。

在购买流程第一阶段（搜索阶段），买家在寻找不同的候选对象，在此阶段他可能会用与产品和服务相关的通用关键字来寻找候选者，从而形成一个候选名单。接着，在评估阶段，买家关注的重点从寻找潜在的供应商到调查与产品和服务的有关细节，不同的搜索关键字会在不同的阶段使用，而不同的网站将会被发现，不同的供应商将会被发掘，从而可能排挤代替掉之前的候选者。因此，在 B2B 搜索引擎优化中，了解潜在客户在采购流程的不同阶段所使用的搜索关键字，不仅可以让企业网站在采购的初期发现你，而且可以在购买整个流程的不同搜索调查阶段中进一步巩固地位。

（6）一个采购企业有多个买家。

前面已说到一个买家有可能使用更多的不同关键字，而一个采购企业的采购流程通常有多个不同的买家参与。专注于用户使用的买家希望了解产品如何满足日常的运作，技术方面的买家关注产品能否符合公司已制定的规范，成本效益分析的买家关心投资回报率和其他财务上的问题。在做出购买决定的流程当中，采购商还可能会咨询顾问或某些专家以帮助公司做出购买决策。

如今，不同的买家成员只要通过不同的搜索关键字点一下鼠标就可以快速地调查和评估候选者，他们所用的搜索关键字根据各自的角色和关注的重点而有所不同。虽然某个人可能花了几星期时间在做调查，但一个副总裁可能只花 10 多分钟在 Google 上搜索，就可能因此而戏剧性地改变了组织的购买决定，优秀的 B2B 网站优化考虑有不同影响力的人物和他们所喜欢使用的搜索关键字，从而让登录页的文案对这些不同影响力的人具有说服力。

（7）复杂的搜索关键字策略。

B2C 的搜索客户可能会用一些大家所了解的品牌名称，他们可能已是某一卖家的固定买家，但他们还希望找到一个更好的卖家。B2C 客户喜欢使用通用的关键字，因此他们使用的关键字较少有大的变化。比如一个要买爽肤水的用户，一般就以爽肤水为中心使用关键字。

B2B 搜索引擎优化呈现出更多的复杂性，比如一个买家搜索某材料的解决方案时，他可能搜索某材料方案、某某（材料名称）解决方案、某某处理技术、某某处理系统、某某管理规则等相关的或者更详细具体的关键字。

此外，同一个产品有不同的叫法和名称，买家可能会使用该行业所特有的产品术语或行业内的通用关键字，而且买家也常常通过以需求为重点搜索或者以问题为重点搜索多过使用产品的名称。

不同购买流程所使用关键字的多样性和不同买家成员的参与，增加了关键字策略的复杂性，这对登录页和网站的结构以及内容都有很大的影响，关键字策略是 B2B 搜索引擎优化成功的关键，你可以发现并选择出潜在客户在购买流程中所喜欢使用的关键字，并因此而设计 B2B 网站将会有很好的效果。关键字策略不仅是网站优化的瓶颈，而且还是区分各个网站优化公司是否专业和优秀的一个重要参考标准，网站优化已经开始走入细节制胜的专业细分阶段了。

2. SNS 网站的推广策略和方法

早期，大量的网站采用 IM 即时通信工具和邮件邀请注册，快速扩展了用户群，但现在，这种单一的网站推广方式已经不再那么有效了，对于 SNS 网站而言更是如此。SNS 网站的内容主要由用户产生，本身价值信息比重低，并且 SNS 网站早期通过邀请产生了一定的推广效应，已经有大量的网民对 SNS 网站比较熟悉，因此再通过邮件邀请等常用手段，容易引起用户的反感，效果反而不好。那么怎样的网站推广方式才适用于 SNS 网站？必须根据 SNS 网站自身的特性，对不同推广方式进行分析。

（1）软文营销。

软文营销十分适合 SNS 网站的推广。在国内，SNS 网站度过了早期萌芽阶段，进入普及期，但还是有许多人并不理解 SNS 是什么，而行业内的人也需要进一步了解 SNS 的真正内涵。通过软文营销，一方面可以传递 SNS 网站的概念，让网络行业内的人士了解 SNS，使用 SNS，然后向网络外的人士宣传和推广 SNS 的概念以及模式；另一方面，软文营销也可以间接传递自身网站的信息，使自身网站在 SNS 网站中脱颖而出。

（2）好友邀请营销。

虽然早期 MSN 邀请和邮件邀请等方式已经被网站频繁使用，导致许多人对 SNS 网站发送的注册邀请特别反感。但是邮件邀请具有很强的针对性，同时邀请都由好友发出，容易得到对方的信任和认同，因此，好友邀请营销对于 SNS 网站而言，仍是一种行之有效的方式。

（3）口碑营销。

口碑一直是网站营销的法宝，SNS 也不例外。但是，SNS 网站的内容来源于用户自身，因此缺乏口碑营销的价值素材，所以 SNS 网站要借助口碑营销的话，一定要找到值得进行口碑传播的价值源。

（4）内容营销。

内容营销基于网站丰富的价值信息，一般对于门户网站、新闻网站等信息发布型网站而言十分适用。由于 SNS 网站的内容都是会员自己产生、会员自己消费的，网站不对内容进行编辑和整理，因此，SNS 网站内容是原生态的，缺乏营销的价值。

（5）事件营销或话题营销。

论坛、博客成就了一大批草根明星，重要的原因就是事件营销，比如“芙蓉姐姐”“90 后贱女孩”。但是 SNS 网站虽然有事件的机会产生，但是绝对不适合作为营销的方式进行传播。首先 SNS 网站的核心是充分尊重会员，SNS 是个分享、平等、开放的平台，假如 SNS 网站利用会员的事情进行炒作，无意伤害了会员，那么也会让网站在会员心目中失去以会员为核心的形象。

（6）友情链接。

传统网站为了提高流量和排名，常常采用友情链接，但对于 SNS 网站而言价值不大。因为 SNS 网站追求的不是流量和排名，而是有价值的会员和用户黏性，就算流量再大，没有有价值的会员，SNS 网站也是一文不值。SNS 网站的价值是随着会员的不断增加而增加的，随着有价值的会员不断增加而体现的。对于传统门户和信息发布类网站而言，会员的增加显然也能增加网站的价值，但是，即使没有会员只有流量，网站的价值同样也会提升。而 SNS 网站却不一样，SNS 网站没有会员就等于没有一切，因为 SNS 的内容由会员产生。

四、任务拓展

（1）与自己的朋友或同学交流，了解其网店（如淘宝网店）所实施的推广策略，结合自己对各种网站推广方法的理解，对他的网店推广策略进行评价，提出自己的看法。

（2）实地走访一家当地熟悉的企业，与其工作人员进行交流，了解他们所实施的网站推广措施，并分析其在网站推广中值得借鉴的地方和需要改进的地方，提出自己的看法。

习　题

一、选择题

1．为用户提供的基于关键词的搜索服务是（　　）。

A．通用目录服务　　B．商业目录服务　　C．专业目录服务　　D．搜索引擎服务

2．互联网最基本的载体、实现互联网各种功能的工具和手段的是（　　）。

A．网站　　B．网页　　C．计算机　　D．各种软件

3．以下不属于电子商务网站推广目的的是（　　）。

A．扩大企业知名度　　B．提升企业品牌形象

C．提高网站流量　　D．了解竞争对手的网站

4．基于国际市场进行电子商务网站推广，以下选项中，最理想的平台是（　　）。

A．百度　　B．谷歌　　C．新浪　　D．腾讯

5．电子商务网站发布初期推广的特点是（　　）。

A．网站推广很可能被忽视　　B．网站推广方法具有一定的针对性

C．网络营销预算比较充裕　　D．网站访问量增长速度减慢

6．与大型内容网站相比，中小企业网站推广存在的问题之一是（　　）。

A．网站内容贫乏　　B．推广手段落后　　C．推广技术落后　　D．缺乏推广理念

7．以下属于友好的电子商务网站推广方式的是（　　）。

A．垃圾邮件　　B．流氓软件

C．弹出广告　　D．关键词竞价排名

8．对于B2B网站而言，提高用户转化率的重要途径是提高网站的（　　）。

A．界面友好度　　B．用户黏性　　C．用户差异化　　D．界面美观度

9．世界上最大的免费电子邮件服务商 Hotmail.com 曾使用什么推广策略使其用户数量在短短一年内由50万剧增到1200万（　　）。

A．网络广告　　B．搜索引擎优化　　C．病毒性营销　　D．电视广告

10．适合SNS网站推广的方式有很多，其中在SNS网站发展的历程中发挥了重要作用，能够快速提高用户群的方法是（　　）。

A．撒网式网络广告　　B．进行网站搜索引擎优化

C．制造事件　　D．采用MSN和邮件邀请注册

二、填空题

1．________就是通过各种信息化技术手段，把你的网站展示到你的目标受众面前，让更多的用户知道你的网站网址，让他们认识你的网站，并最终登录你的网站，成为你的客户。

2．在电子商务网站建设过程中，应遵循利于________的方式进行网站建设，如考虑如何使目标网站符合用户浏览习惯，对搜索引擎友好等。

3．________就好比是网上的商标，保护网上商标，积极注册域名非常重要。

4．在未明确提示用户或未经用户许可的情况下，在用户计算机或其他终端上安装运行，侵犯用户合法权益的软件是________。

5．美国著名的电子商务顾问 Ralph F. Wilson 博士将一个有效的病毒性营销战略归纳为六

项基本要素。这六个基本要素是：________；提供无须努力即向他人传递信息的方式；信息传递范围很容易从小向大规模扩散；利用公共的积极性和行为；利用现有的通信网络；________。

6．根据许可 E-mail 营销所应用的用户电子邮件地址资源的所有形式，可以分为________和________，或简称内部列表和外部列表。

7．电子商务网站推广工作人员的一个显著特点是掌握的机密较多，特别是________，因此严守机密是电子商务网站推广工作人员的重要素质。

8．________不仅是网站推广的行动指南，同时也是检验网站推广效果是否达到预期目标的衡量标准。

9．2008 年，加多宝实施的“封杀王老吉”营销推广手段是典型的________营销。

10．按电子商务网站推广的渠道划分，可将电子商务网站推广分为________和线下推广。

三、操作题

网站运营对于一个企业而言，其重要性不言而喻，然而如何组建一个合理的网站运营团队，是很多企业困惑的问题。请调研知名、成功企业的网站运营团队组建情况，并画出其网站运营的组织结构图，说明各个职位的主要职责与功能。然后构建一个合理的网站推广项目团队，为课程后期项目的开展做好准备。

项目二

电子商务网站推广方案策划

亚伯拉罕·林肯（Abraham Lincoln）说："如果给我一个小时的时间去砍伐一棵树，我将会利用前30分钟的时间把我的斧头磨锋利。"优秀的企业都有明确的长远规划和目标，然后通过各种方式，将目标转化为可以实施的战略，逐步去实现。1994年，斯坦福大学研究生杨致远和大卫·费罗（David Filo）两人合作，凭借一份"餐巾纸计划"创办了"杰瑞的网络指南"公司（Jerry's Guide to the World Wide Web），即雅虎（yahoo!）网站的前身。然而，随着公司的成长和对资金需求的增加，杨致远和大卫·费罗不得不制订出一个全面的网络营销计划。若没有对战略规划的重视，雅虎网站是不可能成为网络时代的运儿者的。

本项目的工作任务是为企业电子商务网站的推广制订一份切实可行的计划书。要求通过对企业电子商务网站推广现状的分析，制定出企业电子商务网站推广的战略目标、具体实施策略、投资估算和合理的绩效评价指标。在项目的实施过程中，突出网站推广方案的创意设计和合理性。

能力目标

- 能够围绕特定主题开展网络调研、实地调研并进行调研分析；
- 能够制订合理的网站推广计划方案；
- 能够进行市场细分并针对网站推广目标定位目标市场；
- 能够提出合理的企业网站推广品牌策略、产品策略和渠道策略等；
- 能够进行网站推广的投资回报估算；
- 能够制定合理网站推广评价指标体系。

知识目标

- 掌握SWOT分析模型的定义、重要性和分析方法；
- 掌握网络调研的定义、方法和技巧；
- 掌握目标的定义和制定目标的原则、方法；
- 掌握市场细分的定义与具体方法；
- 掌握目标市场的定义；
- 掌握成本—效益分析的定义和方法。

任务一　企业形势分析

一、任务导入

制订电子商务网站推广计划意味着一切从头开始，从了解事实开始。当企业还没有一个完整的、合适的网站运营、推广计划时，网站推广工作人员就要对企业及网站进行形势分析和SWOT 分析，了解现状。本任务要求完成对企业当前的形势分析，具体包括以下工作内容：

（1）审视企业的经营环境，进行 SWOT 分析。

（2）审视企业现有的网站推广计划，以及其他关于公司和公司品牌的信息。

（3）审视企业的电子商务目标、战略及绩效考核指标。

在任务实施过程中，突出对企业电子商务网站推广现状的调研和分析，为后期网站推广计划的制订提供依据。

任务一需完成如表 2-1～表 2-4 所示的内容。

表 2-1　企业经营环境分析

序　号	问　题	描　述
1	公司所属行业及行业特点	
2	公司主要产品和服务	
3	公司的组织结构和经营模式	
4	公司其他信息的认知	

表 2-2　企业 SWOT 分析

外部因素 内部因素	机会（Opportunity）	威胁（Threat）
优势（Strengths）	SO 战略	ST 战略
	（空）	（空）
劣势（Weakness）	WO 战略	WT 战略
	（空）	（空）

表 2-3　企业现有网站推广计划及其他信息

序　号	问　题	描　述
1	公司网站已有的推广计划	
2	公司已作的推广内容	
3	公司品牌信息	
4	公司其他信息	

表 2-4 企业电子商务目标、战略及绩效考核指标

序 号	问 题	描 述
1	公司电子商务目标	
2	公司电子商务战略	
3	公司绩效考核指标	

二、任务实施

任务实施以团队形式展开，团队规模3～4人为宜。通过两条途径完成任务一的实践操作。

（1）进行团队的建立，包括人员的选择与分工，团队工作计划的制订等。

（2）针对上述问题展开对特定中小企业网站的调研，调研途径包括网上调研和网下调研两个方面。

① 网上途径。打开IE浏览器，在地址栏输入http://www.zjnl.net/，进入公司网站，针对所需要了解的问题浏览网站内容，查找、分析有价值的信息。同时可以通过搜索引擎了解公司的其他相关信息。

② 网下途径。以团队的形式开展对公司的网下调研采访，针对问题设计出相应的问卷。

（3）针对调研结果进行整理，完成上述表格。

三、任务分析

（一）企业环境

1. 企业环境的界定

企业环境（Corporate Environment）是指一些相互依存、互相制约、不断变化的因素组成的一个系统，是影响企业管理决策和生产经营活动的现实各因素的集合。这一定义，既不是专指企业的外部环境，也不专指企业的内部环境或内部环境的某些方面，而是指一个环境系统；既反映了企业环境的内容、作用，也反映了企业环境的基本特征。

2. 企业环境的构成

企业环境由自然地理环境、经济环境、科技环境、政治法律环境、社会文化环境等构成。

（1）自然地理环境。

自然地理环境主要指一个国家或一个区域的自然环境、地理条件、气候条件等。

（2）经济环境。

市场环境：构成企业的经济环境的因素很多，在市场经济条件下，企业的经济环境主要是市场环境。这在下一个知识点中会详细讲解。

宏观经济环境：企业所在国家或地区的宏观经济环境从总体上影响着企业经营和发展，这些因素主要有经济增长及其周期性、通货膨胀与就业、资本市场与外币市场、外汇管制等。

税收环境：税收是国家财政收入的主要形式，对企业来说，依法纳税是应尽的义务，纳税支出构成企业生产经营活动开支的重要组成部分。因此，税收环境既是企业的经济环境也是企业必须重视的法律环境。

（3）科技环境。

科技环境主要是指一个企业所在国家或地区的科学技术发展水平、科技政策、新产品的开

发能力以及科技发展的新动向等。

科学技术的影响主要体现在新产品、新机器、新工具、新材料和新服务上。

来自科技的益处就是取得更高的生产率，更高的生活水准，更多的休闲时间和更加多样化的产品。在任何一个社会或企业，科技水平是决定生产何种产品或提供何种服务、采用何种设备，以及如何管理生产等的一个重要因素。

（4）政治法律环境。

政治法律环境主要指国家政治制度、社会制度和法律制度，国家的路线、方针、政策等。

一个国家的政治和法律直接影响到企业的管理政策，它的稳定性也直接影响到企业长期计划的制订。

政治与法律环境属于上层建筑领域，它们相辅相成，互为因果关系。政治与法律由政府构造，企业必须在既定的法律构架下从事生产和经营。

因此，企业管理人员要熟悉适用于本企业经营活动在法律上的必要条件和限制因素，有见识的企业家通常聘请法律和政治方面的专家当自己的顾问，请他们帮助预见和处理政治问题，预见和应对可能遇到的法律问题，以减少自己决策的失误。

（5）社会环境。

一个社会的价值观念、风俗习惯、社会成员接受教育的程度等因素也会影响到企业生产和经营。

社会环境主要指一个国家的人口数量、年龄结构、职业结构、民族构成和特性、生活习惯、道德风尚、历史传统、文化传统等。

社会是人群生活所组成的各种组织体及行为规范与态度的集合。在社会这个大家庭中，企业只是其中的一个成员，比较重要的社会组织还有家庭、学术团体、公益团体、体育团体等，在资本主义社会，一些国家同乡会、职业工会、劳动工会、宗亲、宗教团体也比较发达。企业与这些组织同处共生，不得不注意相互间的影响。

（6）文化教育环境。

文化教育环境主要指人们受教育水平和文化素质以及人们受教育的各种场所的规模、结构等。文化是人类社会所拥有的知识、信仰、道德、习惯和其他才能与偏好的综合体。

从总体上看，文化环境的变化是缓慢的，但就一段时间比较，其变化还是明显的，尤其是物质文化的改变。文化的不断演进对社会中每一个组织而言都是一项重要的影响因素。

（二）SWOT 分析模型

1. SWOT 分析模型简介

SWOT 分析法（SWOT Analysis，也称 TOWS 分析法、道斯矩阵）即态势分析法，20 世纪 80 年代初由美国旧金山大学的管理学教授韦里克提出，经常被用于企业战略制定、竞争对手分析等场合。

在如今的战略规划报告里，SWOT 分析已是一个众所周知的工具。来自于麦肯锡咨询公司的 SWOT 分析，包括分析企业的优势（Strengths）、劣势（Weakness）、机会（Opportunity）和威胁（Threats）。因此，SWOT 分析实际上是将对企业内外部条件各方面内容进行综合和概括，进而分析组织的优势、劣势、机会和威胁的一种方法。

通过 SWOT 分析，可以帮助企业把资源和行动聚集在自己的强项和有最多机会的地方。

2. SWOT 模型含义介绍

优劣势分析主要是着眼于企业自身的实力及其与竞争对手的比较，而机会和威胁分析将注意力放在外部环境的变化及对企业的可能影响上。在分析时，应把所有的内部因素（即优劣势）集中在一起，然后用外部的力量来对这些因素进行评估。

（1）机会与威胁分析（OT）。

随着经济、社会、科技等诸多方面的迅速发展，特别是世界经济全球化、一体化过程的加快，全球信息网络的建立和消费需求的多样化，企业所处的环境更为开放和动荡。这种变化几乎对所有企业都产生了深远的影响。正因为如此，环境分析成为一种日益重要的企业职能。

环境发展趋势分为两大类：一类表示环境威胁，另一类表示环境机会。环境威胁是指环境中一种不利的发展趋势所形成的挑战，如果不采取果断的战略行为，这种不利趋势将导致公司的竞争地位受到削弱。环境机会就是对公司行为富有吸引力的领域，在这一领域中，该公司将拥有竞争优势。

对环境的分析也可以有不同的角度。例如，一种简明扼要的方法就是PEST分析，另外一种比较常见的方法就是波特的五力分析。

（2）优势与劣势分析（SW）。

识别环境中有吸引力的机会是一回事，拥有在机会中成功所必需的竞争能力是另一回事。每个企业都要定期检查自己的优势与劣势，这可通过"企业经营管理检核表"的方式进行。企业或企业外的咨询机构都可利用这一格式检查企业的营销、财务、制造和组织能力。每一要素都要按照特强、稍强、中等、稍弱或特弱划分等级。

当两个企业处在同一市场或者说它们都有能力向同一顾客群体提供产品和服务时，如果其中一个企业有更高的盈利率或盈利潜力，那么，这个企业就比另外一个企业更具有竞争优势。换句话说，所谓竞争优势，是指一个企业超越其竞争对手的能力，这种能力有助于实现企业的主要目标——盈利。但值得注意的是，竞争优势并不一定完全体现在较高的盈利率上，因为有时企业更希望增加市场份额，或者多奖励管理人员或雇员。

竞争优势可以指消费者眼中一个企业或它的产品有别于其竞争对手的任何优越的东西，它可以是产品线的宽度、产品的大小、质量、可靠性、适用性、风格和形象，以及服务的及时、态度的热情等。虽然竞争优势实际上指的是一个企业比其竞争对手有较强的综合优势，但是明确企业究竟在哪一个方面具有优势更有意义，因为只有这样，才可以扬长避短，或者以实击虚。

由于企业是一个整体，而且竞争性优势来源十分广泛，所以在做优劣势分析时必须从整个价值链的每个环节上，将企业与竞争对手做详细的对比。如产品是否新颖、制造工艺是否复杂、销售渠道是否畅通，以及价格是否具有竞争性等。如果一个企业在某一方面或几个方面的优势正是该行业企业应具备的关键成功要素，那么该企业的综合竞争优势也许就强一些。需要指出的是，衡量一个企业及其产品是否具有竞争优势，只能站在现有潜在用户角度上，而不是站在企业的角度上。

企业在维持竞争优势过程中，必须深刻认识自身的资源和能力，采取适当的措施。因为一个企业一旦在某一方面具有竞争优势，势必会吸引到竞争对手的注意。一般来说，企业经过一段时期的努力，建立起某种竞争优势；然后就处于维持这种竞争优势的态势，竞争对手开始逐渐做出反应；如果竞争对手直接进攻企业的优势所在或采取其他更为有力的策略，就会使这种优势受到削弱。

而影响企业竞争优势的持续时间主要有三个关键因素：一是建立这种优势所需时间；二是能够获得的优势有多大；三是竞争对手做出有力反应所需时间。

如果企业分析清楚了这三个因素，就会明确自己在建立和维持竞争优势中的地位了。

显然，公司不应去纠正它的所有劣势，也不是对其优势不加利用。而是决定只局限在已拥有优势的机会中，还是去获取和发展一些优势以找到更好的机会。有时企业发展慢并非因为其各部门缺乏优势，而是因为它们不能很好地协调配合。例如，有一家大电子公司，工程师们轻视销售员，而销售人员则瞧不起服务部门的人员。他们之间的沟通必然也是不顺畅的。

波士顿咨询公司提出，能获胜的公司是取得公司内部优势的企业，而不是只抓住公司的核心能力。每一公司必须管好某些基本程序，如新产品开发、原材料采购、对订单的销售引导、对客户订单的现金实现、解决顾客问题的时间等。每一程序都创造价值和需要内部各部门协同工作。虽然每一部门都可以拥有一个核心能力，但如何管理这些优势能力仍是一个挑战。

3. SWOT 分析步骤

（1）确认当前的战略是什么。

（2）确认企业外部环境的变化（波特五力或者 PEST）。

（3）根据企业资源组合情况，确认企业的关键能力和关键限制。

SWOT 分析的内容如表 2-5 所示。

表 2-5 SWOT 分析的内容

潜在资源力量	潜在资源弱点	公司潜在机会	外部潜在威胁
✧ 有力的战略 ✧ 有利的金融环境 ✧ 有利的品牌形象和美誉 ✧ 被广泛认可的市场领导地位 ✧ 专利技术 ✧ 成本优势 ✧ 强势广告 ✧ 产品创新技能 ✧ 优质客户服务 ✧ 优秀产品质量 ✧ 战略联盟与并购	✧ 没有明确的战略导向 ✧ 陈旧的设备 ✧ 超额负债与恐怖的资产负债表 ✧ 超越竞争对手的高额成本 ✧ 缺少关键技能和资格能力 ✧ 利润的损失部分 ✧ 内在的运作困境 ✧ 落后的 R&D 能力 ✧ 过分狭隘的产品组合 ✧ 市场规划能力的缺乏	✧ 服务独特的客户群体 ✧ 新的地理区域扩张 ✧ 产品组合的扩张 ✧ 核心技能向产品组合的转化 ✧ 垂直整合的战略形式 ✧ 分享竞争对手的市场资源 ✧ 竞争对手的支持 ✧ 战略联盟与并购带来的超额覆盖 ✧ 新技术开发通路 ✧ 品牌形象拓展的通路	✧ 强势竞争者的进入 ✧ 替代品引起的销售下滑 ✧ 市场增长速度的减缓 ✧ 交换率和贸易政策的不利转换 ✧ 由新规则引起的成本增加 ✧ 商业周期的影响 ✧ 客户与供应商的杠杆作用的加强 ✧ 消费者购买需求的下降 ✧ 人口与环境的变化

（4）按照通用矩阵或类似的方式打分评价。

把识别出的所有优势分成两组，分组的时候以两个原则为基础：它们是与行业中潜在的机会有关，还是与潜在的威胁有关。用同样的办法把所有的劣势分成两组，一组与机会有关，另一组与威胁有关。

（5）将结果在 SWOT 分析图上定位（见图 2-1），或者用 SWOT 分析表（见表 2-6），将优势和劣势按机会和威胁分别填入表格。

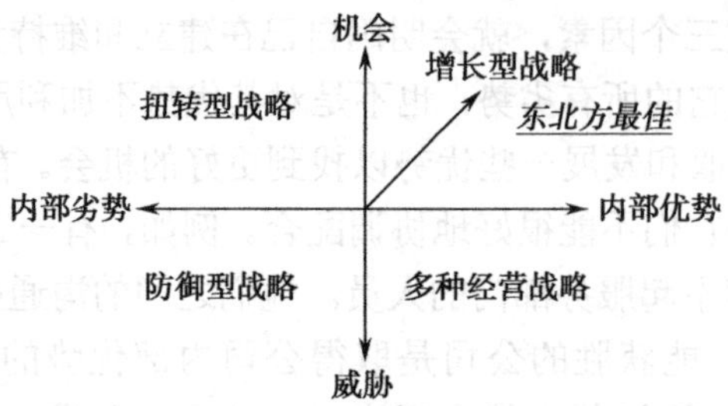

图 2-1 SWOT 分析图

表 2-6 SWOT 分析表

外部因素 / 内部因素	机会（Opportunity）	威胁（Threats）
优势（Strengths）	1 利用这些	2 监视这些
劣势（Weakness）	3 改进这些	4 消除这些

4. SWOT 分析举例：沃尔玛（Wal-Mart）SWOT 分析

（1）优势（Strengths）

沃尔玛是著名的零售业品牌，它以物美价廉、货物繁多和一站式购物而闻名。

沃尔玛的销售额在近年内有明显增长，并且在全球化的范围内进行扩张。例如，它收购了英国的零售商 ASDA。

沃尔玛的一个核心竞争力是由先进的信息技术所支持的国际化物流系统。在该系统支持下，可以清晰地看到每一件商品在全国范围内的每一间卖场的运输、销售、储存等物流信息。信息技术同时也提高了沃尔玛的采购效率。

沃尔玛的一个焦点战略是人力资源的开发和管理。优秀的人才是沃尔玛在商业上成功的关键因素，为此沃尔玛投入时间和金钱对优秀员工进行培训并建立忠诚度。

（2）劣势（Weaknesses）。

沃尔玛建立了世界上最大的食品零售帝国。尽管它在信息技术上拥有优势，但因为其巨大的业务拓展，可能导致对某些领域的控制力不够强。

因为沃尔玛的商品涵盖了服装、食品等多个领域，它可能在适应性上比起更加专注于某一领域的竞争对手存在劣势。

另外，沃尔玛是全球化的，但是目前只开拓了几个国家的市场。

（3）机会（Opportunity）。

采取收购、合并或者战略联盟的方式与其他国际零售商合作，专注于欧洲或者大中华区等特定市场。

沃尔玛的卖场当前只开设在少数几个国家内。因此，拓展市场可以带来商机。

沃尔玛可以通过新的商场地点和商场形式来获得市场开发的机会。更接近消费者的商场和建立在购物中心内部的商店可以使过去仅仅是大型超市的经营方式变得多样化。

沃尔玛的机会存在于对现有大型超市战略的坚持。

（4）威胁（Threats）。

沃尔玛在零售业的领头羊地位使其成为所有竞争对手的赶超目标。

沃尔玛的全球化战略使其可能在其业务国家遇到政治上的问题。

多种消费品的成本趋向下降，原因是制造成本的降低。造成制造成本降低的主要原因是生产外包转向了世界上的低成本地区。这导致了价格竞争，并在一些领域内造成了通货紧缩。恶性价格竞争是一个威胁。

四、任务拓展

走访当地的一家电子商务企业，对其进行 SWOT 分析，并分析其在网上市场的优势和劣势与其实体市场的优势或劣势关系。

任务二　制订网站推广规划

一、任务导入

在任务一企业形势分析的基础上，本任务要求完成公司网站的推广战略规划：明确网站推广目标，设计具体的网站推广战略。具体描述如下。

1. 目标的制订

SWOT 分析指引网站推广目标的确定。

2. 网站推广战略

（1）进行市场细分和目标市场的定位。

（2）目标市场需求分析：对市场潜在的获利能力、可持续性、可行性及潜在的细分市场规模的描述和评估。

（3）网站推广战略包括品牌差异化及品牌定位策略、产品策略、渠道策略、营销沟通策略、客户关系管理策略等。

（4）对实现网站推广战略的有效手段的设计，包括但不限于以下一些网站推广工具和方式：登录搜索引擎、发布网络广告、E-mail 推广、无线推广、口碑营销、博客营销（包括微博）、论坛、登录导航站或目录站等。

任务操作以某一特定中小企业网站为对象进行，完成如表 2-7～表 2-10 所示的内容。

表 2-7　公司网站推广目标

时间期限 / 目标因子	半年	一年	两年
市场占有率			
Alexa 网站排名			
完成品牌目标（如增加品牌知名度）			
完善数据库			
对公司销售收入的影响			

续表

目标因子 \ 时间期限	半年	一年	两年
对公司经营成本的影响			
……			

表 2-8　公司网站推广目标市场定位

目标市场定位	
目标市场需求分析 （市场潜在获利能力、可持续性、可行性以及潜在的细分市场规模、人口统计特征、地理位置、市场心理特征、需求类型等的描述和评估）	

表 2-9　公司网站推广具体策略

策　略	说　明
品牌差异化及品牌定位策略	
产品策略	
渠道策略	
营销沟通策略	
客户关系管理策略	

表 2-10　公司网站推广战略实现手段的设计

手　段	说　明
登录搜索引擎	
网络广告	
E-mail	
……	

二、任务实施

本任务实施主要在任务一的基础上进行，通过对任务一形势分析的总结与讨论，结合战略规划相关知识的自我学习，以团队的合作讨论形式开展实施。

（1）在对某一特定中小企业网站 SWOT 分析的基础上，小组讨论确定公司网站推广的目标。

（2）进行某一特定中小企业网站的市场细分，同时针对网站推广目标确定目标市场。

（3）针对某一特定中小企业网站所处行业、产品与服务和竞争情况等环境因素确定网站推广方向与思路。

（4）讨论设计具体的网站推广策略。

三、任务分析

（一）目标

1. 什么是目标

目标是希望中的最后结果，是一个人或企业真正想要的东西或达到的一种状态，并伴随着计划和行动。

一般情况下，企业目标由多个子目标构成，企业及各层次的目标形成了一个目标网络。在企业中，目标作为任务分配、自我管理、业绩考核和奖惩实施的一个因子，具有十分重要的地位。

对于电子商务网站推广计划的目标设定包括以下三个方面：

（1）任务——需要完成什么。

（2）可量化的工作指标——工作量是多少。

（3）时间范围——什么时候完成。

例如，设定此次项目“推广某一特定中小企业网站”的目标是：半年内，公司网站在 Alexa 的排名进入同行业前 50 名。

事实上，大部分的网站推广计划旨在完成如下的多个目标：

（1）市场占有率的增加。

（2）网站排名的提升。

（3）完成品牌目标，如增强品牌知名度。

（4）完善数据库。

2. 制订目标的要求

目标制订得适当与否，直接关系到目标管理活动的效果，乃至管理活动的成败。一个好的目标，必须满足以下一些基本要求。

（1）关键性与全面性相结合。确定目标时，既要从本单位的基本任务出发，全面考虑，又要突出重点和关键性工作。

（2）灵活性与一致性相结合。确定目标时，必须使本目标同上级目标保持一致，使分目标与总目标保持一致，以保证上级目标和总目标的实现；同时，还要从本级的实际出发，使目标具有一定的灵活性，能够适应未来的发展和客观环境的变化。

（3）可行性与挑战性相结合。目标没有挑战性，就没有激励作用，也无助于员工提高能力；但目标制订得太高，使人感到可望而不可即，又会使人丧失信心，挫伤人们的积极性。

（4）具体化和定量化相结合。

（5）科学性与艺术性相结合。

（6）指令性与民主性相结合。

3. 目标设立的依据

确定目标是主客观条件的统一过程，即主观的需要及其主观条件与客观环境的有机结合。因此，按“充分、必要”的原则处理好目标和条件的关系，是正确制订目标、保证管理绩效的基础。目标与各种主客观条件的关系，如图 2-2 所示。

确定目标的过程，就是研究上级的要求、主观条件和其他客观因素，经过分析论证，提出目标方针，建立指标体系并制定对策措施的过程。上级的要求、主观条件和其他客观因素就是确定目标的依据。

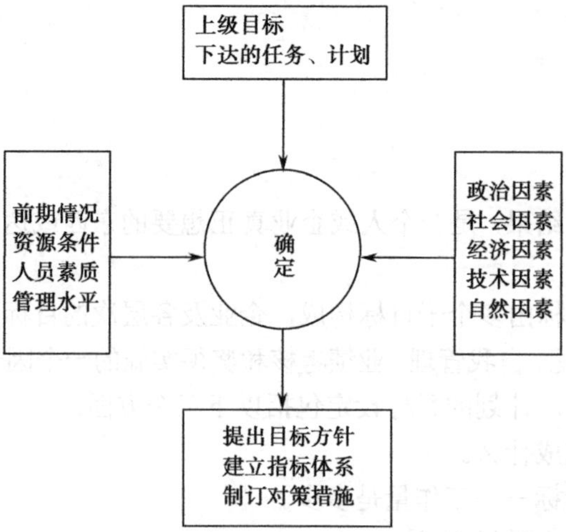

图 2-2　目标与各种主客观条件的关系

（二）战略规划

1. 什么是战略规划

所谓战略规划，是指对重大的、全局性的、基本的、未来的目标、方针、任务的谋划。很多知名企业都有意识地对大约 50 年内的事情做出规划。制订战略规划分为以下三个阶段。

第一个阶段就是确定目标，即企业在未来的发展过程中，要应对各种变化所要达到的目标。

第二个阶段就是要制定实现目标的规划。当目标确定了以后，考虑使用什么手段、什么措施、什么方法来达到这个目标，这就是战略规划。

第三个阶段是将战略规划形成文本，以备评估、审批，如果审批未能通过的话，那可能还需要多个迭代的过程，需要考虑怎么修正。

2. 战略规划的特点

战略规划的有效性包括两个方面，一方面是战略的正确与否，正确的战略应当做到组织资源和环境的良好匹配；另一方面是战略是否适用于该组织的管理过程，也就是和组织活动匹配与否，一个有效的战略一般具有以下特点。

（1）目标明确——战略规划的目标应当是明确的，不应是二义性的。其内容应当使人得到振奋和鼓舞。目标要先进，但经过努力可以达到，其描述的语言应当是坚定和简练的。

（2）可执行性良好——好的战略说明应当是通俗的、明确的和可执行的，它应当是各级领导的向导，使各级领导能确切地了解它，执行它，并使自己的战略和它保持一致。

（3）组织人事落实——制订战略的人往往也是执行战略的人，一个好的战略规划只有有了好的人员执行，它才能实现。因而，战略规划要求一级级落实，直到个人。高层领导制定的战略一般应以方向和约束的形式告诉下级，下级接受任务，并以同样的方式告诉其下级，这样一级级地细化，做到深入人心，人人皆知，战略规划也就个人化了。

个人化的战略规划明确了每一个人的责任，可以充分调动每一个人的积极性。这样一方面激励了大家动脑筋想办法，另一方面增加了组织的生命力和创造性。在一个复杂的组织中，只靠高层领导一个人是难以识别所有机会的。

（4）灵活性好——一个组织的目标可能不随时间而变，但它的活动范围和组织计划的形式无时无刻不在改变。现在所制订的战略规划只是一个暂时的文件，只适用于现在，应当进行周期性的校核和评审，灵活性强使之容易适应变革的需要。

3. 战略规划的内容

战略规划的内容由以下三个要素组成。

（1）方向和目标。

经理在设立方向和目标时有自己的价值观和自己的抱负。但是他不得不考虑到外部的环境和自己的长处，因而最后确定的目标总是这些东西的折中，这往往是主观的，一般来说最后确定的方向目标绝不是一个人的愿望。

（2）约束和政策。

这就是要找到环境和机会与自己组织资源之间的平衡。要找到一些最好的活动集合，使它们能最好地发挥组织的长处，并最快速地达到组织的目标。这些政策和约束所考虑的机会是现在还未出现的机会，所考虑的资源是正在寻找的资源。

（3）计划与指标。

这是近期的任务，计划的责任在于进行机会和资源的匹配。但是这里考虑的是现在的情况，或者说是不久的将来的情况。由于是短期，所以要做出最优的计划，以达到最好的指标。经理或厂长以为他做到了最好的时间平衡，但这还是主观的，实际情况难以完全相符。

战略规划内容的制定处处体现了平衡与折中，都要在平衡折中的基础上考虑回答以下 4 个问题：

- 我们要求做什么？（What do we want to do?）
- 我们可以做什么？（What might we do?）
- 我们能做什么？（What can we do?）
- 我们应当做什么？（What should we do?）

这些问题的回答均是领导个人基于对机会的认识、基于对组织长处和短处的个人评价，以及基于自己的价值观和抱负而做出的回答。所有这些不仅限于现实，而且要考虑到未来。

（三）市场细分

1. 市场细分的界定

市场细分（Market Segmentation）的概念是美国市场学家温德尔·史密斯（Wendell R.Smith）于 20 世纪 50 年代中期提出来的。

市场细分是指企业按照某种标准将市场上的顾客划分成若干个顾客群。每一个顾客群构成一个子市场，不同子市场之间，需求存在着明显差别。市场细分是选择目标市场的基础。市场营销在企业的活动包括细分一个市场并把它作为公司的目标市场，设计正确的产品、服务、价格、促销和分销系统“组合”，以满足细分市场内顾客的需要和欲望。

2. 市场细分的步骤

市场细分作为一个比较、分类、选择的过程，应该按照一定的程序来进行，通常有以下几步。

（1）正确选择市场范围。

企业根据自身的经营条件和经营能力确定进入市场的范围，如：进入什么行业，生产什么产品，提供什么服务。

（2）列出市场范围内所有潜在顾客的需求情况。

根据细分标准，比较全面地列出潜在顾客的基本需求，作为以后深入研究的基本资料和依据。

（3）分析潜在顾客的不同需求，初步划分市场。

企业将所列出的各种需求通过抽样调查进一步收集有关市场信息与顾客背景资料，然后初步划分出差异最大的细分市场，至少从中选出三个细分市场。

（4）筛选。

根据有效市场细分的条件，对所有细分市场进行分析研究，剔除不合要求、无用的细分市场。

（5）为细分市场定名。

为便于操作，可结合各细分市场上顾客的特点，用形象化、直观化的方法为细分市场定名，如某旅游市场分为商人型、舒适型、好奇型、冒险型、享受型、经常外出型等。

（6）复核。

进一步对细分后市场进行调查研究，充分认识各细分市场的特点，本企业所开发的细分市场的规模、潜在需求，还需要对哪些特点进一步分析研究等。

（7）决定细分市场规模，选定目标市场。

企业在各子市场中选择与本企业经营优势和特色相一致的子市场，作为目标市场。没有这一步，就没有达到细分市场的目的。

经过以上7个步骤，企业便完成了市场细分的工作，就可以根据自身的实际情况确定目标市场并采取相应的目标市场策略。

3. 市场细分的作用

细分市场不是根据产品品种、产品系列来进行的，而是从消费者（指最终消费者和工业生产者）的角度进行划分的，是根据市场细分的理论基础，即消费者的需求、动机、购买行为的多元性和差异性来划分的。市场细分对企业的生产、营销起着极其重要的作用。

（1）有利于选择目标市场和制定市场营销策略。

市场细分后的子市场比较具体，比较容易了解消费者的需求，企业可以根据自己的经营思想、方针及生产技术和营销力量，确定自己的服务对象，即目标市场。较小的目标市场，便于制定特殊的营销策略。同时，在细分的市场上，信息容易了解和反馈，一旦消费者的需求发生变化，企业可迅速改变营销策略，制订相应的对策，以适应市场需求的变化，提高企业的应变能力和竞争力。

举例来说，联想的产品细分策略，正是基于产品的明确区分，打破了传统的“一揽子”促销方案，围绕“锋行”“天骄”“家悦”三个品牌面向的不同用户群需求，推出不同的“细分”促销方案。选择“天骄”的用户，可优惠购买让数据随身移动的魔盘、可精彩打印数码照片的3110打印机、SOHO好伴侣的M700多功能机，以及让人尽享数码音乐的MP3；选择“锋行”的用户，可以优惠购买“数据特区”双启动魔盘、性格鲜明的打印机，以及“新歌任我选”MP3播放器；钟情于“家悦”的用户，则可以优惠购买“电子小书包”魔盘、完成学习打印的打印机、名师导学的网校卡，以及成就计算机高手的Windows 7计算机教程。

（2）有利于发掘市场机会，开拓新市场。

通过市场细分，企业可以对每一个细分市场的购买潜力、满足程度、竞争情况等进行分析对比，探索出有利于本企业的市场机会，使企业及时做出投产、异地销售决策或根据本企业的生产技术条件编制新产品开拓计划，进行必要的产品技术储备，掌握产品更新换代的主动权，开拓新市场，以更好地适应市场的需要。

（3）有利于集中人力、物力投入目标市场。

任何一个企业的资源、人力、物力、资金都是有限的。通过细分市场，选择适合自己的目标市场，企业可以集中人、财、物及其他资源，去争取局部市场上的优势，然后占领自己的目标市场。

（4）有利于企业提高经济效益。

前面三个方面的作用都能使企业提高经济效益。除此之外，企业通过市场细分后，可以面对自己的目标市场，生产出适销对路的产品，既能满足市场需要，又可增加企业的收入；产品适销对路可以加速商品流转，加大生产批量，降低企业的生产销售成本，提高生产工人的劳动熟练程度，提高产品质量，全面提高企业的经济效益。

（四）目标市场

1. 目标市场的定义

著名的市场营销学者麦卡锡提出了应当把消费者看作一个特定的群体，称为目标市场。通过市场细分有利于明确目标市场，通过市场营销策略的应用有利于满足目标市场的需要。即目标市场就是通过市场细分后，企业准备以相应的产品和服务满足其需要的一个或几个子市场。

2. 目标市场的分析与选择

（1）候选目标市场的基本要求。

候选目标市场的基本要求主要包括以下几个方面：

差异性——顾客购买行为、成本、资金需求等有足够的差异使差异化战略具有合理性。

可衡量性——市场规模、购买力等特征可测量。

可达到性——通过相应营销组合，产品能送抵。

实用性——规模足够大，有较大的盈利潜力。

可行性——针对性的营销努力能有效抵达特定群体，对营销组合的反应基本一致。

（2）选择目标市场的标准。

选择目标市场的标准主要包括以下几个方面：

市场规模与增长率——量化市场。

市场竞争状态与特性——寻找有利机会。

与企业目标和资源的相溶性——把握自身优势。

（3）目标市场的选择方式。

目标市场的选择方式主要包括集中于单一细分市场、选择不同的多个细分市场、市场集中、产品集中、选择全部细分市场等方式。

（4）目标市场覆盖策略，如图 2-3 所示。

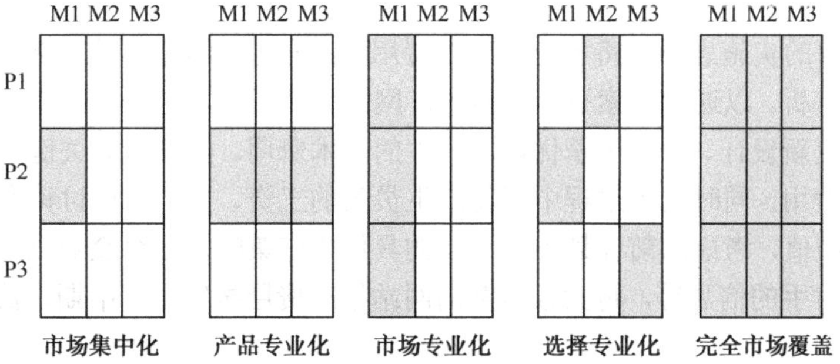

图 2-3　目标市场覆盖策略

四、任务拓展

淘宝网店作为目前大学生创业的重要途径，被众多的大学生所接受。请以某一淘宝网店为对象，设计一个详细的网店推广战略规划。

任务三　投资估算和评估考核

一、任务导入

针对某一特定中小企业网站推广项目，制订相应的投资估算和评估考核指标。

（1）将网站推广可能产生的费用进行估算，同时将其与可能的收益（即推广效果）进行比较，进行成本—效益分析，计算投资回报率（ROI）。

（2）制定合理的网站推广效果评估跟踪系统，明确考核内容。

任务操作完成表 2-11 和表 2-12 的内容。

表 2-11　投资回报估算

时间范围	短期	中期	长期
投资估算			
回报（效果）估算			

表 2-12　考核评估体系

客户视角		内部管理视角		学习和创新视角		财务视角	
目标	指标	目标	指标	目标	指标	目标	指标

二、任务实施

（1）投资预算的实施思路是将各个环节的费用投入与预期收益（推广效果）进行比较，进行成本—效益率分析。以通过搜索引擎手段推广网站为例考虑，这个过程中可能投入的费用有员工再进行网站重新设计、搜索引擎优化等产生的技术费用，如果考虑关键字推广则会产生一笔购买关键字的费用，同时这个过程中还将产生员工的工资、员工沟通讨论产生的一些其他费用。按照目标期望值，考虑之前计划中所设计的具体推广策略，结合企业以往的历史数据、行业报告以及竞争对手的信息等，将大致所需的网站推广费用按短期、中期、长期三个阶段填入表 2-11 中。

（2）将各项投入与可能产生的效果进行衔接、比较，计算投资收益比，从而考虑推广手段、方法的合理性。如预计网站在一段时间内的访问量，将其与投入相比较，判断哪个环节产生较好的效果，哪个环节产生的效果较差，从而进行资金的合理分配，减少或剔除收益率低的环节，并在表中注明。

（3）按照平衡积分卡的思路，建立如表 2-12 所示的考核评估体系。操作中，从网站推广的目标着手考虑，从客户、内部管理、学习和创新、财务 4 个视角制定绩效考核指标，用于控制、影响具体的计划实施。

此处以客户视角的平衡积分卡为例简单说明操作过程。假设之前确定如下部分网站推广目标：提高新网站的知晓度；增加网站上软件的下载量；提高网站客户满意度；提高现有客户在线购买量和购买频率；建立网站社区等。从客户视角制定考核指标，如表 2-13 所示。

表 2-13　考核指标

客户视角	
目　标	指　标
提高新网站的知晓度	目标市场对网站服务的知晓度 网站访问人数
增加网站上软件的下载量	网站登录次数
提高网站客户满意度	对网站目标客户进行调查 网页的访问量和网站滞留时间
提高现有客户在线购买量和购买频率	挖掘数据，了解购买频率的变化规律
建立网站社区	社区注册量 浏览社区公告板的主机数

三、任务分析

（一）预算

1. 什么是预算

任何一个战略规划的关键部分都是确定预期的投资回报，这就是预算（或利润计划）。

预算可以说是控制范围最广的技术，因为它关系到整个组织机构而不仅是其中的几个部门。

一个预算就是一种定量计划，用来帮助协调和控制给定时期内资源的获得、配置和使用。编制预算可以看成是将构成组织机构的各种利益整合成一个所有各方都同意的计划，并在试图达到目标的过程中，说明计划是可行的。贯穿正式组织机构的预算计划与控制工作把组织看成是一系列责任中心，并努力把测定绩效的一种系数与测定该绩效影响效果的其他系数区别开来。

2. 预算的范围

预算包含的内容不仅仅是预测，它还涉及巧妙而有计划地处理所有的变量，这些变量决定着公司未来努力达到某一有利地位的绩效。如果每个系统的要求都要根据公司的目标进行平衡，则必须采用一种协调的方式制订一个一致同意的计划。在预算计划阶段，每一个经理都应当考虑其责任中心（部门或子系统）与其他部门，以及作为一个整体的公司之间的关系。这种做法将有利于减少部门之间的偏见，减少“部门王国”的出现，以及减少组织机构中相互隔离的缺点和突出的沟通问题。

计划制订以后，就为评价以后的绩效提供了一个参考框架。毫无疑问，预算的绩效是一个比过去的绩效更好的基准。

基本的预算形式有两种——长期预算和短期预算。时间的长短将两者明显区分开来，这提出了一个问题，即预算使用者要受到常规会计年度的适当影响。例如，某种产品的生命周期从其引入期到淘汰期，与其说是日历期间不如说是自然预算期，因为它在统一的基础上将销售、生产和财务计划联系在一起。实际的预算期选择在很大程度上取决于公司准确预测的能力。典型的预算是以年度为基础来编制的，然而往往由于报告、时间安排和控制的原因，这一时间跨度又被分解为更小的时间间隔（例如在生产和销售活动中，按照半年、季度、月份甚至是星期来做预算）。

3. 预算的基本方法

制定预算的基本方法有以下两种。

（1）定期预算：在这一预算中，为下一财政年度制订一个随时期推移而改动最少的计划。一般来说，每年度的预期总费用是按月、按要素成本的活动优势分摊在全年中的。这样“月工资”作为预期成本的 1/12 简单分摊在各个月份上，而销售的季节性波动，要求多一点关注营销和生产成本以及在波动的过程中成本的变化。

（2）连续（滚动）预算：在这一预算中，准备一个试验性的年度计划，其中第一个季度按月份详细准备，二、三季度的计划准备相对较为简略，而第四季度的计划只有一个大概轮廓，每月（或者也许是每季度）该预算都要通过增添下个月（或季度）所要求的详细情况来加以修订，并且加上一个新的月份（季度），以这种方式使计划延伸至一年，这种编制预算的程序图顺应环境的变化和一些不确定性因素的影响，是非常理想的。因为它迫使管理人员不论处在当前财政年度的哪一阶段，都要不断为新的一年考虑具体的条件。

定期预算对于处在稳定行业的公司来说常常是令人满意的，因为这些公司可以对计划期间做出相对精确的预测。相反，在更为常见的由消费者需求不确定带来的某些不规则周期活动的情况下，滚动预算具有更大的价值。

（二）网站推广的主要成本表现

实施电子商务网站推广会产生各种成本，例如：人员工资，购置硬件、软件、服务等的开支，项目设计费用等。此外，一些传统的网站推广成本也可能会出现在网站推广的预算中，例如为增加网站访问量而支付的离线广告成本。以下从技术推广的角度思考，一般网站推广涉及的费用包括以下几种。

（1）技术费用。

（2）站点设计费用。

（3）人员工资。

（4）营销沟通费用。

（5）杂项费用。

（三）考核评估

1. 什么是考核评估

所谓考核评估，是指运用数理统计、运筹学原理和特定指标体系，对照统一的标准，按照一定的程序，通过定量定性对比分析，对项目一定经营期间的经营效益（效果）和经营者业绩做出客观、公正和准确的综合评判。

2. 考核评估的类型

考核评估主要有以下 3 种类型。

（1）效果主导型。考评的内容以考评结果为主，效果主导型着眼于“做出了什么”，重点在结果而不是行为。由于它考评的是工作业绩而不是工作效率，所以标准容易制定，并且容易操作。目标管理考评办法就是该类考评。它具有短期性和表现性的缺点，对具体生产操作的员工较适合，但事务性人员不适合。

（2）品质主导型。考核的内容以考评员工在工作中表现出来的品质为主，着眼于“他怎么做”，由于其考评需要如忠诚、可靠、主动、有创新、有自信、有协助精神等，所以很难具体掌握。考评操作性及其信度和效度较差。适合于对员工工作潜力、工作精神及沟通能力的考评。

（3）行为主导型。考核的内容以考评员工的工作行为为主，着眼于“如何做”“做什么”，重在工作过程。考评的标准容易确定，操作性强，适合于管理性、事务性工作的考评。

3. 360 度绩效评估

360 度绩效评估，又称“360 度绩效反馈”或“全方位评估”，最早由被誉为“美国力量象征”的典范企业英特尔首先提出并实施的。

360 度绩效评估是指由员工自己、上司、直接部属、同事甚至顾客等全方位的各个角度来了解个人的绩效，包括：沟通技巧、人际关系、领导能力、行政能力……通过这种理想的绩效评估，被评估者不仅可以从自己、上司、直接部属、同事甚至顾客处获得多种角度的反馈，也可以从这些不同的反馈中清楚地知道自己的不足、长处与发展需求，使以后的职业发展更为顺畅。

四、任务拓展

依托 Google 开展搜索引擎推广一个网站，请从成本—效益分析的角度，说明各个环节的费用支出与效果的评价体系。

习　题

一、选择题

1. 进行网络营销调研的首要任务是（　　）。

A. 确定调研主题　　B. 确定资料来源
C. 拟订实施计划　　D. 选择调研方法

2. 通过 BBS 和新闻组途径对网站推广所涉及的相关信息进行的网上调查行为是（　　）。

A. 电子邮件调查　　B. 网上论坛调查
C. 网站直接调查　　D. 搜索引擎调查

3. 网站推广管理的起点是（　　）。

A. 反馈网站推广计划　　B. 组织落实网站推广计划
C. 制订网站推广计划　　D. 修订网站推广计划

4. 下列不属于危机公关处理原则的是（　　）。

A. 预防原则　　B. 反馈原则　　C. 诚实原则　　D. 应急原则

5. 按照采用的技术不同，网上直接调查不包括（　　）。

A. 信息收集法　　B. 站点法　　C. 电子邮件法　　D. 随机 IP 法

6．网上市场细分的原则不包括（　　）。

A．可衡量性　　B．实效性　　C．可接近性　　D．无差异性

7．为了帮助企业把资源和行动聚集在自己的强项和有最多机会的地方，可以进行什么分析（　　）。

A．SWOT　　B．机会和威胁　　C．优势　　D．劣势

8．对于电子商务网站推广计划的目标设定不包括（　）。

A．任务　　B．责任人

C．可量化的工作指标　　D．时间范围

9．制定企业网站推广战略规划的工作有三个阶段，不包括（　　）。

A．确定目标　　B．制订实现目标的规划

C．战略规划形成文本　　D．制订具体实施策略

10．任何一个战略规划的关键部分都是确定预期的投资回报，这就是（　　）。

A．预算　　B．制订计划

C．成本—效益分析　　D．成本核算

二、填空题

1．企业环境有自然地理环境、________、科技环境、________、社会文化环境等构成。

2．SWOT 分析法即态势分析法，20 世纪 80 年代初由美国旧金山大学的管理学教授韦里克提出，经常被用于企业战略制定、________等场合。

3．一个人或一个企业真正想要的东西或达到的一种状态称为________。

4．________就是制订组织的长期目标并将其付诸实施，它是一个正式的过程和仪式。很多知名企业都有意识对大约 50 年内的事情做出规划。

5．________是指营销者通过市场调研，依据消费者的需要和欲望、购买行为和购买习惯等方面的差异，把某一产品的市场整体划分为若干消费者群的市场分类过程。

6．目标市场的选择方式主要包括集中于________；选择不同的________；市场集中；产品集中；选择全部细分市场等方式。

7．基本的预算形式有两种，分别是________和________。

8．从技术推广的角度思考，一般电子商务网站推广涉及的费用包括技术费用、________、人员工资、________、杂项费用。

9．________是指由员工自己、上司、直接部属、同事甚至顾客等全方位的各个角度来了解个人的绩效。

10．电子商务网站推广策划方案必须包含创意、目标和可操作性三要素，其中最核心的是________。

三、操作题

登录戴尔等企业网站，了解、分析它们是如何进行市场细分的？同时这样的市场细分策略在客户体验方面有什么特点。

项目三

电子商务网站推广之搜索引擎推广

本项目的工作任务是以中小企业网站推广为目的，进行搜索引擎营销推广工作。要求以某一中小企业网站为对象，通过搜索引擎优化和搜索引擎营销推广，提升网站的搜索引擎排名和网站知名度。任务实施包括进行中小企业网站 SEO 现状分析、网站关键字优化、网页再设计和优化、链接优化、登录搜索引擎等工作。在项目实施过程中，突出搜索引擎优化的各种应用。

能力目标

- 能够分析电子商务网站的 SEO 表现；
- 能够提供企业电子商务网站的 SEO 方案；
- 能够对电子商务网站进行基本的 SEO 处理；
- 能够将电子商务网站提交到各大搜索引擎；
- 能够通过搜索引擎优化实现企业电子商务网站的搜索引擎营销；
- 能够利用搜索引擎优化实现企业的危机公关、企业品牌等。

知识目标

- 了解搜索引擎的定义、分类和作用；
- 掌握搜索引擎优化的基本方法和技巧；
- 掌握关键字在搜索引擎优化中的作用和地位；
- 掌握 Google、百度等搜索引擎对于 SEO 要求的特点；
- 了解网站地图、URL、网站链接等在 SEO 中的作用；
- 了解 SEO 效果评价的常用指标。

任务一　企业网站 SEO 现状分析

一、任务导入

了解现状才能有的放矢，只有充分认识特定中小企业网站目前在搜索引擎营销推广方面的现状，才能制定下一步合理的搜索引擎营销推广方案。

本任务要求以项目小组的形式，针对中小企业网站推广这一实际背景，对特定中小企业网站当前在搜索引擎中的表现和网站现有的一些状况进行分析，为后续中小企业网站 SEO 有目的地开展做好准备。任务操作可以引入某一特定中小企业网站，具体要求完成以下几个方面的工作。

（1）网站搜索引擎收录情况查询。

（2）关键词在搜索引擎中的排名情况查询。

（3）了解网站首页元标签情况。

（4）网站友情链接检测。

（5）网站关键词密度查询。

（6）网站其他方面的 SEO 检测。

分析结果形成网站 SEO 现状分析报告。

二、任务实施

在任务的实施中，为了便于讲解，以浙江内利信息技术有限公司网站（http://www. zjnl.net/）为例，说明任务实施步骤和方法。浙江内利信息技术有限公司主营移动通信行业的充值缴费业务，在充值渠道的基础上搭建 B2B、B2C 的电子商务网站，发展线上线下的多元化产品及服务，打造实体商户加盟的线上内利商城，自主创新研发支持线下电子支付的终端设备系统，实现落地电子商务的新模式。其目前主营产品为第三方支付卡和自营的“内利商城”。

1. 查询网站在各大搜索引擎中的收录情况

使用“site:”命令查询网站在各大搜索引擎中收录的页面数。如图 3-1 所示，在百度搜索框输入“site:www.zjnl.net/”，然后单击“百度一下”按钮，得到收录页数的情况，如图 3-2 所示。

图 3-1　使用“site:”命令查询网站在百度的收录情况

图 3-3 为网站在 Google 中的收录页数情况。

2. 关键词在搜索引擎中的排名情况查询

使用站长之家提供的关键词排名查询工具，查看网站关键词在百度和 Google 中的排名状况。在 IE 地址栏中输入“http://tools.chinaz.com/keywords/default.aspx”，按 Enter 键进入查询页面，如图 3-4 所示。

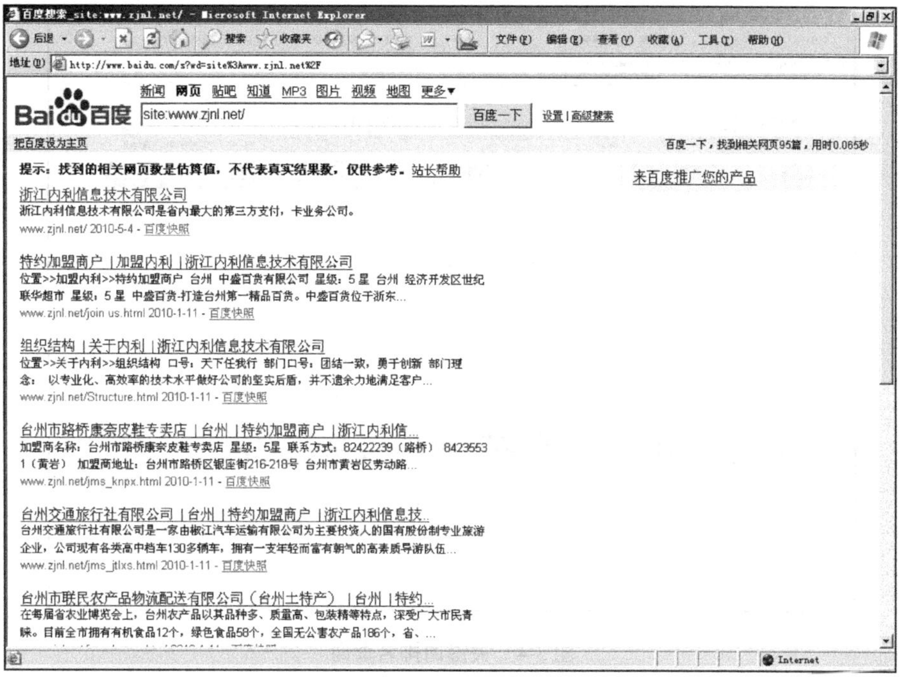

图 3-2　使用“site:”命令查询网站在百度的收录情况的结果页面

图 3-3　网站在 Google 中的收录情况

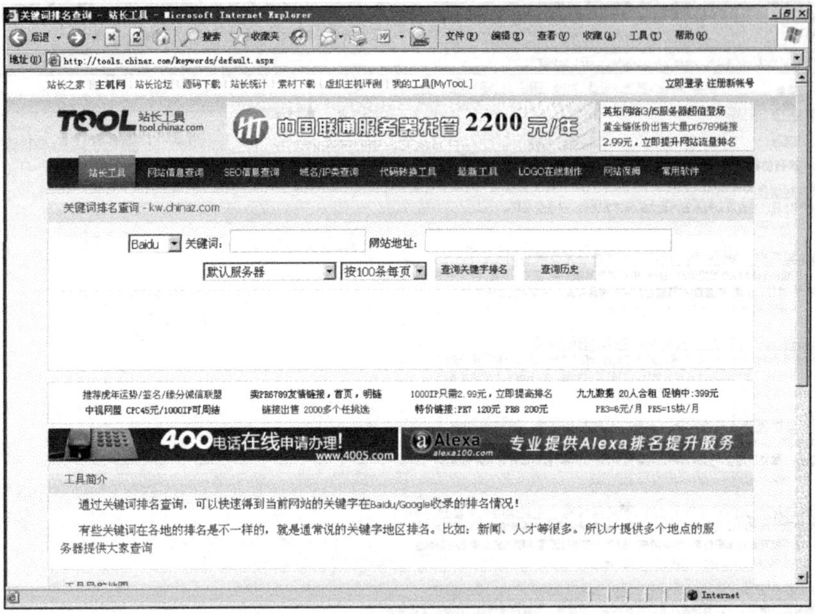

图 3-4　关键词排名查询

暂且把浙江内利信息技术有限公司的核心关键字界定为“第三方电子支付卡”，得到的百度和 Google 的排名情况分别如图 3-5 和图 3-6 所示。

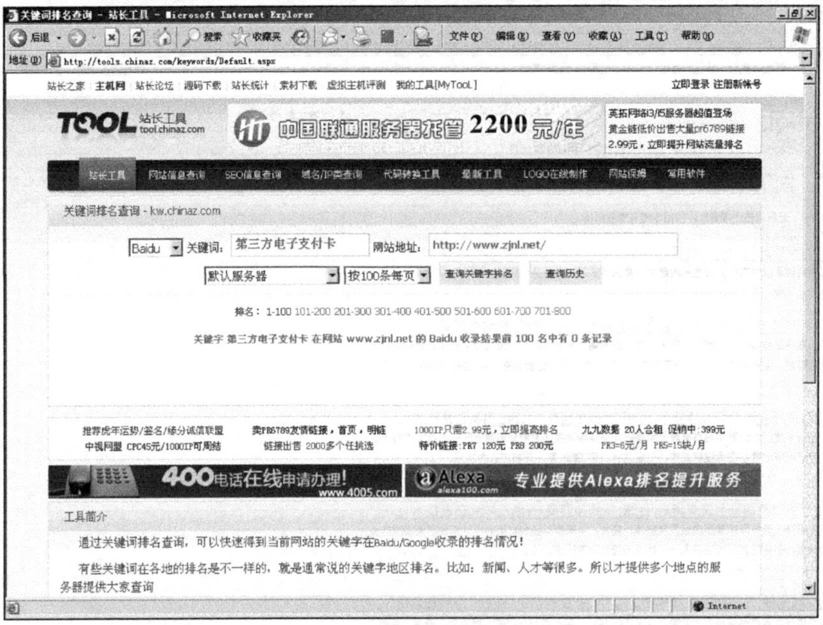

图 3-5　网站关键词在百度的排名情况（一）

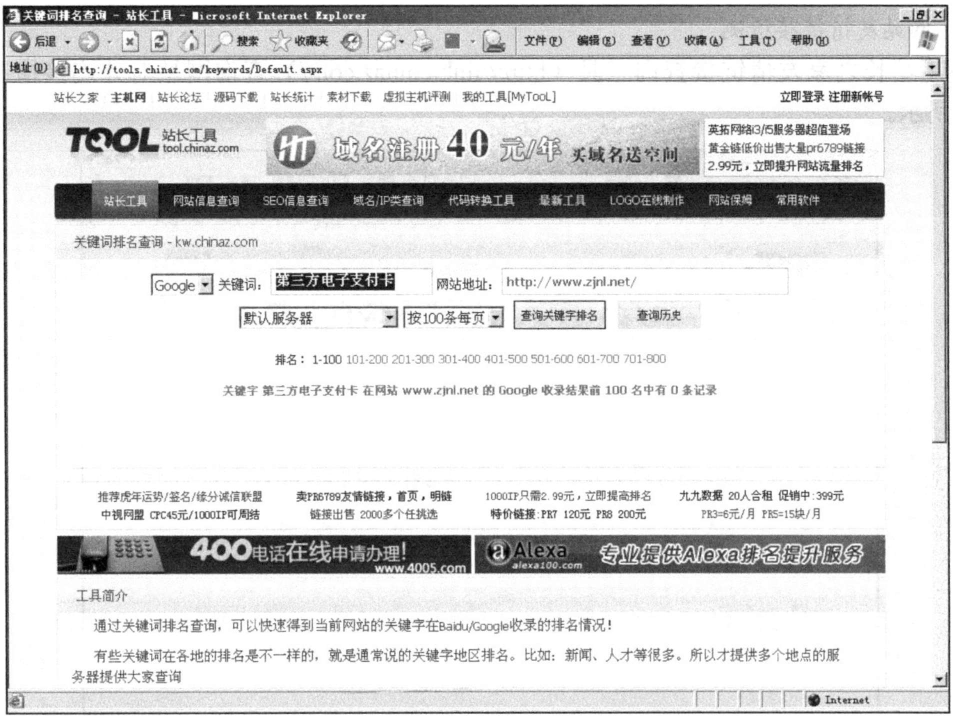

图 3-6　网站关键词在 Google 的排名情况（二）

上述方法是运用第三方工具进行关键词排名的查询。也可以通过直接在搜索引擎中查询目前相关关键词的排名情况。

3. 了解网站首页元标签情况

下面的文本框显示了目前网站首页元标签的情况。从代码可知，网站对元标签进行了基本的设置，但是从搜索引擎优化的角度而言，并不十分完善。

```
<head>
<meta name="description" content="浙江内利信息技术有限公司是省内最大的第三方支付卡业务公司。" />
<meta name="keywords" content="浙江内利信息技术有限公司，内利商城，浙江内利，以马内利" />
<meta http-equiv="Content-Type" content="text/html; charset=utf-8" />
<title>浙江内利信息技术有限公司</title>
<style type="text/css">
<!--
.STYLE1 {font-size: 12px}
body {
    margin-top: 0px;
}
-->
</style>
<script src="Scripts/AC_RunActiveContent.js" type="text/javascript"></script>
<script src="/dwr/engine.js"></script>
<script src="/dwr/interface/SplicingParameters.js"></script>
<link href="css/index.css" rel="stylesheet" type="text/css" />
<link href="css/css.css" rel="stylesheet" type="text/css" />
</head>
```

4. 网站友情链接检测

使用站长之家友情链接查询工具（http://link.chinaz.com/）查询网站对外连接情况，如图 3-7 所示。

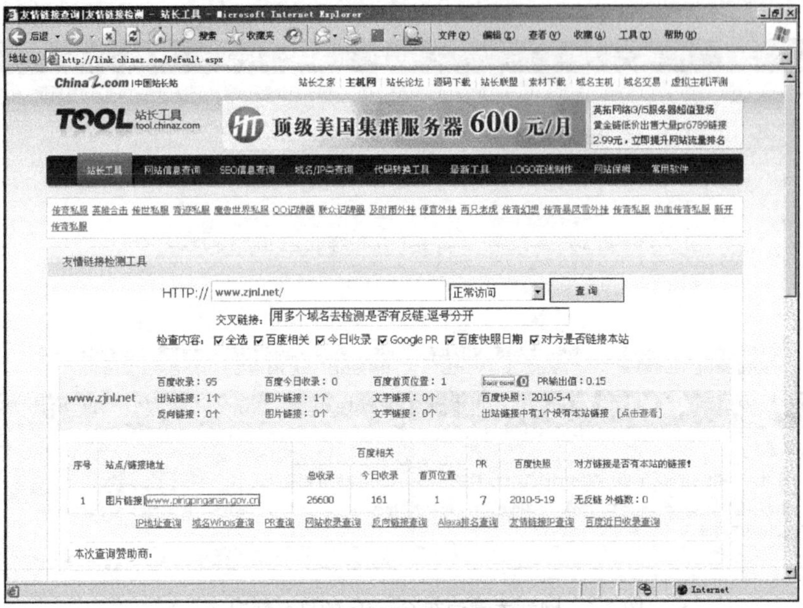

图 3-7 站长之家友情链接查询工具

常用的查询反向链接的方法是使用 link 和 domain 命令，但谷歌和百度给出的结果并不十分准确。使用 Yahoo!提供的反向链接查询工具（http://sitemap.cn.yahoo.com/?require_login=1）查询反向链接比较准确，但是目前，雅虎暂停了该项业务。如图 3-8 所示为雅虎反向链接的查询。通过谷歌网站管理员工具也可以得到网站反向链接总数、每个页面的反向链接数量，以及反向链接的具体来源。

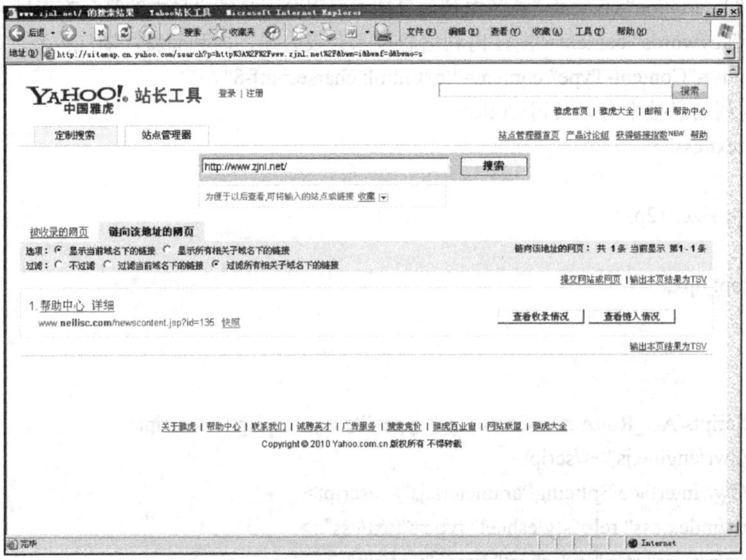

图 3-8 雅虎反向链接的查询

5. 网站关键词密度查询

通过关键词密度查询工具 http://tools.chinaz.com/tools/density.aspx 进行关键词“第三方电子支付卡”密度查询，如图 3-9 所示。

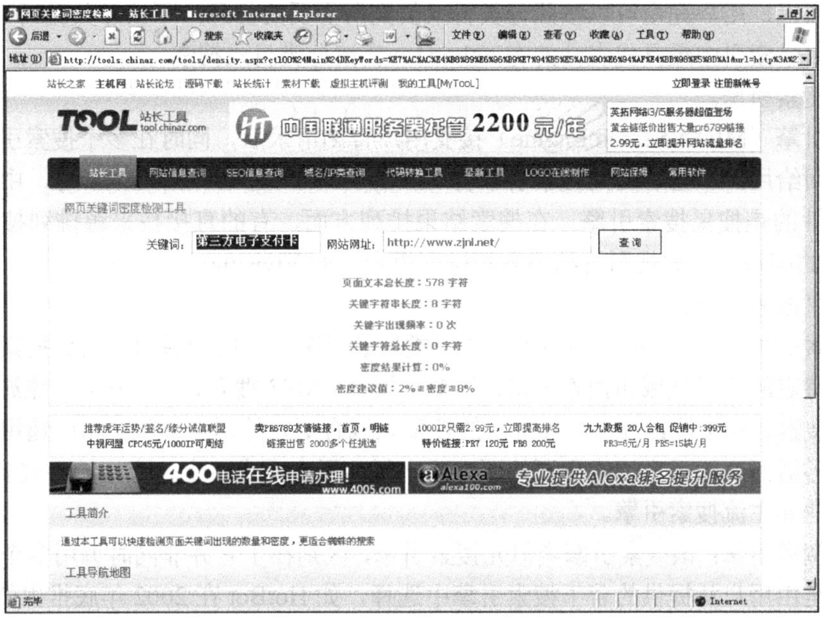

图 3-9　网站关键词密度查询

6. 网站其他方面的 SEO 检测

按照上述方式完成网站 Alexa 排名、内容页 META 信息、TITLE 的查看，网站链接通畅性的检测，页面布局和结构的检测，URL 和目录结构的检测等任务。

三、任务分析

（一）搜索引擎概述

1. 什么是搜索引擎

搜索引擎是指根据一定的策略、运用特定的计算机程序收集互联网上的信息，在对信息进行组织和处理后，将处理后的信息显示给用户的检索服务系统。

搜索引擎一般由以下三部分组成：爬行器（机器人、蜘蛛）、索引生成器、查询检索器。

2. 搜索引擎分类

（1）全文索引。

全文索引搜索引擎是名副其实的搜索引擎，国外的代表是 Google，国内则有百度等。它们从互联网提取各个网站的信息（以网页文字为主），建立起数据库，并能检索与用户查询条件相匹配的记录，按一定的排列顺序返回结果。

根据搜索结果来源的不同，全文索引搜索引擎可分为两类：一类拥有自己的网页抓取、索引、检索系统（Indexer），有独立的“蜘蛛”（Spider）程序或“爬虫”或“机器人”（Robot）程序（这三种叫法意义相同），能自建网页数据库，搜索结果直接从自身的数据库中调用，Google 和百度就属于此类；另一类则是租用其他搜索引擎的数据库，按自定的格式排列搜索结果，如

Lycos 搜索引擎。

（2）目录索引。

目录索引虽然有搜索功能，但严格意义上不能称为真正的搜索引擎，只是按目录分类的网站链接列表而已。用户完全可以按照分类目录找到所需要的信息，不依靠关键词（Keywords）进行查询。目录索引中最具代表性的有 Yahoo!、新浪分类目录搜索。

（3）元搜索引擎。

元搜索引擎（META Search Engine）接受用户查询请求后，同时在多个搜索引擎上搜索，并将结果返回给用户。著名的元搜索引擎有 InfoSpace、Dogpile、Vivisimo 等，中文元搜索引擎中具代表性的是搜星搜索引擎。在搜索结果排列方面，有的直接按来源排列搜索结果，如 Dogpile；有的则按自定的规则将结果重新排列组合，如 Vivisimo。

（4）垂直搜索引擎。

垂直搜索引擎为 2006 年后逐步兴起的一类搜索引擎。不同于通用的网页搜索引擎，垂直搜索专注于特定的搜索领域和搜索需求，如图片搜索、MP3 搜索、机票搜索、旅游搜索、生活搜索、小说搜索、视频搜索等，在其特定的搜索领域有更好的用户体验。相比通用搜索动辄数千台检索服务器而言，垂直搜索需要的硬件成本低、用户需求特定、查询的方式多样。

（5）其他非主流搜索引擎。

集合式搜索引擎：该搜索引擎类似元搜索引擎，区别在于它并非同时调用多个搜索引擎进行搜索，而是由用户从提供的若干搜索引擎中选择，如 HotBot 在 2002 年底推出的搜索引擎。

门户搜索引擎：AOL Search、MSN Search 等虽然提供搜索服务，但自身既没有分类目录也没有网页数据库，其搜索结果完全来自其他搜索引擎。

免费链接列表（Free For All Links，简称 FFA）：一般只简单地滚动链接条目，小部分有简单的分类目录，不过规模要比 Yahoo! 等目录索引小很多。

3. 搜索引擎工作原理

（1）抓取网页。

每个独立的搜索引擎都有自己的网页抓取程序（Spider）。Spider 顺着网页中的超链接，连续地抓取网页。被抓取的网页被称之为网页快照。由于互联网中超链接的应用很普遍，理论上，从一定范围的网页出发，就能收集到绝大多数的网页。

（2）处理网页。

搜索引擎抓到网页后，还要做大量的预处理工作，才能提供检索服务。其中，最重要的就是提取关键词，建立索引文件。其他还包括去除重复网页、分词（中文）、判断网页类型、分析超链接、计算网页的重要度和丰富度等。

（3）提供检索服务。

用户输入关键词进行检索，搜索引擎从索引数据库中找到匹配该关键词的网页；为了用户便于判断，除了网页标题和 URL 外，还会提供一段来自网页的摘要以及其他信息。

4. 搜索引擎发展史

（1）世界上第一个 Spider 程序，是 MIT Matthew Gray 的 World wide Web Wanderer，用于追踪互联网发展规模。最初，它只用来统计互联网上的服务器数量，后来则发展为也能够捕获网址（URL）。

（2）Excite 的历史可以上溯到 1993 年 2 月，6 名 Stanford University（斯坦福大学）大学生通过分析字词关系，对互联网上的大量信息做更有效的检索。到 1993 年中，这已是一个完全投资项目，他们还发布了一个供 webmasters 在自己网站上使用的搜索软件版本，后来被叫做 Excite for Web Servers。

Excite 后来曾以概念搜索闻名，2002 年 5 月，被 Infospace 收购的 Excite 停止自己的搜索引擎，改用元搜索引擎 Dogpile。

（3）1994 年 4 月，斯坦福大学的两名博士生——美籍华人杨致远和 David Filo 共同创办了 Yahoo!。随着访问量和收录链接数的增长，Yahoo 目录开始支持简单的数据库搜索。因为 Yahoo! 的数据是手工输入的，所以不能真正被归为搜索引擎，事实上只是一个可搜索的目录。Yahoo! 中收录的网站，因为都附有简介信息，所以搜索效率明显提高。

Yahoo! 以后陆续有 Altavista、Inktomi、Google 提供搜索引擎服务，Yahoo! 几乎成为 20 世纪 90 年代的因特网的代名词。

（4）1995 年，一种新的搜索引擎形式出现了——元搜索引擎。用户只需提交一次搜索请求，由元搜索引擎负责转换处理后提交给多个预先选定的独立搜索引擎，并将从各独立搜索引擎返回的所有查询结果集中起来进行处理后，再返回给用户。

第一个元搜索引擎是 Washington 大学硕士生 Eric Selberg 和 Oren Etzioni 的 Metacrawler。元搜索引擎概念上好听，但搜索效果始终不理想，所以没有哪个元搜索引擎有过强势地位。

（5）智能检索的产生：它利用分词词典、同义词典、同音词典改善检索效果，进一步还可在知识层面或者说概念层面上辅助查询，通过主题词典、上下位词典、相关同级词典检索处理形成一个知识体系或概念网络，给予用户智能知识提示，最终帮助用户获得最佳的检索效果。

例如：①查询“计算机”与“电脑”，相关的信息也能检索出来；②进一步缩小查询范围至“微机”“服务器”或扩大查询至“信息技术”或查询相关的“电子技术”“软件”“计算机应用”等范畴；③包括歧义信息和检索处理，如“苹果”，究竟是指水果还是电脑品牌，“华人”与“中华人民共和国”的区分，将通过歧义知识描述库、全文索引、用户检索上下文分析以及用户相关性反馈等技术结合处理，高效、准确地反馈给用户最需要的信息。

（6）个性化是搜索引擎未来发展的重要特征和必然趋势之一。通过搜索引擎的社区化产品（即对注册用户提供服务）的方式来组织个人信息，然后在搜索引擎基础信息库的检索中引入个人因素进行分析，获得针对个人不同的搜索结果。自 2004 年 10 月 Yahoo!推出 Myweb 测试版，到 11 月推出个性化功能，再到 2005 年的 Google search history，基本上都沿着一条路子走，分析特定用户的搜索需求限定的范围，然后按照用户需求范围扩展到互联网上其他的同类网站给出最相关的结果。另外一种是针对大众的 Google 个性化搜索引擎，或者 Yahoo Mind Set，或者前台聚类的 Vivisimo。但是无论哪一种实现方式（即 Google 的主动选择搜索范围，还是 yahoo!、Vivisimo 的在结果中重新组织自己需要的信息），都是一种实验或者创想，短期内无法成为主流的搜索引擎应用产品。

（7）网格技术（great global grid）：由于没有统一的信息组织标准对网络信息资源进行加工处理，难以对无序的网络信息资源进行检索、交接和共享乃至深层次的开发利用，形成信息孤岛。网格技术就是要消除信息孤岛实现互联网上所有资源的全面连通。

（二）搜索引擎排名原理

1. Google 的佩奇等级（Page Rank）

Page Rank（佩奇等级），2001 年 9 月被授予美国专利，专利人是 Google 创始人之一拉里·佩奇（Larry Page）。因此，Page Rank 里的 Page 不是指网页，而是指佩奇，即这个等级方法是以佩奇来命名的。它是 Google 排名运算法则（排名公式）的一部分，是 Google 用来标识网页的等级、重要性的一种方法，是 Google 用来衡量一个网站的好坏的唯一标准。在糅合了诸如 Title 标识和 Keywords 标识等所有其他因素之后，Google 通过 Page Rank 来调整结果，使那些更具“等级/重要性”的网页在搜索结果中令网站排名获得提升，从而提高搜索结果的相关性和质量。其级别从 1 到 10 级，10 级为满分。PR 值越高说明该网页越受欢迎（越重要）。例如：一个 PR 值为 1 的网站表明这个网站不太具有流行度，而 PR 值为 7～10 则表明这个网站非常受欢迎（或者说极其重要）。

2. Google Dance

Google Dance 是指 Google 搜索引擎数据库每月一次的大规模升级。在升级期间，新的网页被加入，无效网页被删除，对收录网站进行全面深度检索，也可能在这期间调整算法。Google 搜索结果显示出剧烈的排名波动，同时被索引网站的外部链接也获得更新。每个季度更新一次的佩奇级别也发生在 Google Dance 期间。Dance 一般持续几天时间，Dance 结束后，Google 搜索结果和网站外部链接数量趋于稳定，直至下一个周期的 Google Dance 到来。

Google Dance 是 Google 定期更新它的索引的活动，给人感觉就像是跳舞一样。在这个 Dance 的过程中，Google 所储存的索引都被重新更新，网站的排名会发生剧烈变化，有的网站在 Google 上的排名一夜之间消失，有的网站则名列首位。Google Dance 通常在月末的那周开始，新结果在月初几天可以看到，大概是每 36 天 1 次或者一年 10 次。

（1）佛罗里达风暴和奥斯汀风暴。

2003 年 11 月上旬 Google 开始的对排名算法的剧烈更新。这个更新，犹如飓风，一夜之间让千万个网站从搜索引擎中消失或者从前 10 名降级到 100 页以后，使很多网站在即将到来的圣诞节购物黄金季节失去大量的客源。因为 Google 的这次更新是以位于佛罗里达的 Google 数据中心为主的，因此称为“佛罗里达风暴”。

佛罗里达风暴之后不久，也就是 2004 年的 1 月，Google 又进行了一次巨大的算法更新。因为这次更新是从位于得克萨斯州的奥斯汀（Austin）的 Google 数据中心开始的，所以这次更新被冠以“奥斯汀风暴”。奥斯汀风暴被看作是佛罗里达风暴的余震。

（2）Google Dance 存在的意义。

Google Dance 是 Google 完善自己的算法、反对垃圾泛滥的努力。Google Dance 出现之后，使许多 SEO 从业者开始反思如何正确地使用技术来优化网站。只要你的网站没有作弊或者使用什么不好的技术，那就不怕 Google Dance，所以，即使有一天你突然发现你的网站排名突然后退很多或者在 Google 上找不到了，也不要太担心，因为可能是 Google 在翩翩起舞。

（3）Google Dance 对于 SEO 来说，涉及的注意事项如下：

第一，网站的提交及更新时间。在 Google Dance 期间，新网站被收录的机会增大，因此宜在 Google Dance 期间提交新网站及加大网站更新力度。

第二，静观其变，及时跟进。由于数据调整有一个过程，Google Dance 期间的普遍表现是排名波动不稳定，忽上忽下，也可能在这期间调整排名算法。所以在 Google Dance 结束后，针对排名升降结果和竞争对手的排名情况调整自己的优化策略。

（三）SEO

1. SEO 内涵

SEO（Search engine optimization，搜索引擎优化），指为了提升网页在搜索引擎自然搜索结果中（非商业性推广结果）的收录数量以及排序位置而做的优化行为，这一行为的目的，是从搜索引擎中获得更多的免费流量，以及更好地展现形象。而 SEM（Search Engine Marketing，搜索引擎营销），则既包括了 SEO，也包括了付费的商业推广优化。

毋庸讳言，SEO 自从 1997 年左右出现以来，就和搜索引擎处于某种对立状态。这种对立源于两方面：

一方面，大量 SEO 行为只考虑了如何获得更多的“免费”流量，至于多的这些流量是否符合搜索用户价值，则不在考虑范围之内。这种 SEO 被称为“黑帽”，历来受到搜索引擎的严厉打击。

另一方面，SEO 的目的是为了获取更多的“免费”流量，这和搜索引擎的商业推广是对立的。所以很多 SEO 的从业者，包括相当多的搜索引擎从业者，从心底里认为，两者的利益就是不可调和的。

但如果从更加长远的角度来看，搜索引擎和 SEO 从业者的利益，实际是有高度一致的地方的。

首先，搜索引擎的搜索质量改善，很大程度上受到资源形态的影响。比如很多优质资源，是用 Flash 或者 Ajax 做的，搜索引擎就无法很好地爬取和索引。搜索引擎无法独立承担起这个引导教育职责，有了 SEO 参与其中，这些优质资源就可以更好地发挥其检索效果，改善用户搜索体验。

其次，SEO 从业者也是搜索引擎商业价值很好的布道者。尤其对于中国这样的新兴市场，传统的中小企业对于如何触网、如何做互联网营销，并无多少经验。SEO 在其中可以扮演非常重要的角色。而这种布道，对于搜索引擎产业价值的拓展是很有好处的。

2. SEO 相关术语

（1）搜索引擎营销（Search engine marketing，SEM）。

SEM 这个术语可以与 SEO 互换使用，但 SEM 常常是指通过付费和广告向搜索引擎推销 Web 站点，同时应用 SEO 技术。

（2）关键字、关键词和关键短语（Keyword、Keyterm 和 Keyphrase）。

关键字、关键词和关键短语是 Web 站点在搜索引擎结果页面（也称为 SERP）上排序所依据的词。根据站点受众的不同，用户可以选择一个单词、多个单词的组合或整个短语。为简化起见，本书在描述时将使用“关键字”或“关键词”的表述方式。

（3）搜索引擎结果页面（Search Engine Results Page，SERP）。

SERP 是为特定搜索显示的列表或结果。SERP 有时候被定义为搜索引擎结果的安排（Placement）。根据本系列的目的，本书将其称为页面而不是安排。在 SEO 领域中，在 SERP 中取得良好的表现就是一切。

（4）佩奇等级（Page Rank）。

Page Rank 在前面已经做了简单的介绍，它是迷恋 Google 的人们用来测试其站点在 Google 中的排名的一种度量标准。SEO 和 SEM 专家也使用这个术语描述网页在 SERP 中的排名以及 Google 根据排名算法给予站点的分数。无论如何定义，Page Rank 都是 SEO 的重要部分。

（5）爬行器蜘蛛（Spider）。

爬行器在 Web 上漫游，寻找要添加进搜索引擎索引中的列表。爬行器有时也称为 Web 爬虫（Web crawler）或机器人。针对有机列表优化页面也就是为了吸引爬行器的注意。

（6）排名（Ranking）。

排名是页面在目标关键词的 SERP 中列出的位置。SEO 的目标是提高 Web 页面针对目标关键词的排名。

（7）排名算法（Ranking algorithm）。

排名算法是搜索引擎用来对其索引中的列表进行评估和排名的规则。排名算法决定哪些结果是与特定查询相关的。

（8）垃圾技术（Spamming）。

垃圾技术是一种欺诈性的 SEO 手段，它尝试欺骗爬行器，并利用排名算法中的漏洞来影响针对目标关键词的排名。垃圾技术可以表现为多种形式，但是“垃圾技术”最简单的定义是 Web 站点用来伪装自己并影响排名的任何技术。

根据是否采用垃圾技术，SEO 方法可分为两大类。

黑帽 SEO（Black hat SEO）：用垃圾技术欺骗搜索引擎。黑帽 SEO 以伪装、欺诈和窃取的方式骗取在 SERP 中的高排名。

白帽 SEO（White hat SEO）：以正当方式优化站点，使它更好地为用户服务并吸引爬行器的注意。在白帽 SEO 中，能够带来好的用户体验的任何东西也都被视为对 SEO 有益。

（9）目录（Directory）。

目录是由人为编辑的搜索结果。大多数目录依靠的是人为提交而不是爬行器。

（10）链接场（Link farm）。

在 SEO 术语中，链接场是指一个充满链接的页面，这些链接其实没有实际作用，它们只作为链接存在，而没有任何实际的上下文。那些运用黑帽 SEO 方法的人利用链接场，在一个页面中增加大量链接，希望能通过这种方式使 Google 误认为这个页面很有链接的价值。

（11）有机列表（Organic listing）。

有机列表是 SERP 中的免费列表。有机列表的 SEO 通常涉及改进 Web 站点的实际内容，这往往是在页面或基础架构级别进行的。

（12）付费列表（Paid listing）。

顾名思义，付费列表就是只有在付费后才能列入搜索引擎的服务。根据搜索引擎的不同，付费列表可能意味着：为包含于索引之中、每次点击（PPC）、赞助商链接（Sponsored link）或者在搜索目标关键词和短语时让站点出现在 SERP 中的其他方式而付费。

3. SEO 常用命令

（1）link: 某个特定网站的外部链接，外部链接是一个提升网站排名和权重的主要因素。如 link:www.zjnl.net。

（2）site: 某个特定网站收录情况。

（3）cache: 上一次搜索引擎收录某个特定网站的情况。输入某个页面，可以发现蜘蛛最近收录的日期和版本。

（4）define: 相当于一部辞典。

（5）related: 与某网页特别相关的网页。

（6）allintext: 显示在文档中包含这些文字的所有网页。在 SEO 中，用于发现相关站点和潜在的链接。主要用于研究竞争对手的网站。

（7）info: 某个特定网站的收录信息，最近的 Cache、相似网页、站点链接、内部链接、包含域名的网页等。

（8）allinurl: or inurl:　检索网页 URL 标题包含的特定内容。

（9）allintitle: or intitle:　网页标题中包含指定文字的所有网页。

（10）allinanchor: or inanchor:　链接中包含指定 anchor 的所有网页。

（11）inurl:关键词　返回网页地址中含有查询关键词的网页。

（12）intitle:关键词　返回网页标题里含有查询关键词的网页。

（四）Google 沙盒（Sandbox）

沙盒效应即 Sandbox Effect，仅存在于 Google，是指在 Google 的搜索引擎结果页面（搜索结果）中，新发布的网站排名越来越低，这一现象被称为“沙盒效应”。当一个新的网站被 Google 列入索引之后，它通常会获得被许多观察员认为的对“新网站”的奖励。这个崭新的网站将在搜索结果列表中飞速上升至顶部，然而却是昙花一现，随后，排名就会不断下降。

沙盒效应作为 Google 使用的搜索排名阻尼过滤器（Search ranking damping filter），是用于网站首次发布后的头 2～4 个月内获得“新站奖励（Fresh site bonus）”的网站。这个给予新网站的奖励是指短时间内在搜索结果中获得非常高的排名，因为 Google 偏爱新内容。

新上线的网站陷入沙盒的平均时间约为 90 天。在沙盒期间，新站应该不断完善各方面 SEO 工作，待沙盒效应过后，一般会有不错的排名。

因此新站不管引入多少链接，即使有相关性很强的链接也没什么区别。内容丰富的网站也同样会陷入流沙。

四、任务拓展

找一家熟悉的行业电子商务企业网站，或者对某个网店、个人网站进行搜索引擎优化现状的调研和分析，了解其搜索引擎排名、收录等情况，形成详细的调研结果分析报告。

任务二　关键字优化

一、任务导入

关键字优化是搜索引擎优化的核心工作之一，它从搜索引擎和消费者两个角度让大家认识网站的产品与服务。

本任务要求以项目小组的形式，针对中小企业网站推广这一实际背景，围绕关键字优化进行网站 SEO 处理。任务操作可以引入某一特定中小企业网站，对其进行关键词的选取和关键词的优化工作，具体要求完成以下几方面的工作。

（1）从全局的角度，为网站关键字优化选择主关键字（即核心关键字）。

（2）选择合适的辅关键字，形成关键字列表。

（3）设计关键字分布，进行元标签、Title 关键词优化。

（4）计算、控制关键字密度。

（5）关键字广告。

二、任务实施

本任务以浙江内利信息技术有限公司网站为例说明操作步骤，并针对“关于内利——公司简介”页面实施优化操作，其余页面的关键字优化参考同样的操作思路。

如图 3-10 所示是“关于内利——公司简介”页面截图。

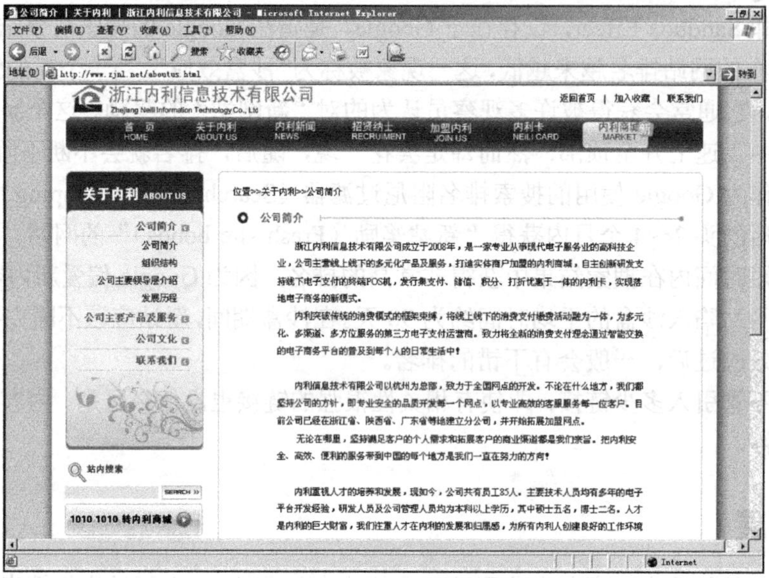

图 3-10　公司简介页面

首先，我们通过考察公司主要经营活动，并通过浏览公司网站内容，确定哪些关键字（字词组合和词组）能够描述内利网站的主要业务类别，然后根据主营业务，写下所有主关键字。“关于内利——公司简介”页面所要表达的主要内容是浙江内利信息技术有限公司的基本概况，包括公司品牌、公司主营产品与服务、行业定位等信息，围绕网页所要表达的主题，我们首先选择确定 2～3 个主关键字。

第一个主关键字——选择公司的品牌，或者说是公司的名称“内利”，当然这个选择并不非常符合搜索引擎优化的原则，但作为公司的品牌，也有其必要性。在该关键字的利用上，主要考虑外链软文的宣传与优化。第二个主关键字考虑公司的主要产品是第三方支付卡，所以把关键字定位在“支付卡”上，不过“支付卡”是否适合作为主关键字呢？Google、百度和 Overture 的关键字工具站在消费者使用搜索引擎搜索产品的习惯这一角度出发，查找与“支付卡”相关的关键字，然后进行关键字评估，最终选择确定与网站主题最合适的关键字。下面通过 Google 的关键字工具进行查看。在 IE 地址栏输入 Google 的 AdWords 关键字工具地址（此地址为新版地址，旧版地址为“https://adwords.Google. com/ select/KeywordToolExternal?forceLegacy=true）：https://adwords.Google.com/o/Targeting/Explorer? __u=1000000000&__c=1000000000&stylePrefOverride=2#search.none!ideaType=KEYWORD&requestType=IDEAS”，如图 3-11 所示。

在“字词或词组”单元格输入“支付卡”，地理位置选择中国，语言选择中文，在其他选项保持默认的情况下，单击“搜索”按钮，获取关于“支付卡”关键字的提示信息，如图 3-12 所示。

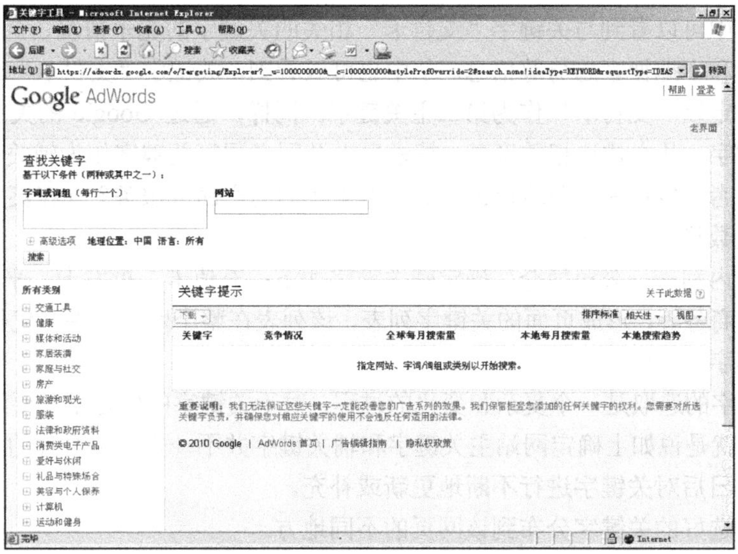

图 3-11　Google 的 AdWords 关键字工具

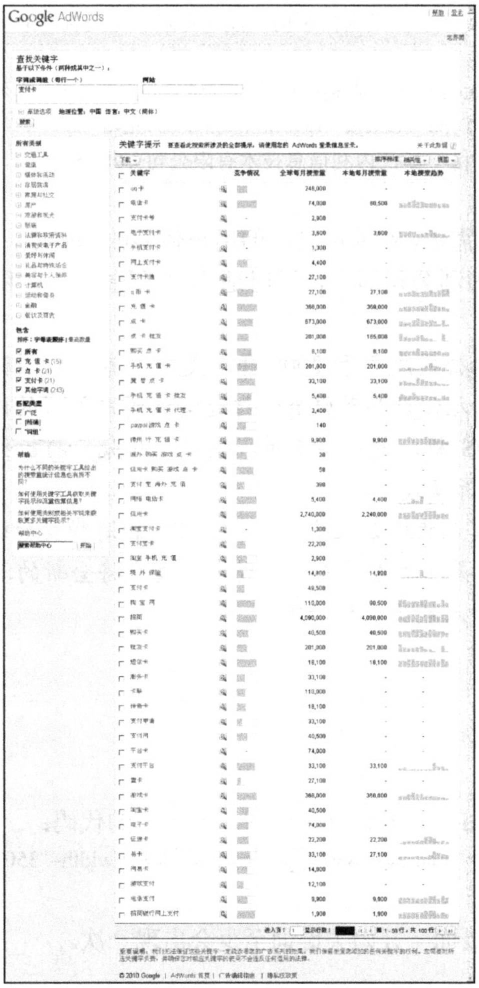

图 3-12　Google 关键字提示页面

从搜索结果中可以看到与关键字“支付卡”相关的关键字的竞争情况、全球每月搜索量、本地每月搜索量和本地搜索趋势等信息。从中也可以看到，关键字“支付卡”有着比较高的搜索量。所以，确定以“支付卡”作为第二主关键字。同样，通过 Google 的关键字工具可以获得大量相关关键字，从中挑选相关度高、搜索量大及同义词等关键字作为辅关键字。此时，要从客户的角度思考出发：客户会用什么关键字搜索我们的产品或服务？（在英文状态下，可以考虑关键字的复数形式，不区分大小写）。

针对“关于内利——公司简介”确定辅关键字如下：充值卡、批发卡、平台卡、电子卡、以马内利、电子商务等，形成页面的关键字列表，该列表在整个网站关键字优化的过程中可以补充到网站关键字列表中。

说明：关键字的选取是一个复杂和变化的过程，对于关键字的确定是需要经过一段时间的实践检验的，也就是说如上确定网站主关键字和辅关键字并不一定是最合理的，需要根据各个关键字的表现在日后对关键字进行不断地更新或补充。

接下来，将选好的关键字分布到该网页的不同地方。

（1）Meta 和 Title 标签。

在 Meta 上和标题上<title>适当地嵌入关键词。

```
<meta name="description" content="浙江内利信息技术有限公司是省内最大的第三方支付，支付卡业务公司。" />
<meta name="keywords" content="浙江内利信息技术有限公司，支付卡，内利商城，浙江内利，以马内利" />
<meta http-equiv="Content-Type" content="text/html; charset=utf-8" />
<title> 公司简介 | 关于内利 | 浙江内利信息技术有限公司</title>
```

（2）内容。

在正文中，按照行文的需求，在保证良好的用户体验的基础上，频繁使用关键词配合文章，避免刻意堆积。如下文为内利公司简介，同时适当对关键段落使用<strong>进行强调或<b>加粗显示。

浙江内利信息技术有限公司成立于 2008 年，是一家专业从事现代电子服务业的高科技企业，公司主营线上线下的多元化产品及服务，打造实体商户加盟的内利商城，自主创新研发支持线下电子支付的终端 POS 机，发行集支付、储值、积分、打折优惠于一体的内利卡（支付卡），实现落地电子商务的新模式。

内利突破传统的消费模式的框架束缚，将线上线下的消费支付缴费活动融为一体，为多元化、多渠道、多方位服务的第三方电子支付运营商。致力将全新的消费支付理念通过智能交换的电子商务平台普及到每个人的日常生活中！

……

（3）链接。

在文中链接和友情链接中设置关键字。

（4）图片。

在图片的代码中运用 ALT 标签设置关键词，如下面的代码：

```
<td width="41%"><img src="images/LOGO.jpg" alt="浙江内利" width="350" height="49" /></td>
```

（5）页面固定内容。

如图 3-13 所示。保证页面一开始关键词至少会出现一次。

图 3-13　页面固定内容设置关键字

（6）在页面的左部和顶部设置关键字。

此页面为公司简介，所以在正文开始的时候就尽可能多地使用关键字，将关键字集中在页面的左部和头部，并以文本的形式体现，而避免使用图片，如图 3-14 所示。

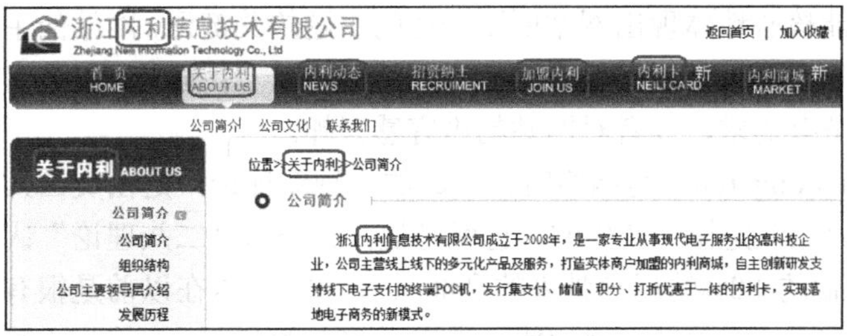

图 3-14　关键字的页面布局

（7）计算关键字密度。

可以通过中国站长站等网站提供的免费或收费的关键字密度计算工具进行计算。按照 Google 和百度、雅虎等搜索引擎的喜好，将关键字密度控制在 2%～5%之间。

除了进行关键字优化，还可以购买搜索引擎关键字，保证更好的搜索引擎推广效果。如在百度推广中购买相关的关键字，结果将出现在百度搜索结果页面自然排名之前或者页面的右边，如图 3-15 所示。

图 3-15　百度推广链接

三、任务分析

（一）关键字

1. 什么是关键字

关键字，就是用户输入搜索框中的文字，也就是用户命令搜索引擎寻找的东西。所以关键字的内容可以是：人名、网站、新闻、小说、软件、游戏、星座、工作、购物、论文、关键词，可以是任何中文、英文、数字，或中文英文数字的混合体。例如，“网站推广”“搜索引擎优化”“SEO”“12306”等。

关键字，可以是一个字，也可以是两个、三个、四个字，甚至是一句话。例如，“爱”“电子商务”“mp3 下载”“SEO 攻略 大全”“蓦然回首，那人却在灯火阑珊处”等。

输入多个关键词搜索，可以获得更精确的搜索结果。例如，在百度搜索引擎中搜索“居住证”，可以找到几万个网页。而搜索“北京居住证”，则只有严格含有“北京居住证”连续 5 个字的网页才能被找出来。因此，当你要查的关键词较为冗长时，建议将它拆成几个关键词来搜索，词与词之间用空格隔开。多数情况下，输入两个关键词搜索，就已经有很好的搜索结果。

2. 什么是主关键字、辅关键字（长尾关键词）

主关键字是指能核心地体现出网站所要表达的主题的关键词，网站的主要内容围绕这些关键词展开，并且带来主要流量，一般是 2～4 个字构成的一个词或词组，名词居多。用户往往对网站的产品和服务有需求，或者对网站的内容感兴趣。

长尾理论（The Long Tail）是网络时代兴起的一种新理论，是由美国人克里斯·安德森提出的。但它是违反“二八定律”产生的。也就是说，原来的“二八理论”认为 20%的用户带来了 80%的利润，其他的 80%的用户带来的利润只有 20%，这在以前是很有道理的，一些大型公司会对那 20%的客户十分注重，因为他们带来了 80%的利润，也就是主流的客户们成为了公司方面的重点对象，这在网站方面也很适用，20%的客户会带来 80%的流量！所以抓住这 20%的客户的心的确是尤为重要，但是长尾理论的出现打破了这一僵局。

如图 3-16 所示为长尾关键词解析图，横轴是品种，纵轴是销量。典型的情况是只有少数的产品销量较高，其余多数产品销量都很低。传统的二八定律关注其中的红色部分，认为 20%的品种带来了 80%的销量，所以应该只保留这部分，其余的都应该舍弃。但是长尾理论不一样，长尾理论关注的是蓝色的尾巴，认为这部分积少成多，可以积累成足够大，甚至可以超过红色部分的市场份额。也就是说，不被你关注的关键词，如果积累起来，它们带来的流量会超过你的主关键词带来的流量。

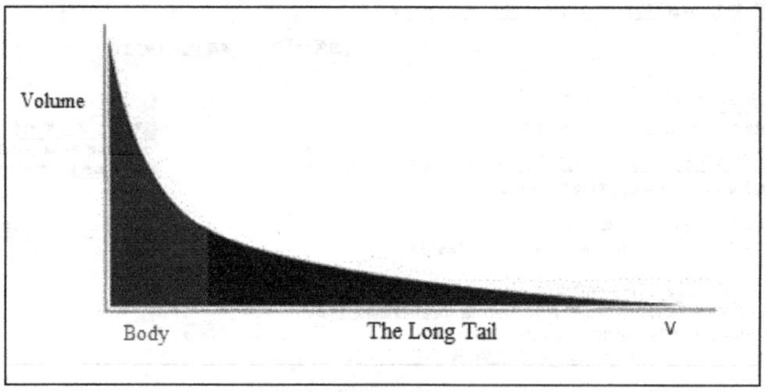

图 3-16　长尾关键词解析图

从 SEO 优化技术的角度来说，长尾关键字就是核心关键字（主关键字）的一个延伸。

所谓长尾关键字就是那些与网站内容有相关性的关键词。它们不是热门关键词，并不是客户常常用来检索的关键词。更多的时候，它们应该是热门关键词与非热门关键词的组合，或者是热门关键词与热门关键词的组合词。

长尾关键词的基本属性是：可延伸性、针对性强、范围广。

长尾关键词一般有以下几种形式：

（1）与企业产品或者网站定位匹配精确度高的词语，此类关键词针对一些有明确目标需求的搜索引擎的引入客户，这类人群是对网站产品有着明确的认识程度的人群，但是这部分人群只对应网站流量的一小部分，大概占据网站整体流量的20%左右。

（2）产品或者网站业务扩展出来的关键词，这是对网站或者产品有着模糊概念的访问人群设计的关键词。它们的流量估计占整体网站搜索引擎流量的30%左右。

（3）即将有可能成为搜索用户使用并且找到网站的关键词，这类关键词可以理解为比较长尾关键词，可能是业务周边的延伸词，或者是你的网站内容扩展出来的相关词，这部分流量估计占网站搜索引擎流量的20%。

比如对一个汽车公司来说，它最需要的关键词并不是搜索量最大的词语——“汽车”或者“轿车”。“汽车”这个词语和汽车公司直接相关，可是它并不能带来真正的客户。相反，“四轮驱动吉普”“最省油的汽车”这些搜索量较少的词语则是非常接近实际购买者或者“发烧友”的真实想法，这类词才是汽车公司的网站需要聚焦的。没有在“汽车”“轿车”这些关键词上获得第一或者第二的排名或许是好事。如果让这些词语消耗了大量的广告预算而忽视了相对冷门的关键词，那么这个竞价排名的广告战是失败的。

网站的 SEO 的成功与否也不能以是否将汽车这样太含糊却又最流行的关键词排在搜索结果前列为标准。SEO 并不是什么词语热门就去追逐什么，也没有什么和其他网站攀比的必要，一切都应该根据自己的网站的特点来制定策略。所以，应该科学地选择关键词，对“长尾关键词”给予充分的注意和分析。只有根据网站的运作去分析，找出广泛的关键词，扩充词语的范围，判断出什么词汇是最能带来客户的，而不是带来走马观花的人群，这才是真正成功的网站SEO。

（二）关键字密度

关键字密度（Keyword Density）或关键词频率（Keyword Frequency）是指在一个页面中，关键字或关键字段占所有该页面中总的文字的比例，该指标对搜索引擎的优化起到关键的作用。为自然提高在搜索引擎中的排名位置，理论上，网站中页面的关键字密度不能过高，也不要过低，一般 1%～7%较为合适。如果要达到 1%的比例，那么在平均 100 个文字中最好包含 1 个关键字或关键字段，如果在 1 000 个文字中仅仅只包含 1 个关键字或关键字段，那么关键字密度就被稀释了。

实际上范围更广，网页关键字密度不一定都是这样的密度，你的排名并不会受到影响，因为，在一定程度上，优化让网页更容易被收录，排名更靠前。取决于网页自身的内在排名及网站的各种因素。

关键字密度切忌进行关键字堆砌，即一页中关键字的出现不是根据内容的需要而安排，而是为了讨好搜索引擎人为堆积关键字(Stuffing)。这已经被搜索引擎归入恶意行为(Spamming)，有遭到惩罚的危险。但也不要完全无视关键字密度的存在，在书写网页的内容时，可以相关性地去向关键字靠近，不然，关键字也就不应该是这个关键字。

（三）关键词选择技巧

1. 选择相关的关键词

对一家企业来说，挑选的关键词当然必须与自己的产品或服务有关。不要听信那些靠毫不相干的热门关键词吸引更多访问量的宣传，那样做不仅不道德，而且毫无意义。试想查找一个叫“Monica Lewinsky”的人，会对你生产的酱油感兴趣吗？当然不。必须承认，有时这种做法的确能提高网站的访问量，但既然目的是销售产品，不是提供免费的小道消息，那么靠这种作弊手段增加访问量又有何用呢？

2. 选择具体的关键词

在挑选关键词时还有一点要注意，就是避免拿含义宽泛的一般性词语作为主打关键词，而是要根据业务或产品的种类，尽可能选取具体的词。比如一家销售木工机器锯的厂家，“Carpenter Tools”不是合适的关键词，“Chain Saws”则可能是明智的选择。有人会问，既然“Carpenter Tools”是集合名词，涵盖了厂家所有的产品，为什么不用？不妨拿“Carpenter Tools”到 Google 一试，你会发现搜索结果居然在 6 位数以上（实际数字为 189 000）。也就是说，你的竞争者有近 200 000 个！想在这么多竞争者当中脱颖而出几乎是“不可能完成的任务”。相反，“Chain Saws”项下的搜索结果则少得多（69 800 个），你有更多的机会排在竞争者的前面。

3. 选用较长的关键词

与查询信息时尽量使用单词原形态相反，在提交网站时，最好使用单词的较长形态，如可以用“games”的时候，尽量不要选择“game”。因为在搜索引擎支持单词多形态或断词查询的情况下，选用“games”可以保证网页在以“games”和“game”搜索时，都能获得被检索的机会。

四、任务拓展

找一家熟悉的行业电子商务企业网站，或者针对自己的淘宝网店、个人网站，按照百度上述任务实施中的方法策略，结合百度、Google 等官方提供的关键字优化策略，进行关键字优化的实施。

“淘宝”是一个巨大的市场，有着上千万的网店，想使自己的网店在众多网店中脱颖而出是一件非常困难的事情，其中处理好关键字环节，将会带来意想不到的效果。

任务三　网页再设计与优化

一、任务导入

网页布局将直接影响到网站的搜索引擎表现，非人性化的架构、错乱的导航等都会使得搜索引擎认为网站不够友好，而被拒之门外。

本任务要求以项目小组的形式，针对中小企业网站推广这一实际背景，从适应搜索引擎检索（或者称为：对搜索引擎友好）的角度对网站进行重新设计和优化。任务操作可以引入某一特定中小企业网站，具体要求完成以下几个方面的工作。

（1）建立网站地图和自定义 404 页面。

（2）网页布局和结构优化、代码减肥。

（3）URL 和目录结构优化。

（4）图片优化。

二、任务实施

本任务以浙江内利信息技术有限公司网站为例说明任务的实施步骤。

1. 网站地图和自定义 404 页面的建立

（1）考虑到内利网站首页主体内容为 Flash，文字内容较少，同时对网站的 URL 等的优化会导致文件的移动和原有 URL 失效等问题，建立一个高度简洁的网站地图页面，便于解决上述问题。同时，网站地图的创建也有助于站内链接优化。此处提供一个基本的 SiteMap.html 文件代码格式。

```
<html>
<head>
<title>网站地图-SiteMap</title>
</head>
<body>
<li><a href=http://www.zjnl.net/1.html target=”_blank”>内容标题 1</a></li>
<li><a href=http://www.zjnl.net/2.html target=”_blank”>内容标题 2</a></li>
<li><a href=http://www.zjnl.net/3.html target=”_blank”>内容标题 3</a></li>
<li><a href=http://www.zjnl.net/4.html target=”_blank”>内容标题 4</a></li>
<li><a href=http://www.zjnl.net/5.html target=”_blank”>内容标题 5</a></li>
</body>
</html>
```

针对内利网站的基本架构，可以按照上述格式，制定网站地图。

（2）自定义 404 出错页面，如果是 Apache 服务器，可以使用 debian，在/user/share/apache2/error 目录下有一个 HTTP_NOT_FOUND.html.var 文件，修改即可。如果是 IIS 网站服务器，可以通过修改 IIS 默认的 404 页面自定义错误页面。具体操作为：打开 IIS，在“网站属性”选择“自定义错误”选项卡，并将 HTTP 404 错误文件指向自定义的 404.html 文件。

为了不至于丢失 404 页面带来的访问者，可以将 404 页面自定义为一个活动推广页面或者形象展示页面，而不要让它成为空白的——“对不起，你访问的网页不存在”。

2. *网页的布局和结构优化及代码减肥*

如图 3-17 所示为内利商城的首页。

图 3-17　内利商城首页

为了网站的排版更加清晰，网站使用了多层嵌套表格和很多嵌在<body>和</body>之间的CSS代码，网站的导航采用了JavaScript程序编写的特效。

搜索引擎蜘蛛在爬行页面时，表格嵌套越深，CSS样式、JavaScript代码越多，则蜘蛛爬行就越困难。修改方案，建议用DIV+CSS样式的页面排版来解决这一问题，DIV+CSS样式排版不超过三层，CSS样式作为一个.CSS格式文件，JavaScript代码同样作为一个外置文件，单独调用，以减少页面的代码，为网页减肥，清除蜘蛛爬行障碍。标准的DIV+CSS页面排版代码（三层DIV）如下。

```
<html>
<head>
<link href="/css.css" rel="stylesheet" type="text/css" />
</head>
<body>
<div id = "main">
<div id = "nav">
<div id = "notice">浙江内利——现代电子服务业的高科技企业</div>
</div>
</div>
</body>
</html>
```

CSS文件的调用以headings（题首）的制定为例说明操作步骤。如对网站中各级标题通过CSS固定下来。

```
H1 {font-family: Arial; size: 14px; color: #00ff00; font-weight:bold;}
H2 {font-family: Arial; size: 12px; color: #00ff00; font-weight:bold;}
H3 {font-family: Arial; size: 11px; color: #00ff00; font-weight:bold;}
H4 {font-family: Arial; size: 10px; color: #00ff00; font-weight:bold;}
H5 {font-family: Arial; size: 8px; color: #00ff00; font-weight:bold;}
H6 {font-family: Arial; size: 8px; color: #00ff00; font-weight:bold;}
```

以上这段CSS可以命名为如“style.css”的外置文件，然后在网页中通过建立链接调用。

```
<link rel="stylesheet" type="text/css" href="style.css">
```

JavaScript 代码也可以采用同样的方式从而大大减少网页代码的长度，提高搜索引擎蜘蛛爬行的效率。

对于代码的优化和减肥，特别是错误网页的查找和修改，可以登录http://validator.w3.org，然后输入网址，一些不匹配的错误就会被指出来。网页HTML代码的编写建议遵循W3C标准，并且在网页的第一行加入下面代码。

```
<!DOCTYPE HTML PUBLIC "-//W3C//DTD HTML 4.01//EN" "http://www.w3.org/TR/ html4/strict.dtd">
```

3. URL和目录结构优化

将目录结构控制在三层以内，并且尽量以静态URL来表示。如下目录结构便于搜索引擎蜘蛛爬行。

根目录下的页面：http://www.zjnl.net/aboutus.html

不超过三层的页面：http://www.neilisc.com/eshop/about.do

如下URL过于冗长，并且带有“？”等参数，搜索引擎会认为该网站不友好，需要进行优化。

```
http://www.neilisc.com/eshop/searchProductList.do?categoryCode=001001
```

根据 Google 网站管理员帮助中的提示：简化域名后面的参数，如果可以采取伪静态或者直接生成静态的方式，会对搜索引擎有很大的帮助。为此，将该 URL 修改为形如“productlist_001001.html”或者使用正则表达式进行伪静态化处理。

动态 URL 的转化可以使用 Exception Digital Enterprise Solutions 公司的 XQASP 软件将“？”“&*”等数据库字符清除。

虽然百度在最新版的官方搜索引擎优化指南中指出：URL 是动态还是静态，对百度没有影响，我们没有任何歧视动态 URL 的策略。以前之所以说搜索引擎处理不好动态 URL，主要是因为动态 URL 中参数过多，很容易制造出大量内容相同、URL 不同的无限循环的“黑洞”，spider 陷入其中，浪费大量的资源。现在已经能比较完美地解决这个问题。

但百度同时又指出：动态 URL 最好像我们建议的那样，尽量减少动态 URL 中包含的变量参数，一方面可以缩短 URL 长度，另一方面，也减少把百度 spider 带入“黑洞”的风险。

4. 图片的优化

对于网站图片、Flash 等的优化，以内利公司首页为例进行优化操作说明。内利公司首页如图 3-18 所示，作为形象网站，为了美观，网站在搜索引擎最关注的地方使用了一个 Flash，并且其网站导航栏也包括在这个 Flash 里面，为 Flash 形式的链接。

图 3-18 内利网站首页

部分图片和 Flash 的 HTML 代码如下：

```
<td width="31%"><div align="center"><img src="images/IMG_3309-.jpg" width= "100" height="210" /></div></td>
<object classid="clsid:D27CDB6E-AE6D-11cf-96B8-444553540000" codebase= "http://download.macromedia.com/pub/shockwave/cabs/flash/swflash.cab#version=9,0,28,0" width="860" height="387">
```

```
<param name="movie" value="zheng.swf" />
<param name="quality" value="high" />
 <embed src="zheng.swf" quality="high" pluginspage="http://www.adobe.com/ shockwave/download/download.cgi?P1_Prod_Version=ShockwaveFlash" type="application/ x-shockwave-flash" width="860" height="387"></embed>
            </object>
```

该网页图片和 Flash 所占的比重较大，部分内容过于简单，没有任何提示搜索引擎的文字信息，当蜘蛛通过链接进入所对应的页面时，不会在第一时间得知目标网页的信息。

对于图片的处理，可以给图片<img>标签中的<alt>属性注明图片的名称，说明图片是关于什么的。如上述图片代码的处理结果为：

```
<td width="31%"><div align="center"><img src="images/IMG_3309-.jpg" width="100" height="210" alt="内利公司" /></div></td>
```

对 Flash 导航栏的修改，由于 FLASH 形式的导航无法添加 ALT 信息的元素，所以可以尝试在页脚添加文字形式的导航链接，基本形式如下。

```
<tr>
  <td width="64" align="center"><a href="index.html">首页 |</a></td>
  <td width="64" align="center"><a href="aboutus.html">关于内利 |</a></td>
  <td width="64" align="center"><a href="Medianews.html">内利动态 |</a></td>
  <td width="64" align="center"><a href="zhaopin.html">招贤纳士 |</a></td>
  <td width="64" align="center"><a href="jiameng.html">加盟内利 |</a></td>
  <td width="64" align="center"><a href="http://www.nlcard.net/nlcard/">内利卡 |</a></td>
  <td width="64" align="center"><a href="http://www.neilisc.com/eshop/index.do">内利商城</a></td>
<tr>
```

三、任务分析

（一）网站地图

1. 什么是网站地图

网站地图（Sitemap）又称站点地图，它就是一个页面，上面放置了网站上所有页面的链接。大多数人在网站上找不到自己所需要的信息时，可能会将网站地图作为一种补救措施。搜索引擎蜘蛛非常喜欢网站地图。

网站地图分为两种：一种是根据 Sitemap 协议来制作，用来给搜索引擎抓取的协议性网站地图；而另外一种就是根据网站本身需求制作，用来给用户看的一个导航性网站地图。

2. 建立网站地图的必要性

众所周知，网站地图对于提高用户体验有好处，能为网站访问者指明方向，能帮助访问者找到他们想要的页面。而对于 SEO 从业人员，网站地图的好处就更是不言而喻了。

（1）网站地图能为搜索引擎蜘蛛提供可以浏览整个网站的链接。

（2）网站地图能为搜索引擎蜘蛛指向动态页面或者采用其他方法比较难以到达的页面。

（3）网站地图作为一种潜在的着陆页面，可以对搜索流量进行优化。

（4）如果访问者试图访问网站所在域内并不存在的 URL，那么这个访问者就会被转到“无法找到文件”的错误页面，而网站地图可以作为该页面的“准”内容。

（二）Google 网站地图

1. Google Sitemap 的协议

Google Sitemap Protocol 是 Google 自己推出的一种站点地图协议，此协议文件基于早期的 robots.txt 文件协议，并有所升级。在 Google 官方指南中指出，加入了 Google Sitemap 文件的网站将更有利于 Google 网页爬行机器人的爬行索引，这样将提高索引网站内容的效率和准确度。

文件协议应用了简单的 XML 格式，一共用到 6 个标签，其中关键标签包括链接地址、更新时间、更新频率和索引优先权。

（1）以<urlset>标记作为开始，以</urlset>标记作为结束。

（2）在<urlset>标记中指定命名空间（协议标准）。

（3）每个网址包含一个<url>条目作为 XML 父标记。

（4）在每个<url>父标记中包含一个<loc>子标记条目。

2. Google Sitemap 示例

```
<?xml version="1.0" encoding="UTF-8"?>
<urlset xmlns="http://www.sitemaps.org/schemas/sitemap/0.9">
<url>
<loc>http://www.zjnl.net/</loc>
<lastmod>2010-07-07</lastmod>
<changefreq>daily</changefreq>
<priority>1.0</priority>
</url>
<url>
<loc>http://www.example.com/seo</loc>
<lastmod>2010-07-07</lastmod>
<changefreq>daily</changefreq>
<priority>0.8</priority>
</url>
</urlset>
```

需要注意的是，这个 XML 文件必须是 UTF-8 的编码格式，不管你是手动生成还是通过代码生成，建议最好检查一下 XML 文件是否是 UTF-8 编码，最简单的方法就是用记事本打开 XML 然后另存为时选择编码（或转换器）为 UTF-8。

3. Sitemap 网站地图属性

Sitemap 网站地图属性如表 3-1 所示。

表 3-1　Sitemap 网站地图属性

属　性	填写方式	说　明
<urlset>	必填	压缩此文件并提供当前协议标准作为参考
<url>	必填	每个网址条目的父标记。剩余标记为此标记的子标记
<loc>	必填	该页的网址。如果网络服务器需要网址的话，此网址应以协议开始（例如 HTTP）并以斜杠结尾。该值必须少于 2 048 个字符
<lastmod>	可选	该文件上次修改的日期。此日期应采用 W3C Datetime 格式。如果需要，此格式允许省略时间部分，并使用 YYYY-MM-DD
		请注意，此标记不同于服务器可返回的 If-Modified-Since （304） 标头，搜索引擎可能会以不同的方式使用这两个来源的信息

续表

属　　性	填写方式	说　　明
<changefreq>	可选	页面可能发生更改的频率。此值为搜索引擎提供一般性信息，可能与搜索引擎抓取页面的频率不完全相关。有效值为： • always • hourly • daily • weekly • mothly • yearly • never
		“always”值应当用于描述随每次访问而改变的文档。而“never”值则应当用于描述存档的网址
		请注意，抓取工具会将此标记的值视为提示而不是命令。尽管搜索引擎抓取工具在做决定时会考虑此信息，但对于标记为“hourly”页面的抓取频率可能低于每小时一次，而对于标记为“yearly”页面的抓取频率可能高于每年一次。抓取工具也可能会定期抓取标记为“never”的网页，以便能够处理对这些网页的未预期更改
<priority>	可选	此网址的优先级是相对于其他网址的优先级而言的。有效值为 0.0～1.0。该值不会影响与其他网站上网页的比较结果，而只是告知搜索引擎哪些网页对抓取工具来说最为重要
		一个网页的默认优先级为 0.5
		请注意，为网页指定的优先级并不会影响网址在搜索引擎结果页上的排名。搜索引擎在同一网站上选择不同网址时会使用此信息，因此，可以使用此标记增加最重要的网页在搜索索引中显示的可能性
		另外请注意，为网站中的所有网址都指定高优先级并不会带来什么好处。因为优先级是相对的，只用于在网站的网址之间进行选择

（三）URL

1. 什么是 URL

URL（Uniform. Resource Locator）统一资源定位符，是每个网页的网址、路径。网页文件的目录结构直接体现于 URL。URL 一般分为三种。

一种是绝对 URL 的超链接。简单地说就是网络上的一个站点、网页的完整路径，如 http://www.zjnl.net。

第二种是相对 URL 的超链接。如将自己网页上的某一段文字或某标题链接到同一网站的其他网页中去。

第三种称为同一网页的超链接，这就要使用到书签的超链接，一般用#号加上名称链接到同一页面的指定地方。

在网页中，一般文字上的超链接都是蓝色（当然，用户也可以自己设置成其他颜色），文字下面有一条下画线。当移动鼠标指针到该超链接上时，鼠标指针就会变成一只手的形状，这时候用鼠标左键单击，就可以直接跳到与这个超链接相连接的网页或 WWW 网站上去。如果用户已经浏览过某个超链接，这个超链接的文本颜色就会发生改变。只有图像的超链接在访问后颜色不会发生变化。

2. URL 标准化

最受欢迎的 Google 反网络作弊高级工程师 Matt Cutts 在博客文章：SEO advice: url canonicalization 中提到 URL 标准化（url canonicalization）这个概念。

那么什么是标准化的 URL？

很多情况下，以下这几个链接都指向同一个页面（首页）：

http://www.example.com/

www.example.com/index.html

example.com/

example.com/index.html

但是从 URL 发送请求并返回网页内容的过程来看，这些 URL 都是互不相同的。对于上述 URL，Web 服务器完全可以返回完全不同的内容。当这些 URL 所对应的内容都一样时（一般情况下都一样的），Google 需要从上述 URL 中选一个具有代表性的，而忽略其余的。那么这个被 Google 选择了的 URL，就是一个标准化的 URL。

那么 Google 是怎么进行 URL 标准化的？

一般情况下，Google 根据被外链的数量来判断。采用多的，则是标准化 URL。如果要告诉 Google 想要的标准化 URL，怎么办？建议采用 301 永久重定向进行 URL 标准化。

（四）黑帽 SEO 和白帽 SEO

1. 黑帽 SEO

黑帽 SEO 行为，就是一般所谓的“搜索引擎作弊”。利用和放大搜索引擎的策略缺陷（实际上完美的系统是不存在的）获取更多用户访问量。而这种更多的访问量，是以伤害用户体验为代价的，而这会危及一个搜索引擎的生存基础。所以，面对这样的行为，如果短期内无法修补系统，搜索引擎也会通过一些临时策略进行遏制以免事态的失控。在作弊领域，破窗效应是非常明显的。

很多人会说，整天说作弊，到底哪些行为是作弊？这是无法穷尽的。互联网在动态地发展，搜索引擎也在动态地发展，作弊行为自然也是在动态地发展。最基本的界定法则，就是这个行为的泛滥，是否会影响搜索系统，最终伤害到用户的搜索体验。

对黑帽 SEO 行为放任不管，不仅会造成搜索引擎质量的下降，还会恶化互联网生态环境，并使得良性的建站积极性受到打压，最终形成恶劣后果。

总之，搜索引擎和黑帽 SEO 行为之间的矛盾，是不可调和的；过去如此，现在如此，将来也一定如此。打击黑帽 SEO，会始终是搜索引擎质量控制的关键环节之一。而营造黑帽 SEO 的“老鼠过街，人人喊打”的舆论氛围，也是我们需要努力的目标。

2. 白帽 SEO

所谓白帽 SEO，就是能起到改良和规范网站设计，使之对搜索引擎和用户更加友好，并从中获取更多合理流量的优化行为。但过去的问题在于，较少地界定什么样的行为是推荐的。这导致很多白帽优化心存顾虑。

四、任务拓展

不管百度如何描述其对于动态 URL 的观点，减少 URL 中的参数和改写成伪静态的 URL 都是一种对搜索引擎友好的表现，被众多的网站站长所重视和利用。ISAPI Rewrite 是一个功能非常强大的URL重写组件，请安装与练习使用ISAPI Rewrite。

任务四　链接优化

一、任务导入

链接是搜索引擎优化中非常重要的一个环节，特别是一个网站的外链的质量和数量，一直被Google等搜索引擎视为网页权重、质量的一个重要标准。提升网站搜索引擎排名，做好网站链接是最重要的工作之一。

本任务要求以项目小组的形式，针对中小企业网站推广这一实际背景，从搜索引擎优化的角度对网站实施链接优化。任务包括网站的内部链接优化和外部链接优化，任务操作可以引入某一特定中小企业网站，具体要求完成以下几个方面的工作。

（1）网站导航的优化。

（2）面包屑导航的优化。

（3）相关页面的链接优化。

（4）提交网页到高质量的分类目录中。

（5）撰写软文获取外部链接。

（6）创建博客获取外部链接。

（7）交换友情链接。

二、任务实施

本任务以浙江内利信息技术有限公司网站为例说明相关任务的操作步骤。

1. 网站导航的优化

内利网站的首页导航采用了Flash，而作为程序构成的搜索引擎蜘蛛是看不懂Flash上面的内容的，所以，搜索引擎蜘蛛无法顺着这样的一个首页去抓取网站中其他的网页。

修改措施：使用文本形式作为链接的锚文字。

（1）在页面的其他位置（如导航栏下部、页面底部等）放置文本文字的链接，链接的内容与Flash的导航内容相同（图片、JavaScript的导航类似操作）。

此处修改结果参见任务三“网页再设计与优化”中关于内利首页Flash导航的优化。

（2）在页面的底部或者其他显著的位置放置HTML格式的网站sitemap。Sitemap应包含各个频道、栏目的链接。

此处sitemap的创建参见任务三“网页再设计与优化”中关于内利网站sitemap的创建。

注：对于图片形式的导航，可以在图片上添加ALT标签作为辅助。示例如下：

```
<a href="http://www.zjnl.net/index.html"><img scr="/images/shouye.jpg" alt="网站首页" width="38" height="30" /></a>
```

2. 建立面包屑导航

面包屑导航可以在很大程度上提高网站内部链接的紧密性，从而提高整个网站的整体SEO性能。如图3-19所示为腾讯网站的站内面包屑导航设置。

腾讯汽车 > 资讯频道 > 行业新闻 > 正文

图 3-19　腾讯网的面包屑导航

对于内利网站，构建相应的面包屑导航，如图 3-20 所示。

首页>>内利动态>>媒体报道

图 3-20　内利网面包屑导航

3. 相关页面的链接优化

相关页面的链接优化主要是在内容页的侧栏或者下部以及正文添加相关文章的链接，以便用户可以进行深入的内容挖掘，从而提高网站的 PV 以及网页搜索引擎性能。

操作策略及示例：

（1）采用固定关键词的专题策略。如可以建立“内利卡资讯”专题，并将所有关于“内利卡”的相关报道、资讯等信息放在该专题内。

（2）文章内容中的引用链接或关联链接。如很多个人博文内部有大量的相关文章的引用链接。

（3）相关文章的“上一篇”“下一篇”链接优化。对于相同类目下的文章，可以采用“上一篇：标题”“下一篇：标题”的形式进行优化。如图 3-21 所示。

前一篇：高效动力：BMW混合动力跑车造型效果图曝光
后一篇：标致508量产版无伪谍照

图 3-21　链接优化示例

4. 提交网站到分类目录

提交网站到分类目录是获取外部链接的一种途径，可以提交到如：DMOZ、hao123、265 上网导航等高质量的分类目录。

在搜索引擎优化的过程中，包括提交网站到分类目录等导航网站，都是需要静等搜索引擎去发现和收录的。在实施中，可以直接出击，将网站提交给百度等搜索引擎。如图 3-22 所示是百度的网站提交入口，只需输入想要提交的网站的网址即可。

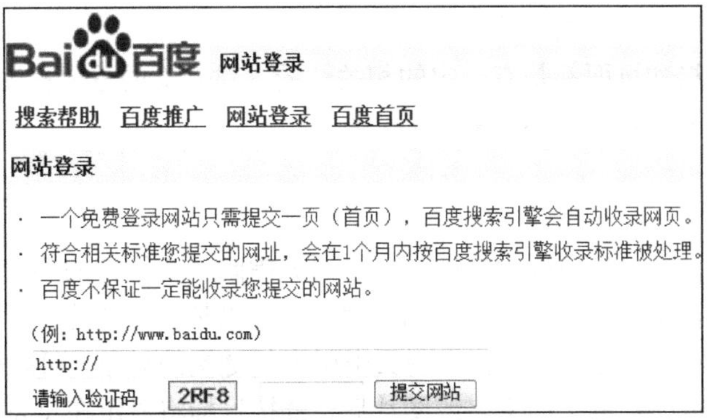

图 3-22　百度的网站提交入口

5. 撰写软文获取外部链接

软文是由软广告衍生而来的，比如：将“内利卡”的介绍作为一篇软文，发布在其他网站或者博客上，添加指向内利网的链接；对有价值的文章中出现的关键词加上指向内利网站的链接等。

还可以通过在一些高权重的网站上创建博客，和高质量的或者同行业的网站交换友情链接等形式获取外部链接。

三、任务分析

（一）锚文本

1. 什么是锚文本

锚文本（anchor text），就是链接文本，又叫链接锚文本，锚文本可以作为其所在的页面内容的评估。正常来讲，页面中增加的链接都会和页面本身的内容有一定的关系。另一方面，锚文本能作为对所指向页面的评估。

页面添加的链接一般来说都应该跟页面有直接的联系，搜索引擎可以根据指向某一个网页的链接的锚文本描述来判断该网页的内容属性。锚文本对搜索引擎起的作用还表现为可以收集一些搜索引擎不能索引的文件。

由此可见，在网页设计中选择合适的锚文本，会使所在网页和所指向网页的重要程度有所提升。举例如下：

某某电子服务资讯网站提供国内权威的 SEO 行业资讯信息，收集大量 SEO、网站优化、关键词优化资讯，专注于搜索引擎优化的研究，致力于为杭州地区企业提供网站优化和网站推广解决方案，某某电子服务——您最好的选择！

这里的“某某电子服务”就是一个链接锚文本。

2. 锚文本的作用

（1）所在页面的作用。

在页面中增加的链接锚文本都和页面本身有一定的关系，因此，锚文本可以作为锚文本所在的页面内容的评估。

（2）锚文本指向页面的作用。

锚文本能精确地描述所指向页面的内容，因此，锚文本能作为对所指向页面的评估。

（3）锚文本对关键词排名的影响。

在页面添加的链接和页面都是有一定的相关性的，对网页的重要程度有所提升。

（4）能为搜索引擎收集一些不能索引的文件。

（二）链接

1. 什么是链接

链接也称超链接。所谓的超链接是指从一个网页指向一个目标的连接关系，这个目标可以是另一个网页，也可以是相同网页上的不同位置，还可以是一个图片，一个电子邮件地址，一个文件，甚至是一个应用程序。而在一个网页中用来超链接的对象，可以是一段文本或者是一个图片。当浏览者单击已经链接的文字或图片后，链接目标将显示在浏览器上，并且根据目标的类型来打开或运行。

按照链接路径的不同，网页中超链接一般分为以下 3 种类型：内部链接、锚点链接和外部链接。如果按照使用对象的不同，网页中的链接又可以分为：文本超链接、图像超链接、E-mail 链接、锚点链接、多媒体文件链接、空链接等。

（1）友情链接。

简单地说，在网站上，点击一行字或一张图，会切换到（或弹出）另一个认可的页面（例如自己喜欢的网站、朋友的网站），这就称为友情链接。

（2）反向链接。

如果网页 A 上有一个链接指向网页 B，那么我们称网页 A 上的链接就是网页 B 的反向链接。SEO 中常说的反向链接又叫导入链接（Backlinks）、外部链接。

（3）导入链接。

导入链接也称外部链接和反向链接，是指由其他网站指向你的网站的链接。导出链接（Outbound links）刚好相反。

（4）死链接。

死链接也称无效链接，就是那些不可达到的链接。死链接发送请求时，服务器返回 404 错误页面。

（5）链接流行度。

链接流行度也叫链接广度，是基于链向你页面的网址数目来计算的。链接流行度的决定因素是链向页面的网站质量，即与页面的相关度，锚文本的质量，有时链接的数量也是重要因素。当然就链接的数量与质量相比，质量永远是第一位的。

2. 交换友情链接应注意的问题

在搜索引擎优化中提升排名的有效方法之一就是交换友情链接。特别是对于新网站来说，交换一些友情链接会对自己的网站起到很大的作用。但在实际操作过程中，往往会有一些问题出现。在交换友情链接时至少要注意以下几个问题。

（1）对方网站收录情况。

在交换友情链接的时候首先看的就是对方网站的搜索引擎收录情况。主要是查看收录内容页总数、“site:域名”看首页在不在第一以及外链个数等。

（2）百度快照日期。

百度的快照日期经常更新，所以要求网站也经常更新，如三天更新一次，能天天更新就更好了。至少也要一周更新一次。

（3）对方网站 Google PR 值。

一般情况下，老域名相对的 PR 值也高，百度的权重也会相对高些，但不是绝对的，特别是在查看一些新站的时候，不能只看 PR 值。

一个网站的权重是根据它的导入链接计算的，而不是根据导出链接。导入链接权重越高，说明网站越有价值；被搜索引擎惩罚，说明这个网站毫无价值，都是采集内容，或者网站有木马之类的，对用户有害，不链接这样的网站。

链接时，还要注意一点，一定要看清对方网站 PR 值是否真实，假 PR 值的网站，千万不要交换。

（4）导出链接。

这个也是在交换友情链接的时候要考虑的，对方网站导出链接过多的话，即便对方权重比较高，但分配到你站上的权重还会高吗？

（5）对方网站内容。

对方网站一定是内容健康的正规站，还要看对方网站的导出链接是否有非正规站。比如赌博、色情、私服什么的，凡是有这些内容的，一定不要交换。

（6）网站内容的相关性。

对方网站最好和自己的网站内容相一致，属于同一个行业领域，比如目标网站是游戏站，那么在交换时就应该尽量选择游戏网站进行交换链接，非游戏站可以不用考虑。

交换友情链接是双向性的，你在查看对方网站的时候，同时别人也一样按这样的方式查看你的网站。所以交换友情链接尽量找对自己有益的站，没太大用处的就没必要交换了。

其实交换链接应该注意的问题还有很多，比如对方网站是否曾受过搜索引擎惩罚等，这都需要在交换链接时考虑。

（三）面包屑导航

1. 什么是面包屑导航

面包屑导航（或叫面包屑路径）是一种显示用户所处位置，并能快速返回上层的二级导航栏目。这个术语来自神话故事《奇幻森林历险记》，写的是两个小主人公在森林中一路留下面包屑，最后他们靠这条路径返回家的故事。就如同故事中一样，用户在网站中可以利用路径返回上级页面。在很多的著名站点中都用到了面包屑导航。如图 3-23 所示为新浪的面包屑导航。

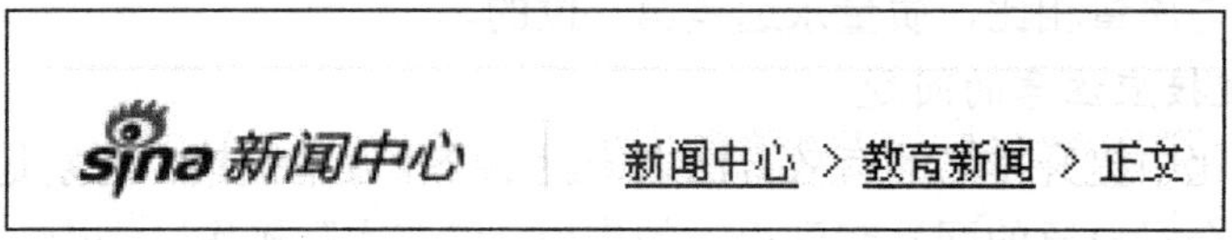

图 3-23　新浪的面包屑导航

在导航中常使用大于号“>”由上级指向下级栏目。不是所有的网站都需要面包屑导航，一般只用在有逻辑等级和分组的站点中。

面包屑导航分三类，基于位置的面包屑导航、基于属性的面包屑导航和基于路径的面包屑导航。一般位于主导航或是头部与正文之间，属于二级导航栏目。

2. 面包屑导航作用

网站由很多的栏目或分目录加上大量的网页组成。如果把网站看成一棵树，面包屑导航就是它的脉络。目的就是为访问者指明所处的位置。同时能减少用户返回上级栏目的操作次数。对于 SEO 而言，面包屑导航无疑增加了大量的内部链接，同时还突出了主页面的重要性。

四、任务拓展

（1）浏览百度“网站与企业服务”频道各功能模块。

（2）通过不同途径查询一个网站是否被搜索引擎惩罚过。

（3）浏览 Google 网站管理员中心：http://www.Google.com.hk/intl/zh-CN/webmasters/。

习　题

一、选择题

1. 全文索引搜索引擎是名副其实的搜索引擎，以下不属于全文索引搜索引擎的是（　　）。

A. Google　　B. 百度　　C. Lycos　　D. Yahoo!

2. 专注于特定的搜索领域和搜索需求，如图片搜索、MP3 搜索、视频搜索等，在其特定的搜索领域有更好的用户体验的搜索引擎是（　　）。

A. 元搜索引擎　　B. 全文搜索引擎　　C. 垂直搜索引擎　　D. 目录搜索引擎

3. 每个独立的搜索引擎都有自己的网页抓取程序。Spider 顺着网页中的超链接，连续地抓取网页，被抓取的网页被称为（　　）。

A. 关键词　　B. 网站首页　　C. 网站主题页面　　D. 网页快照

4. Google 用来标识网页的等级、重要性的一种方法，也是 Google 用来衡量一个网站好坏的唯一标准的是（　　）。

A. Page Rank　　B. Google Dance　　C. Sandbox Effect　　D. Sogou Rank

5. 为了提升网页在搜索引擎自然搜索结果中的收录数量以及排序位置而做的优化行为称为（　　）。

A. SEM　　B. SEO　　C. SE　　D. SEM 和 SEO

6. 查询某个特定网站收录情况的语法是（　　）。

A. link：　　B. site：　　C. cache：　　D. define：

7. 在 Google 的搜索结果页面中，新发布的网站排名越来越低，这一现象称为（　　）。

A. Page Rank　　B. Google Dance　　C. Sandbox Effect　　D. Sogou Rank

8. 为自然提高在搜索引擎中的排名位置，网站中页面的关键字密度应（　　）。

A. 偏高　　B. 偏低　　C. 适中　　D. 不影响排名

9. 加入了 Google Sitemap 文件的网站将更有利于（　　）Google 网页爬行机器人的爬行索引，这样将提高索引网站内容的效率和准确度。

A. 用户浏览　　B. 提高网页美观度

C. 提高索引网站内容的效率　　D. 网站完整性

10. 网址的优先级是相对于网站上其他网址的优先级而言的，其有效值为 0.0～1.0。一个网页的默认优先级为（　　）。

A. 0.5　　B. 0.0　　C. 1.0　　D. 0.3

二、填空题

1. 搜索引擎一般由以下三部分组成，分别是________、索引生成器、查询检索器。

2. Page Rank 是 Google 排名运算法则（排名公式）的一部分，PR 值越高说明该网页________。

3. 在 Google Dance 期间，新网站被收录的机会增大，因此宜在________期间提交新网站及加大网站更新力度效果会比较明显。

4. 垃圾技术是一种欺诈性的 SEO 手段，它尝试欺骗爬行器，并利用排名算法中的漏洞来影响针对目标关键词的排名，根据是否采用垃圾技术，SEO 方法可分为两大类，分别是

________和白帽 SEO。

5．不被你关注的关键词，如果积累起来，它们带来的流量会超过你的主关键词带来的流量，这一理论被称为________。

6．在以前，由于动态 URL 中________过多，很容易制造出大量内容相同、URL 不同的无限循环的“黑洞”，Spider 陷入其中，浪费大量的资源。

7. 网站地图分为两种：一种是根据 Sitemap 协议来制作，用来________的协议性 Sitemap；而另外一种就是根据网站本身需求制作，用来给用户看的一个导航性 Sitemap。

8．按照链接路径的不同，网页中超链接一般分为以下 3 种类型：内部链接、________和外部链接。

9．________能精确描述所指向页面的内容，因此，它能作为对所指向页面的评估。

10．________是一种显示用户所处位置，并能快速返回上层的二级导航栏目，一般常使用大于号“>”由上级指向下级栏目。

三、操作题

SEO 是通过对网站结构、关键字选择、网站内容规划等进行调整和优化，使得网站在搜索引擎搜索结果的自然排名中靠前。然而在很多情况下，还需要以付费的方式进行搜索引擎推广，以取得更好的网站推广效果。百度推广就是一种付费的网站推广方式。

百度推广是依托于百度 80%中国搜索引擎市场份额和由 60 万家联盟网站组成的营销网络基础上，面向企业客户提供的一种按效果付费的网络推广方式，让企业用少量的投入就可以获得大量潜在客户，有效提升企业销售额和品牌知名度。如图 3-24 所示为加入百度推广的网站在百度搜索结果页面中的展示位置，其推广位置由出价和网站质量度共同决定。

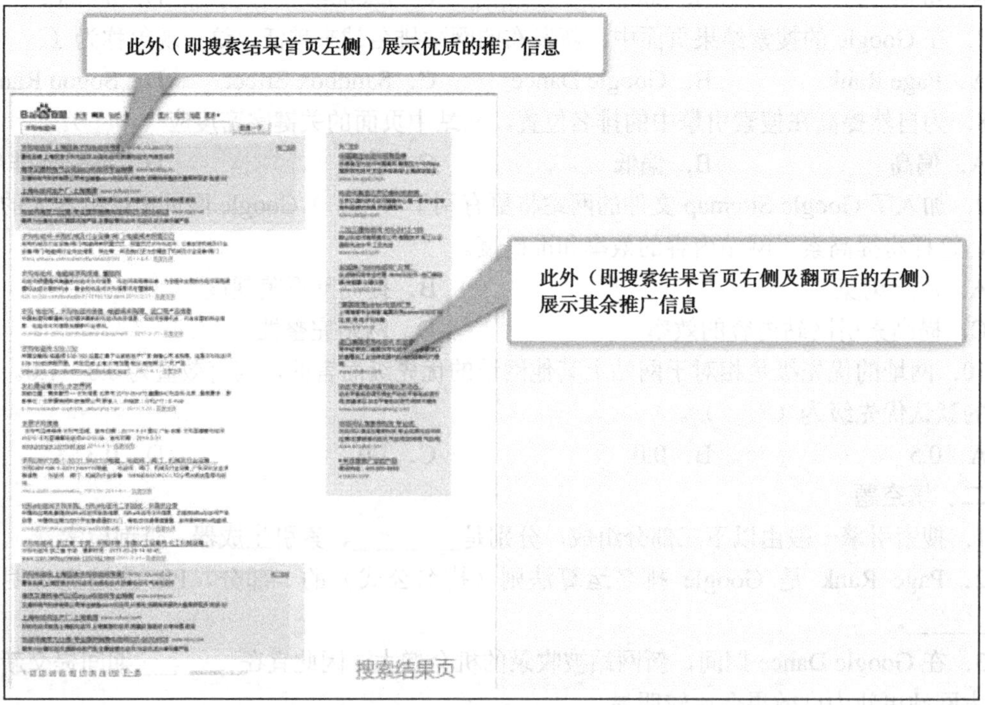

图 3-24　百度推广在百度搜索结果页面中的展示位置

请登录百度推广，注册并了解百度推广的使用方法。

项目四

电子商务网站推广之网络广告推广

本项目的工作任务是以中小企业网站推广为目的，进行网络广告的策划、制作、投放和评估等工作。要求以某一中小企业网站为对象，以项目小组的形式，针对网站推广中网络广告应用现状进行分析讨论，然后以某一推广需求为主题进行网络广告的营销工作，在项目实施过程中，突出网络广告的创意、互动的设计及网络广告的制作实现过程。

能力目标

- 能够进行网络广告创意及互动的设计和评价；
- 能够熟练使用网络广告制作的常用工具；
- 能够在精准营销理论的指导下选择合适的网络广告投放平台；
- 能够进行网络广告效果的监控、数据统计与分析。

知识目标

- 掌握网络广告的概念、作用与特点；
- 熟悉网络广告常见的表现形式；
- 掌握网络广告设计、制作的常用表现手法；
- 熟悉精准营销的概念；
- 掌握网络广告投放的方式、方法和技巧；
- 了解网络广告评价的常用指标及其含义。

任务一　策划网络广告

一、任务导入

本任务要求针对中小企业网站推广中网络广告应用现状与实际需求，进行网络广告策划，确定网络广告的主题、实施目标、设计思路、表现形式、目标受众及费用预算等内容。突出对网络广告创意及互动的设计，要求以项目小组的形式，充分发挥想象力，构思奇特、新颖的网络广告创意，设计合理、友好的互动效果。任务实施包含企业网络广告应用现状分析到形成网络广告策划报告简版整个过程，具体要求完成以下几个方面的工作：

（1）企业网站推广中网络广告应用现状分析。

（2）确定网络广告实施目标及受众。

（3）确定网络广告内容与表现形式。

（4）构思网络广告创意与互动。

二、任务实施

此任务分 6 个步骤来完成。

1．明确相关问题

对企业网站进行审视，了解企业网站目前已经实施的网络广告推广项目及网络广告类型，明确表 4-1 中的相关问题。

表 4-1　企业网络广告应用现状

企业网站是否已经实施过或正在实施网络广告推广	□是　　□否
实施的网络广告的主题是什么	
实施的网络广告的表现形式是什么	
实施的网络广告的目标客户包括哪些	
实施的网络广告投放在什么平台	
实施的网络广告有何创意	
实施的网络广告的取得了怎样的效果	

2．确定目标及受众

确定网络广告实施目标及受众，进行受众分析，填入表 4-2 中。

确定网络广告目标是为了知道网络广告的方向和进程，为网络广告评估提供标准和依据。基于企业前期网络广告应用现状，通过开展市场调查、消费者调查和产品调查，遵循 AIDA 法则，确定网络广告的目标。一般情况下，网络广告的目标主要包括：更多的人了解和访问网站，更多用户登录网站，更多用户在线购买产品或服务，成为热点话题，等等，由此确定网络广告的目标受众。

网络广告目标受众的分析是通过对网络广告目标受众的确定和分析，了解他们对网络广告的需求特点，为设计网络广告内容、选择网络广告形式提供依据。

表 4-2　确定网络广告实施目标及受众

实施目标	
目标受众及特征	

参考案例：宝洁公司“润妍”倍黑中草药洗润发系列产品网络广告策划。

宝洁公司在调研的基础上提出：在注重自然环保的现代，美发产品的潮流将会转向回归自然，自然黑亮之美会卷土重来。中国女性崇尚自然之美，她们从不矫揉造作。她们认为，内在美才是最重要的，外在美只是内在美的外露与表现。因此她们更喜欢自己天然的黑头发，更喜欢选择自然的发型。在此形势下，宝洁公司推出了专为东方女性设计的“润妍”倍黑中草药洗润发系列产品。

此时，润妍品牌处于市场导入期，所以在营销传播方面主要以品牌形象宣传为主，以提升品牌的认知度为目标。

品牌目标消费群的定位是年轻的职业女性。特征描述为：率直、年轻的便装美女和忙碌而心情平和的成熟女性。

品牌传播概念：专为女性设计、表现东方女性的自然之美。

3. *确定网络广告表现形式*

首先浏览相关企业网站，查找不同类型的网络广告表现形式，分析其作用及设计特点，将结果填入表4-3。

表4-3　网络广告的类型与特点

序　号	网络广告类型名称	对应案例	特点与作用

不同的网络广告表现形式将对不同的网站推广目的起到不同的特殊效果。如网站推广的目的是让大家知道某一网站这一认知目的，那么在大型门户网站中采用Flash通栏广告等形式将给人带来很强的视觉冲击，产生深刻的印象。

基于网络广告推广目标及受众群个体，结合网络广告设计、传播所要达到的效果，确定网络广告的表现形式，填入表4-4。

表4-4　网络广告表现形式

网络广告类型	采用技术手段	决 策 理 由

参考案例：宝洁公司“润妍”倍黑中草药洗润发系列产品网络广告策划

“润妍”的网络广告表现形式独具匠心，利用了多种软件技术，将多种网络广告表现形式进行了组合，形成了新的网络广告表现形式：鼠标触动的下拉Banner、Button与Cascading Logo和鼠标触动的结合、互动式Flash Banner等。

4. *构思网络广告创意与互动*

网络广告创意在广告中的作用犹如人们生活中不可缺少的空气与水，如果广告没有了创意就没有了实际存在的意义。通过优秀的广告创意，同时充分发掘网络广告互动的特点，增加网络广告的吸引力、娱乐性，使目标客户能够主动去点击网络广告，而没有厌恶感。网络广告的创意要根据网络媒体的特征和形式进行构思与设计。

本步骤要求根据步骤三所确定的网络广告表现形式，在体现网络广告目标的基础上，通过灵活运用“头脑风暴法”“水平思考法”“联想法”和“逆向思维法”等方法，完成两个方面的创意设计。第一，构思设计网络广告的创意内容与互动手法，形成网络广告创意与互动设计文案；第二，设计一句网站推广的广告语。

网络广告创意的设计要求符合以下几点：

（1）网络广告创意要突出广告主题。

（2）网络广告信息要简约。

（3）网络广告创意要找准广告诉求对象。

（4）网络广告创意要新颖独特。

（5）网络广告创意要有趣味性。

（6）网络广告创意要有互动性。

（7）要采用多媒体技术，增强网络广告的吸引力。

（8）要采用图文结合、动静结合等多种表现手段。

参考案例：宝洁公司“润妍”倍黑中草药洗润发系列产品网络广告策划。

“润妍”网络广告的创意说明：首先，这是一个适合东方人用的品牌，又有中草药倍黑成分，所以从设计的角度上只用了黑、白、灰、绿这几种色。以黑、灰为主，画面显得很干净，有东方味道。网络广告创意采用一个具有东方风韵的黑发少女来演绎东方黑发的魅力。通过Flash技术，飘落的树叶（润妍的标志）、飘扬的黑发和少女的明眸将“尽洗铅华，崇尚自然真我的东方纯美”表现得淋漓尽致。

“润妍”倍黑中草药洗润发系列产品系列网络广告组图如图4-1（1）和4-1（2）所示。其中，图4-1（1）所示为动态效果的网络广告，图4-1（2）所示为静态效果的网络广告。

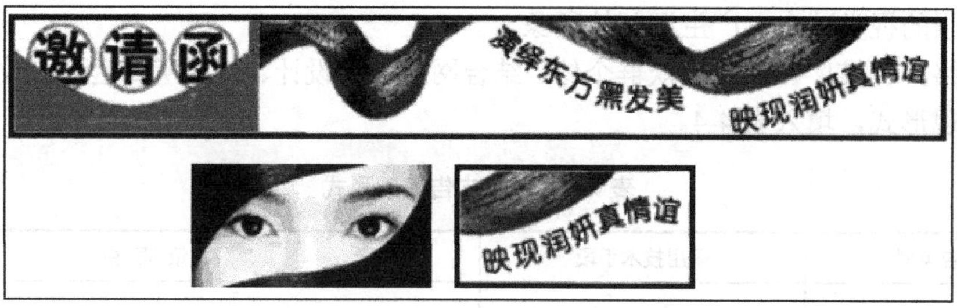

图4-1（1）　“润妍”动态效果网络广告

图4-1（2）　“润妍”静态效果网络广告

以下是几个经典网站广告语。

（1）百度（http://www.baidu.com/）：百度一下，你就知道。

（2）淘宝网（http://www.taobao.com/）：淘！我喜欢。

（3）QQ 空间（http://www.qzone.qq.com/）：我的生活，我的时尚。

（4）F 团（http://www.ftuan.com/）：F 团——团团有品质。

5. 确定网络广告的投放计划

网络广告投放不同于传统广告，其时效性等特点要求网络广告在投放过程中应进行适时的调整，以最大程度发挥网络广告的宣传作用，因此在策划阶段，应确定网络广告的投放时间、投放频率等。

（1）确定网络广告的停留时间。网络广告具有时效性，投放时间过短或者过长都会影响网络广告的效果，因此应制定一个合理的网络广告运作周期，以保持网络广告较高的点击率。

（2）确定网络广告的播出时段与频度。不同特征的网民有着不同的上网时间及频率等，据此确定网络广告投放的时段和频度，能保证网络广告有较高的点击率，降低网络广告投放费用。

6. 了解网络广告计费方式，确定网络广告投入预算

网络广告作为一种新型的广告模式，由于其投放方式及表现形式的多样化、复杂性，其收费方式也有很多，如 CPM、CPC 等。在网络广告投放前应了解目前常见的网络广告计费方式和收费标准，将结果填入表 4-5。

表 4-5　常见网络广告计费方式

序　　号	收 费 方 式	收 费 标 准	特点及适用广告类型	备　　注
1				
2				
3				

在了解网络广告计费方式和收费标准的基础上，结合网络广告目标、企业资金情况等，在网络广告策划阶段，进行网络广告投入的设计、安排和分配，以保证网络广告费用的合理投入及最大收益。

三、任务分析

（一）网络广告概述

1. 什么是网络广告

广告有广义和狭义之分。从字面解释，广告是广而告之的意思，这是广义层面上的广告。狭义的广告指付费方式的宣传，即商业广告。

关于广告的定义，影响最大的来自美国营销学会：广告有可确认的广告主，对其观念、商品或服务所做出之任何方式付款的非人员性的陈述与推广。

美国广告学家克劳德·霍普金斯（Claude Hopkins）将广告视为：将各种高度精练的信息，采用艺术手段手法，通过各种媒介传播给大众，以加强或改变人们的观念，最终引导人们行动的事物和活动。

《中华人民共和国广告法》则这样界定广告：商品的经营者或者服务提供者承担费用，通过一定媒介和形式直接或者间接地介绍自己所推销的商品或者所提供的服务的商业广告。

从上述几个概念可知，广告至少应具备以下几个特征：第一，广告是用以传递信息的；第二，广告需借助一定的宣传媒体；第三，广告是要付费的。

由此，我们认为，广告是广告主借助一定的宣传媒体将有关商品或服务的信息传递给受众的一种有偿宣传方式。

网络广告是依赖网络技术而产生的一种新型广告形式，是在新媒体环境下对广告的丰富，不仅创新了广告的形式，而且也极大地丰富了广告传播的内容。目前，网络广告还属于一个新的研究领域，一些研究者从不同角度阐释了网络广告。

霍金斯认为网络广告即电子广告，指通过电子信息服务传播给消费者的广告。国内有学者将网络广告界定为：广告主利用互联网技术进行的有偿信息传播活动，这种广告所使用的媒体是基于互联网技术产生的各种新媒体形式，这种传播活动的目的是为了在广告主与受众之间产生关于广告主的商品、观念、服务、品牌形象等信息内容的交流和沟通。

自 2001 年 5 月 1 日起实施的《北京市网络广告管理暂行办法》第二条规定：本办法所称的网络广告，是指互联网信息服务提供者通过互联网在网站或网页上以旗帜、按钮、文字链接、电子邮件等形式发布的广告。互联网信息服务提供者包括经营性和非经营性互联网信息服务提供者。

由以上几个不同层面的定义可知，网络广告除具备广告的共性特征，还具有一系列的独特个性，如广告发布者身份的多元化、网络广告技术不断更新、广告发布代价的隐形性、广告内容的包容性等。所以，界定网络广告应该也有广义和狭义的区别。

广义上来讲，一切基于网络技术传播信息的过程和方法都属于网络广告。狭义层面上的网络广告，是指包括现实或虚拟身份、可识别的广告主，以商品、观念或服务等为主要的诉求内容，直接或间接通过网络媒体发布的有偿的信息传播活动。

2. 网络广告的特点

网络广告媒体的生成和运用是全新概念的广告主与广告受众双向信息互动过程的体现。网络作为广告的新型载体，具有许多其他媒体所不具备的优势。具体表现为 6 个方面。

（1）无限性。

网络广告的承载媒体是互联网络，这是网络广告最基本的特点。

互联网络连接着世界范围的计算机。通过网络，可以把信息送达到世界每一个角落，通过互联网发布的广告信息可以不受地域限制，传播范围广泛，突破了传统媒体广告地域的限制。

网络广告在互联网上可以 24 小时存在，不受时间限制，只要具备上网条件，人们可随时浏览观看。这使网络广告可以无时不在，突破了传统媒体对广告时间的限制。

而互联网络的超链接功能则为网络广告提供了另外的支点。通过超链接方式，广告主可以向广告对象提供理论上无限多的广告信息，而受众也可以有目的地在这些信息中寻找自己需求的一部分。广告内容无所不包，突破了传统媒体广告信息容量的限制。

不受空间、时间和容量制约的特性提高了网络广告的传播效果。对于依赖眼球效应存在的广告而言，无限性构成了网络广告最基本的特点，这也是其他传统媒体所无法比拟的。

（2）强交互性。

互动可看作一个具体的人与外部世界包括环境、物体和人所产生的一段或一系列的物理作用和反作用。互动的核心概念就是“控制”，即信息接收方对信息的控制。

互联网络为广告主与消费者之间提供了交流平台，通过交互界面，可以使用户对广告的阅读层次化。一旦用户对接触到的网络广告产生兴趣，他就可以通过点击广告上的链接访问广告主的公司主页，了解有关企业和其他产品资料，获取他们认为有用的信息，掌握信息的主动。广告主可以随时得到宝贵的用户反馈信息，对这些信息进行收集、追踪分析和细化后，广告主可以根据受众的兴趣、爱好和购买行为，量身定做营销方案，实现个性化服务。

（3）多媒体性。

不同于传统媒体单一元素的广告诉求属性，网络媒体具有多媒体性特点，表现形式丰富多样。随着网络带宽的建设和网络广告制作技术的提高，通过视频、音频、动画、图像等多种元素的组合来表达广告诉求的方式被广泛采用，有效增强了网络广告的表现力和冲击力，从而达到预期的广告效果。特别是随着 Web 2.0 的兴起，诸如博客、播客、SNS 等新的传播形式不断涌现，延伸出更多的网络广告表现模式，丰富了网络广告的内容，使得网络广告的表现能力较传统媒体广告技高一筹。

（4）整合性。

20 世纪 80 年代美国营销大师唐·舒尔茨提出整合营销传播观点（Integrated marketing communication），它的核心思想是：以整合企业内外部所有资源为手段，再造企业的生产行为与市场行为，充分调动一切积极因素以实现企业统一的传播目标。美国广告公司协会将整合营销传播定义为：要求充分认识用来制定综合计划时所使用的各种带来附加价值的传播手段（普通广告、网络广告、销售促进和公共关系等），并将它们结合，提供具有良好清晰度、连贯性的信息，使传播影响力最大化。

网络的无限延展属性为企业实施整合营销传播提供了黏合剂。其实，有些网络广告本身就是集广告、公关、促销等功能于一体，不再是企业单一的促销行为，而是逐渐成为企业整体营销链条最重要的一个环节。线上、线下各种营销手段相配合，从而达到企业最终的营销目的。

（5）草根性。

“草根”成为近几年最火流行词语之一，而其功劳全依赖网络，互联网络已成为草根狂欢的天堂。

传统媒体验证了“强者恒强，弱者恒弱”的马太效应，而互联网络则不断践行着长尾收益效应。2004 年美国的 Wired 杂志主编 Chris Anderson 第一次提出了长尾理论，他认为互联网上有着巨大的长尾市场，有 90%的产品在传统市场是找不到的，却带来 5%的利润额，巨大的长尾市场应该得到重视。

传统媒体的广告眷顾大企业，面对动辄数万甚至数十万的广告费用，大部分中小企业只能望洋兴叹。网络广告的崛起为中小企业提供了舞台，不再唯大型企业是瞻，众多中小企业开始在网络中崛起。以 Google、百度为代表的微内容聚合搜索引擎广告模式，凭借其低廉的广告费用和针对性极强的传播效果，吸引了越来越多的中小企业加盟其中。

网络广告联盟的崛起预示着中小企业开始由散兵游勇向正规军转变。网络广告联盟指集合中小网络媒体资源组成联盟，通过联盟平台帮助广告主实现广告投放，并进行广告投放数据监测统计，广告主则按照网络广告的实际效果向联盟会员支付广告费用的网络广告组织投放形式。百度联盟、Google AdSense、阿里妈妈等网络广告联盟已经取得不错的市场成绩。网络广告联盟的巨大市场潜力由此可见一斑。

（6）可测性。

广告主可以通过监测网络广告的浏览量、点击率等指标衡量网络广告的效果，可以精确计算出每个广告的点击次数，以及这些用户的点击时间、地理分布、浏览其他信息等数据，为广告主制定针对性的营销策略提供帮助。

3. 我国网络广告的发展历程

网络广告发源于美国。1994年10月27日是网络广告史上的里程碑，美国著名的Hotwired杂志推出了网络版的Hotwired，并首次在网站上推出了网络广告，这立即吸引了AT&T等14个客户在其主页上发布广告Banner，标志着网络广告的正式诞生。更值得一提的是，当时的网络广告点击率高达40%。

中国网络广告从无到有，其收入水平是衡量它发展进程的一个重要标尺。网络广告市场规模的增长既是网络广告业发展的直接表现，也是网络广告对社会影响不断扩散的体现。因此，根据中国网络广告的市场规模增长的周期性，可以把中国网络广告过程分为初创时期、逆境增长时期、跨越时期、逐渐成熟时期和面临考验时期。

（1）中国网络广告初创时期（1997年—1999年）。

1997年到1999年是中国网络广告的初创期。在这个时期，中国网络广告从无到有，增长迅猛，网络广告市场充满生机和希望。

1997年对于中国网络广告来说是一个值得纪念的日子。3月，中国IT网站Chinabyte（http://www.chinabyte.com/）赢得了中国历史上第一笔网络广告收入，IBM为其新产品AS400的宣传花费了3 000美元，广告表现形式为468×60像素的动画旗帜广告。这则广告采用了新闻讨论组和迷你网站这两种形式，效果非常好，有4 000多人同时在线访问，而当时Chinabyte的首页访问量才不过10 000多。1997年7月14日～23日，英特尔技术发展有限公司（http://www.intel.com/）举办“网上夺标，莫失良机”活动，在多家网站发布banner广告，为中国的网络广告注入了一剂强心剂，国外大企业的支持增加了ISP的信息。Intel和IBM成为国内最早在互联网上投放广告的广告主。

据统计，1998年中国的网络广告收入3 000万元人民币，中国广告业务全年收入为537.84亿。1999年中国的网络广告收入达到9 000万元人民币。从数据可以看出，3年间中国网络广告实现了较快增长，但是也应该看到网络广告和总的广告收入相比，所占比例还非常小，网络广告仍需发展壮大。

（2）中国网络广告逆境增长时期（2000年—2002年）。

2000年纳斯达克科技股一泻千里，国外网络经济形式急转直下，导致中国网络泡沫破灭。2000年至2002年是中国ISP自救和重新整合的时期，经过大浪淘沙，中国网络经济逐渐走上规范的道路，而中国网络的基本阵营也在此期间基本形成。

在中国互联网低潮时期，各个企业开始探索新的发展道路和盈利模式，服务收费、无线增值等业务得到了很好的发展，但是网络广告依然是各大ISP最主要的收入：2000年中国网络广告收入为3.5亿元人民币，2001年为4.1亿元人民币，2002年为4.9亿元人民币。中国互联网广告在逆境中不退反进，继续保持增长。除网络广告收入的增加外，中国网络广告在法规、管理、代理及网络广告的形式等各方面都取得了很大的发展。

中国互联网企业经过几年艰辛探索，逐渐摸索出适合自己的盈利模式，2002年下半年一部分企业扭亏为盈。网易的财务报表显示2002年第二季度已基本实现了收支平衡，第三季度的收入较前一季度增长了93.9%，实现盈利；搜狐在11月宣布其第三季度按美国通用会计准则已实现盈利；新浪的盈利前景一片光明；包括当当、e龙在内的一批中国专业商务网站早已宣布盈利。2002年新浪的网络广告收入达到18 000万元人民币，搜狐的网络广告收入达到了11 400万元人民币，网易则为3 450万元人民币，网络广告仍然是各大网站的最主要收入来源。这些企业能在艰难的环境中坚持下来并实现盈利与中国经济的大环境不断优化密切相关，例如中国加入 WTO，国外先进的技术和理念会更加接近我们，将使我们学到不少东西，从而提高自己的水平，实现跨越式发展。同时中国网络广告能在逆境中保持增长也与这些企业的积极探索密切相关。

（3）中国网络广告跨越时期（2003 年）。

2003 年是一个多事之秋。

2003 年 3 月 20 日伊拉克战争打响，在面对自中国互联网诞生以来最重大的社会事件，中国网络媒体充分发挥网络的优势，以快速报道、及时更新、实时互动的特点展示了自己的力量。在这次报道中，中国网络媒体专门开设伊拉克战争专题报道，新浪、搜狐等网站甚至把首页改换成伊拉克战争的专题页面，网民一登录就可以直接进入战争专题。网络媒体互动性的特征开始凸显，不少网站在 BBS 中开设伊拉克战争讨论区，吸引了很多网民参与讨论，新浪等网站则邀请国际政治军事专家对战争做即时评论分析，并与网民进行线上互动，提高了网民参与的热情。随着中国宽带和流媒体技术的发展，Flash 新闻、视频新闻等形式在战争报道中得到广泛应用，配合及时丰富的文字报道，吸引了很多的网民关注。伊拉克战争使中国的网络媒体形成了强大的聚合力量，在吸引广大网民的同时，也吸引越来越多的企业关注网络，网络的商业价值开始凸显。2003 年第一季度搜狐广告收入同比增长 78%达到 450 万美元；新浪广告收入同比增长 26%，达 649 万美元。3 月 24 日，受伊拉克战事进展不利的消息影响，纳斯达克暴跌，但在 3 月 25 日，搜狐、网易和新浪股价同时出现了 20%以上的大幅上涨，其中搜狐上涨了 26%，股价突破了 12 美元，创下了两年以来的新高。而网易在 26 日收盘时已经涨至 17.12 元，再次逼近了 17.9 元的历史最高水平。

就在中国还在关注伊拉克战争时，蔓延在中国许多地区的严重流行疾病——“非典型肺炎”（简称“非典”，国际通称 SARS）转移了中国民众的注意力。2003 年 4 月 20 日是中国媒体进行“非典”报道的转折点，中国的网络媒体从一开始就密切关注，及时传递关于“非典”的最新消息，网络媒体受到人们的尊重。在“非典”蔓延期间，网络远距离、非接触特性以及时间和空间无关性等典型特性被无限放大，人们借助网络来进行各种社会活动，越来越多的人在这个时期开始接触网络，由最初的接触逐渐产生依赖，在特殊时期形成了一种新的生活方式——“网络生活”，那些拿着大量广告预算的广告经理开始把预算更多地给了这个新兴的媒体——网络。

除了社会因素，中国网民的爆破式增长也是中国网络广告实现跨越的基础条件。据中国互联网络信息中心（CNNIC）统计，2004 年 1 月中国上网用户总人数为 7 950 万，构成了庞大的网络广告受众人群。除此之外，中国网络用户受教育程度，收入总水平都有所提高，网络用户的结构进一步得到优化。

据艾瑞（iResearch）统计，2003 年中国网络广告市场达到了 13.1 亿元人民币，比 2002 年的 6.1 亿翻了一番还要多。虽然，带来网络广告市场飞速发展的原因主要是越来越多的上网用户，但是 SARS 事件确实在网络广告发展时期浇了一把油，这也使网络广告行业从 2003 年 5 月底开始突然以同比超 100%的速度加速发展。

2003 年 10 月 15 日 9：00，新浪开始销售 2004 年上半年的网络广告资源，2 分钟创造了一个中国网络广告史上的里程碑——各家代理公司下了近亿元的订单。网络广告的巨大力量由此可见一斑。

这个时期，网络广告仍然是各大门户的重要盈利来源，是每家都不可忽视的领域。根据各网站财务报告显示，2003 年，新浪的网络广告收入可以超过 3 亿，搜狐也有 2 亿多，网易也有 8 000 多万的收入。传统三大门户再加上 TOM、Yahoo 中国、21CN、QQ 等门户，所有门户的网络广告收入已经超过 7 亿元，占整个中国网络广告市场的七成左右。

除了天极、太平洋电脑网、硅谷动力、中关村在线领衔的十几家 IT 专业媒体阵营仍然是专业类网络媒体的老大，2003 年对于房产类和游戏类的网站而言，也是快速发展的一年。作为房产类网站，搜房网、焦点网等在 2003 年中都获得了过千万的网络广告收入。

（4）中国网络广告趋于成熟时期（2004 年—2007 年）。

技术和理念的革新是这一时期中国网络广告发展的推动力。

美国 Real 媒体公司的首席执行官戴维·摩尔说过："互联网为广告商所提供的施展才华的空间是广播、电视以及杂志不可比拟的。"因为网络广告受众者可以相对主动、互动地接受广告，这就增加了广告到达效果，这是网络广告特性的一面。这同时也要求网络广告通过视觉图形、视频文件等方式展示绝妙的创意，才能达到预期传播效果，这些都要求一个稳定流畅的技术平台来达到效果。多媒体、大型动画等格式文件有着良好的视觉表现能力，但是数据都比较大，如，20 分钟的电影在 64kbps 速率的网络上下载需要 1 小时，这样漫长的等待增加了网络广告受众信息接收成本。流技术能够按照特定的顺序将文件发送出去，而播放程序则可以边接受数据边播放。为了使播放更加稳定顺畅，通常客户端通过为接收数据开辟缓存区的方法来解决网络拥堵的问题。只需要在缓存区充满前等待几秒钟，就可以开始欣赏了。文件的剩余部分将在后台从服务器内继续下载。流式传输不仅使启动延时成十倍、百倍地缩短，而且不需要太大的缓冲容量。

Web 2.0 不是技术，它体现的是一种理念，也是对中国早期网络广告理念的一次洗礼。中国计算机协会从理念的角度阐释了 Web 2.0，认为："Web 2.0 是互联网的一次理念和思想体系的升级换代，由原来的自上而下的由少数资源控制者集中控制主导的互联网体系转变为自下而上的由广大用户集体智慧和力量主导的互联网体系，互联网 2.0 内在的动力来源是将互联网的主导权交还个人，从而充分挖掘了个人的积极性，广大个人所贡献的智慧和个人联系形成的社群的影响替代了原来少数人所控制和制造的影响，从而极大地解放了个人的创作和贡献潜能，使互联网的创造力上升到了新的量级。"全新的竞争环境促使网络广告在新媒体产生的运作平台上，进入了"第二代互联网广告"时期，同时也要求网络媒体提供整合的营销方案，网络广告的营销价值也不断延伸。

这一时期，中国互联网用户数量继续保持快速增长，在网民数量不断增加的同时，网络媒体接触时间也在延长，网民更加信任网络媒体，对网络的依赖程度在逐步增强。网民基数的进一步扩大，为广告主寻找消费者及潜在顾客提供了更广阔的路径，互联网已经成为广告主整合营销过程中重要的媒介渠道。与此同时，中国网民网上消费能力也出现了快速提升，2007 年中国网络购物市场交易规模达到了 510 亿元人民币左右。网购能力的提升为企业提供了新的产品销售渠道机会，网络将成为企业推进产品销售的新战场，网络营销也成为更多企业的新营销战略。

中国网络广告伴随中国网络经历了曲折的发展过程，网络广告处于由高速发展阶段向平稳发展阶段过渡时期。据统计，2004 中国网络广告收入为 23.4 亿元人民币，增长率为 78.63%；2005 年中国网络广告市场收入为 41.7 亿元，比 2004 年增长 78.21%；2006 年中国网络广告收入为 60.1 亿元，比 2005 年增长 44.12%，增长趋于平缓。但是中国网络广告并没有裹足不前，而是不断地进行探索，冲破网络广告固有模式，尝试多元化发展。

据艾瑞（iResearch）市场咨询机构发布的统计报告显示，2005 年，中国网络广告市场规模已达到 31.3 亿元，超过杂志广告市场，接近广播广告市场，网络成为中国第四大广告媒体。

（5）中国网络广告面临考验时期（2008 年至今）。

奥运会对公众和企业的公信力和号召力不言而喻，在可口可乐、三星等巨头借力奥运等逐步成为全球品牌的传奇故事面前，不少企业将奥运看作驶入发展快车道的列车。北京奥运会三个级别的广告主不但加大了传统媒体广告的力度，更是史无前例地加强网络媒体广告的宣传，取得了良好的收益。

北京奥运会带给网络广告的喜悦还未散尽，美国“次贷危机”悄悄蔓延到了全世界，在 2008 年年中爆发成席卷全球的经济危机。全球金融震荡、股市大跌，世界经济陷入整体衰退，信贷、投资愈发谨慎。随着裁员潮扩散至百事可乐、戴尔等企业，经济危机对实体经济的影响开始显现。

随着经济形势的持续低迷，其影响已经由金融、IT 等领域扩散至汽车、房产等实体经济行业，互联网领域也受到一定程度的波及。网络营销作为互联网成熟的核心营收来源，其发展态势究竟如何倍受业内人士关注。

根据国际货币基金组织 IMF 的最新预测，2008 年全球经济增速将放缓至 3.7%，并在 2009 年进一步下滑至 2.2%。其中发达国家 2008 年经济增长普遍在 2%以下，2009 年度经济增长将出现整体倒退。

根据国家统计局数据显示，2008 年前三季度，中国国民生产总值增长率持续下滑，由 2008 年 Q1 的 10.6%下降至 Q3 的 9.0%，1～9 月 GDP 较上年同期增长 9.9%，低于 2007 年同期 2.3 个百分点。2008 年 GDP 增速放缓至 9.0%，而 2009 年度 GDP 增速下滑至 8.0%左右。

虽然中国网络广告发展不可避免地受到世界经济危机的影响，但得益于北京奥运会对经济的提升，中国网络广告还是获得了空前的发展。

据艾瑞统计数据显示，2008 年中国网络广告市场规模达到 170 亿，相比 2007 年增长 60.4%。综合门户网站营收规模为 47.4 亿元，比 2007 年增长 56.4%；搜索引擎广告市场规模达 50.3 亿，继 2007 年实现翻番增长后，2008 年增速依然高达 73.4%，并且实现了对综合门户总体营收的超越，在市场份额上依旧呈持续上升态势。中国移动互联网广告市场规模为 4.6 亿元，比 2007 年增长 822%。2008 年中国网络广告市场份额达到 8.4%，比 2007 年增长 2.3 个百分点。但与国际和美国网络广告市场份额分别达到 10.2%和 8.8%相比，仍然有提升空间。

2008 年中国网络广告迎来新的发展机遇，在有效借助奥运契机快速提升网络媒体影响力的同时，网络广告市场规模获得 60%的高速增长。随着网络广告市场发展的日趋成熟，植入式营销、口碑营销等新的营销模式不断涌现并获得快速发展；基于众多网站长尾效应的多种广告联盟开始兴起，开创网络广告的多赢局面；根植于视频、网游等的植入式营销发展提速，将成为新的营销利器。

近年来，由于许多新兴的网络媒体应用模式的产生与普及，如博客的普及、SNS 的兴起、微博的大行其道、网络视频的视觉冲击，以及现在微信的空前影响，使得网络营销、网站推广的方式和手段变得更加多样化和复杂。网络广告面临来自多方面媒体应用模式的剧烈冲击，网络广告能否在企业的营销推广活动中继续发挥主导作用，是否仍被广告主作为最重要的广告途径，值得思考与研究。

（二）网络广告类型

相对于传统广告，网络广告表现形式丰富多样，特别是随着网络新技术不断开发应用，网络广告表现形式也是日新月异。从最基本的视觉差别和功能使用角度，将网络广告归纳为以下几种类型。

1. 网幅广告

网幅广告是网络广告最基本的表现形式，它是以GIF、JPG、Flash等格式建立的图像文件。早期的网幅广告仅仅限于文字、简单的图片等形式，大部分网络广告是静止不动的，就像报纸上的广告。但是，随着网络技术的发展，静态广告越来越少，动态广告逐渐增多，而且不再局限于文字、图片等形式，多媒体、视频等形式的网幅广告不断出现。

目前，网幅广告大致有以下几种形式。

（1）横幅广告：规格为468×60像素或233×30像素的Flash或Gif、JPG形式广告，一般位于页面页眉位置。横幅广告具有广告位置明显、信息丰富、冲击力大的特点，为各广告主网络广告的首选。

（2）按钮广告：规格为125×125像素、120×90像素、120×60像素，88×31像素的Flash或Gif、JPG形式广告，穿插在页面的显要位置。灵活性是其最大特点，适用于品牌推广、促销等各种营销活动。

（3）弹出广告：一般指在首页位置弹出另一个广告窗口的广告形式。弹出广告具有如下特点：广告页面空间大，这样可以诉求更多的广告信息；可以支持多种的基本广告表现形式，并在此基础上发挥广告的最大空间，可以瞬间使访客注意广告内容，并产生联想；广告传达丰富的信息。

（4）浮动广告：规格一般为100×100像素，上下随视线移动。此类广告不停地在网页上浮动，有的从上向下，有的从左到右，有的甚至随机浮动。这种广告往往可以链接到该产品的公司网站或网上市场。这种动态飘浮的广告给人的视觉产生一定的影响，它的动态性让你无法忽视它的存在，即便网站浏览者不去点击这个广告，这种广告小页面自身的信息也能起到很好的广告效果。

（5）擎天柱广告：规格一般为120×400像素、100×400像素，位于页面两侧，是利用网站页面左右两侧的竖式广告位置而设计的广告形式。由于此类广告规格较大，不会产生上下段位的广告盲区，广告位置可以强烈冲击访客视觉；广告的独享和排他性，可以降低广告的干扰；同时也可以更好地传达广告信息，可以进行多方位的广告信息诉求，并容易引起访客的注意。

（6）通栏式广告：规格一般为778×60像素，位于首页中部、首页底部。它的特点是横贯整个页面，该广告形象、生动，标识性强，有利于塑造商家品牌形象。

（7）全屏广告：以全屏幕方式显示的页面广告，带有一定的强迫性。充满创意的全屏广告可以吸引用户100%的注意力，但是由于用户对此类广告强迫性的排斥心理，因此在成熟网站中较少使用。

（8）插播式广告：在中国互联网络信息中心（CNNIC）关于网站流量术语的解释中，将插播式广告定义为“空隙页面”，即“是一个在访问者和网站间内容正常递送之中插入的页面。空隙页面被递送给访问者，但实际上并没有被访问者明确请求过”。插播式广告类似电视广告，同样具有强迫性的特点。

除以上常见网页广告表现形式，对联广告、撕页广告、导航广告等广告形式也被广泛应用。

2. 电子邮件广告

电子邮件是互联网络的一项基本功能，开启了网络广告开端的大门。电子邮件指的是通过互联网将一方输入的文字、图片或声音等信息通过服务器传送到另一方的终端机上的若干信息集合；而接收或发送电子邮件的地方即为电子邮箱，一般来说，电子邮箱以用户名+@+一定的后缀名表示。如163邮箱是：zhangsan@163.com。用户利用互联网达到信息传递和沟通，是电子邮箱的核心价值所在。

电子邮件广告主要有两种应用方式：一是直接发送邮件；二是使用电子邮件列表。广告主可以直接向某些网络用户发送电子邮件，来宣传自己的网站、产品或服务。

对某些话题感兴趣的人可以加入电子邮件列表，将自己要发布的信息用电子邮件发送过去，就会即时传达给列表上的每一个地址，这是一种非常有针对性的传播方式。但是由于相关标准和法规的缺失，垃圾电子邮件广告也成为网络广告饱受之后病的原因之一。

在新的网络广告技术的冲击下，传统方式的电子邮件广告几乎无优势可言。在今日网络媒体生态下的电子邮件广告已经不再仅仅指传统时代的邮件列表广告，而是容纳进来更加丰富、更加多元化的广告形式和理念，构成了一个广告系统。从系统论的角度看，新网络媒体生态下的电子邮件广告可称之为“电子邮件广告系统”，可以归纳为：指将电子邮件作为一种载体，各种信息提供者在用户登录电子邮件后到离开前所发布的各种形式的信息，它属于网站整体的一部分。

关于电子邮件营销推广及电子邮件广告将在项目 5 中进行详细的阐述。

3. 搜索引擎广告

搜索引擎广告主要指“搜索关键字广告”。企业通过竞价购买与企业产品相关的“搜索关键字”，当消费者通过搜索引擎查询相关信息时，搜索引擎自动将企业网站的链接置前，吸引消费者通过点击浏览企业网站获取相关产品信息。因此，从搜索引擎广告的实质来看，它既有广告的部分性质，又区别于传统的广告形式，其广而告之和主动推荐企业与产品形象的特征并不明显，表现上更接近一种由潜在客户主动推动的销售工具。

4. 富媒体广告

富媒体广告一般指使用浏览器插件或其他脚本语言、Java 语言等编写的具有复杂视觉效果和交互功能的网络广告图片、动画等，是目前在网上被应用的一个高频宽带技术。国内富媒体广告是指能达到 2D 及 3D 的 Video、Audio、Java 等具有复杂视觉效果和交互功能效果的网络广告形式。富媒体广告可以将网络广告转换成一个互动形式，而不仅仅是一个静态的广告信息。一般来说，富媒体广告比一般的图片和简单 Flash 广告占据更大的空间，但是由于它能表现更多、更精彩的广告内容，因而大大提升了广告的效果及点击率，同时对品牌的知名度也有很大的影响。是否有效，一方面取决于站点服务器的设置，另一方面取决于访问者的浏览器是否能够顺利查看。

近几年，随着 Web 2.0 理念的风行，博客、播客、微博等网络应用形式不断出现。以这些最新的网络应用形式为依托，运用富媒体广告技术，产生出许多像博客广告、播客广告、微博广告等新的表现形式。

富媒体广告具有如下特点。

（1）表现力强。富媒体广告不仅包括文字、图片等广告元素，还囊括了动画、视频、音频等效果形式，表现力更加丰富，因而最大限度地给受众以强烈的视觉冲击力。

（2）交互性强。富媒体能够提供更多可检测的交互性内容，能捕捉更多的数据并对消费者产生更大的影响。

（3）点击率高。有调查显示，富媒体的使用提高了网络广告的点击率，富媒体广告的点击率为 2.4%，比非富媒体的 0.4%高出 5 倍。

5. 在线互动游戏广告

在线互动游戏广告（即游戏植入广告）是一种以游戏为传播载体的新型广告形式。它将广告巧妙地融入游戏之中，通过使企业品牌和娱乐产品融为一体的方式，来增强用户对企业产品的信任度和忠诚度。

在线互动游戏广告通常通过三种方式实现。第一种方式是只把产品或品牌信息嵌入到游戏环境中去，使游戏在含有广告信息的环境中运行。第二种方式是把产品或与此相关的信息作为游戏必不可少的工具或手段来使用，在游戏中，广告信息本身就是游戏的内容。第三种方式是在游戏广告中通过提供产品的真实内容，让消费者在游戏的虚拟空间中体验产品，通过与消费者的互动来提高传递广告信息的效果。

一般来说，用户对游戏广告这一形式不但很少抵触，反而乐意参与其中，易于取得较好的广告效果。

6. 口碑广告

网络口碑广告指企业通过对自身产品和用户需求的分析挖掘，在网络社区平台上借助多种营销方式，在加强用户体验的基础上，提高用户分享良性体验的积极性，从而在用户中形成口口相传的口碑效应，达到促进企业品牌形象提升以及产品销售增加的目的。

从2008年开始，包括论坛、博客、交友等在内的社区成为业界新的关注焦点和投资热点。主要原因在于，社区作为网络互动平台，其开放性、互通性吸引了大量网民的使用；而社区用户产生的内容（UGC）也成为社区平台的核心资源之一，同时社区用户广泛和积极地参与性也凸显出网络社区较高的营销价值。

网络口碑广告作为一种基于社区的新营销模式，自2004年产生以来，经过近几年的用户和市场培养，逐渐受到广告主的认可，越来越多的企业开始尝试在社区平台上借助口碑营销进行企业产品、服务和品牌的推广。

网络口碑广告经历了三个发展阶段。

（1）2004—2005年为网络口碑广告的萌芽时期。中国网络朝多元化方向发展，基于Web 2.0网络服务更加注重用户的体验价值，包括社区、博客、RSS等服务的价值不断显现。同一时期，国外已经出现口碑广告的概念，网络口碑思想逐步进入中国。2004年6月，口碑网的成立使口碑广告进入大众视野。

（2）2006—2007年为网络口碑广告的积累阶段。随着口碑营销方式的深入影响，继口碑网后，一大批口碑营销网站如雨后春笋般涌现，其中以基于论坛内容的大旗网和奇虎网最为成功。在众多机构的共同推动下，口碑广告的价值不断得到体现，吸引一些传统广告公司及网络营销公司试水口碑广告业务，促进了市场发展。口碑广告阵营的强大吸引了众多广告主，使这一时期成为口碑广告的积累时期。2007年第二届互联网大会暨口碑营销论坛的召开，标志着网络口碑广告已经成为重要的营销模式被人们广泛认知和接受。

（3）2008年至今为口碑广告的黄金发展时期。2008年北京奥运会的召开，成为各方关注的焦点，互联网也成为大众及时了解奥运信息的主要渠道。网络社区由于其庞大的用户群体、较强的用户黏性，以及社区用户积极地参与性，使之成为网民深入讨论奥运相关事件的活跃平台。各奥运赞助企业以此为契机，以网络社区为平台，开展了多样的网络营销活动。中国口碑广告进入高速发展时期。近年来，口碑营销的成功案例不绝于耳，但是发展过程中也暴露出了一些问题。

7. 网络视频广告

网络视频是指内容以WMV、RM、AVI、FLV等视频格式存在，可以在线通过RealPlayer、Windows Media Player、Flash、QuickTime及DivX等主流播放器播放的文件内容。这里的网络视频广告则是指在这些提供网络视频播放的网站或者视频软件中插入的广告。目前我国国内的网络视频主要有三种：一种是视频分享网站，像土豆网（http://www.tudou.com/）、优酷网（http://www.youku.com/）、我乐网（http://www.56.com/）等；第二种是基于 P2P 流媒体技术的网络视频软件提供网站，如 PPlive、PPstream 等；第三种则是宽频影视类，提供较为清晰的在线视频观看。

虽然国内网络视频的增长速度十分迅速，但是其盈利模式仍然不是十分清晰，目前网络视频的广告投放方式主要有几种。

（1）将视频广告插入用户想看的正式视频当中。例如日本化妆品企业 DHC 选择 P2P 流媒体视频直播软件 PPstream 作为广告投放平台，将电视广告片完整地移植到了视频流媒体中，通过在节目缓冲的数十秒内播放广告，既弥补了这段时间的空白又充分利用了这些时间。广告在 P2P 流媒体的技术支持下播放流畅，画面清晰，与电视广告相比也毫不逊色。视频流媒体平台以及这个平台凝聚的大量集中注意力，无疑加强了受众对 DHC 的品牌印象。通过提示点击，进一步促成了到网络商场的购买行为。

（2）通过网络视频的形式进行企业的互动营销。我们以全球知名快餐品牌麦当劳为例。麦当劳以新产品全新至尊巨无霸汉堡的宣传口号“你够牛吗?”为主题在猫扑网上赞助了原创视频比赛，评选上传者本人拍摄或者出演的视频，消费者通过对“牛”这个字眼的创意和解释来表达自己对此款产品品牌核心概念的理解。在创作过程中，此款商品的“牛”的理念在用户中留下深刻的印象。在这种互动营销方式中，网络视频的特质被充分展现出来，使得互动形式更加的生动和直观，同时也会让受众对产品特点印象更加深刻。

（3）将企业广告投放于视频网站上供用户观赏，并通过用户之间的自主传播达到广告效果的扩大化，甚至达到病毒传播的效果。这种传播方式的前提条件是广告自身的创意因素，只有广告创意或内容足够吸引用户时才能引发用户的自主传播。例如百度的“百度更懂中文”系列视频广告，便是由于其丰富的娱乐性和创意性而引起许多网民的兴趣，企业并没有对该系列广告进行媒介投放，而是通过网民自发的传播，网络快速的传播速度使得这一系列视频在四个月内，最高峰期间有过一百万网页提及或观赏下载此片，远远超出了企业的预期。

8. *其他网络广告形式*

除了以上列举的几种网络广告形式外，现实中的网络广告还存在着很多其他的形式，比如文字链接广告、论坛广告、IPTV 广告、桌面广告、贺卡广告等。由于篇幅限制，在此不再一一列举。

（三）网络广告发展趋势

以国内网络广告发展为例，未来发展趋势将呈现以下特点。

1. *中国网络广告经营额会稳定地增长*

网络广告具有较强的经济性，传统广告媒体费用要占到总费用的近 80%，网络广告无须印刷，在网上发布广告的总价格较其他形式的广告价格便宜很多，平均费用仅为传统媒体的 3%，与报纸和电视的单位面积（时间）的广告价格相比，网络广告在价格上极具竞争力。

受广告主和广告代理商所重视，网络广告的效果不断增强。随着网络技术的发展，越来越多的网络广告形式不断出现，网民数量的不断增长等复合性因素激发了广告主在网上做广告的信心，网络广告的营业额将不断增长。

2. *中小企业网络广告将成为主流*

Web 2.0 是基于长尾理论提出的，是与马太效应或二八原则完全相对的理论形式。按照传统的二八原则，公司 80%的收益来自其 20%的用户，这就使公司只要将精力集中于这 20%的客户即可保证公司正常的运营，而对其余的 80%的客户则可不予重视。Anderson 的研究发现，在互联网的长尾市场上，有 90%的产品在传统市场上是买不到的，但它们却带来销售额的 25%和利润额的 5%。同时在传统市场上没有利润空间的产品却占到了长尾市场产品总量的 8%。因此，长尾理论恰恰认为这其余的 80%客户具有同样的重要性。

Google 是长尾理论的最好实践者，一方面 Google 靠单纯的人际传播产生今天这样的影响，另一方面 Google 给了小企业利用网络宣传的机会。Google 最先采用了竞价排名的广告形式，费用和一般的网络广告相比低很多，效果却精确得多。Google 的竞价排名广告形式吸引了很多小企业的参与，并最终形成了 Google 的主要业务收入。百度也早已采用了这种方式，在自己获得丰厚利润的同时，也给更多的小企业带来利润。除了搜索引擎的竞价排名模式，如博客广告、电子杂志广告等都是小企业可以利用的资源，众多的中小企业将逐渐成为网络广告的主力军。

3. 中国网络广告向传统回归

随着对网络广告的熟悉，人们开始理性地对待网络广告，逐渐把网络广告作为企业总体宣传策略的一个步骤，商家在投放传统媒体的广告时，总要对所投媒体进行全面、细致、客观的市场调研，根据市场调查的结果去有的放矢地投放广告。网络广告的本质还是广告，和传统媒体广告的区别仅仅在于承载的媒介的差别，作为一种信息传播活动，网络广告业必须遵循信息传播的 5W 模式，以达到有效的传播效果。

近年来，网络广告加快了与传统媒体广告的融合。网络广告有许多传统广告不能比拟的优点，但传统媒介也有网络广告不及的地方。在网络广告策划中可考虑将网络广告与传统广告组合运用，有利于扩大产品影响面。如选择网络广告+电视广告的组合方式。电视广告首先放出消息，网络广告随后跟上，追踪网络用户的行为习惯，并将其吸引到网络店铺中。

同时还应该借鉴传统媒体广告的优秀经验，并通过计算机多媒体技术和数码艺术风格的有机组合加以创新，而不是照搬传统广告形式。例如，根据造型特征将一些经典的品牌标志加以动态演绎，或许会让人眼前一亮，可以取得意想不到的效果。2008 年奥运会的五个吉祥物在发布会上的活泼表现就是一个很好的例子。现在的电话有奖问答只能用耳朵听，而且耽误不少时间，很不方便，而将这些题目用在线的方式进行回答就一目了然，加之网络上电子货币等多种有偿回馈方式，一定会吸引众多网民的参与。

4. 社区网络广告将成为热点

社区网站独特的用户交流模式以及随之可能产生的极强的用户黏性，使得社区不仅成为聚集用户、吸引眼球的场所，也开始成为吸引广告主的网络营销新渠道。如今，社区营销已不再仅仅停留在概念层面，市场上也出现了专业的社区营销及公关公司，并且有很好的发展前景。可以相信，社区广告未来将成为越来越常见的广告形式。

“意见领袖”式的社区网络广告将成为网络营销的重要手段，未来，基于意见领袖的网络营销模式更加普遍、更加完善。意见领袖社区网络广告营销的五个关键因素为：话题（Topic）、工具（Tools）、卷入（Involve in）、监测（Monitor）、优化（Optimize）。实施意见领袖社区网络广告营销的首要任务是找到社区中的意见领袖，意见领袖对谈论方向具有较大的影响作用，并通过适当的工具进行传播，大量的网络社区用户很容易卷入话题的讨论，通过相应的监测手段可以对传播进行监测，最后对监测的相关数据进行传播优化。这实际是充分发挥了网络媒体具有的人际传播效能。

关于意见领袖的相关内容将在项目七任务一“论坛营销推广”中进行具体阐述。

5. 技术导向的全案策划代理公司将成为网络广告代理主流

技术驱动程度高、全案策划将成为代理公司未来重要发展的方向。网络广告代理公司有四种不同的类型，奥美、华扬联众等传统广告代理公司在全案策划方面有成熟的经验与丰富的客户资源，仍将是网络广告代理中的领跑者，但是这类企业的技术驱动程度较低，通过技术手段帮助广告主实现精准投放的难度较大，对媒介的广告效果监测也缺少直接的数据。

另一类公司恰好与上一类特征相反，即以百度联盟、谷歌 AdSense 为代表的公司，该类公司技术驱动程度高，且已购买了数量众多的媒介，在精准投放与广告效果监测方面均已有比较成熟的技术，联盟的品牌化与知名度也较高，它们将成为传统代理公司最大的竞争对手。成立较晚的阿里妈妈，虽然起步较晚，但是成长速度较快，已经在联盟成员规模上取得了较好的成绩，在可以预见的未来，阿里妈妈将继续提升技术实力并向全案策划的方向发展。其中值得一提的是 Google，尤其是在其收购了 DoubleCliek 和 YouTube 之后，不仅能够凭借自身技术实现精准投放与效果监测，且在媒介组合方面产品线也较为丰富，如果能够实现产业链上下游的进一步整合优化，未来将有望成为技术驱动程度高，具有全案策划能力的新型代理公司的典型代表。但不管怎样，以技术导向的全案策划代理公司将成为广告代理竞争的制高点。

四、任务拓展

创意是无限的，也是具有风险的，好的创意能够带来意想不到的网络宣传效果，请通过网络查找具有良好创意的各种网络广告。要求每种类型网络广告都能找到至少一个具有创意的案例，并解释说明其创意用途。结果填入表 4-6。

表 4-6 各种形式创意网络广告分析

序 号	网络广告类型	网络广告截图	创 意 点
1			
2			
3			

任务二 设计制作网络广告

一、任务导入

本任务要求针对任务一完成的中小企业网站推广网络广告策划方案，运用常用的网络广告设计制作工具，如 Photoshop、Flash 等，设计实现一则网络广告。

任务实施以项目小组的形式进行，首先欣赏一组优秀的网络广告设计作品，然后完成网络广告的设计制作。要求突出网络广告互动的设计、寓意的传达，增强网络广告的表现力。

二、任务实施

1. 优秀网络广告作品创意赏析

（1）BUT 家居创意广告，如图 4-2 所示。类似蜗牛的造型，让人感觉到 BUT 家居的舒适安逸。一句简单的“the days of the Laziness”，意境深远。是的，BUT 家居，让家成为你最没法离开的幸福窝！

图 4-2　BUT 家居创意广告

（2）光明优加牛奶创意广告，如图 4-3 所示。这是针对光明“体魄优⁺”牛奶设计实现的一组创意广告中的一幅，原图共有三张。设计者通过用牛奶这一元素构建出一个身姿矫健的运动健将形象，传递出光明“体魄优⁺”牛奶独特的产品功能。

图 4-3　光明优加牛奶创意广告

（3）冰激凌品牌 KAPITI 创意广告，如图 4-4 所示。该创意广告由新西兰奥克兰的 Colenso BBDO 广告公司创意执行，该组广告共三幅，这是其中之一。广告设计传达出了 KAPITI 冰激凌出色的造型设计，只要敢想就能实现。流动的线条，体现出了 KAPITI 冰激凌口感细腻、柔滑、清凉的产品特性，让人产生一种购买的欲望。

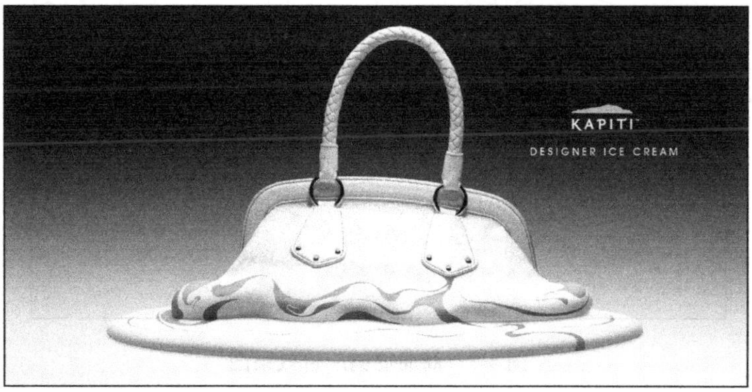

图 4-4　KAPITI 创意广告

（4）雅诗兰黛官网首页产品促销广告，如图 4-5 所示。“NO.1* DNA 级修复神话，即时修复特润精华露，肌肤比我更年轻。”简单的一句话，使得雅诗兰黛化妆品精致优雅而又奢华的产品特性与品牌价值无以言表。

图 4-5　雅诗兰黛（Estee Lauder）官网首页产品促销广告

（5）某淘宝店情人节活动促销广告，如图 4-6 所示。淘宝一直以来以廉价博取网络消费者的热情，因此该网络广告中偌大的“触底价、1 折起”字眼迎合了淘宝客寻求廉价商品，赚取实惠的一种消费心理，起到了很好的商品促销效果。

图 4-6　某淘宝店情人节活动促销广告

2. 网络广告设计实现步骤

以某一农产品干炒货天猫（淘宝商城）网店首页产品促销广告为例，说明网络广告的设计实现步骤。

如图 4-7 所示是网店在日常进行产品促销时的一则网络广告的效果图，位于网店的首页。该网络广告的目标对象为企业白领，从勾起目标消费者对于童年的一种回忆之情和展示商品的特色两个角度进行设计制作。

图 4-7　商品促销广告效果图

该网络广告的实现步骤如下。

（1）新建文件。

打开 Photoshop CS5（这里使用的软件版本依据个人掌握程度和所使用的电脑配置而定），单击“文件”→“新建”菜单命令，新建一个文件，将其命名为“促销广告制作”，宽度“490 像素”，高度“170 像素”，分辨率 72，颜色模式为“RGB 颜色”，其他选项保持默认。如图 4-8 所示。

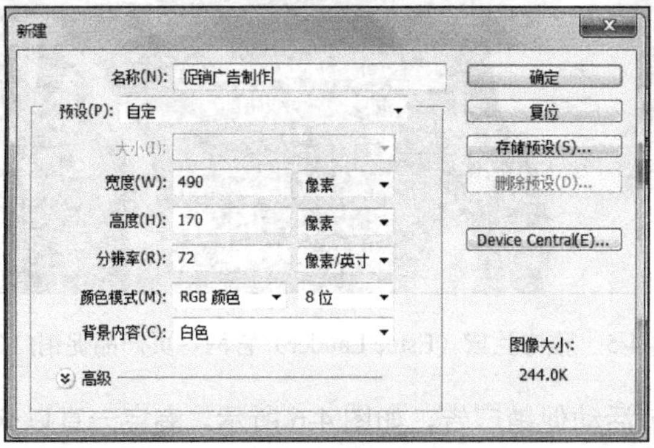

图 4-8　新建文件

（2）广告背景效果的制作。

在“图层”面板中单击“新建图层”图标，新建图层 1，并将其命名为“广告背景”，如图 4-9 所示。

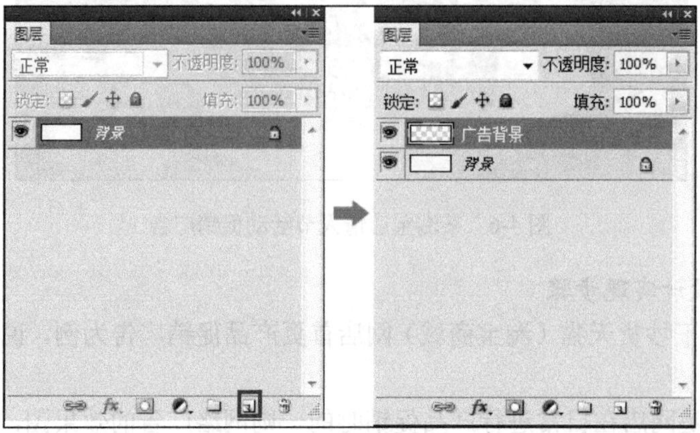

图 4-9　新建图层

把前景颜色值设置为“#8EB622”，使用油漆桶工具填充，如图 4-10 所示。选择此颜色，突出了商品来自大自然的特性。

图 4-10　前景色设置

再新建一个图层，选择椭圆选框工具，拉出一个大的正圆选区，填充颜色值为“#D5DF1E”，如图 4-11 所示。

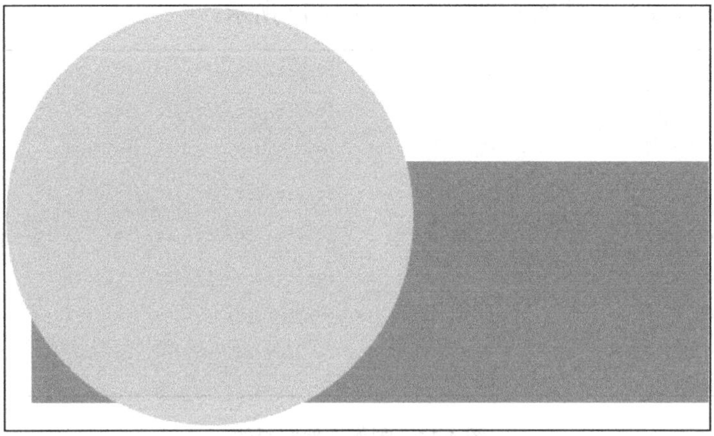

图 4-11　阶段效果图

在如图 4-11 所示正圆选区的中间用同样的方法拉出一个半径小一点的正圆选区，然后按 Delete 键删除，效果如图 4-12 所示。

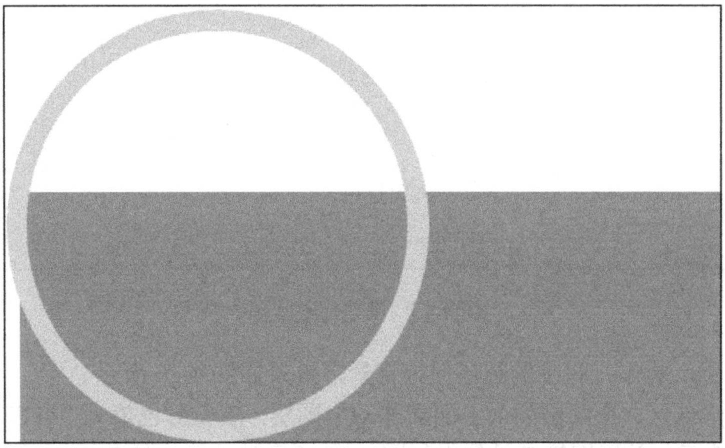

图 4-12　删除小圆选区

调出圆角矩形选区，按住 Ctrl + Shift + I 组合键反选，然后按 Delete 快捷键删除多出部分，效果如图 4-13 所示。

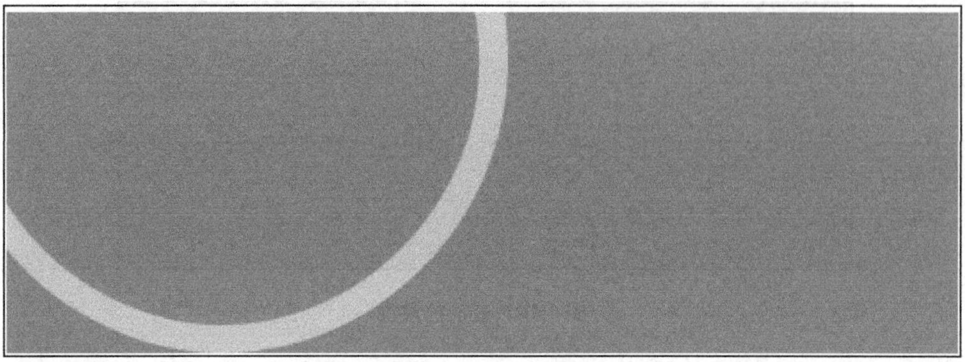

图 4-13　制作圆弧线

运用同样的方法制作出其他的圆弧线，如图 4-14 所示。

图 4-14　制作其他圆弧线

新建一个图层，绘制几个同心圆环，填充颜色值为“#A9CD2D”，如图 4-15 所示。

图 4-15　填充同心圆环

新建一个图层，制作一些小的圆环作为背景，效果如图 4-16 所示。

调出圆角矩形选区，在图层的最上面新建一个图层，填充颜色值为“#FFFFFF”，按住 Ctrl + D 组合键取消选区，并用钢笔工具勾出如图 4-17 所示的选区，按 Delete 键删除。

图 4-16　制作小圆环

图 4-17　勾出选区

将图层不透明度改为 10%，效果如图 4-18 所示。

图 4-18　设置图层不透明度

新建一个图层，用椭圆选框工具拉出一个较大的正圆选区，按住 Ctrl + Alt + D 组合键羽化 60 个像素，填充白色，如图 4-19 所示。

调出半圆角矩形选区，按住 Ctrl + Shift + I 组合键反选，按 Delete 快捷键删除，效果如图 4-20 所示。

运用同样的方法制作其他的透明选区，最终完成整体背景效果如图 4-21 所示。

（3）添加促销宝贝图片并做适当的修饰。

首先添加去除背景色的促销宝贝图片，如图 4-22 所示。

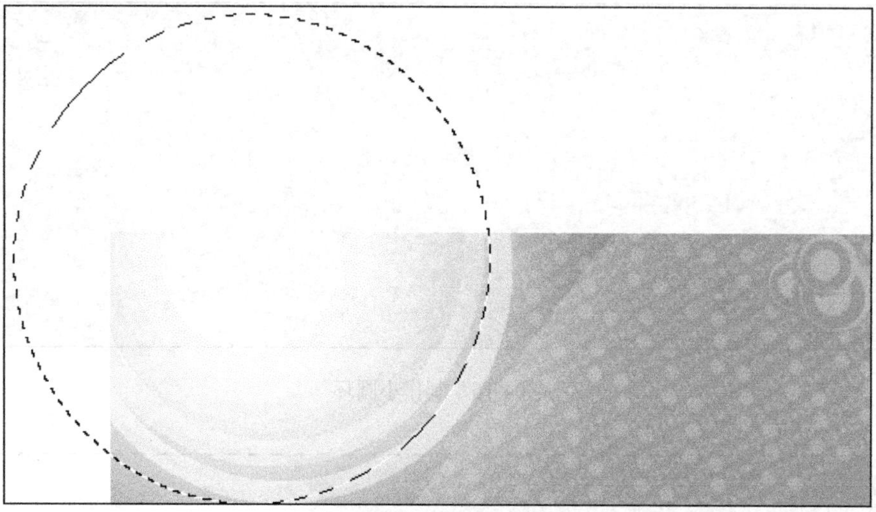

图 4-19　羽化后填充

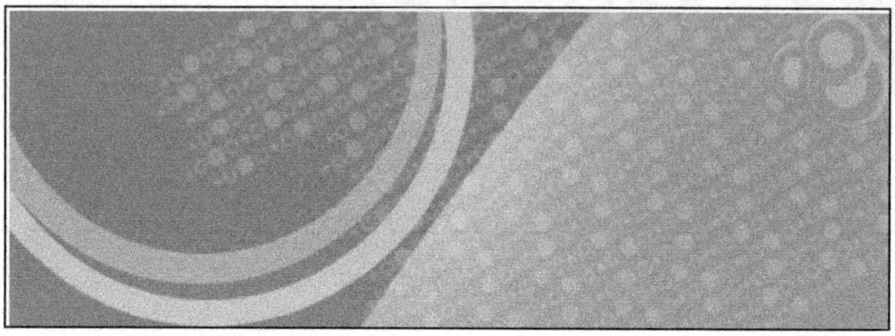

图 4-20　删除半圆角矩形反选区

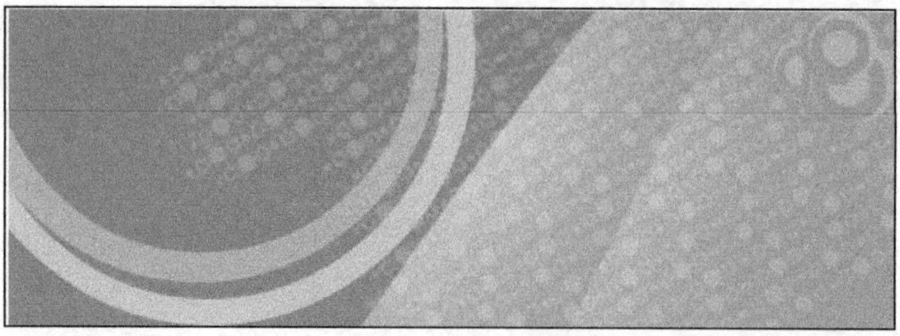

图 4-21　整体背景效果图

图 4-22　添加宝贝效果图

接下来为宝贝图片做适当的修饰。双击宝贝图片，单击“图层”→“图层样式”→“外发光”菜单命令，或者单击图层面板上的“添加图层样式”fx，选择“外发光”命令，如图 4-23 所示。

根据实际需要，设置外发光各项参数，如图 4-24 所示。

图 4-23　设置外发光效果

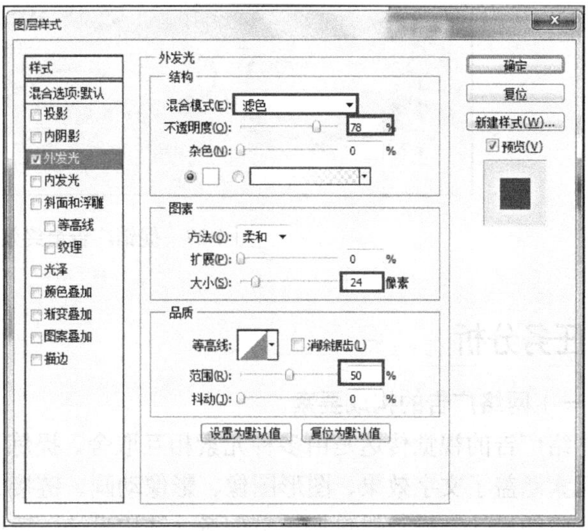

图 4-24　“外发光”参数设置

完成的效果如图 4-25 所示。

图 4-25　添加外发光后效果

（4）添加促销广告语并做适当的修饰。

选择面板上的文字工具 T，在合适的位置输入促销广告语“忘不了的童年味道”“嘎嘣脆田园味”，如图 4-26 所示。

图 4-26　添加文字广告语

用类似的方法对促销广告语进行进一步的修饰，效果如图 4-27 所示。至此，一则简单的产品促销广告制作完毕。

图 4-27　促销广告最终效果图

三、任务分析

（一）网络广告的构成要素

网络广告的视觉传达是由多种元素相互取舍、提炼、加工组织，而后进行编辑构成，这些构成元素涵盖了文字效果、图形图像、影像动画、链接、排版、声音、色彩等组合构成。商业网络广告的设计制作一般包括策划创意、结构设计、素材采集和制作、集成制作测试等几个步骤。下面详细介绍文字文本、图形图像、动画视频、音频与视频几个方面的设计制作。

1. 网络广告的文字与文本

在商业网络广告设计中，文字的地位十分重要。网络广告素材中的文字实际上有两种，一种是文字文本；另一种是图形文字。这两种文字在设计中遵循以下原则。

（1）可读性。

文字的主要功能是在视觉传达中表现作者的意图和意欲告知的各种信息。要达到这一目的，必须考虑文字的整体诉求效果，给人以清晰的视觉效果。文字设计应避免凌乱繁杂，要易认、易懂，切忌为设计而设计，忘记了文字设计的根本目的能更好、更有效地传达作者的意图，并表达设计的主题和构想。

（2）个性。

文字的设计要服从作品的风格，文字的设计不能和整个广告作品的风格不相协调，更不能相冲突，否则，就会破坏整体诉求效果。

（3）视觉美感。

在视觉传达的过程中，文字作为画面形象的要素之一，具有传达情感的功能，必须具有视觉上的美感，给人以美的享受。字形设计恰当、组合巧妙的文字能给人愉悦感，留下美好的印象，从而产生良好的心理反应。反之，会使人看后心里不舒服，视觉上难以产生美感，甚至叫人反感，根本谈不上传达网络广告的意图和构想。

（4）创造性。

根据表现作品主题的要求，突出文字设计的个性色彩，创造与众不同的独具特色的字体，给人以别开生面的视觉感受，有利于传达作者的设计意图。设计时，应就文字的形态特征与组合，苦心经营，反复琢磨，不断修改，创造出富有个性的文字，使其外部形态和设计格调给人以审美愉悦。

（5）文字的排版。

从文字的格式、定位、选择、大小、颜色为主进行排版。需要强调的是，文字的技术处理固然很重要，但是文字资料的准确性、完整性更为重要。

（6）文字的组合。

网络广告文字编排的成功与否，不仅取决于字体的自身书写，而且也取决于排列组合是否得当。如果一件作品中的文字排列不当、拥挤杂乱、缺乏视觉流动秩序，不仅影响主体本身的美感，而且妨碍受众进行有效的阅读，难以产生良好的视觉传达效果。要取得良好的传达效果，关键在于找出不同字体之间的内在联系，对不同字体的对立因素进行和谐的组合，在保持各自的个性特征的同时，取得整体的协调感。可以从风格、大小、方向、明暗度等方面选择对比要素，以造成生动的对比视觉效果。将对比与协调的因素在服从主题表达需要的前提下有分寸地加以运用，就能产生既对比又协调的具有视觉审美价值的文字组合效果。

2. 网络广告的图形与图像

图像在网络广告的应用中随处可见，一幅充满创意的图形广告作品，可以不经意间令受众注目观看，实现广告的传播目的。文字充斥而没有图像的广告作品，传播效果往往大打折扣。在总面积不大的图标中，广告用语的所占面积不可能太大，所以，应当用尽可能少的语言表达清楚广告商的意图。否则，浏览者不会有足够的耐心和时间去点击广告商的网络广告。图形的构思、色彩和图形的动态设计，应当明确为文字服务，不能喧宾夺主。因为浏览者不可能从图形、色彩和动态中明白你的意图。但是，图形的构思、色彩和动态在视觉上应当是能够吸引人的。当人们浏览信息服务商的页面时，对于富有创意的图形都会忍不住多看几眼。所以，在构思网络广告时，将文字与图形很好地结合起来，综合运用色彩和动态。

3. 网络广告的色彩技巧

目前，国内令人满意的网络广告还是不多见，大多数作品的满意程度还远不尽人意。一个主要原因就是一些设计者懒得去关心色彩再现的基本常识，或者好高骛远，或者想当然地做出决定，而大多数错误是容易解决的。第二个原因是，人眼对于色彩的感受能力有着显著差异，而显示器、扫描仪等在再现色彩的各种方法之间也存在很大差别。因此，我们应该对图像色彩空间的本质及其各种描述形式加以关注，并合理地应用于数字成像的不同阶段，才能得到令人满意的作品。

（1）色彩定位。

人们阅读广告时，对于色彩的反应是相当敏感的，鲜艳的颜色往往会吸引到人们的注意力。在广告中，色彩处理如果运用得好，能够充分刺激人们的视觉神经，加深广告的印象。对色彩的嗜好因人而异，根据消费者性别、年龄、职业、经历的不同，对色彩的感受也就不同。广告创作人员在设计色彩时，虽然不可能满足所有人的嗜好，但针对不同的商品、不同的广告目标对象，在色彩设计时也应有所侧重。

有些网页看上去十分典雅，有品位，令人赏心悦目，但是页面结构却很简单，图像也不复杂，这主要是色彩运用得当。当人们感受色彩时，色彩能够影响人们的情绪和行为。正因为色彩给人的感受不同，其表现力和象征性也各具特色，所以，要想熟练地运用色彩技巧，就必须了解色彩的定位。

（2）色彩的调和。

色彩的调和有三个原则关系，即色彩协调，色彩对比和色彩抵触。当两种以上的色彩结合在一起，看上去悦目，就可以说色彩协调，色彩协调是网络广告色彩表现的最基本原则。为了取得色彩的协调，最简单的办法是进行单色调处理，即只在色彩的浓度和明度上进行变化。色彩对比是为了显示广告主题的背景反差，表现商品的质地。比如首饰的广告，为了显示出钻石黄金的质地，背景采用暗红或黑色。主要是通过色彩的反差，如冷与暖、浓与淡、明与暗等，来刺激消费者的视觉，给他们留下深刻的印象。色彩抵触，即色彩不协调，是失败的色彩调和。当广告色彩出现这种情况时，会给人混乱、无序、不和谐的感觉，大大影响了广告的效果。

4. 网络广告的音频与视频

随着宽带网的逐渐普及，对网络广告的容量限制逐渐放宽，可参照电视广告的模式制作网络广告。目前公认的观点是，随着宽带网的普及，以流媒体技术为核心的网络视频服务会成为下一个主要的网络广告载体。在宽带允许的情况下，网站可以在正常的视频内容播放之前，先播放不同长度的视频广告（新浪称之为“前插片”）；或者是在页面上开辟一个适当的窗口，不停地轮流播放视频广告（如新浪的挂角视频）；可定时全屏播放一段跟现在的巨幅广告一样的网络视频广告；甚至可以跟电视媒体一样，播出视频新闻娱乐节目和电视剧中间插播的视频广告。总之，摆脱带宽这个最大瓶颈之后的网络广告，其发展前景不可限量。

（二）网络广告的设计

网络广告的设计，是根据表现主题与创意的要求，将传达内容的各构成要素，如插图、标志、色彩等造型要素及品牌名称、标题、标语等文字要素，进行创造性组合，根据均衡、调和、律动、视觉导向及空白运用等形式处理方面的法则，安排要素间的视觉关联与配置，使其成为一个有机整体，和谐地呈现于电脑显示屏上，发挥最佳诉求效果，实现广告主意图的工作过程。

设计网络广告前，必须研究企业营销战略决策、广告活动实施策略、广告内容，收集有关的文字资料与图像资料，如产品分析报告、样品实物、图片形象、市场份额、企业介绍、价格定位、政策规定、消费群体特征、竞争对手情况等。为使广告诉求定位准确，必须对产品、消费者、市场有透彻了解，完成产品、市场、消费群的定位，广告诉求重心的定位，风格形式的定位。

1. 网络广告设计的目的和意义

网络广告设计的目的在于提高网络广告对网民眼球的吸引力，有效传达诉求内容，使网络广告给受众留下良好印象和深刻记忆，从而改变消费者的相关态度和观念，争取广告主所期望的购买行为。

网络广告设计的意义在于：提高广告的注意价值；迅速传达广告信息；强化企业及品牌的印象度。

2. 网络广告编排的设计元素

（1）标题。

标题是广告中最主要的文字部分，以短小精悍的文字吸引读者注意，表达广告主题及产品特征，是广告的传神出彩之处。人们浏览页面，视线往往从左上角开始，因此，应把标题放在左上角的醒目位置，并运用视线引导，使受众视线自然地从标题向插图、正文转移。只有人们注意到标题，对其产生兴趣，才会去读广告正文。

（2）插图。

简洁、明快、通俗大方的插图具有强烈的视觉效果，能准确表达广告主题。插图比文字更容易表达主题，它通过具体生动的形象、多彩多姿的风格，与广告文字配合默契，相辅相成，充分发挥视觉说服的功能，从而实现广告创意。

创作广告插图，应把表现技巧、表现艺术和广告主题紧密地结合起来；应遵循画面简洁、内容单一、表现有力的设计原则。只有画面简洁、主题明确的插图才能吸引受众的注意，给受众留下深刻印象。广告插图必须切合广告主题，紧紧围绕主题进行表述，不可罗列太多内容，以免分散受众注意力。如果插图画面烦琐、分散，就不易引起网民兴趣，难以给人们留下深刻印象。

（3）正文。

广告正文具体阐述产品，推荐产品，力求取信于消费者，说服消费者，使消费者产生信任感，心悦诚服地实施购买行动。广告正文是标题的延伸、丰富和发展，要中心突出、简明易懂、通俗客观，要明确消费者的利益点，给消费者以启迪和指导。正文文字的编排要集中、适度，不可破坏或干扰标题和插图的注目效果，一般安排在插图的一侧，标题的下方。

（4）商标。

成功的广告可提高商标声誉，增强商标形象力，促进商品销售。在网络广告图中，商标应有强烈的视觉效果，能给消费者留下难忘印象，位置应该突出醒目。

（5）标语（广告语）。

广告标语通常是带口号性的简短句子，它朗朗上口，易懂易记，提高商品品牌，强化企业形象。优秀的广告标语，经过反复使用，被称为商品的语言商标，广泛流传。

（6）公司或厂家名称。

公司或厂家名称出现在广告画面上，可使消费者认出生产商品的公司或厂家，知晓商品购买处，加深消费者对商品的了解和信任感。

（7）色彩。

可以巧妙运用色彩来表达商品的特色、质感，利用色彩对人的感情和情绪的刺激作用，来加深人们对商品的印象。为了使广告引人注目，网络广告设计者往往用艳丽的色彩渲染画面。

（三）网络广告平面与动画画面的制作

1. 网络广告平面画面的制作

网络广告的目的在于广告的效果，而广告效果的好坏，关键在于广告的制作。网络广告也不例外，网络广告能否准确地向受众传递所要传达的信息，能否给人以深刻的印象，获得消费者认同，使之产生需求欲望，并最终采取购买行动，取决于最终完成的商业网络广告作品质量。因此，无论商业网络广告的广告策略怎样详尽、完美，广告构思多么独特、新颖，如果没有一定的广告制作技术，制作出来的广告就无法准确地表达广告构思的创意，就不会取得理想的广告效果。可以说，广告制作是整个广告活动成败的关键。

平面画面制作软件工具的选择，首先应根据自己对各种图像处理软件的掌握程度，选择不同的软件。同时应考虑广告内容的表达要求，除功能全面的 Adobe Photoshop 外，Dreamweaver、Corel DRAW 等也都是制作平面广告的不错选择。

2. 网络广告动画画面的制作

网络广告动画画面又称为富媒体网络广告。富媒体的内容包括多媒体（二维和三维动画，形象及声音）。一般来说，富媒体网络广告要占据比一般 GIF 网络广告更多的空间和网络传输字节，但由于能表现更多、更精彩的广告内容，往往被一些广告主采用。

过去的网络广告仅仅是一个入口、一面旗帜或一段信息。富媒体的使用使单一旗帜广告在同一页面无须刷新就能实现更多的功能，以 Blue Streak 提供的服务为例，它可以允许富媒体广告在页面从任意尺度扩展至任意尺寸。在扩展出来的空间中，按照广告目标可以实现用户注册及数据收集、购物、申请邮件服务、填写邮编地址、互动游戏、树立品牌等。

网络广告动画是网络广告设计中经常使用的一种方法，利用广告对象的动态，来刺激人们的眼睛。生活中，往往活动、变化的对象比不活动、无变化的刺激物更容易引起人们的注意，霓虹灯之所以引人注目，就在于它的闪烁变动。阿恩海姆在《艺术与视知觉》中提出，运动是视知觉最容易强烈注意到的现象，人类的眼睛也同样会受到运动的吸引。在实际的广告设计活动中不难发现，即使是平面广告作品，如果考虑了“运动的刺激”，其效果也要好得多，网络广告也不例外。

3. 网络广告常见的动画效果

（1）淡入/淡出。

淡入/淡出在影视片中是一种转场效果，在网络广告动画中，它不但可作为转场特效，而且经常用来作为动画元素的动画效果。

（2）抖动。

抖动是网络广告动画中十分常见的动画效果，因为抖动可以很好地吸引人们的视觉注意。抖动的幅度有大有小，大幅度的抖动一般伴随着短暂的静止来让浏览者看清动态元素的信息，小幅度的抖动由于对看清信息影响不大，常常一直抖动不停。

（3）闪烁。

闪烁在网络广告动画中也是很常见的动画效果，因为这种效果能产生强烈的视觉刺激，从而吸引人们的视线，视觉冲击力强。但是，长时间的闪烁不利于视觉健康，也使人产生视觉疲劳，所以闪烁效果一般持续时间短暂。

（4）爆炸。

爆炸是动画元素由一中心向四周快速飞行的动画效果，与人们常见的鞭炮爆炸效果类似，能很好地与人们已有的心理模型相匹配，使人兴奋和愉快，从而使广告信息在浏览者心里留下深刻印象。

（5）拼合图。

拼合在运动的方向上与爆炸相反，一个整体的各个局部从四面八方向固定位置集合，最终形成整体，这个整体可能是一段文字，也可能是一个完整的图画或符号。拼合效果能很好地勾起人们的好奇心，在动画的过程中，拼合的结果逐渐明晰，使人们出于对结果的不断期待和探索中，吸引人们的兴趣和注意。

（6）缩放。

缩放是动画元素放大或缩小形成的动画效果，通常有小—大—静止、大—小—静止、小—大—小等表现形式。该动画效果能较好地引起人们的视觉注意，静止期间能让人们仔细阅读和观看信息。

四、任务拓展

通过充分分析企业产品的相关信息，运用相关工具设计制作一本《企业产品电子宣传册》。推荐使用工具：Microsoft Publisher，Photoshop CS5。

任务三　投放网络广告

一、任务导入

作为中小企业，如何在资金有限的前提下，找准网络广告投放平台，将网络广告要表达的意图传递给对公司和公司产品或服务感兴趣的客户是企业网络广告工作人员需要考虑的重要问题。本任务要求在充分认识网络广告投放的方法和技巧的基础上，结合目标人群的特点及网络广告的形式等因素，将任务二中设计实现的网络广告，投放在合适的网络广告平台。

任务实施以项目小组的形式进行，在充分做好网络广告投放前的准备工作后进行网络广告投放实践。

二、任务实施

本任务的实施主要按步骤完成以下工作。

1. 调研

调研目前不同网络广告投放平台的网络广告投放比重，并分析不同网络广告投放平台的优劣势。将调研分析结果填入表4-7中。

表4-7　网络广告投放平台调研

序　　号	网络广告平台类型	代表网站	网络广告投放占比	特　　点
1				
2				
3				
4				
5				

2. 明确网络广告投放的目的与评估方式

在网络广告投放前，进一步明确以下问题。

（1）网络广告投放所期望的送达率、频率与效率。

（2）网络广告投放对时间和区域的特殊要求。

（3）分析网络广告投放平台，包括以下几项内容。

网站的访问量：网络广告投放平台必须具有较高的访问量，特别是独立IP访问量，以保证网络广告的投放效果，对于时效性要求较高的网络广告更是如此。

价格标准：比较不同站点的收费标准，分析首页、二级页面及其他页面的收费标准和预期效果，为网络广告具体投放位置的确定提供参考依据。

网络广告效果监控的方便性和客观性：了解网站是否提供翔实的广告监测报告，如出具中立的、权威的第三方监测报告；了解网站是否存在网络广告计费作弊现象等。

网络广告管理的便捷性：网络广告需要经常更新，因此要了解网络广告发布管理是否方便，如是否提供进行网络广告上传、查看、调整和确认等操作的接口，是否有相应的日志，是否支持多用户及相应的权限设置，操作界面是否友好简单，等等。

网站服务的优越性：主要了解网站设备、带宽和人员服务等方面的情况是否满足网络广告发布期间的稳定运行、高访问量带宽需求和相应的客服人员支持等。

3. 确定网络广告计价方式

在网络广告投入预算的基础上，根据网络广告投放的实际情况确定适合的网络广告计费方式。

4. 正式投放前的测试工作

网络广告技术含量较高，涉及面广，为避免广告投放期间出现问题，应在广告投放前进行测试，包括网络广告播放是否正常、广告链接是否正确有效、数据库是否正常运作、广告监测系统能否正常统计等，相应的结果形成测试报告。

5. 网络广告投放实践

在前期工作的基础上，按照网络广告的目标客户定位、资金预算等确定最终投放网络广告的平台，并实施投放。如以新浪分类信息广告为例，其投放流程如图 4-28 所示。

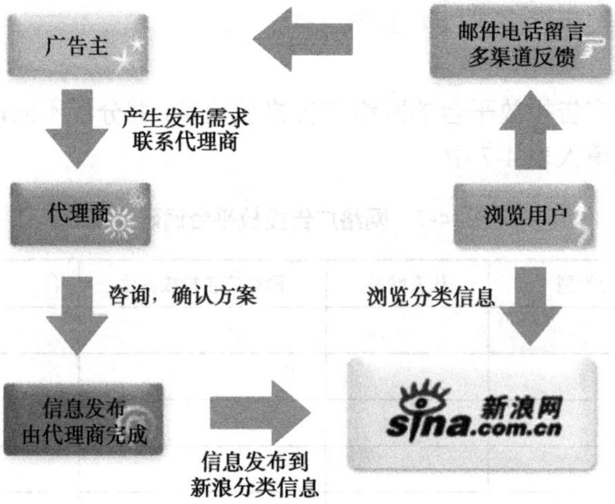

图 4-28　新浪分类信息发布流程

三、任务分析

（一）网络广告发布的方式

伴随着网络技术的不断发展，网络广告发布的渠道越来越多，网上发布广告的渠道和形式众多，各有长短，企业应根据自身情况及网络广告的目标，选择网站广告发布渠道及方式。就目前来讲，网络广告的发布大致分为四类。

第一种方式是在互联网上建立自己的网站，发布自己公司的产品或服务广告，由感兴趣的读者阅读这些广告。在自己的网站发布网络广告具有成本优势，但是限制了客户群体，一般适合应用在对内网络营销活动中。

第二种方式是在热门网站上做网络广告，包括旗帜广告、跳出广告、视频广告等多种形式，这是目前网络上应用最广泛的网络广告推广形式，也是最重要的一种网络广告投放方式。在热门网站投放网络广告需考虑网络广告投放的站点、站点中具体投放页面位置、投放成本等要素。

第三种方式是利用网络其他渠道发布广告，如电子邮件、网络黄页、新闻组等。使用这种方式比较有针对性，同时又是一种主动营销的方式，所以适合积极的营销策略。

第四种方式是利用广告交换手段发布广告。网络广告交换是网站之间相互链接、交换文字或旗帜广告，扩大宣传效果的方法。拥有自己主页的用户，通过互相交换广告，或者加入广告交换网，可实现双向乃至多向的相互登载广告。用于交换的广告，既可以是自己制作的，也可以是专业广告制作公司制作的，一般的表现形式为网站或公司的 Logo。广告的大小一般都有特定规格，常见的有 400×60 像素，460×60 像素，468×60 像素，450×70 像素等。如果想在不同的交换站点上登录注册，需要多准备几种不同规格的广告。广告文件多为GIF、JPG格式，大多数网站支持动画的GIF文件，偶尔有网站支持Java广告条。

（二）网络广告投放平台的选择

在网络广告投放中，最重要的工作就是确定网络广告投放的平台，精准的平台选择才能起到有效的网络广告推广。在网络广告投放平台选择时，应考虑以下因素。

（1）网站访问量。有资料表明，占全部网站数量1%左右的大型网站控制了90%以上的网络广告市场，因此在寻找投放网站时必须寻找高访问量的网站，大量中小型网站实际上并没有被认可的网络广告资源。同时，除了网站访问量，还需了解网站用户的访问深度及用户的访问黏性。

事实是明显的，假如一个网站没有足够的流量，那么所投放的网络广告就不能够展示在足够数量的人群面前，一则无法起到宣传推广的作用，二则失去了网络广告的时效性，很有可能就失去了更多的商业机会。

（2）网站的目标定位。每个不同的网站都有自己特有的用户群体，在进行网络广告投放时，最重要的一点便是要选择与企业自身目标受众定位相契合的网站平台和投放方式。在Web 2.0模式下，信息在网络上不断地积累，用户对信息的共享程度高，非常活跃，不受时间和地域的限制分享各种观点，他们自愿地加入符合自己需求的群体中，最后形成一个个以兴趣为聚合点的社群。这些群体中的个体具有相同的兴趣爱好，就某一问题相互交流、相互影响，他们因为兴趣一致而保持比较高的忠诚度，形成了细分市场。寻找与企业产品的目标受众相吻合的细分市场，尤其是对于一些专业性较强的产品或服务来说，适合的网站内容和受众群体才能使得网络广告投放更加有效。

（3）价格因素。不同网站以及不同的投放方式价格可能相差很大，对于近来新兴的一些网络广告投放方式由于正处于起步阶段，因此尚没有比较统一的定价方式，企业应该根据自身需求寻找适合的投放方式。

（4）广告效果监测。在寻找投放媒介时网站能否提供关于第三方详细的广告检测报告也十分重要。良好的监测机制能够让广告主根据广告效果及时调整策略，对提高网络广告的最终效果有重要作用。

（5）目标受众的网络活动特征。

网络广告的最直接目的就是到达目标受众，网络广告到达率也是衡量广告效果的基本指标之一。企业可以通过对广告目标群体网络活动的分析，选择目标群体经常光顾的网络服务以及网站（网页）作为广告投放平台，最大限度地提高广告到达率。

比如：面向学生开发的学习工具可以选择学生经常光临的网上同学录发布广告；时尚消费品可以选择青年人经常使用的QQ聊天工具或音乐下载网站作为广告投放平台；为商务人士设计的手机产品可以选择新闻类网站或商务人士使用频率较高的站点或服务展示产品广告。企业根据目标受众的网络活动特征选择广告投放平台时，首先应该对本企业产品和服务的消费群体有一个科学的界定，然后再根据客观数据对广告目标受众的群体性网络活动特征进行归纳总结，选择目标受众使用频率最高的网络服务，浏览概率最大的网站（网页）发布企业广告。

（6）网站关键词搜索结果页面投放网络广告。为了达到更精准的效果，在投放网络广告的具体页面选择上，可以考虑用户关键词检索页面。比如在用户搜索“手机”出现的网站检索结果页面，可以投放有关“手机”“手机配件”“手机应用软件”等产品或服务的网络广告。当然，假如你是一个关于手机的网站，也可以在这个页面投放广告。

（7）选择多个网站（网页）投放广告。

此策略主要用于企业新产品上市或企业初次进入市场，为了能够在短时间内让尽可能多的消费者接收到广告信息，企业从多个角度出发，选择覆盖面最广的网络（网页）平台全方位、同时发布广告，使目标群体在短时间内被企业广告高频度的包围，通过不断加强记忆，产生深刻的广告印象。

（三）网络广告投放时间的选择

有了适合的网络广告媒介平台尚且不够，广告的投放执行阶段仍然十分关键。执行层面主要关注网络广告投放时间上的策略。网络广告时间策略是指网络广告发布的时机、时段、时序、时限等策略。一则制作非常精致的网络广告，如果没有运用恰当的时间发布的话，往往也会影响其效果。网络广告时间策略的确定除了结合目标受众群体的特点外，还要结合网络营销中企业的产品策略和企业在传统媒体上的广告策略。一则好的网络广告时间策略不仅能提高网络广告的浏览率，还能节省网络广告费用。

1. 网络广告投放时机策略

网络广告投放时机策略就是抓住有利的时机，发起网络广告攻势的策略。有时候抓住一个有利的时机，能使网络广告发挥出意想不到的效果。特别是在一些重大活动，像奥运会、亚运会、展览会、订货会、大型比赛活动等，这些都可能成为网络广告宣传的良机。

2. 网络广告投放时段策略

网络广告投放时段策略就是网络广告必须掌握对目标群体宣传的有利时段，针对性地进行发布的策略。由于网络广告评估体系的相对滞后，低水平的网络广告调研无法给广告主提供综合、准确和公正的调研数据；无法精确了解受众的上网习惯；不清楚广告所到达的人群、地区分布，以及相应的次数。所以很多广告主喜欢采用全流量广告，即采用包时段广告，如包天、包周、包月等。这种不分时段、不考虑广告的目标消费者的上网习惯、不考虑消费者地域所属的投放方式造成了大量广告资源的浪费。在网络环境中，不同时间内有不同的网民群体，一般年轻的“网虫”都有“夜游”的习惯，那么，在夜间推出适合年轻人单身贵族的产品会是一个好的策略。随着一些地方性和针对定向群体的广告主逐渐加大对网络媒体的投入，广告主对按地域或其他特殊定向方法来投放网络广告的要求会越来越多。如今，更多的网络广告定向投放技术将从概念走向实际的运作阶段，不同习惯、不同兴趣的人到同一个网站页面看到不同的广告内容，将不再是纸上谈兵。据 CNNIC 调查结果显示，用户在上网行为方面，平均每周上网时间 19 小时，一天中使用互联网时间的差异较大，凌晨 5 点达到最低点，用户上网比例 2%；一天中上网时间出现三个峰值：第一个峰值时间为 10 点，用户上网比例 32%，第二个峰值时间为 14 点，用户上网比例 42%，20 点达到一天中的最高峰，用户上网比例为 62%。广告主除了意识到用户上网的高峰期，考虑在网络的黄金时段发布网络广告外，还要根据具体的广告对象、广告预算、所期望广告效果的强弱，安排具体的时段，这样才能达到预期的效果。“商务通”就是一个成功运用网络广告时段策略的案例，它把网络广告的投放时间放在晚上 1 点钟左右，这个时段恰好正是商务人士完成繁忙工作、结束各种应酬回到家中的时候，因此商务通网络广告选择的时段能正好适合目标群体，获得满意的网络广告效果。

3. 网络广告投放时序策略

网络广告投放时序策略就是网络广告发布与商品进入市场谁先谁后的策略。分为提前策略、即时策略、延时策略三种。提前策略是指在产品进入市场之前先做网络广告，提前引起公众注意，为产品进入市场做好准备。其目的在于事先制造声势，先声夺人，让消费者在商品未上市时就翘首以待，等到商品在市场出现时，即可形成旺销。它适用于全新商品和劳务的推出以及人们已熟悉的老商品经过更新换代或部分改进后重新上市的商品。即时策略是指网络广告的发布与产品同时上市，消费者看了广告后如果想购买，可以立即在商店买到产品。此种策略适用于老商品，供求平衡或稍偏紧张的商品。延时策略是指把网络广告的发布放在产品上市之后。这种策略适用于还没有把握的新商品，为谨慎经营，让商品先行于市面上，先做一次试探性网络广告，看情况的发展变化后再决定网络广告的做法及规模。

4. 网络广告投放时限策略

网络广告投放时限策略是指在一次网络广告战役中，确定网络广告宣传时间长短以及如何使用既定网络广告时限的策略。对于时效性要求较高的网络广告而言，某一网络广告投放的时间长短非常重要，过长不仅引起不了用户的注意，还浪费了成本。网络广告投放时限策略分为集中速决型和持续均衡型两种。集中速决型就是在短暂的时间里，向目标市场大量投资，利用各种媒体发起强大的网络广告攻势，使网络广告刊播的频率高，对目标公众的刺激性强。它适用于新产品的投入期，也适用于一些季节性很强的商品：均衡策略适用于产品进入成长期、成熟期后，因为不停地重复广告会使消费者产生厌烦情绪，这时的信息传递就可以是周期式的了。

四、任务拓展

（1）将制作好的网络广告在一些免费的网络广告投放平台进行网络广告投放实践。

（2）网络广告交换是很多中小企业网站主最热衷的一种网络广告发布方式，通过一些免费的资源进行网络广告交换实践。

任务四　网络广告效果监控与评价

一、任务导入

网络广告投放效果的监控与评估关系到网络广告媒体和广告主的直接利益，关系到网络广告行业的健康可持续发展。如何实时监控网络广告运行情况，了解网络广告投放效果，为网络广告策略的及时调整及更大地发挥网络广告的宣传作用提供保障。本任务要求通过各种工具和方法对中小企业网络广告进行效果监控和评估。

任务实施以项目小组的形式进行，首先制定相应的监控计划与内容，然后实施效果监控。在监控数据的基础上，参考网络广告评价标准，进行网络广告投放效果的评价，并提出改进意见，为后续网络广告推广战略的实施提供参考。

二、任务实施

本任务的实施要求完成以下具体工作。

1. 制定网络广告效果监控计划并确定监控具体内容

为了做好网络广告效果监控，应首先制定网络广告监控计划，确定网络广告监控人员安排等，分阶段配置专人监控网络广告效果；其次应确定网络广告需监控的具体内容。一般情况下，网络广告监控内容包括以下几方面。

（1）网络广告的浏览量：网络广告被访问者浏览的次数。

（2）网络广告的点击量和点击率：网络广告被访问者点击的次数和比例，进一步可分析广告主网站被访问的次数。

（3）网络广告访问者的特征，如访问者的地区、IP 地址、访问时间、停留时间、访问路径、访问方式、操作系统、计算机屏幕大小等。

（4）网络广告的转化率：受网络广告影响而形成的购买、注册或者信息需求。

（5）广告主网站（内容网站）的流量：访问者通过网络广告访问广告主网站的情况，包括访问量、访问路径、访问时间、停留时间等。

2. 进行网络广告效果监控与调查

通过相应的网络广告监测系统或工具监控网络广告的浏览量和点击量，分析浏览者查阅的时间分布、地域分布和停留时间等详细用户数据、分析转化率等，形成详细的网络广告效果监测报告，帮助网络广告主正确评价网络广告的效果，及时调整网络广告策略。

3. 进行网络广告评价

通过以下三个方面的工作，评价网络广告的成败。

（1）进行网络广告效果调研。通过线上或者线下的形式，针对网络广告的实施效果设计相应问卷进行调研，了解网络广告受众对网络广告实施情况的各种看法。

（2）对比网络广告前后的相关数据，如产品或服务的销售量、网站的浏览量和品牌效应等的变化。

（3）加权计算网络广告的实施效果。在网络广告实施一定时间后，对网络广告产生效果的不同层面赋予不同权重，由此判断不同网络广告所产生的效果差异。

三、任务分析

（一）网络广告效果分析

1. 广告效果的概念及特点

广告效果是指广告作品通过广告媒体传播之后所产生的作用，或者说，是在广告活动中通过消耗和占用社会劳动而得到的有用效果。

广告效果的取得具有多方面的影响因素，这就决定了广告效果具有复杂的特性，具体表现为以下三点。

（1）时效性。受所处社会、经济、文化、时空等多种因素的制约，消费者对广告效果的反应程度不一，反应的快慢也有区别。同时，广告对特定消费者购买心理的刺激，也必须通过一定时间的积累，才能促成消费行为的产生。

（2）复合性。广告活动是具有复杂性和综合性的信息传播活动，广告效果是广告主题、广告表现形式、广告媒体发布及相关营销手段综合作用的结果。

（3）累积性。广告对购买行为的促成，是重复多次传播过程效果的累积。从消费者对广告信息的接收，到消费心理产生变化，再到消费行为的发生是一个循序渐进、从量变到质变的过程。换言之，购买行为的最终产生，是以消费者心理因素变化的累积效果为基础的。

2. 网络广告效果

网络广告效果是指网络广告作品通过互联网传播后所产生的作用和影响，或者说目标受众对广告宣传的结果性反应。网络广告效果包括经济效果、心理效果和社会效果三个层面，具体表现在以下三个方面。

（1）网络广告的经济效果。

网络广告经济效果就是网络广告发布后引起产品销售状况发生变化的销售效果。需要指出的是，决定商品销售量的因素很多，网络广告只是其中之一，如果要确定网络广告与销售量的相互关系，还面临如下难题：

其一，网络广告是一种具有创造性的活动，其在运作过程中，存在大量的不可控因素，难以量化。

其二，网络广告经济效果的发生，常常是持续性累积效应，其后仍在相当长时间内发挥效果，并非只是当时发挥效果，然后便无影无踪。因而，往往很难界定某一时刻网络广告与销售量的直接关系。

其三，同种商品间的竞争关系，也对网络广告效果产生很大影响。竞争方之间的网络广告效果存在相互抵消现象，其与销售量的直接关系也很难确定。尽管存在上述争论，但企业都对网络广告的经济效果极为重视，并将网络广告经济效果如何作为将来进行网络广告投资的依据。

鉴于此，要测定网络广告的经济效果，建议做以下假定工作：第一，网络广告对销售组合具备支配性力量；第二，网络广告促使的是直接性购买反应。

（2）网络广告的心理效果。

网络广告和传统媒体广告一样，也是一个信息传播的过程，消费者接触网络广告同样也会产生认知、态度和行为等心理效应。但网络广告是一个新兴的媒体广告，它有自己独特的手段和技术，对消费者的心理有着独特的影响效果。

① 吸引有意注意程度。网络广告是一种非强迫性传播，它不像电视、广播、报纸、户外广告等具有强迫性，想方设法吸引人们的视觉和听觉，将有关信息塞进受众的脑子打动人们的无意注意。网络广告作为一种传播活动，毫无疑问要吸引人们的无意注意，吸引人们在信息的海洋中注意它、点击它，但它独特的交互性主要吸引的是人们的有意注意并力求调动人们的自觉性和主动性。所以吸引消费者有意注意的程度水平是评价一则网络广告心理效果的重要指标。

② 引起兴趣，满足需要程度。互联网是一个分众媒体，它提供的是一种双向的沟通方式，并能将信息按照用户的个人情况和需求进行“个人化定制”。人们在互联网上是一种自助的信息消费行为，信息的选择和使用完全按照用户个人的兴趣和需要而决定。只有引起消费者的兴趣，满足消费者的某种现实需要或潜在需要的网络广告信息才能一步步吸引消费者深入点透，接受广告信息。因此是否引起消费者的兴趣，满足消费者的需要是衡量网络广告心理效果的一个重要因素。

③ 信息的针对性、亲和力。网络互动广告一对一模式要求信息传播的个人化，让每个接触广告的人都感到广告产品是专门为自己准备的，让广告信息走到每个人身边来，贴近每个人的心，想其所想，爱其所爱。因此，广告信息是否有针对性、是否具有亲和力应是网络广告心理效果评价系统中的一个重要指标。

④ 引起在线购买程度。网络广告是一种针对目标市场进行广泛劝说的传播活动，与其他大众传播方式相比，网络广告有更明确的广告对象。另外网络技术可以帮助广告主（企业）选择用户，跟踪用户，多方面掌握用户资料，然后有的放矢，对症下药，因此可望成为一种最富针对性的促销行为。网络这种全天候、全球性的市场交流媒介，它不仅能建立品牌认知度，还能吸引人们来仔细打量一种产品，促成购买，并提供售后服务和售后支持。所以网络广告是否能引起人们的直接在线购买行为也是评价网络广告心理效果的重要指标。

（3）网络广告的社会效果。

网络广告的社会效果包括两个方面，一方面是社会公众通过网络广告获得对企业产品或企业印象的评价，或企业在网络广告中所塑造的本企业或本企业产品的形象信息在大众心理上产生的作用。网络广告的社会效果最直接的体现就是品牌形象的塑造。具有良好品牌形象的产品深受消费者信赖，在市场竞争中将占有非常明显的优势。另一方面是网络广告所产生的社会影响与教育作用也应该考虑在内。网络广告不可避免地会把制作者的思想道德与生活观念，即个人的世界观、人生观、价值观融于广告之中，通过互联网对社会制度和意识形态，包括政治观点、法律规范、伦理道德以及文化艺术等产生影响，这也是网络广告所带来的社会影响，应将其列在社会效果评价指标中。

3. 网络广告效果评价及特点

网络广告效果的评价就是利用一定的指标、方法和技术对网络广告效果进行综合衡量和评定的活动。网络广告效果评价的目的是通过检查网络广告的有效性和执行的质量来指导企业以后的网络广告运作，从而取得更好的网络广告效果。由于网络广告是建立在互联网技术之上，所以在效果评价方面显示了传统媒体广告无法比拟的优势和特点。

（1）测评及时性。传统媒体广告往往要等到广告已经传播了一段时间以后才能进行广告效果的评价，广告主（企业）不能及时了解用户的反应。而使用一些专门的统计软件可以很容易地统计出每条网络广告被多少用户看过，以及这些用户浏览广告的时间分布等。这样，企业可以随时了解在什么时间、有多少人访问过载有广告的页面、有多少人通过广告直接进入企业的网址，可以随时了解广告的受欢迎程度以及消费者的看法，还可以通过计算随时得知广告的经济效果如何。

（2）统计自愿性。与传统媒体广告相比，网络用户和访问者有充分自主选择的权力，不再只是被动地接受广告，网络用户可以根据自己的需要查询自己所需的信息。同样，网络广告效果评价的调查表可由网上用户自愿填写，从而避免了调查者个人主观意向对被调查者产生的影响，提高了评价的准确性。

（3）广泛性。网络广告效果评价能够在互联网上大面积展开，不需要派出专门调查人员走访用户，也不需要印刷大量的调查问卷，并且参与调查的样本数量大，耗费人力物力少，成本低，评价结果的准确性得到很大提高。

（二）网络广告效果评价指标体系

1. 网络广告效果评价指标体系构建的原则

评价网络广告的效果，首先应构建评价的尺子——网络广告效果评价指标体系。在实际的综合评价中，如何选择评价指标是一个很重要的问题，应该慎重考虑，评价指标并非是越多越好，也不是越少越好，关键在于评价指标在评价中所起的作用大小。另外，企业网络广告效果表现为多层次的动态系统，结构复杂，只有从多个角度和层面来构建指标体系，才能准确反映企业投放网络广告后产生的效果，因此，构建网络广告效果评价指标体系应该遵循以下原则。

（1）系统性原则。

网络广告效果是一个多层次、多结构、全方位的有机整体，要以系统的观点来看待它。因此，评价指标的构建必须注意全面性，应尽可能地从不同的侧面反映网络广告效果，要从总目标层出发进行层层分解，逐层建立系统完整的评价指标体系，提高评价结果的公正性和权威性，从本质上全面反映网络广告效果的实际状况。

（2）科学性原则。

对网络广告效果的评价，首先要本着科学的态度，保证待评价对象所具有的特性与所收集的材料之间存在的必然因果关系，或者存在的内在直接影响；其次，所建立的评价指标体系应能客观准确地反映实际情况，各个评价指标的概念要科学、确切，要有准确的内涵和外延，计算范围要明确，不能含糊其词，不能有不同的解释，不能各有所取，以利于通过指标体系的核算与综合评价，找出与竞争对手的差距，成为自我诊断、自我完善的有力工具。

（3）可比性原则。

评价指标体系所选指标的分类、计量方法、口径应相互统一，相互可比，包括不同时期同一企业网络广告效果的纵向对比和同一时期不同企业网络广告效果的横向对比。在具有可比性的原则下，尽可能照顾不同行业、不同类别企业的网络广告特点，灵活构建评价指标，以使该评价指标体系具有最大的可行性。

（4）可操作性原则。

指标体系应简明扼要、定义明确，在科学合理的基础上，要考虑其比较、分析和综合评价的功能性。指标体系所需资料应易于调查和收集，尽可能从现有资料中获取，或通过简单加工资料获得。同时还要保证指标具有独特性，防止不同指标之间出现相关性和相近性。

（5）定性与定量相结合的原则。

描述企业的网络广告效果不仅需要反映其经济方面的定量指标，还需要反映其特性程度及经验性的定性指标。因此指标体系的建立，必须将定性与定量指标相结合，能够量化的指标，应尽可能量化，对于不能量化的指标，则不要过分追求量化，以保证整个系统评价的真实可靠性。

（6）经济性原则。

进行网络广告效果评价时，必然要投入一定的人、财、物，即产生一定的成本。我们知道，评价结果的准确性与成本成正比关系。所以在构建网络广告效果评价指标体系时，必须权衡收益和成本，指标体系过小则评价结果不全面，过大则会因所需要采集的数据过多导致成本上升和操作过程的复杂程度加大，从而得不偿失。

2. 常用网络广告效果评价指标

网络广告效果评价指标不仅要求实用、可操作，而且还能客观地评价、预测企业网络广告的效果状况。常用的网络广告效果评价指标如表4-8所示。

表4-8　常用网络广告效果评价指标

目　标　层	准　则　层	基　准　层	指　标　层
网络广告效果评价	经济效果指标	销售水平方面	销售额增长率指标
			销售达成率指标
		利润水平方面	销售利润率指标
			利润增长率指标
		广告成本方面	单位广告费用销售率指标
			单位广告费用利润率指标
		市场占有率方面	顾客获得率指标
			市场扩大率指标
			市场占有率、提高率指标

续表

目标层	准则层	基准层	指标层
网络广告效果评价	心理效果指标	到达维度方面	广告点击率指标
		认知维度方面	广告理解度指标
			广告记忆度指标
		情感维度方面	广告亲和度指标
			广告偏好度指标
		意志维度方面	广告信服度指标
			购买意图度指标
	社会效果指标	社会公众评价方面	知名度指标
			品牌塑造指标
		社会影响方面	引导消费效益指标
			文化艺术指标
			道德伦理指标

（三）常见网络广告效果评价方法

目前常用的网络广告效果评价方法主要是测量网络使用者对网络广告注意、点击、浏览以及最终转化的数据，并以此作为衡量网络广告效果的标准。以下介绍的四种网络广告效果评估方法，是根据受众心理接受过程各阶段，做出的有效回应的数据所得到的，是对广告主以及网络经营者最有参考意义与价值的评估方式，也是现存使用最广泛、操作较为简便的网络广告效果评估体系。

1. 每千人印象成本评价方法

（1）评价的指标与标准。

网络广告的千人印象成本（Cost Per Mille，CPM）指的是，网络广告产生1 000个广告印象的成本。也就是说，广告主投放一个网络广告，要获得1 000个人的浏览，对这个网络广告有印象、有认知所要付出的成本数。千人印象成本通常以广告所在页面的曝光次数作为评价的指标。

页面的曝光时间是指，在网络环境下，消费者浏览一幅页面所花费的时间。消费者看一个网页的时间越长，他就越有可能留意到广告的内容。要获得高曝光率，广告主可以选择在一些曝光次数、用户数量较多的门户网站或者著名的搜索引擎投放广告。这也导致了这些门户网站和搜索引擎的广告价水涨船高，有些甚至可以与传统广告的投放额比肩了。但这样的高投入，是否一定就能获得比传统广告或者比其他形式的网络广告更好的效果、更高的关注度呢?其实作为消费者的我们，答案是显然易见的。面对信息日益庞大繁复的门户网站，消费者不可能把页面从头到尾细心地浏览一次，因此就会产生各种影响曝光率指标的主客观因素。

首先是消费者浏览网站的习惯。如果消费者对于他所浏览的网站具有非常明确的目的性，也就是说，他进入了这个网站是为了特定的一条新闻或者一个链接或者是网站上的其中一项功能，那么他就不会注意到网页周围的广告；但如果消费者的浏览习惯的目的性没有那么强，浏览的目的倾向于消磨时间的，那么他就会浏览更加多的网页，当然也会包括网页四周围的广告，在这样的主观因素之上，网页的曝光率就会产生改变。

还有是网络广告的设计和投放位置同样会影响网络广告的曝光率。当网络广告采用的技术和创意更为绚烂、更为丰富的时候，广告被受众注意到的概率就会大大提高；还有当广告投放在网页的位置越显眼，篇幅越大，那么当受众打开网站的时候，对于这样的网络广告也是无法忽视的；如果广告本身的设计或者内容足够吸引人停留，那么受众在广告页面每多停留 10 秒，就相当于品牌和产品的价值多了一个潜在的价值。诸如此类的主客观因素对于网络广告曝光率的影响是不可忽视的。

（2）评价的流程。

网络广告的千人印象成本的计算公式为：

CPM=总成本/（播放次数/1 000）

得出的 CPM 数值越小，表明广告主为网络广告被 1 000 名受众所接受而付出的成本就越低；CPM 的数值越小，也就表示网页被浏览的次数越多，网络广告的效果越好。而网页广告浏览量的获得一般是在广告发布一段时间之后，通过从目标受众那里得到的跟踪数据来统计测量个体使用者对广告的实际卷入程度。而这样的数据跟踪，依赖的就是计算机的监测与统计软件。当受众到达网络广告服务器的终端进行访问，系统便会自动记录受众的行为，包括阅读、点击、停留时间等的行为。再由一些专门的软件对广告进行分析，生成详细的报表。广告主就可以通过这些现实的数据评估自己广告的效果与价值。目前有这样的一些专门监测和统计网络广告的监测公司，如 DoubleClick 和 Netgraphy。它们通过统计软件来获得广告曝光、点击次数以及网民的个人情况数据。

CPM 评估，期望达到的是可以通过曝光率的指标全方位地预测广告效果。期望最初的广告预算方案就可以让广告主明确知晓可能的广告传播效果。可以算得上是网络广告投放的一项事前测评指标，帮助广告主明白自己的广告费用花在了什么地方。

相较于传统媒体而言，能够通过 CPM 这样直观的方式评估网络广告，是网络广告一个比较明显的优势。CPM 的评估不仅可以用来评判媒体的好坏，更可以预计可能的广告支出，通过计算机的技术与统计能力，CPM 的结果还可以保证完全实现广告的页面浏览数量。因此，CPM 评估体系期望能够提供给网络广告的广告主一项更具吸引力的、更强针对性的媒体评价方式。

（3）评价指标的效果与缺陷。

每千人成本评价体系的评价指标比较符合广告主的惯性思维模式。这套指标是按照传统媒体测量广告效果的方式来衡量网络广告的效果，操作便捷，广告主不需要太多的网络广告知识就可以知道所投放的网络广告的触及范围和人数。采用这种评价体系的网络广告，更关注的是潜在消费者。广告主并不关心看完这个广告的消费者有什么样的感受或者有什么样的反馈，也不会去测量会有多少人因为这个网络广告而达成最终的购买行为。如果说网络广告最终促成看过广告的 20%的人产生购买，那么根据千人成本评估出来的网络广告的效果关注的就是那没有采取行动的 80%的人。虽然这 80%的人没有马上采取行动，但是对于广告的信息他们是知晓的，对于品牌和产品的诉求他们也是有所感知的。他们就成为了潜在的那一群。当相同的刺激再次出现在他们的面前，就会更容易唤醒他们潜意识中的购买欲望，有助于这 80%的人在往后达成消费行为。所以千人成本的评估体系更适合于那些希望通过网络广告传播品牌，建立口碑和信誉度的广告主采用。

千人成本的评估一般是运用广告曝光次数这一指标，而在运用这一指标的时候，应该注意：首先，广告曝光次数与浏览广告的人数并不一定相等。有可能消费者的确打开了某个刊登网络广告的网页，但只是因为误点，而没有看上面的内容就关闭了网页，此时就会造成广告的曝光次数与实际浏览次数不相等。其次，广告刊登位置不相同，每个广告曝光次数的实际价值也不相同。比如，网站首页比内页获得的曝光次数多，但这样的曝光是没有针对目标群体的。相反，内页的曝光次数虽然较少，但目标受众的针对性更强，实际意义更大。最后，现在的一些热门的网站或论坛中一般都会刊登很多广告，过多的广告反而会分散消费者的注意力，这样的网络广告，即使曝光在受众面前，但是由于受众对于过多无用信息的抗拒和厌恶，往往会导致他们主动拒绝接受这样的信息进入大脑的过程，导致曝光次数与浏览量的不均等。利用 CPM 指标来评估网络广告的效果，容易造成效果的夸大，可信度不高。CPM 的这些缺憾是导致广告主大量浪费广告费用投放门户网站和搜索引擎的主要原因之一。

2. 每点击成本评价方法

（1）评价的指标与标准。

网络广告的每点击成本（Cost Per Click，CPC）是指利用网络广告被点击并链接到相关网址或详细内容页面的次数来衡量网络广告的效果。

CPC 的诞生有一个故事，源自宝洁公司与雅虎公司的一场谈判，宝洁公司要求颠覆在此之前一直在使用的 CPM 定价方式，要求雅虎应对宝洁所投放广告的点击次数负责。

每点击成本的评价指标，一般是以受众点击网络广告访问广告主的页面来计算的，这样的标准我们一般称之为点击次数，也就是网站的访问者用鼠标点击某个广告的行动。点击次数是网络广告最基本的评价指标，也是反映网络广告最直接、最有说服力的量化指标。能客观准确地反映广告效果。与单纯的统计浏览量相比，点击数量能更加客观地提供对广告感兴趣的受众数量。

相较于 CPM 评价指标网页的曝光率而言，利用点击次数来评价网络广告的优势在于，CPC 得出的数据反映的是浏览过网页，注意到广告主的网络广告，并对网络广告以及广告的商品产生了一定的兴趣，希望获得更多更详细关于广告商品的信息，进而点击进入广告页面进行了解。因此相对于单单的统计浏览人数，点击数更能保证广告主的广告信息被受众所接受，进入了受众接受网络广告的心理过程。网络广告的点击次数关注的是广告信息能够引起受众兴趣的行为，统计得出的往往都是最迫切想了解广告信息与广告产品的受众群，但是会忽略了那些对广告有印象的潜在受众群。

虽然按点击数作为效果评估指标的优势明显，但是单纯的点击数除了忽略了那些潜在的受众群之外，还有广告的设计与信息也极大地影响了 CPC 评估的有效性。设计精美，视觉效果强烈的网络广告往往会获得比普通的网络广告更多的点击数，但是点击的受众往往是出于好奇的心态点击广告页面，而这样的好奇心理有时就只能到达引起兴趣的这一步，因为没有针对性，而无法进一步引起受众的欲望，因此点击次数的评估标准是网络广告引起受众兴趣的效果，而这样的效果是否就是广告主砸大成本，希望通过网络广告的投入而达成的呢？随着网络广告的发展日新月异，广告的视觉效果越来越绚烂、越来越花哨，大家好像都在为广告要获得高点击量而不断努力，但是通过高成本的投入所换来的点击量对于广告主自身形象与广告商品销售额的提升，所能达到的效果又有多少，这些都是在点击量的评估体系中所遗留的值得我们思考的问题。

（2）评价的流程。

每点击成本的计算方式为：

$$CPC=总成本/总点击数量$$

CPC 评估的是广告主为其发布的广告每次获得受众点击后，应该付出的成本。CPC 的值越小，表明广告主的广告在广告费用的预算中能获得的点击率就越高，也就表明广告主在该媒体上发布的网络广告更受消费者的欢迎，得到更多受众的关注。CPC 的评估也可以归类为网络广告效果的事前评估，评估的方式与 CPM 的评估类似。网络广告投放的媒介从第三方监测机构处获得该网络媒体特定形式、特定投放位置的网络广告在特定的时间内获得的点击量。而这样的点击量是通过第三方监测机构，跟踪受众的行为得出的。通过计算机的跟踪与统计软件，计算出网络广告被点击并链接到相关网址或详细内容页面的次数。广告主根据第三方监测机构提供的点击量数据，以及投放媒介的广告报价，计算出每次点击的成本，并以此对照广告计划的目标，评估该次投放是否有效。

CPC 的评估，广告主当然希望这样的成本是越低越好，希望能够用相同的成本获得最大的点击量。但是根据 CPC 评价体系计算出的成本肯定要比 CPM 的成本高出很多倍。CPC 评估体系对受众的过滤性更强，唯有真正对广告产生兴趣的受众才能被 CPC 评估体系纳入统计的范围。因此 CPC 体系评估的网络广告效果，能提供给广告主的信息是，这样的一笔广告费用预算，可以引起多少目标受众对广告信息、广告商品的关注与兴趣。

（3）评价指标的效果与缺陷。

每点击成本评估体系体现了“点击才是最重要的”。这样，媒体和广告主就共同承担了促使用户点击广告的责任。网络访客能主动点击广告主的网络广告，表明其对该广告感兴趣，也表明广告引起了目标受众的关注，找到了合适的目标受众。针对合适的受众传递商业信息，从这个意义上来说，通过点击量来衡量网络广告的效果是更加准确有效的。而且这样的评价体系对于广告主来说也是更有保障的，因为广告的费用是根据点击量来进行计费的。这样，媒体和广告主不仅共同承担了促使受众点击广告的责任，分散了广告主的风险，而且按点击量效果付费的方式，也能让广告主更清楚地了解到怎样的网络广告创意与形式，以及怎样的网络媒介是更受消费者欢迎的。这样可以帮助广告主更有效地评估网络广告自身的信息设计、创意、技术，以及对投放媒体的评价。

但是 CPC 的评估体系也存在一定的缺陷：网络访客点击广告可能源于对广告内容的兴趣，也有可能源于对广告的制作水平和创意感兴趣。假如访客点击广告仅仅因为广告的制作和创意做得好，而不是因为访客对广告的内容感兴趣，那么就说明广告没有到达预期的效果。还有，既然点击量是广告主和媒体双方共同承担的责任，那么媒体对网络广告的创意与形式也应该有一定的修改权限，否则，媒体方就没有任何承担责任的依据。而这样的广告制作形式在现在的网络广告市场是不存在的，因此 CPC 评估体系的风险依然是全数由广告主承担。最后还有点击量数据不一定能真实地反映出网络广告的实际效果。对于点击量所忽略的浏览过广告留下印象的那一群潜在消费者，成为 CPC 评估体系的一个较为突出的缺陷。

而现实的数据也都表明，CPC 的评估体系已经越来越不适应网络广告的发展。随着网络广告的快速发展，每点击成本的应用已经越来越少了。造成这种状况的原因是多方面的，除了 CPC 体系自身的缺憾，还包括现在数量越来越庞大的网络页面的广告，同一页面上成百上千的小版面的网络广告造成受众只浏览不点击的状况，甚至是对网络广告完全忽略的情况，最后造成可能只有 1%的点击率，这样的数字已经不能充分反映网络广告真正的效果。所以 CPC 的评估体系已经面临日渐被淘汰的命运。

3. 每回应成本评价方法

（1）评价的指标与标准。

每回应成本（Cost Per Response，CPR）的评价指标利用的是网络受众对网络广告的回应，更为直接的就是与广告主的互动次数。

互动的方式可以是在线填表、发出电子邮件等的次数来衡量网络广告的效果。互动性一直以来都是网络媒体与传统媒体最本质的区别，也是网络媒体相较于传统媒体最大的进步。而将互动性植入网络广告中，除了让受众在阅读广告的过程中更有参与感，也有助于广告主即时获得受众对广告信息的反馈，及时掌握受众的偏好与消费习惯，这些都是广告主制定更完善的广告计划与更完整的市场计划中最为宝贵的消费者数据。想要获得越多的消费者与广告主的互动次数，网络广告需要花费的制作成本与心思就要越多。因为要获得消费者的反馈，首先是广告的内容足够吸引人，广告的信息足够丰富，单一的产品宣传是很难获得消费者的反馈的。

以简单的游戏形式呈现的网络广告可以说是最为符合娱乐精神的消费者互动。不少企业品牌都尝试这样种轻松的与消费者互动的方式。这种互动游戏中，广告产品通常作为游戏中的道具或通关秘诀出现，在游戏中会遇到产品能解决的问题，这时使用道具中的产品就能成功通关。通过游戏，向受众传达了产品是什么，产品的功用、能解决什么问题等。但游戏形式的网络广告互动比较单调，但程序的设计和开发复杂，成本相应较高。

CPR 的这些条件对广告主的广告制作提出了更高的要求。一般要获得受众反馈的广告应当是能够让受众参与的优惠、促销等奖励活动。唯有让受众感受到参与互动是有利益的，他们才会愿意将更多的信息与意见反馈给广告主。将有趣的互动植入网络广告中，除了能让广告主获得更多的受众信息，广告所能达到的效果也更好。

利用受众与广告主之间的互动来评估网络广告的效果，相较于曝光率与点击量而言，获得的数据除了简单的数字，还有更多重要的、其他评估方式都无法达到的消费者信息与消费者对于广告最真实的感受。但是仍然有不少的因素影响消费者与广告主之间互动的真实性。受众可能为了获得多次广告优惠，而提供虚假的用户信息，或者虚假的用户体验。也有可能出于自我的保护以及对网络安全的不信任，提供不完整的信息反馈。因此对于受众的反馈，广告主还需要对信息进行筛选。但是获得真实受众的反馈与互动是网络广告评价体系的一大进步。

（2）评价的流程。

每回应成本的计算方式是利用网络受众针对网络广告的互动环节的回应次数来衡量广告效果。通过计算公式：

$$CPR=广告费用总成本/受众回应总次数$$

得出广告主每获得一名受众对其网络广告发出反馈意见，需要付出的广告费用。而受众与广告主的交互次数，应包括在线注册、在线咨询、填写调查问卷等。这些是顾客注意、点击并阅读了广告之后才会采取的行动。因此，受众与广告主的交互指标是比 CPM 与 CPC 的评价标准更深一层的评价指标。CPR 评价体系期望能够在更大程度上反映消费者对于该则广告最真实的感受，以此衡量广告的真实效果。

CPR 的评估是一种事中测评的方式。即广告主在广告投放的时间中，随时监控网络广告的效果，通过消费者的即时反馈评估网络广告的效果，并根据受众的意见进行适当的修改、调整等。这样的一种事中测评的方式，有助于广告主清楚地了解广告的进展情况，根据测评结果来判断广告是否能达到预计的效果以及未来的改进方向。

在问卷里面，广告主可以针对企业的需求，设置关于企业形象、品牌感知以及一切有关广告产品的形象、价格等的问题作为问卷的内容。受众可能会受广告信息的吸引，或者受有奖调查奖品的吸引，而点击广告主的网络广告，完成问卷的填写。

通过 CPC 评估体系的测评，广告主可以获得消费者对于广告内容与广告商品的最直观的感知与意见，有助于以后对于广告的改进以及产品的升级改造，更可以获得消费者的一些个人资料。通过消费者在广告页面注册的个人信息，可以获得有效的消费者资料，包括邮箱地址、电话等。如果是以邮寄奖品的形式开展的互动广告形式，更可以获得消费者的真实地址。这些宝贵的消费者资料都能够为企业确定更具针对性的消费群，以及可以通过不断的接触与互动，建立忠实的受众群体。“能给企业或产品提意见的受众才是真正的目标受众”，从这个意义上来说，以每回应成本的指标来衡量网络广告的效果将会更加准确。

（3）评价指标的效果与缺陷。

互动是网络媒体相对于传统媒体的一个技术优势，通过电子邮件或在线填表收集和汇总受众的需求和意见，及时地反馈给企业，实现企业与受众之间的信息流。受众在阅读广告后如果广告传递的信息对他有价值的话就会产生购买欲望，并进而想与广告主进行交流，了解更详细的信息。如果在传统媒体中，要想达到这种交流的难度是比较大的，成本也比较高。而网络本身的互动性，就为这种双向信息交流提供了实现的可能。正如很多的网络广告上都有指向公司网站的链接。通过这些链接，受众就可以注册成为公司的会员。除了受众可以了解到更多关于公司或产品的信息，广告主也可以获取更多关于用户的信息。受众是否愿意参与广告主的交互反映了广告对受众最真实的影响，也在一定程度上揭示了他们实施购买行为的可能性。因此，以衡量受众与广告主交互行为作为评价体系标准的 CPC 评估，在网络广告的评估中有较为实际的意义。因为愿意与广告主进行信息交互的受众，很大意义上就是企业与品牌的最有力的购买者，也会是最值得广告主关注的群体。

每回应成本指标也存在自身的缺陷：例如目标受众的反映是很难进行量化衡量的。100 个消费者就有 100 种对于广告的不同意见。

Web 2.0 时代的来临，计算机多媒体技术不断革新，不断地带来新的视觉和听觉技术的应用。这些技术应用提高了网络广告的互动效果，有效增加了网络广告的传播效果。除了传统的横幅广告、按钮广告等互动性不强的网络广告形式，富媒体技术的出现使网络广告真正迈进了互动的时代。富媒体广告可以包含音频和视频文件，也支持添加类似迷你站点的功能。富媒体广告的呈现就像一台电视一样，有画面也有声音，对受众产生直接的感官刺激。当富媒体广告出现后的一段比较长的时间内，这样的广告形式也是十分有效的，但随着越来越多的富媒体广告出现在有限的网站页面上，富媒体广告也渐渐引起受众的反感。一方面，富媒体广告多采用弹出页面的形式，有时广告主为了吸引受众，富媒体广告的尺寸会做很大甚至全屏幕，并摆在网站最显眼的位置。这样就会阻挡受众浏览网站的信息。而且富媒体广告强调其感官的刺激，因而一些能引发刺激的画面或一些有震撼的背景声音通常会植入到富媒体广告中，但当受众打开网站主页时并没有心理准备会面临这样的刺激，对于这样突如其来的感官刺激有可能让受众对这则广告产生不好的印象，甚至对产品品牌产生非善意的态度，适得其反。

消费者的认知是感性的，对于这些感性的反馈也只能通过感性的手段来处理，难以通过统计软件等技术手段进行分析，而需要大量的人力做后期的分析工作。收集的反馈样本数有限，无法确保能达到准确分析的样本容量。对容量不够的样本进行分析，容易造成片面性，反馈的效果不见得对广告信息等具有改进效果。另外，CPR 的评估适用的范围也比较有限。CPR 只适合那些具有促销性质的广告。只有一定的奖励或优惠刺激，受众才更愿意与广告主进行互动。因此通常而言，广告主需要为网络广告设计一个具有互动效果的活动，还需要为奖励刺激另外预算一笔广告费用。因此，这样的评估方式对于很多形式较为简单的网络广告并不适用，这些广告一方面没有考虑与受众的互动，另一方面即使有互动，但互动的内容与刺激受众进行互动的手段无法吸引消费者，这样的互动也是失败的，CPR 的评估对这些广告的效果而言意义不大。另外，对于那些为建立企业形象而开展的广告，CPR 评估体系也是无能为力的。

4. 每购买成本评价方法

（1）评价的指标与标准。

每购买成本（Cost Per Action，CPA）是指利用受众在线购买产品的次数来衡量网络广告的效果。CPA 的评价标准也叫转化率。

广告投放的终极目的不外乎促进商品的销售，使受众产生购买行为，转化率就是用来衡量这种购买行为达成程度的指标。如果网络广告的点击率很高，但是成交额没有明显的提升，这样的网络广告效果也只能算是失败的。所以对受众阅读网络广告之后产生的购买行为进行评价就显得十分重要了。而网络广告的转化率只能通过在线的购买行为进行统计。因此该项指标要求网络广告具有在线购买的功能，购买行为除了直接在线下单，也包括提供购买者真实信息，或者是通过网络广告与销售人员取得联系，这些行为都可以成为转化率衡量的一个标准。对于这些产生购买行为的受众，广告主除了要积极配合受众的购买需求和在线购买的过程之外，也应该为购买者提供购买的安全保障和售后服务，以提升受众的购买信心，也可以更好地促成再购买的行为。

转化率的这项评价指标最早被定义为“受网络广告影响而形成的购买、注册或者信息需求”。而作为每购买成本的衡量标准，我们将其定义为是通过网络广告而产生在线购买行为的受众人数。这里所提出的购买行为，不一定是马上的交易，还应该算上网络交易安全，交易审核等交易过程。因此，CPA 所评价的转化率范围相较线下销售的评价范围更广。转化率评价指标的提出，补充了只观看但是没有点击广告的受众对网络广告所产生的效果。而对转化率的研究也表明，占浏览者总数 99%的没有点击广告的浏览者同样具有巨大的意义，同样值得营销人员的关注。还有研究表明，随着网络广告投放时间的推移，由点击广告所形成的转化率在降低，相反由观看网络广告所形成的转化率反而在上升。这些研究数据进一步表明，最终的转化率往往就是网络广告效果最有力的说服者。

（2）评价的流程。

每购买成本的计算公式为：

$$CPA=总成本/转化次数$$

通过计算得出的CPA代表的就是广告主每获得一个受众的实际购买行为需要付出的成本。CPA 的评估属于网络广告效果的事后测评，事后测评对于广告主来说尤为重要，也是广告主评估这次广告投放效果的一个最重要依据。而 CPA 评估的前提就是，广告主为这则网络广告设置了在线购买的功能。受众通过浏览网络广告，了解到一定的网络广告信息，产生对广告产品的购买欲望之后，可以在网络广告的页面实现购买行为。广告主可以通过在系统后台接受消费者的网络订单，统计网络广告投放的这段时间内，通过在线购买直接实现的网络订单数量，就可以计算得出 CPA 的数值了。

CPA 这种事后测评的评估方式是通过受众看到广告之后的反映来进行的一个定量的分析，和传统的媒体广告所进行的销售效果测评有一定相通的地方。但是 CPA 的评估使用的是网络的媒体，以及计算机应用程序进行统计分析，这样的统计将会更有操作性，结果也将会更可靠。通过网络广告获得直接的转化率，这样的结果是广告主最希望得到的，因此提高网络广告的转化率或者转化次数就成了许多企业所不遗余力希望达到的成果。但是单纯的提高转化率也不代表企业营销活动的结束。这些直接的转化率将成为广告主最宝贵的客户资源，企业必须想办法留住这些老顾客。通过对这些客户消费习惯、消费周期等的研究，再向他们定期发送 EDM 或 E-mail 介绍企业的新动态，推介新产品，以及优惠和促销活动，这些都会提高顾客购买后的满意度。顾客也将成为企业的忠诚消费者。

（3）评价体系的效果与缺陷。

CPA 的评价是最为真实的，也是网络广告的优势所在。在传统媒体的广告评估中，要对受众的购买行为进行评估，一般都是通过产品的销售量、销售额及市场占有率等指标的变化来测算广告的转化效果。但产品的线下销售情况是多种因素综合影响的结果，广告只是其中之一。所以如果用这种方法来衡量传统媒体的广告效果对产品销售情况的影响，是不太科学也不太准确的。但是在网络环境中，由于受众对网络广告的心理接受过程是可以一气呵成的，也就是说受众从注意到这则网络广告，进而产生兴趣点击这则网络广告，直到产生购买的欲望，最终转化成实际的购买行为，这样的一个过程都可以在同一则网络广告中得到实现。网络广告可以植入电子商务，实现在线交易，因为有着传统媒体广告无可比拟的优势，因此在线交易的数量就可以用来衡量网络广告的效果。而 CPA 指标对于广告主的评估更为简单也更为有利。广告是以促进最终销售为目的的，通过顾客实施购买行为的次数，能够在最大程度上揭示广告为广告主带来的收益，以此作为衡量广告效果的一项指标，是最具分量和说服力的。而这样的效果比从企业方面得到的销售数据更准确、更能够作为之后的市场计划的一个基础。

虽然每购买成本的评估能够清楚地量化网络广告的销售效果，但是这样的评估体系单单就网上的购买行为进行评估，完全忽略了线下的购买行为，对于有可能先观看过网络广告，对广告信息留有一定的印象，但是选择线下购买的消费者，CPA 没有将其纳入评估范围。另外，CPA 的评估只关注产品销售额的提升以及企业的经济效果，而完全否定了网络广告对企业或产品的品牌建设作用。对于那些看过网络广告后没有采取购买行动，但是对企业或产品产生了一定的印象与好感的效果，CPA 的评估也忽略了，因此这样的评价体系也只是有效地评估了网络广告一方面的效果而已。

四、任务拓展

（1）了解并使用常见的网络广告监测工具。

（2）了解淘宝联盟（即阿里妈妈，http://www.alimama.com/）的运营模式。

习　题

一、选择题

1．以下不属于常用的网络广告收费模式的是（　　）。

A．千人印象成本收费模式　　B．销售提成收费模式

C．每千次点击成本收费模式　　D．销售目标收费模式

2．网络广告最基本的特点是（　　）。

A．互联网媒介　　B．互动性　　C．视觉冲击力　　D．创意性

3．具有广告位置明显，信息丰富，冲击力大的特点，为各网络广告主首选的网络广告形

式是（　　）。

A．视频广告　　B．横幅广告　　C．浮动广告　　D．弹出广告

4．规格一般为 120×400 像素，100×400 像素，位于页面两侧，是利用网站页面左右两侧的竖式广告位置而设计的网络广告形式是（　　）。

A．流媒体广告　　B．横幅广告　　C．擎天柱广告　　D．弹出广告

5．位于首页中部或首页底部等位置，它的特点是横贯整个页面，该广告形象、生动，标识性强有利于塑造商家品牌形象的网络广告形式是（　　）。

A．横幅广告　　B．擎天柱广告　　C．全屏广告　　D．通栏式广告

6．不属于富媒体广告具有的特点的是（　　）。

A．表现力强　　B．点击率高　　C．交互性强　　D．强迫性高

7．在网络广告动画中，不但可作为转场特效使用，而且经常用来作为动画元素的动画效果是（　　）。

A．淡入/淡出　　B．抖动　　C．闪烁　　D．爆炸

8．有资料表明，占全部网站数量 1%左右的大型网站控制了 90%以上的网络广告市场，因此在寻找投放网站时必须找（　　）的网站。

A．高访问量　　B．行业网站　　C．搜索引擎　　D．价格合理

9．传统媒体广告往往要等到广告已经传播了一段时间以后才能进行广告效果的评价，而网络广告的监控和评价具有较高的（　　）。

A．广泛性　　B．可行性　　C．及时性　　D．准确性

10．网络广告产生 1000 个广告印象的成本是（　　）。

A．CPC　　B．CPM　　C．CPR　　D．CPA

二、填空题

1．广告至少应具备以下三个特征：第一，广告是用以传递________的；第二，广告需借助一定的宣传媒体；第三，广告是要付费的。

2．美国著名的________杂志首先在网站上推出了网络广告，立即吸引了 AT&T 等 14 个客户在其主页上发布广告 Banner，这标志着网络广告的正式诞生。

3．一个在访问者和网站间内容正常递送之中插入的页面被称之为空隙页面，空隙页面被递送给访问者，但实际上并没有被访问者明确请求过。空隙页面被称为________广告。

4．在商业网络广告设计中，文字的地位十分重要。网络广告素材中的文字实际上有两种，一种是文字文本；另一种是________。

5．________通常是带口号性的简短句子，它朗朗上口，易懂、易记，提高商品品牌，强化企业形象。经过反复使用，被称为商品的语言商标，广泛流传。

6．页面的________是指在网络环境下，消费者浏览一幅页面所花费的时间。

7．网络广告效果评价能够在互联网上大面积展开，不需要派出专门调查人员走访用户，也不需要印刷大量的调查问卷，网络广告效果评价的这一特性被称为________。

8．同一页面上成百上千的小版面的网络广告造成受众只浏览不点击的状况，甚至是对网络广告完全忽略的情况，使得________评估体系已经越来越不适应网络广告的发展。

9．每购买成本是指利用受众在线购买产品的次数来衡量网络广告的效果。CPA 的评价标准我们称之为________。

10. ________是网站之间相互链接、交换文字或旗帜广告，扩大宣传效果的方法。

三、操作题

我们通常会在一些门户网站看到很多企业所投放的网络广告。请选择某一中小企业网站，了解其在各种网络媒体所投放的网络广告，分析其所采用的网络广告形式具有哪些特点，给网站推广带来了怎样的效果？

项目五

电子商务网站推广之 E-mail 推广

本项目的工作任务是以中小企业网站推广为目的，进行 E-mail 营销推广工作。要求以某一中小企业网站为对象，通过 E-mail 向用户主动发送与网站推广主题相关的宣传、促销信息。任务实施包括进行 E-mail 营销推广策划、收集 E-mail 列表、设计制作 E-mail 内容、发送 E-mail 和 E-mail 营销推广效果监控与评估等一系列工作。在项目实施过程中，突出 E-mail 内容的设计与制作。

能力目标

- 能够设计合理、富有创意的 E-mail 营销推广实施方案；
- 能够根据 E-mail 营销的目的获取有效外部列表和内部列表；
- 能够设计、撰写邮件内容；
- 能够熟练地使用邮件群发系统；
- 能够对 E-mail 营销推广的效果进行监控和评估；
- 能够独立完成一次完整的 E-mail 营销推广活动；
- 能够通过邮件订阅的方式获取价值信息。

知识目标

- 了解 E-mail 营销推广的概念、特点和分类；
- 了解 E-mail 营销推广的发展现状；
- 了解 E-mail 营销推广的基本因素和实施基础；
- 掌握 E-mail 营销推广的基本形式；
- 熟悉许可 E-mail 营销推广的实施流程；
- 掌握邮件内容的撰写方法和技巧；
- 熟悉常用的 E-mail 营销推广效果评价指标；
- 掌握邮件订阅的过程和方法。

任务一　策划 E-mail 推广方案

一、任务导入

电子邮件（E-mail）推广作为一种廉价的集群网络推广方式，被许多中小企业所热衷。然而由于利用不当，造成了垃圾邮件的泛滥，给企业带来了不利的影响。如何利用好 E-mail 这一功能全面的网络营销工具，必须从好的策划开始。

本任务要求以项目小组的形式，针对中小企业网站推广这一实际背景，进行 E-mail 营销推广方案策划。明确 E-mail 营销推广的实施目标、目标受众、内容策划、实施步骤及人员分工等内容。具体包含 E-mail 营销推广分析、策划和进度安排三个环节的工作，突出对 E-mail 内容创意的提炼和展示策划。

二、任务实施

1. E-mail 营销推广分析

E-mail 营销推广分析的主要任务是明确 E-mail 营销推广的目的及受众群体。根据企业网站推广的实际情况，确定 E-mail 营销推广的目标和受众群体，分析不同受众群体的需求特征及要求达到的覆盖面（数量要求），如根据公司年轻白领平时爱上网（上网时间多在下班以后），爱吃零食，爱打扮，对各种产品的消费需求和消费能力都很大，并且群体数量也很庞大等，完成表 5-1E-mail 营销推广分析。

表 5-1　E-mail 营销推广分析

实施目标			
目标受众	受众类型	需求特征	覆盖面

2. E-mail 营销推广策划

E-mail 营销推广策划主要任务是明确 E-mail 的内容、样式和实施计划。

（1）内容策划。

依据上述分析，E-mail 营销要体现出特色与价值，需要目的明确且 E-mail 营销思路清晰。根据 E-mail 营销推广的不同阶段、不同时节营销目的的不同和不同类型受众群体利益关注点的不同，在邮件内容呈现方面，要有所不同，针对特点，突出亮点，有的放矢。具体内容策划形成如表 5-2 所示。

表 5-2　不同受众邮件内容策划

受 众 类 型	需 求 特 征	内 容 呈 现

（2）样式策划。

通过网络了解常见的 E-mail 营销推广所采用的样式种类，并分析不同 E-mail 样式的展示特点与效果。

HTML 形式的 E-mail 内容页面可以囊括较多的内容呈现，并且美观得体，是 E-mail 营销推广中常用的一种表现形式。根据任务要求，策划 HTML 形式的 E-mail 内容页面的具体样式，如表 5-3 所示。

表 5-3　E-mail 内容页面样式策划

类　别	Logo	色彩	字号/字体	图片	页面结构
设计特点					
原因					

（3）实施策划。

一次全面的 E-mail 营销推广工作可能需要一个较长的时间，分阶段、策略性、循序渐进地开展，才有利于吸引客户，逐步提升产品或服务在目标客户群体中的品牌形象，达到 E-mail 营销推广的目的。因此，在 E-mail 营销推广实施之前，应根据具体情况，分阶段制定周密的实施计划表，如表 5-4 所示。

表 5-4　E-mail 营销推广实施过程策划

实施阶段（或时节）	受 众 群 体	主要传递内容	目　　的

3. E-mail 营销推广进度安排

根据前期分析、策划结果，制定出详细的 E-mail 营销推广进度计划书，并进行人员分工，将任务落实到具体责任人，按照时间各司其职，逐步进行，结果如表 5-5 所示。

表 5-5　E-mail 营销推广进度安排

时　　间	所 属 阶 段	主要工作内容	阶段目标	执行部门/责任人

三、任务分析

（一）E-mail 营销推广概述

也许你不相信，但这是事实：最早的网络营销既不是网上销售、网上广告，也不是网上拍卖、网上推销，而是 E-mail 营销。自从 1994 年 4 月 12 日美国两位移民咨询签证律师把一封“绿卡抽奖”的广告发到他们可以发现的每个新闻组，并仅以 20 美元的代价就吸引了 25 000 个客户并赚取了 10 万美元开始（这就是“律师事件”），E-mail 营销就正式诞生了。

互联网不仅仅是一种通信媒体，而且是一种营销渠道、宣传媒体，此外它更是建立一种新的产业秩序的基础。据CNNIC统计，截至2018年12月底，我国网民规模为8.29亿，全年新增网民5 653万，手机网民规模达到8.17亿。

作为最广泛的互联网应用之一，电子邮件（E-mail）已成为互联网中最璀璨的一颗明珠。正如Forrester在研究报告中所指出的，由于传统媒体如电视和广播广告缺乏针对性，而传统的直邮广告成本太高，比较而言，由于E-mail营销的成本较低，可以降低产品销售价格，因此越来越受到商家青睐。

随着互联网的发展，E-mail不仅成为人们生活中的一部分，更成为公司和消费者之间联系的重要工具。虽然目前包括即时通信（如微信）、微博、抖音等在内的互联网应用迅速扩散，与此同时，E-mail等一些传统的网络应用使用率明显下滑，但电子邮件在国内的使用率仍然保持在40%左右的较高水平。E-mail的广泛应用，带来了巨大的商机。

（二）E-mail营销推广的定义

伴随着电子邮件通信方式的爆炸式增长，E-mail营销也随之蓬勃发展。

E-mail营销，简单地说就是借助电子邮件这一媒介所进行的网络营销活动。但由于网络上垃圾邮件的泛滥及大家反垃圾邮件的立场，E-mail营销应该也必须是基于许可的E-mail营销。许可E-mail营销所必须包含三个要素：许可、电子邮件、营销活动。

1. “许可”

对于现代的E-mail营销而言，其第一要素便是“许可”，如果离开了许可，那么E-mail营销就会成为人人喊打的过街老鼠——“垃圾邮件”，而且更严重的是它还可能会使企业面临品牌危机、违背国家的法律、法规的风险。

“许可营销”理论由是塞思·戈丁（Seth Godin，Yoyodyne Entertainment Inc.创始人，公司已被Yahoo！公司收购）在《*Permission Marketing*》一书中最早提出的。许可营销的原理其实很简单，就是企业在推广其产品或服务的时候，事先征得顾客的“许可”。得到潜在顾客许可之后，再通过E-mail的方式向顾客发送产品或服务信息。因此，“许可”也是E-mail营销的许可，只有按照许可的方式进行E-mail营销，才能获得E-mail营销的营销“许可证”。

许可的获取可通过多种方式获得，如在填写调查表、会员申请表或者填写在线表单时，会询问你“是否希望收到本公司不定期发送的最新产品信息”，或者给出一个列表让你选择自己希望收到的信息。互联网的交互性使得许可营销成为可能。

2. “电子邮件”

营销自然需要凭借一定的媒体来进行。电子商务时代承担这个重任的主要媒体之一就是E-mail，它是与消费者沟通、传递信息的最佳工具。E-mail之所以能成为电子商务时代的最佳营销媒体之一，就是因为E-mail营销具有低成本、快速响应以及较高的点击率等优点，它比其他广告更容易管理和追踪，在测量投资报酬率上也更为准确。IMT曾做过一个关于许可E-mail营销响应率的调研，IMT询问网友如收到更多许可E-mail营销信息，会更多或更少点击E-mail这个问题时，答案是：61%的人说是一样的，23%回答会减少，而14%的回答则是会增加。所以，至少在一定时期内，许可E-mail营销还是有良好的营销效果的。

3. “营销”

现代营销理论认为，营销是计划和执行关于商品、服务和创意的概念、定价、促销和分销，以创造符合个人和组织目标的一种交换过程。作为E-mail营销的核心词，“营销”界定了E-mail营销应具有以下营销的特征。

过程性：E-mail 营销可以或应该为网络营销的整个过程提供服务，而不是仅仅服务于其中的一个环节。

互动性：网络营销的目标既然是一种交换过程，就决定了 E-mail 营销应该是一个互动的过程，是一个沟通的过程。

共赢性：网络营销的目标是为了达成符合个人和组织目标的一种交换，因此在 E-mail 营销的整个过程中及网络营销效果的考评中应注意网络营销是否在真正意义上达到了共赢？网络营销活动本身所提供的对用户是否有用？是否有价值？网络营销活动是否会对用户构成骚扰？所提供的信息是否会成为垃圾？

综上所述，E-mail 营销是指在用户事先许可的前提下，通过电子邮件的方式向用户传递有价值信息的一种网络营销方式。

（三）E-mail 营销推广的分类

1. 按照是否经过用户许可分类

按照营销邮件在发送前是否征询并获得过用户的许可来进行分类，可把 E-mail 营销分为许可 E-mail 营销及非许可 E-mail 营销。根据目前各国的法律情况看，从某种意义上而言，许可 E-mail 营销与非许可 E-mail 营销也可以称为合法 E-mail 营销及非法 E-mail 营销。

对于许可 E-mail 营销，根据其获得许可的方式不同又可以进一步细分为：Option-in——在向用户发送营销邮件之前事先获得用户同意；Option-out——在向用户发送营销邮件之前事先并不获得用户同意，而是允许用户选择退出；Double-Option-in——向用户发送营销邮件之前事先获得用户同意，向用户发出确认邮件，并且要求用户回信确认后才向用户进行邮件营销。建议企业使用 Double-Option-in 的方式进行 E-mail 营销，以提高营销效率，避免冒名恶意订阅或邮件地址错误等问题的产生。

2. 按照营销的目的分类

按照营销的目的不同进行分类，E-mail 营销又可以进一步细分为：品牌形象推广 E-mail 营销、产品促销 E-mail 营销、社会调查 E-mail 营销、客户服务 E-mail 营销、网站推广 E-mail 营销等。

3. 按照邮件列表来源的不同分类

按照具体使用邮件列表来源的不同进行 E-mail 营销的分类则又可将 E-mail 营销具体分类为：内部邮件列表营销与外部邮件列表营销。其中内部邮件列表营销是指采用企业自身所收集并维护的许可邮件列表进行的营销。而外部邮件列表营销是指采用第三方所提供的邮件列表进行的 E-mail 营销。从具体使用效果上看，并不建议使用外部邮件列表的方式进行 E-mail 营销。

4. 按照营销的目标用户分类

按照 E-mail 营销的具体对象不同，可以把 E-mail 营销具体分为企业内部 E-mail 营销和企业外部 E-mail 营销。其中内部 E-mail 营销具体是指采用 E-mail 的方式对企业的内部人员，包括企业的股东、经营者、管理者和企业员工进行的营销行为。而外部 E-mail 营销则指的是利用电子邮件方式所进行的针对企业用户的具体的营销行为。

四、任务拓展

浏览目前提供电子邮件订阅功能的网站，如“FT 中文网”，为改进其服务质量，提高客户满意度，请您在了解现状的基础上，对其提出完整的优化改进方案。

任务二　收集邮件列表

一、任务导入

将 E-mail 营销推广要传达的内容准确地送达目标受众，就必须拥有目标受众的 E-mail 地址。本任务要求在任务一完成的中小企业 E-mail 推广方案的基础上，进行目标受众邮件列表的收集与整理工作，按不同的受众群体分类，形成内部邮件列表和外部邮件列表。

任务实施以项目小组的形式进行，针对不同的受众群体进行不同的邮件列表收集整理，突出邮件地址的准确性和针对性。

二、任务实施

1. 邮件列表的定位

根据任务一对目标受众的分析，确定邮件列表收集的对象，如公司年轻白领、高校学生等，将邮件列表对应分成几类。

2. 内部邮件列表的收集与整理

一般情况下，通过两种途径获取企业内部邮件列表。一是收集整理公司网站已注册客户的邮件地址；二是由公司市场部及营销部工作人员或项目小组专人根据公司日常业务中联系的产品客户、意向客户以及潜在客户，收集整理邮件地址列表。在邮件列表整理过程中，根据实际需要，保存为相应格式文件（如以 Excel 表格保存，表格项目根据实际需要设置序号、姓名、E-mail 地址、备注等），如图 5-1 所示，也可以保存在诸如 Outlook、Foxmail 等专业邮箱客户端软件的地址簿中。该邮件列表可视为内部邮件列表。

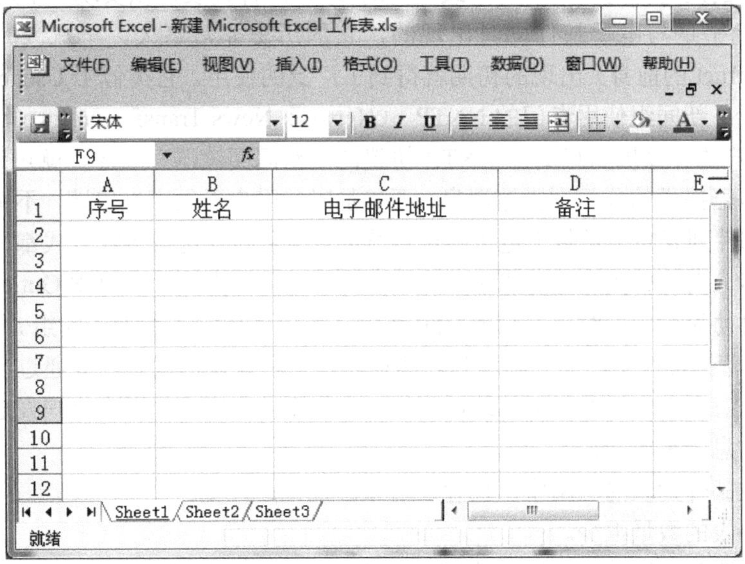

图 5-1　内部邮件列表

3. 外部邮件列表的收集与整理

外部邮件列表的收集与整理工作是 E-mail 营销推广的重头戏。如何获取准确的目标客户和潜在客户的电子邮箱地址，有着较大的难度，并且涉及整个 E-mail 营销推广工作的成败。除了向专业的邮件列表服务商购买之外，可以通过如下方式收集整理外部邮件列表：通过搜索引擎搜索特定的关键词，或者登录相应行业的网站、黄页，进行 E-mail 地址的收集。如通过百度或者 Google 检索“某某代理商”可以获得大量该行业代理商的信息；通过登录淘宝网等零售网站的相关产品销售网店，可以获取该类产品相应买家的信息；通过 SNS 社交网站可以获取很多年轻白领或大学生的信息等。

通过这些方式获取的 E-mail 地址，同样以如图 5-1 所示的格式进行整理，形成外部邮件列表。

三、任务分析

（一）邮件列表概述

邮件列表的起源可以追溯到 1975 年，是互联网上最早的社区形式之一，也是 Internet 上的一种重要工具，用于各种群体之间的信息交流和信息发布。

邮件列表是为了解决一组用户通过电子邮件互相通信的要求而发展起来的，是一种通过电子邮件进行专题信息交流的网络服务。它一般是按照专题组织的，目的是为从事同样工作或有共同志趣的人提供信息，开展讨论，相互交流或寻求帮助。大家根据自己的兴趣和需要加入不同主题的邮件列表，每个列表由专人进行管理，所有成员都可以看到发给这个列表的全部信件。每一个邮件系统的用户都可以加入任何一个邮件列表，订阅由别人提供的分类多样、内容齐全的邮件列表，成为信息的接收者，同时，也可以创建邮件列表，成为一个邮件列表的拥有者，管理并发布信息，向其订阅用户提供邮件列表服务，并可授权其他用户一起参与管理和发布。一般的电子邮件的发送都是“一对一”或“一对多”，邮件列表可以实现“多对多”通信。

邮件列表几乎是与电子邮件同时出现的，它的历史非常悠久，早在 20 世纪 70 年代 ARPANET（Internet 的前身）出现的初期就得到了广泛的使用。它类似于 Usenet 新闻组，但又有不同之处在于：新闻组使用专门的 NNTP （Network News Transfer Protocol，网络新闻传输协议），只要用户的计算机拥有支持 NNTP 协议的“新闻阅读器”程序，就可通过 Internet 随时阅读新闻服务器提供的分门别类地消息，要参加时，用户无须事先申请，不感兴趣时也不用声明退出。而邮件列表完全是基于电子邮件系统的，信息的发送与接收方式都与普通的电子邮件相同，并有专人对邮件列表进行管理。而有些邮件客户端软件，如 MS Outlook Express，除了支持电子邮件协议外，同时还支持 NNTP 协议，可以使用它来参加新闻组。

在 E-mail 营销推广中，关于邮件列表的描述，主要表现形式是企业通过各种途径所收集和整理的客户、潜在客户的电子邮件地址列表，它是企业向客户、潜在客户发送产品、服务等网络营销推广信息的重要途径。

在目前企业邮件列表的应用中，也存在着很多的问题，如：

（1）邮件列表的数量很少。

（2）很多邮件列表的邮件都是经过整理以后再发送给用户，造成邮件的延时，用户得不到及时的反馈。

（3）邮件列表的主题都是由这些邮件列表供应商提供的，用户只能在这些邮件列表中进行讨论和交流。

（4）邮件列表的分类不明确，用户所得到的信息可能并非是自己最关心的。

（二）邮件列表的分类

从不同的角度，可以对邮件列表进行不同的划分。

根据用户 E-mail 地址资源的所在形式，可将邮件列表分为内部邮件列表和外部邮件列表，分别对应内部 E-mail 营销和外部 E-mail 营销。

（1）内部邮件列表是一个企业、网站利用一定方式获得用户自愿注册的资料来开展的 E-mail 营销。

（2）外部列表则是利用专业服务商或者与专业服务商一样可以提供专业服务的机构提供的 E-mail 营销服务，企业自己并不拥有用户的 E-mail 地址资料，也无须管理维护这些用户资料。通常人们把利用内部列表开展 E-mail 营销的方式称为“邮件列表营销”，而外部列表方式的 E-mail 营销则称之为“E-mail 营销”。

按照邮件列表的用途可以分为两种基本形式：公告型（邮件列表）和讨论型（讨论组）。

（1）公告型（邮件列表）：通常由一个管理者向小组中的所有成员发送信息，如电子杂志、新闻邮件等。

（2）讨论型（讨论组）：所有的成员都可以向组内的其他成员发送信息，其操作过程简单来说就是发一个邮件到小组的公共电子邮件，通过系统处理后，将这封邮件分发给组内所有成员。

如按照邮件列表的公开程度可以分为三种形式：公开型邮件列表、封闭型邮件列表、管制型邮件列表。

（1）公开型邮件列表：邮件列表可供所有人自由讨论，即使不是这个邮件列表的订户也可以自由地发送邮件给这个邮件列表的所有订户。常见于公开的论坛。

（2）封闭型邮件列表：只有邮件列表的订户才能互相发送邮件。常见于网络社团、俱乐部或公司内部讨论组等。

（3）管制型邮件列表：只有经过邮件列表管理者许可的电子邮件，才能发送给邮件列表的其他订户。常见于电子刊物。

（三）获取邮件列表的方法

E-mail 地址的积累贯穿于整个 E-mail 营销活动之中，是 E-mail 营销中最重要的内容之一。一般企业获取客户邮件列表的方法和途径有以下几种。

1. 充分利用网站的推广功能

网站本身就是很好的宣传阵地，利用自己的网站为邮件列表进行推广，在很多情况下，仅仅靠在网站首页放置一个订阅框还远远不够，同时订阅框的位置对于用户的影响也很大，如果出现在不显眼的位置，被读者看到的可能性都很小，更不要说加入列表了。因此，除了在首页设置订阅框之外，还有必要在网站主要页面都设置一个邮件列表订阅框，同时给出必要的订阅说明，这样可以增加用户对邮件列表的印象。如果可能，最好再设置一个专门的邮件列表页面，其中包含样刊或者已发送的内容链接、法律条款、服务承诺等，让用户不仅对于邮件感兴趣，并且有信心加入。

2. 合理挖掘现有用户的资源

企业都会向一些现有客户定期发送营销信息，如直邮、产品试用装等。在向这些客户通过其他渠道发送营销信息的时候，同时推荐企业的 E-mail 营销服务，从而扩充客户与企业的沟通渠道，通过持续的沟通与信息强化，促使现有客户的重复消费，向忠诚客户和终身客户转化。同时，可以利用一切同客户沟通的渠道推荐 E-mail 营销服务，例如：员工发送电子邮件时的签名档、产品目录册、电视广告、产品说明书和保修卡、展会宣传资料，等等。

3. 提供部分奖励措施

比如，可以发布信息，某些在线优惠券只通过邮件列表发送，某些研究报告或者重要资料也需要加入邮件列表才能获得。

4. 可以向朋友、同行推荐

如果对邮件列表内容有足够的信心，可以邀请朋友和同行订阅，获得业内人士的认可也是一份邮件列表发挥其价值的表现之一。

5. 其他网站或邮件列表的推荐

正如一本新书需要有人写一个书评一样，一份新的电子杂志如果能够得到相关内容的网站或者其他电子杂志的推荐，对增加新用户会有一定的帮助。

6. 为邮件列表提供多订阅渠道

如果采用第三方提供的电子发行平台，且该平台有各种电子刊物的分类目录，不要忘记将自己的邮件列表加入合适的分类中去，这样，除了在自己网站为用户提供订阅机会之外，用户还可以在电子发行服务商网站上发现你的邮件列表，增加了潜在用户了解的机会。

7. 请求邮件列表服务商的推荐

如果采用第三方的专业发行平台，可以取得发行商的支持，在主要页面进行重点推广，因为在一个邮件列表发行平台上，通常有数以千计的各种邮件列表，网站的访问者不仅是各个邮件列表经营者，也有大量读者，这些资源都可以充分利用。比如，可以利用发行商的邮件列表资源，和其他具有互补内容的邮件列表互为推广等。

8. 交叉营销与伙伴合作

与拥有类似目标客户群的企业开展客户资源合作也是一种扩展获取客户邮件地址的有效方式。具体方式包括交叉营销和联合注册。

交叉营销的实质是在拥有一定营销资源的情况下向自己的客户或合作伙伴的客户进行的一种营销推广手段，这种营销方法最大的特点是充分利用现有资源，在两个具有相关客户需求特点的企业间开展交叉营销，能使各自的潜在客户数量明显增加而不需要额外的营销费用。同时，以交叉营销为基础建立起良好的合作关系，对两个（或多个）企业间的发展具有更多的战略意义。

联合注册是两个或多个企业通过网站的注册机制，提供给客户注册一次，同时成为多个网站的注册用户的机会。客户完成注册以后，可以同时享受多个企业提供的服务，对于客户来说，一次注册可以带来多重利益。目前很多网站都提供了这种服务，如 MSN 账号可以登录新浪等。但是，联合注册往往合作方式比较复杂，目标客户的针对性相对较差，且一般较难赢得客户的信任，所以在现实中应用不太广泛。

9. 充分借助现有注册客户的推荐

在向现有注册用户发送营销推广电子邮件时，在电子邮件内容中加入“向朋友推荐”的文字，类似病毒性营销。客户如果觉得企业的产品和服务确实为他带来了利益，他会很乐意向他的朋友推荐企业的产品。也可以考虑以适度的物质奖励刺激现有客户的推荐，当然也要遵循适度的原则，否则客户可能为了得到奖励而随意推荐。

获取用户资源是 E-mail 营销中最为基础的工作内容，也是一项长期工作，但在实际工作中往往被忽视，以至于一些邮件列表建立很久，加入的用户数量仍然很少，E-mail 营销的优势也难以发挥出来，一些网站的 E-mail 营销甚至因此而半途而废。

四、任务拓展

使用目前主流的电子邮件服务商提供的邮件列表服务，如网易邮箱，创建一个主题为“电子商务网站推广”的邮件列表，然后邀请好友加入。

任务三：设计制作邮件内容

一、任务导入

有了好的策划，同时明确了 E-mail 营销推广的目标受众定位，并且收集了目标受众的电子邮件地址，接下去的任务就是 E-mail 营销推广的重点工作——设计制作邮件内容页面。如何针对不同的目标受众准确地表达 E-mail 营销推广将要传达的信息，是邮件内容页面设计制作的核心问题。本任务要求在前期工作的基础上，运用 Photoshop、Dreamweaver 等工具，设计并实现 HTML 格式的电子邮件的内容页面，准确传达网站、促销、品牌等信息，达到 E-mail 营销推广的目的。

任务实施以项目小组的形式进行，涉及邮件内容页面结构的设计、内容的组织和创意的表达等。

二、任务实施

1. 电子邮件内容页面结构的设计

了解常见的 HTML 格式的电子邮件广告页面的框架设计结构，分析不同的页面框架结构及页面色彩搭配对于 E-mail 营销推广的促进作用，选择合适的 E-mail 页面框架结构，并确定页面主色调及色彩搭配，结果形成表 5-6 和表 5-7。在进行电子邮件页面结构设计时应把握的原则是：框架简洁、色泽清爽、重点突出。

表 5-6　电子邮件内容页面结构设计

常见 E-mail 内容页面框架结构	特　点	选 择 理 由

表 5-7　电子邮件内容页面色彩搭配

色彩搭配	
决策理由	

2. 确定电子邮件内容页面的设计元素

HTML 格式的 E-mail 内容页面能够容纳大量的商业信息，也是常见的 E-mail 营销推广都选择这种格式的重要原因之一。那么在一封电子邮件的内容页面究竟应该给目标受众呈现哪些内容，规避哪些内容呢？结合前期 E-mail 营销推广策划，确定 E-mail 内容页面要融入的内容元素，如公司 Logo 等。

3. 撰写电子邮件内容

在设计了友好、美观的 E-mail 内容页面结构之后，接下去就是撰写 E-mail 的内容。如何恰到好处地表达 E-mail 将要传达的营销推广信息，又不失友好性是 E-mail 内容撰写时应把握的首要原则。

从营销推广的角度出发，在撰写 E-mail 内容时，除了在内容表述上应清晰明了，语言简练，避免烦冗复杂，还要求包含以下信息：

（1）公司的名称、地址及联系方式。没有公司的名称、详细地址和准确的联系方式，将使用户失去对企业的认同感，并且降低 E-mail 的可信度，造成副作用。

（2）一个外部链接。考虑到 E-mail 信息在用户客户端显示的准确性，必须通过 URL 链接，让那些无法正常浏览邮件内容的用户可以正常浏览。

（3）针对性、个性化的称呼。根据相关调查显示，当用户在收到标题和正文称呼都是个性化的邮件时，会认为是特意为他发送的，邮件被打开仔细阅读的概率就非常高。

（4）一个让用户把你加入地址簿的请求。一方面保证了邮件图片等信息被正常地显示，另一方面也为后期客户关系维护打下了基础。

（5）文本格式的版本。有些用户在浏览邮件时将邮件程序设置为只显示文本，因此有必要添加一个文本格式的邮件。

三、任务分析

（一）电子邮件标题和内容的设计

1. 电子邮件标题的设计

（1）邮件中含有对方的名字，这样的邮件能够提升用户的注意，用户有种被重视的感觉。有些资料认为，以用户姓名为抬头的邮件点击率可以高达 40%～50%。

（2）特定日子发送特定标题的提醒或问候邮件。在节日或对方的生日时，为其送上生日贺卡，是提高邮件吸引力、培养忠诚客户的好办法。

（3）利用用户的好奇心设计题目。每个人都有好奇心，因此，可以以“你知道吗？某某×××了”等为标题，或者暗示邮件对用户很有用，等等。当然，邮件本身的内容要能够满足用户的这种好奇心。

（4）标题突出邮件给予用户的利益。

（5）与重大事件相联系。例如网络媒体近期热炒的热点事件，可以以相关的热点事件的最近进展为标题，吸引用户的注意。

（6）考虑性别因素设计标题。根据知名网络广告公司 DoubleClick 的研究表明，对于男性用户来说，对用户打开邮件最有帮助和吸引力的是信息/新闻标题（占被调查者的 69%），其次是提供折扣信息（50%）、新产品发布（37%）。而对于女性用户来说，最能吸引她们打开邮件的是折扣信息（64%），然后是有吸引力的新闻（46%）、免费送货（43%）等。因此，在设计标题时应该考虑不同人群区别对待。

2. 电子邮件内容的设计

对于客户来说，并不关心企业向多少跟他一样的客户发送了电子邮件，也不关心企业是通过何种技术手段将电子邮件发送到他的邮箱的，客户关心的是电子邮件的内容对他是否有价值。除了不要印刷、运输之外，营销电子邮件的内容编辑与纸质杂志没有实质性的差别，都需要经过选题、内容编辑、版式设计、配图、样刊校对等环节，然后才能向客户发送。在众多影响 E-mail 营销效果的因素中，电子邮件的内容与 E-mail 营销最终效果的关系更为直接，影响也更明显，邮件内容所涉及的范围最广，灵活性最大，没有合适的内容，即使拥有再多的客户，仍然无法向他们传递有效的信息。关于营销电子邮件的内容，经常有人提到“内容为王”，但是如何才能为客户提供价值，让电子邮件真正“内容为王”呢？营销电子邮件有各种形式，包括广告、时事、电子期刊等，即使同样形式的营销电子邮件，在不同的阶段，或者根据不同的环境变化，电子邮件的内容模式也是在不断变化的。但是在组织营销电子邮件内容时，还是有一些基本原则可以遵循。

（1）目标一致性。

营销电子邮件的目标一致性是指电子邮件的内容应与企业总体营销战略相一致，企业的营销目标是营销电子邮件内容的第一决定因素。比如：以客户服务为主要目标的会员沟通邮件，如果插入大量的广告内容会偏离预定的客户服务目标，同时也会降低客户的信任。而注重于宣传企业品牌形象推广的电子邮件也不应带有太多的具体产品的详细介绍。

（2）内容系统性。

营销电子邮件如果内容过多，或者内容匮乏，或者过于随意，或者没有特定的主题，或者方向性不明确，都会让客户感觉和自己的期望有很大差距。如果将一段时期内的邮件内容放到一起，很难看出这些邮件之间的联系，这样，客户就无法产生对营销电子邮件的整体印象，从而很难培养客户的忠诚度，因而会削弱 E-mail 营销对于品牌形象提升的功能，并且影响 E-mail 营销的整体效果。

（3）内容来源稳定性。

客户可能在注册后很久都收不到电子邮件，而在客户逐渐遗忘时，突然收到一封电子邮件，这很有可能是因为企业的营销电子邮件来源不稳定而导致的。在 E-mail 营销活动的过程中，由于内容来源不稳定使得电子邮件的发送时断时续，甚至半途中断的情况并不少见。E-mail 营销是一项长期的工作，必须有稳定的内容来源，才能确保按照一定的周期发送邮件，邮件内容可以是自行撰写、编辑，也可以转载、由第三方撰写，无论哪种来源，都需要保持相对稳定性。

（4）内容精简性。

尽管增加电子邮件内容不需要增加信息传输的直接成本，但是从客户的角度考虑，电子邮件的内容不应当过分庞大。首先，字节数太大的邮件占用客户邮箱空间的比较大，容易被当成垃圾邮件直接删除。其次，接收和打开较大的邮件耗费客户的时间相对较长。再次，太多的信息量反而让客户很难一下子接受，从而降低 E-mail 营销的有效性。最后，在互联网和电子邮件逐渐普及的今天，客户往往每天会收到大量的电子邮件，过长的邮件内容可能使客户失去阅读的兴趣，或者仅仅浏览靠近邮件顶部的内容。因此，应该注意控制邮件的内容，不要在同一封邮件中包含过多的栏目和话题，如果确实有大量的信息，可以充分利用链接的功能，在一段内容概要之后列出相关的链接，如果客户有兴趣，可以通过点击链接到网站上浏览详细内容。

（5）内容灵活性。

E-mail 营销的目的，主要体现在客户关系、客户服务、产品促销、市场调研等方面，但对于特定的企业，需要达到的目的也不尽相同。在不同的经营阶段，邮件列表的作用也会有所差别，电子邮件的内容也会随着时间的推移而发生变化。因此，营销电子邮件的内容设计也不能是一成不变的，在保证整体系统性的情况下，应根据阶段营销目标而进行相应的调整。电子邮件的内容毕竟比印刷品灵活得多，栏目结构的调整也比较简单。

6. 内容风格个性化

不同的顾客群体需要不同的邮件内容，区别于以往的邮件，区别于其他企业的邮件，区别于不同的顾客群体，这样设计的邮件内容才有吸引力。用户才有受到尊重的感觉。

7. 内容对用户有价值

内容对用户有价值可以说是 E-mail 营销中判断电子邮件是否为垃圾的唯一标准。无论邮件的主题多么吸引人，发信人多么可信，风格多么独特，如果对于用户没有丝毫的价值，这无疑就是在浪费邮箱的空间和用户的时间。相反，在发邮件前，即使没有得到用户的认可，但是，如果邮件对于用户是有价值的，最后同样能够得到用户的认可，同样不能被认为是垃圾邮件。因此，邮件的价值显得尤为重要。

一方面，邮件内容本身具有价值。如果邮件本身具有用户需要的信息，可能是用户希望的、甚至是订阅的某网站或论坛的内容，那么问题就很简单了，只需在题名中标注清楚，就会得到点击和阅读。

另一方面，企业想要传达的邮件内容本身可能不具有价值。实际上，企业发放邮件更多的是宣传产品或服务、出售产品或服务、提高企业知名度或是其他促销信息，这样的邮件则很难判断其本身是否对用户产生价值。同样很少有用户会主动选择观看广告信息。例如电视观众在观看电视节目时不是为了看广告，但是由于电视节目的价值，观众接受了观看中间插播的广告。因此，即使邮件的广告信息本身不对用户产生价值时，也可以通过在邮件中增加用户感兴趣的附加信息，提高邮件吸引力。

因此，附加价值的设计显得尤为重要，附加价值常常体现为如下形式。

（1）点击邮件或转发邮件可以获得相应的积分或购物券。例如，企业可以和邮件供应商合作，当用户打开广告邮件或转发邮件时可以获得相应积分，当积分累积到一定程度时，可以得到扩容或其他奖励。

（2）邮件中附加天气或生活方面用户天天会用到的信息。这些信息可以是天气预报、健康信息、今日十大新闻、今日中文论坛十大热帖等。采用这种方式要做到持之以恒，即使没有新的广告信息需要发布，也要天天为顾客发去天气或其他生活方面的信息。久而久之使用户对邮件提供者产生依赖感。

（3）顾客打开邮件后，用户就会看到美丽的图片、动听的背景音乐或者是搞笑的 Flash 播出。而这些信息最好是企业原创的，其间能够体现广告内容或企业产品的图片、音乐或 Flash。例如，宝马公司为宝马汽车拍摄的八部经典小电影，因其内容精彩、制作精良，在网民中流传很广。

在提供给消费者附加价值时，应该注意以下几点。

（1）由于企业的实力不同，不同的企业可以选择提供不同的附加价值。

（2）由于消费者的特征不同，邮件应该针对不同的消费者提供不同的价值，因此附加价值的设计要因人而异，千篇一律的广告虽然节省时间，效果往往不理想。上文提到的前期调查是设计附加价值的基础。

（3）与其他企业合作。广告邮件可以借助其他公司的邮件进行推广。最经典的例子是可口可乐公司与魔兽游戏的合作，买可乐可以获得魔兽游戏的积分，魔兽游戏也获得了推广。因此，广告邮件加载到用户已经愿意接受的论坛沟通邮件中，类似于企业选择不同的电视频道传播广告；也可以加载到用户订阅的电子期刊中，类似于在杂志中夹带广告。不过，这种广告要比电视广告和杂志广告成本低得多。

（二）最佳电子邮件格式

电子邮件内容需要设计成一定的格式进行发行，常用的电子邮件格式包括纯文本格式、HTML 格式和富媒体格式，或者是这些形式的混合。一般来说，HTML 格式和富媒体格式的电子邮件比纯文本格式具有更好的视觉效果，从广告的角度来看，效果会更好。但同时也存在一定的问题，如文件字节数过大，某些客户端软件无法正常显示邮件内容等。哪种邮件格式更好，与电子邮件的内容和客户的阅读特点等因素相关，如果可能，最好给客户提供不同内容格式的选择，也可以在 HTML 格式和富媒体格式的电子邮件中加入“如果无法正常显示”的文字链接，让客户在无法看到邮件内容的情况下可以点击链接到特定的网页浏览邮件内容。

尽管每封营销电子邮件的内容各不相同，但是邮件的内容结构有一定的规律可循，完善的邮件内容结构一般至少包含下列基本组成部分。

1. 邮件主题

提示本邮件最主要的内容或电子期刊的名称和期号。可以理解，在当前垃圾信息泛滥的时代，许多人会根据邮件主题决定要不要打开一封商业邮件，所以为了让收件人看到企业的电子邮件信息，精心构思电子邮件主题必不可少。确定邮件主题的原则类似于文章标题或关键字的选择，选择主题应尽量遵守一些基本原则。

（1）应当开门见山简单明了地告诉收件人，该邮件能给收件人提供的利益。例如，“即刻注册‘FT 中文网’，得到‘中国商务指南’!”，这样的邮件主题即说明了电子邮件的来源，又明确地说明了客户可以得到的利益。

（2）用词要准确，避免使用过于含糊的表达，让人摸不着头脑的主题往往导致收件人直接将邮件删除。

（3）要尽可能地有创意，避免落入俗套。

（4）避免可能被垃圾邮件过滤器过滤掉的词汇，如“免费”“赠送”或“中奖”等。

（5）要保持简短，不要企图把所有内容都放在标题行中，超过 20 字以上的部分收件人很可能看不到。

（6）标题和内容要统一，不能为了吸引人而挂羊头卖狗肉。靠无关的关键字诱骗收件人打开邮件的后果只能是让收件人把企业的邮件地址加入黑名单，企业将永久性地失去这个客户。

（7）尽可能使用个性化的标题。

（8）必要时可以选择不同的标题行进行效果测试，选择最佳方案，或者设计多个主题，在发送电子邮件时随机选用。

2. 发件人

Double Click 的研究表明，60%的被调查者认为邮件的发件人对于是否打开邮件起决定作用，认为邮件主题发挥决定作用者占 35%。

作为正规的营销电子邮件，应当使用企业名称或品牌作为电子邮件的发件人名称。不要试图在发件人名称上掩盖自己的真实身份，也不要使用类似 info@***.com 这样的不知所云的电子邮件地址作为发件人名称。如果发信人具有一定的权威性和可行性，那么就要明显地体现出这一点。而对于那些还没有什么知名度的中小企业而言，可以选择与大型的知名企业联合，借船出海，以提升邮件的可信度和点击率。使用这种方式的前提是保证用户阅读完广告后不会有被欺骗的感觉。通过发件人名称来赢得客户的信任，而不是破坏它。

3. 目录或内容提要

如果电子邮件包含的信息较多，可以给出邮件所包含内容的目录或者内容提要，并链接到内容所在位置。

4. 网页浏览模式链接

为保证收件人在电子邮件内容无法正常显示的情况下也能得到企业传递的信息，应提供电子邮件的网页浏览模式，并在电子邮件的顶部加以说明，提供网页浏览模式的链接。

5. 邮件正文

电子邮件正文的内容要突出企业产品或服务的各种利益，表述要简洁，层次分明，使用分级标题，使文章适合略读。最重要的内容要在正文开头部分出现，可以让客户不用翻页就能读到。重要的词可以使用粗体强调，但是不要使用下划线，以免被收件人误以为是链接。将即时回复的选项放置在显要位置。如果使用 HTML 格式编写信件，用插图支持文字说明会提高邮件的可读性。电子邮件中使用的图像要大小合适，可以快速下载，原文件最好存储在运行稳定可靠的服务器上。另外，电子邮件的内容要同企业使用其他传播渠道发布的信息以及公司的形象保持一致。在发送营销电子邮件以前，要对广告的文案、版面设计进行全面的测试，找出最适合目标客户的设计。

6. 退订链接

退订是正规营销电子邮件必不可少的内容，退订的方式应该出现在发送给客户的每一封电子邮件中。纯文本格式的邮件通常使用文字说明退订方式，HTML 格式的邮件可以直接设计退订框，或提供退订的链接。

7. 邮件署名

邮件署名很容易被公司忽略，实际上，电子邮件签名是一个公司品牌形象的组成部分，对企业网络品牌具有一定的影响。正规公司在邮件签名（尤其是对外部联系时的邮件）都有统一的格式设计，这样不仅看起来比较规范，而且也体现了公司品牌形象，尤其是当多个人员或者多个部门都需要与用户发生通信联系时，这种效应更加明显。好的署名设计，可以逐步提升用户的注意力，从而提升邮件的吸引力。

（三）如何设计个性化电子邮件

个性化是建立良好客户关系，提高回馈率的有效手段。个性化的营销电子邮件可以使客户产生亲切感，加快建立信任。要力争使营销电子邮件更富有个性化。

1. 问候语个性化

在问候语中加入客户的姓名甚至职位称呼，让客户觉得这份邮件就是针对他个人所发送的，让其产生一种被尊重的心理感觉，可以一下子拉近与客户的距离。目前在网络用语中流行的“亲”等用词也是一种不错的选择。

2. 内容个性化

针对客户的细分特征，设计有针对性的内容，使客户得到真正关心的内容。同时，也可以说明对客户需求的理解，以赢得客户的信任。

3. 邮件的署名应该是公司中一个真实的人

只签署部门名称或者头衔都会使邮件带上很重的官僚气息。

但是需要注意的是，在与客户的初期接触中，应当慎重使用个性化的元素。由于在此阶段，企业尚未与客户建立起基本的信任，过分亲热地个性化邮件反而可能会加强客户的戒备，起到相反的效果。

以下是一个较为成功的电子邮件设计要求。

（1）发件人：将公司名称作为发件人名称，使收件人一目了然地知道电子邮件来自此企业而非垃圾邮件。

（2）病毒营销：电子邮件内容中包含“转发给朋友”的链接，可以达到病毒营销的目的，扩展 E-mail 营销的到达范围。

（3）内容概要：在电子邮件靠上部的显著位置放置邮件内容的概要，及方便的内容链接，使收件人迅速把握邮件的主要内容。

（4）客户服务：提供详细的客户服务方式，方便客户与企业进行进一步的沟通。

（5）排版：邮件内容使用框架方式，结构清晰，简洁明了，便于阅读，同时也便于动态内容生成。

（6）标题行：标题的前半部分与以往邮件保持一致，方便收件人迅速识别，而后半部分则概括本次邮件内容，使收件人立即获得邮件价值的信息。

（7）邮件头部内容：在电子邮件头部提示客户将发件人地址加入地址簿，以保证邮件成功到达客户的邮箱。

（8）抽奖：在电子邮件中靠上的显著部位发布抽奖信息，吸引客户，并提供方便的链接。

（9）产品功能：基于以往的销售历史，向客户提供受欢迎产品的主要功能信息。

（10）行为倡导：在文本和图片格式的邮件内容中都包含回复机制，以保证在图片被阻止时也能正常阅读。

（11）邮件内容：邮件内容根据客户偏好及购买行为动态生成，以符合客户的兴趣。

（12）垃圾邮件投诉：在邮件内容底部包含退订及隐私条款的链接。

四、任务拓展

浏览目前提供电子邮件订阅功能的网站，如“FT 中文网”，针对其提供的某一栏目服务内容，设计一期电子邮件订阅广告，要求以 HTML 网页的形式呈现内容。或者在任务二拓展项目的基础上，以“电子商务网站推广”为主题设计一期电子杂志，并通过邮件列表发给大家。

任务四　邮件发送和效果监控与评估

一、任务导入

完成了 E-mail 内容页面的设计与制作，接下去就是向目标受众发送电子邮件并进行邮件的效果监控和评估，为企业网站推广和产品销售提供依据。本任务要求采用第三方邮件群发系统，如网易邮箱（在企业实际项目运营中，也可以采用自行开发的邮件群发系统或者收费的邮箱服务，以便于更好地监控和评估邮件营销推广的效果），对不同的受众群体进行邮件发送。同时跟踪用户的行为，统计邮件送达率、点击率等数据，并进行数据优化。

任务实施以项目小组的形式进行，涉及电子邮件的发送过程，各项数据的监控、统计和E-mail营销推广效果的评价与建议等。

二、任务实施

1. 选择与评估E-mail发送系统

不同的E-mail发送系统在功能上有着一定的差异，了解目前国内主流的邮箱服务商及一些专业的邮件群发系统在邮件群发方面的功能特点，并选择一款合适的邮件发送系统。

在一般情况下，使用第三方邮箱服务商，如网易邮箱，在发送大量邮件的情况下，会存在被屏蔽动态IP所发的信件，影响使用效果。

2. 实施邮件群发

邮件群发一般要求以下几个步骤。

（1）导入邮件地址。一般情况下，首先在邮箱系统中新建一个“联系组”并合理命名，将先前准备好的邮件列表导入，然后添加到新建邮件的“收件人”一栏。以网易邮箱为例，新建联系组，如图5-2所示。

图5-2 新建联系组

联系组建成后，在发送邮件时，只要选择该组成员，即可进行邮件群发。

（2）设定邮件主题。

在进行E-mail营销推广时，邮件主题是一个非常重要的要素。邮件主题设置得当与否将直接影响到用户是否打开邮件还是视为垃圾邮件。在设置邮件主题时一般要求考虑以下几点：

第一，主题要明确邮件发送意图。邮件主题作为第一眼展示在用户面前的信息，必须将对用户有价值的信息的关键词展示出来，让用户明白邮件的核心内容，否则很容易被用户视为垃圾邮件。

第二，主题要加尊称，表示对用户的尊敬，以体现邮件的友好性。

第三，主题中不能加营销性质的词汇，以避免客户反感。

（3）置入邮件内容。

一般情况下，在邮件群发系统中，点击邮件文本编辑器中的“源代码”按钮，将制作好的邮件页面源代码粘贴于内容区，再次单击“源代码”按钮将显示制作好的HTML页面内容。

（4）发送邮件。

检查收件人地址、邮件主题是否填写正确，邮件页面显示是否正常，确认准确无误，单击“发送”按钮，发送邮件，完成邮件发送的全过程。

3. 邮件送达情况统计

邮件送达情况统计主要体现在邮件送达率和失败率的统计数据。在邮件群发系统中，通过查看邮件群发系统发送日志可看到邮件发送的具体情况。若系统提示发送信息为OK，则表示邮件发送成功，若系统提示发送信息为ERROR，则表示邮件发送失败。同时系统将发送成功和失败的邮件地址和总数量做出统计。通过分析这些数据，将结果形成邮件送达情况统计表，如表5-8所示。

表5-8 邮件送达情况统计表

发送邮件总量	邮件发送次数	送达率	失败率

在统计完邮件送达情况后，应对发送失败的邮件做Excel统计表格并进行分析，找出发送失败的原因，避免下次出现同样错误，从而可提高日后群发邮件的送达率。统计数据可供本次邮件营销推广的效果分析及日后再次实施邮件营销推广的参考。

4. 用户反馈信息统计

用户反馈信息的统计主要包括用户对信息的接收和回应两个方面。用户对信息的接收主要从邮件的查看率和阅读率进行统计。因此在邮件发送完毕后，查看并统计出用户对邮件的查看率、阅读率，哪些用户点击查看了邮件，并阅读了相关页面。用户回应情况主要表现为用户对邮件的主动回复、相关产品或服务的销量情况、网站相关页面流量的增加等。通过分析这些数据，将结果形成用户反馈信息统计表，如表5-9所示。

表5-9 用户反馈信息统计表

<table>
<tr><td rowspan="2">用户信息接受</td><td colspan="2">发送邮件总量</td><td colspan="2">邮件查看率</td><td colspan="2">邮件阅读率</td></tr>
<tr><td colspan="2"></td><td colspan="2"></td><td colspan="2"></td></tr>
<tr><td rowspan="3">用户回应评价</td><td colspan="2">邮件回复</td><td colspan="2">相关产品或服务销量</td><td colspan="2">网站相关页面流量</td></tr>
<tr><td>回复量</td><td>回复率</td><td>前</td><td>后</td><td>前</td><td>后</td></tr>
<tr><td></td><td></td><td></td><td></td><td></td><td></td></tr>
</table>

在E-mail营销推广的过程中，当客户回复了邮件，咨询相关问题时，还应认真及时地回复客户的邮件，提高客户的满意度，最大可能提高E-mail营销推广的效果。

三、任务分析

（一）E-mail发送时间和频率

何时发送营销电子邮件以及以什么频率向客户发送邮件，也会直接影响到E-mail营销的效果。专业E-mail营销服务提供商Return Path曾对电子邮件到达率和发送时间的关系进行了调查研究，研究数据表明，一天中上午 6:00～10:00 发送的电子邮件的到达率最高，比平均到达率高出 2%，而 10:00～14:00 是一天中电子邮件到达率最低的，低于平均到达率 3.1%。在一周中，周一的电子邮件到达率最高，周六的到达率则是最低的。按照时间段和周中天数的组合，可以列出以下 10 个电子邮件到达率最高的时间和天数组合。基于以上的统计数据，企业应当尽量在工作日发送营销电子邮件而非周末。如果一定需要在周末发送，较好的时间是 6:00～10:00 以及 22:00～2:00。尽量在周一发送营销电子邮件，其次的选择依次是周二、周四和周三。而对于电子邮件的打开率和点击率来说，一周中周五的打开率是最高的，其次是周四和周三，而点击率则是周日最高，其次是周五和周一。这些统计数据同样支持应当在工作日而非周末发送营销电子邮件，以保证较高的打开率和点击率。

频率选择也是 E-mail 营销策略的一个重要方面，企业需要决定发送同样的信息给同一个客户的次数和频率。发送次数太少，客户可能无法留下任何印象，发送次数太多则会使传播的边际收益下降，甚至还可能激怒收件人，使他们退订企业的电子邮件或者干脆将企业加入黑名单。最佳的发送频率取决于信件的内容以及企业与客户现有的关系，交易导向的电子邮件的发送周期一般需要和产品的更新周期相结合，品牌推广导向的电子邮件则可以稍微频繁一些。

（二）E-mail 营销推广考核指标体系

网络营销活动成功与否的主要标志之一是网络营销效果。没有明确的市场定位，发送错误的消息给受众或者由于其他原因造成的没有将信息传送到真正的消费者，这些都是失败的网络营销活动。

网络营销考核的一个作用就是了解网络营销手段对目标市场产生了什么影响，从而有助于调整或优化营销战略，并在以后的营销活动中取得较好成效。用什么作为标准来衡量网络营销成功是至关重要的。如果仅用点击率来评价广告效果往往是不恰当的，较好的方法是关注网络营销活动带给人们的思考和感觉。

像传统的直邮信函一直用回应率来评价营销效果一样，目前，许多企业对 E-mail 营销仍然只注重每封邮件所产生的“点击”（或销售额）。但是，这样是非常片面的。因为，除了产生直接反应之外，利用 E-mail 还可以有其他方面的作用。例如，E-mail 关系营销有助于与顾客保持联系，并影响其对企业的产品或服务的印象。

如果你想与顾客建立关系（可能会增加网下销售），那么最好就不要用回应率作为评价网络营销方案成功与否的标准。这是因为，顾客没有点击 E-mail 并不意味着不会增加将来购买的可能性或者增加品牌忠诚度。因此对 E-mail 营销效果进行研究是一个非常复杂的问题，即便在全球范围而言也是一个研究中的问题。

那么应该怎么样对 E-mail 营销进行考评呢？最底线，应该对所有的营销活动的开信率、点击率、退信率进行考核。此外，除了这些标准的指标体系之外，还应该根据企业各自战略和目标的不同，对其进行其他不同指标体系的考察，如：电子商务公司、出版商、企业内部发行新闻就应该根据各自不同的目标对相应指标进行考核。

取决于 E-mail 营销目标的不同，考核指标体系可包括以下指标内容。

（1）获取和保持用户资源阶段的评价指标：有效用户总数、用户增长率、用户退出率等，获得这些指标，需要对每次发送邮件列表进行统计，获得有关数据。

（2）邮件信息传递评价指标：在 E-mail 营销过程中，用来描述信息传递的指标有“送达率”和“退信率”，在每次邮件发送后，对发送的情况进行分析、跟踪，对退信的情况需要技术的处理，以保证信息能发送给客户。

（3）用户对信息接收过程的指标：在信息通过 E-mail 发送给顾客后，用户对信息的接受过程可以用开信率、阅读率、删除率等指标来描述。

（4）用户回应评价指标：E-mail 营销的最终结果将通过用户的表现反映出来，用户的回应指标主要有直接收益、点击率、转化率、转信率等指标。

（三）E-mail 营销推广考核指标体系应用需注意的问题

1. 考核数据来源的完整性

对于营销电子邮件沟通的效果而言，由于网络营销本身的目标不同，因此用户所表现出来的效果也是千变万化的。就网上商店的营销电子邮件的效果而言，无论是在美国还是中国，用户对这些营销电子邮件的反应是不一样的，有的读完邮件后就直接在网上进行购买，有些事后进行网上购买，有些进行网下购买，有的则从不理会这种方式，而且在不同的国家，不同的社会文化背景下，不同的行为响应方式的百分比又各不相同，不同的营销电子邮件的响应方式各不相同。因此，我们从设计 E-mail 营销信息系统一开始或设计 E-mail 营销活动一开始就应充分地考虑从企业的各种不同渠道全面收集反馈信息的接口能力及可操作性。只有这样，才能真正地对 E-mail 营销活动进行全面、深入的评价及考核。

2. 确立主要指标

对于不同的行业或是不同的企业而言，E-mail 营销的目标及与之相匹配的重要的指标是各不相同的：对于一个零售商而言，最重要的指标可能是转化率、订单数/发邮件数，每个订单平均大小；而对于一个新闻媒体而言，他关心的则可能是纯订阅增长率、转发率、开信率等；对于公司所发送的公司新闻，其关心的则可能是对某些特定话题/链接及事后转化为对特定信息或 DEMO 系统的需求。因此，关键指标需要根据营销活动的具体目标和性质来确定，而不仅仅是关心开信率和阅读率。

3. 考核指标的稳定性

通常，指标会在一定范围内波动，如 42%～45%的开信率。如果开信率出现较大的波动，那么可能是有某些方面的问题或是变化：如发信栏（From:）或主题栏（Subject:）让收信人感到困惑？大范围的阅读率变化将紧随着对相应的文章主题、产品、价格或内容的大变化、大调整而出现。同时其变化的相关系数将显示用户对于该变化的响应程度。

4. 关注最高值和最低值

找出 E-mail 营销每一个指标的最高值和最低值，并与平均值进行比较。一个超出常规的转化率也许意味着促销邮件在某些方面已切中要害：时间、主题内容、设计、优惠/价格、产品相关性、Web 网站的内容等。

5. 保持指标体系的一致性

如果 E-mail 营销活动中的指标体系反差特别大：有些指标特别好，而有些指标特别差，应该怎么办呢？例如，也许开信率很低，但点击/开信比却很高。这也许是因为主题栏信息太弱，有发信问题或发信人改变了发信人（From:）的地址，但是信件的内容却有非常高的相关度（如：内容、特殊折扣等）。如果你发现这种问题的发生，那么就应关注于找出问题并将之改正，且持续不断地优化它，使之进行良性循环。

6. 借用外部的指标体系的比较

如果企业进行过多次新闻邮件发送或 E-mail 营销活动，那么应将它们的数据进行比较，这样就可以找到关键指标的标杆。此外，也可以将设定指标与业界的平均水平进行比较。

但要注意，与业界的指标进行比较时，不要把它们当作一个精确的标杆，它们只是一个带有普遍意义的指导。如：eMarketer 的指标（http://www.emarketer.com/）。DoubleClick 的指标（http://www.google.com/doubleclick/）。

7. 对比研究

如果想与顾客建立关系（可能会增加网下销售），那么最好不要用回应率作为评价营销方案成功与否的标准。道理很简单，顾客没有点击 E-mail 并不意味着不会增加将来购买的可能性或者不会增加品牌的忠诚度。

如果认可这种对 E-mail 营销效果评价方式，成熟的方法为“有无对比法”：即将那些收到 E-mail 的顾客的态度和没有收到 E-mail 的顾客做对比。这是评价 E-mail 营销对顾客产生影响的典型的经验判断法。也可以利用这种基本方法比较不同类型 E-mail 对顾客所产生的效果。

例如：在所设计的营销方案中，为研究对顾客购买动机可能产生的影响，设计三种不同表达方式的 E-mail 新闻邮件，对事先并不知道测试目的的一组测试者进行比较。

总之，进行这类研究，对关系营销非常有效，如果把 E-mail 营销和其他方式对比，会发现 E-mail 营销是所有目标市场营销手段中最节约成本的方式。

在传统营销方式中，这种测试方式由于代价昂贵，一般无法进行。但是利用互联网技术，可以用很少的花费完成研究。而且，好的研究并不浪费金钱，不进行研究才更加浪费。

8. 对内容/创造性进行回顾

在进行完上述所有的指标评定及分析之后，还应对所进行的邮件营销的以下内容做出仔细分析。

（1）主题栏：长度、语气、方式、是否包含公司或出版商名称。

（2）层次/格式/长度：你是否改变过格式？是否在很长一段时间进行过不同格式的对比？

（3）内容形式：发送的新闻邮件是否比其他企业发送得更加人性化？邮件的形式是否充满幽默还是只描述事实？

（4）细分/个性化：所发送的一些特定邮件是否比其他企业发送得更加细分，更加个性化？效果是否显著不同？

（四）E-mail 营销的有效性分析

目前，E-mail 营销效果的评价体系还不是很完善，有些指标的获取还是很困难。对于采取内部列表和外部列表的营销效果评价方式通常有所不同。对于内部列表，由于是长期的、连续的活动，E-mail 营销的有效性并不是通过一两次的活动可以准确评估的，通常采取定性的分析方法。

1. 外部列表 E-mail 营销的有效性主要体现在以下几个方面。

（1）邮件可以送达尽可能多的目标用户电子邮箱。

（2）反应率指标不低于行业平均水平。

（3）获得的直接收益大于投入的费用，或者达到期望的目标。

同时，外部列表邮件营销还可以获取其他的效果，如：网站访问量的变化、对产品或专业服务的附带宣传效果。

2. 内部列表 E-mail 营销的有效性主要体现在以下几个方面。

（1）稳定的后台技术保证。

（2）获得尽可能多的用户加入列表。

（3）保持 E-mail 营销资源稳步增加。

（4）信息送达率高，尽可能减少退信。

（5）邮件内容获得用户认可，有较高的阅读率。

（6）邮件格式获得用户认可。

（7）获得用户信任并产生高的回应率。

（8）用户资源对企业有长期营销价值。

（9）在多方面发挥作用，综合应用效果好。

在实际中，由于企业资源、行业特征、企业经营情况等因素的差异，有可能有部分企业E-mail的营销效果没有达到预期，并在开展了一段时间内没有改变，各种监测指标无法令人满意，而且在短时间内情况无法改变，这说明该次 E-mail 营销是不成功的，可以根据实际的情况进行分析总结，对E-mail营销进行改造。

（五）E-mail 营销的“A，I，D，A”

虽然 E-mail 营销天生具有网络营销的优势，具有众多的优点，但许可 E-mail 营销依旧要靠广告及促销手法接触消费者，使之产生兴趣。其营销方式，仍没有摆脱消费者行为的“A，I，D，A”模式。“A，I，D，A”就是消费者的行为模式：从消费者认知，到产生购买行为的过程。

（1）A，即 Awareness（认知）：广告、促销、公关、活动是否能引起消费者认知？如何引起消费者认知？

（2）I，即 Interest（兴趣）：当消费者认知到产品信息后，是不是产生兴趣，及如何让消费者产生兴趣是相当重要的问题。如何让消费者产生兴趣，与产品和消费者本身密切相关。产品是否具有独特销售主张，能否引起消费者兴趣？消费者本身是否关心与重视此产品？所以，营销人员要从产品和消费者两方面入手，以达到引起消费者兴趣的目的。

（3）D，即 Desire（欲望）：消费者看到广告很有兴趣，但不一定会产生欲望。所以在营销中，强化消费者购买欲望，使其产生“我想买这产品”的欲望是非常重要的一环。

（4）A，即 Action（行动）：营销的目的，即在促使消费者产生行动。因此加速消费者行动的广告，也常出现在日常生活中。如“前一百名加送价值100元礼券”的广告，就是在鼓励有需求的消费者，立刻采取行动的做法。

对E-mail营销而言，其本身包含了两个层次上的“A，I，D，A”过程：一个层次是营销电子邮件自身的“A，I，D，A”过程，即用户是否认知、感兴趣、产生欲望并采取行动打开营销电子邮件本身；另一个层次则是营销活动本身更宏观意义上的“A，I，D，A”。

当网络营销者利用广告、赠品及销售等活动建立与用户的第一次接触，并且获得许可之后，就可以使用电子邮件方式与其联络完成下一轮营销活动。这包括：事件/活动通知，促使消费者感兴趣，产生欲望进而展开行动，从而完成新一轮的“A，I，D，A”过程。E-mail营销的精髓是要提高企业的营销层次，进行一对一精确营销，使企业与消费者的关系更紧密，知道消费者更多的个人信息和行为信息，并且依此信息更加准确有效地促进消费者的欲望和购买行动。

获得许可仅仅是E-mail营销的第一步，当获得许可后，更重要的是结合消费的行为模式，让消费者有意愿购买和更方便购买。在与消费者接触的每一阶段，都应保留营销记录，进行分析，并进一步改进营销系统，如此才能更进一步发挥 E-mail 营销的功能，使营销活动不断精确，不断深化。

例如：Culwell&Son 高档服装商店公司将其营销重心由直接邮寄向电子邮件转化。当用户访问 Culwell&Son 网站并加入库威尔的电子俱乐部后，其电子邮件系统会自动在一小时内发送一份 25 美元的优惠券给他们；当有新品上市或打折时，库威尔也使用这项服务通知用户；在用户生日的时候向他们寄送一张价值 50 美元的礼品券。

“我们必须得有一些优惠手段。我也希望用户对我们拥有他们的电子邮件地址而感到高兴。”礼品券会将用户吸引到商店里，他们每进一次商店的平均消费是 264 美元。从开始使用电子邮件系统服务起的 6 个月时间，邮件列表订数比原有直邮用户数增长了 5 倍还多。

从上述案例中可以看到，采用电子邮件有效所产生的“A，I，D，A”过程是一个螺旋式上升和不断深化的过程，通过该过程的不断反馈和统计分析，营销者能不断深入、全面地了解客户的个人信息、行为模式，从而使后续的“A，I，D，A”过程引导更加精确和有效。

四、任务拓展

浏览目前提供电子邮件订阅功能的网站，如“FT 中文网”，了解电子邮件订阅功能在其网站推广和客户服务方面发挥的作用，对其效果进行简单的评价。

习　题

一、选择题

1．由创作者所创建，通过一定的发送平台发送到自愿订阅网站信息的用户的邮箱中的邮件是（　　）。

A．邮件列表　　B．电子邮件　　C．新闻组　　D．论坛

2．电子邮件推广的优势不包括（　　）。

A．一对一优势　　B．安全优势　　C．成本优势　　D．简洁、方便

3．1994 年 4 月 12 日，美国两位移民咨询签证律师把一封“绿卡抽奖”的广告发到他们可以发现的每个新闻组，并仅以 20 美元的代价吸引了 25000 个客户并赚取了 10 万美元，这就是（　　）。

A．邮件推广　　B．绿卡抽奖　　C．律师事件　　D．电子商务

4．许可 E-mail 营销所必须包含三个要素，其中不包括（　　）。

A．许可　　B．电子邮件　　C．邮件列表　　D．营销活动

5．采用企业自身所收集并维护的许可邮件列表进行的 E-mail 营销称为（　　）。

A．企业内部 E-mail 营销　　B．企业外部 E-mail 营销

C．内部邮件列表营销　　D．外部邮件列表营销

6．为了解决一组用户通过电子邮件互相通信的要求而发展起来的，是一种通过电子邮件进行专题信息交流的网络服务的是（　　）。

A．BBS　　B．论坛　　C．电子邮件　　D．邮件列表

7．能够实现“多对多”通信的电子邮件服务是（　　）。

A．非许可 E-mail　　B．电子邮件　　C．许可 E-mail　　D．邮件列表

8．简单而言，E-mail 营销中判断邮件是否为垃圾的唯一标准是（　　）。

A．内容是否有价值　　B．发信人是否可信

C．邮件设计是否美观　　D．邮件主题是否吸引人

9．电子邮件内容需要设计成一定的格式进行发行，常用的电子邮件格式不包括（　　）。

A．纯文本格式　　B．HTML 格式

C．富媒体格式　　D．视频格式

10．以下什么是正规营销电子邮件必不可少的内容，应该出现在发送给客户的每一封电子邮件中？（　　）。

A．产品目录　　B．产品价格

C．邮件有效期　　D．退订选项

二、填空题

1．按照营销推广邮件在发送前是否征询并获得过用户的许可来进行分类可把 E-mail 营销分为许可 E-mail 营销及________。

2．通常人们把利用________列表开展 E-mail 营销的方式称为“邮件列表营销”，而________列表方式的 E-mail 营销则称之为“E-mail 营销”。

3．按照邮件列表的用途不同可以分为两种基本形式：公告型（邮件列表）和________。

4．电子邮件内容中包含“转发给朋友”的链接，可以达到________营销的目的，扩展 E-mail 营销的到达范围。

5．________是 E-mail 营销策略的一个重要方面，企业需要决定发送同样的信息给同一个客户的次数和频率。

6．“A，I，D，A”是________模式，虽然 E-mail 营销天生具有网络营销的优势，具有众多的优点，但没有摆脱“A，I，D，A”模式。

7．获得足够多的用户________资源，是 E-mail 营销发挥作用的必要条件。

8．在 E-mail 营销过程中，用来描述信息传递的指标有________和“退信率”，在每次邮件发送后，对发送的情况进行分析、跟踪，对退信的情况需要技术地处理，以保证信息能发送给客户。

9．获取和保持用户资源阶段的评价指标主要包括有效用户总数、________、用户退出率等。

10．在信息通过 E-mail 发送给顾客后，用户对信息的接受过程可以用________、阅读率、删除率等指标来描述。

三、操作题

通过电子邮件服务商提供的邮件列表服务，创建一个主题为“网站运营与推广”的邮件列表，并邀请同学、朋友加入该邮件列表，然后向同学、朋友发送与“电子商务网站运营与推广”相关的邮件。

项目六

电子商务网站推广之微信营销推广

本项目的工作任务是以为中小企业网站推广为目的，进行微信营销推广工作。要求以某一中小企业网站为对象，构建微信公众平台和微博，撰写图文信息推广企业网站，力图获得话语权的力量及由此产生的影响力。任务实施包括进行微信、微博推广策划，建立微信公众平台、微博，发表图文信息，管理微信公众平台、微博和推广自己的公众平台、微博等一系列工作。在项目实施过程中，突出图文信息的撰写及公众平台、微博的长期运营管理与维护，以起到推广企业网站、促进产品销售和提升企业品牌的作用。

能力目标

- 能够熟练地设置和管理微信公众平台、微博；
- 能够撰写具有一定价值的图文信息；
- 能够通过各种方式推广微信公众平台、微博；
- 能够融合微信个人账号和微信公众平台共同开展网站推广工作。

知识目标

- 了解微信公众平台和微博的定义、特点；
- 熟悉微信个人账号、公众平台、微博的各项功能；
- 了解微信公众平台、微博在电子商务网站推广中的作用。

任务一　微信营销

一、任务导入

微信作为腾讯除 QQ 之外的又一重要产品，是腾讯布局移动端，实施走出去战略的重要组成部分。目前，微信月平均活跃账户数为 10.8 亿，覆盖国内 90%以上的智能手机用户，占据网民 35%的上网时长，并已成为亚洲地区用户规模最大的移动端即时通信工具，其商业价值不可估量。如何利用微信这一社交媒体，获得更大的网站知名度和美誉度，树立企业品牌形象，形成良好的口碑效应，甚至影响和引导大多数网民的思维及舆论，成了微信营销所需要研究的课题。

本任务要求以项目小组的形式，针对中小企业网站推广这一实际背景，进行微信营销推广工作。具体涉及微信营销的策划、注册微信账号和公众平台、编辑图文信息并发布、微信传播运作、效果监控等一系列有序的工作。在实施过程中突出原创微信图文信息的创意与编辑（即软文写作）、粉丝互动方式的设计等，以起到有效的推广效果。

二、任务实施

1. 微信营销策划

要实施微信营销，首先要做好微信营销策划工作，明确微信营销的实施目的及欲达到的目标、受众群体及其特征、微信个人账号和公众平台的定位和微信营销的实施计划等，制订出详细全面的策划书。微信公众平台的定位与设置、微信公众平台内容的编辑、如何有效地与粉丝开展互动是微信营销中最重要的几个环节。其中公众平台的定位是最基础的，它表明了你将要开设的是一个关于什么方面的信息发布和互动平台，适合哪些受众。微信公众平台的定位可以根据微信营销的目的来确定，一般情况下，微信公众平台主题明确及信息的专业性是其定位的重要标准。

具体而言，在微信营销策划阶段，主要完成以下几方面的工作。

（1）根据微信营销对象进行微信营销分析，确定微信营销的目的、目标和目标受众群体。

（2）根据微信营销目标以及受众群体的利益关注点，在微信号定位、微信内容设计、微信互动方式、实施过程等方面进行详细的策划。

（3）制订实施计划书，明确实施进度、工作内容与人员分工等内容。

具体操作过程和内容如表 6-1 所示。

表 6-1　微信营销策划

<table>
<tr><td>实施目的</td><td></td><td colspan="2">实施目标</td><td></td></tr>
<tr><td rowspan="4">目标受众群体</td><td>目标受众类型</td><td colspan="3">目标受众特征</td></tr>
<tr><td></td><td colspan="3"></td></tr>
<tr><td></td><td colspan="3"></td></tr>
<tr><td></td><td colspan="3"></td></tr>
<tr><td>微信号定位</td><td colspan="4"></td></tr>
<tr><td>微信内容设计</td><td colspan="4"></td></tr>
<tr><td colspan="5">微信营销实施计划</td></tr>
<tr><td>时间阶段</td><td>主要任务</td><td>任务描述</td><td colspan="2">备注</td></tr>
<tr><td></td><td></td><td></td><td colspan="2"></td></tr>
<tr><td></td><td></td><td></td><td colspan="2"></td></tr>
<tr><td></td><td></td><td></td><td colspan="2"></td></tr>
<tr><td></td><td></td><td></td><td colspan="2"></td></tr>
</table>

2. 注册微信账号和公众平台

通过登录微信官方网站 http://weixin.qq.com/或通过 App 应用商店下载微信客户端到手机，然后通过手机号码就可以注册微信账号，如图 6-1 所示。

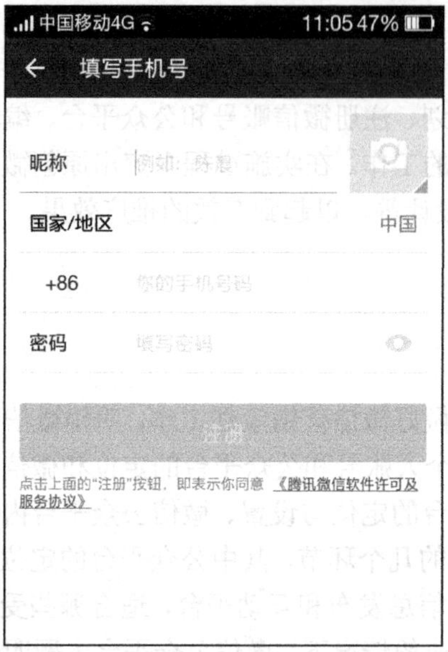

图 6-1　手机注册微信账号

通过登录微信公众平台官方网站 https://mp.weixin.qq.com/，单击“立即注册”按钮，就可以注册微信公众平台账号，如图 6-2 所示。

图 6-2　注册微信公众平台订阅号

微信公众平台账号有三类，一类是服务号，一类是企业号，还有一类是订阅号，三者的区别如表 6-2 所示。企业可以根据自己的实际情况和网站推广的目的选择合适的公众号类型进行注册。

表 6-2　微信公众号种类与功能区别

账号类型	订阅号		服务号		企业号	
业务介绍	为媒体和个人提供一种新的信息传播方式，构建与读者之间更好的沟通与管理模式		给企业和组织提供更强大的服务与用户管理能力，帮助企业实现全新的公众号服务平台		帮助企业和组织内部建立员工、上下游合作伙伴与企业 IT 系统间的连接	
适用人群	适用于个人和组织		不适用于个人		企业、政府、事业单位或其他组织	
功能权限	普通订阅号	微信认证订阅号	普通服务号	微信认证服务号	普通企业号	微信认证企业号
消息直接显示在好友对话列表中			√	√	√	√
消息显示在“订阅号”文件夹中	√	√				
每天可以群发 1 条消息	√	√				
每个月可以群发 4 条消息			√	√		
无限制群发						
保密消息禁止转发					√	√
关注时验证身份					√	√
基本的消息接收/回复接口	√	√	√	√	√	√
聊天界面底部、自定义菜单	√	√	√	√	√	√
定制应用					√	√
高级接口能力		部分支持		√		部分支持
微信支付——商户功能				√		

注册微信账号最重要的环节是进行微信账号的设置，特别是对于微信公众平台。微信公众平台的设置包括名称、微信号、头像、介绍等内容。

微信公众平台的名称和微信号如一个企业的名称和网站域名，有着非常重要的意义。因此在建立微信公众平台的时候要根据平台的定位，选择一个合适的公众平台名称和微信号。一般情况下，名称的选择应把握简单易记、个性鲜明、凸显主题、特立独行等特点，作为企业的对外窗口，还应考虑自己的企业品牌、核心产品等要素。

微信公众平台的头像犹如企业的商标、网站的 Logo，因此在设计时，除了符合公众平台的定位，还要符合 Logo 设计的相关原则，做到尺寸大小合适、颜色搭配协调、文字编排巧妙、设计风格与品牌呼应、简洁明了但力求创新等要求，让用户容易辨识与记忆。

微信公众平台的介绍主要在用户查找并添加微信公众号和查看微信公众号基本信息的时候呈现，因此其是决定用户是否关注微信公众平台的重要因素。介绍的设置应简明扼要地说明公众平台的定位、服务内容和适用对象等信息，特别是写在最前面的一两句话，应清楚说明公众平台是提供什么服务的（因为在用户搜索公众号的“搜索结果页面”，只呈现介绍的前 40 字左右，后面的内容将以省略号代替，并只有在用户点开该微信公众号才能查看具体的内容），以便用户快速了解公众平台是否对自身有价值。

为了更好地设置微信公众平台，可以通过个人微信账号添加好友功能，搜索相关知名企业微信公众平台账号，了解优秀的微信公众平台账号在名称、微信号、头像、介绍、功能菜单等方面的设置。如图 6-3 所示，是一个专注于互联网推广的微信公众平台——“品乐工作室”（微信号：pinlestudio）的相关设置信息。

图 6-3　微信公众平台基本信息设置

通过学习优秀公众平台的设置经验，结合自身定位，确定微信公众平台的名称等相关信息，将结果填入表 6-3 中。

表 6-3　微信公众平台名称和微信号的选择

名称		理由	
微信号		理由	
头像		理由	
介绍		理由	

完成了公众平台的基本设置之后，就是要对公众平台进行自动回复、自定义菜单等模块的设置。

微信公众平台的自动回复包括“被添加自动回复”“消息自动回复”“关键词自动回复”三类。“被添加自动回复”主要在用户关注你的公众号时呈现，主要目的是感谢用户的关注，以及介绍公众平台的定位、服务内容和适用对象等信息，形式可以是文字、语音、图片、视频等。因此，“被添加自动回复”的设置可以参考同类公众平台。

“消息自动回复”主要在用户向公众平台发送微信信息时呈现，主要目的是对用户的信息做出反馈，如告知用户与公众平台进行互动的方式等，形式可以是文字、语音、图片、视频等。需要注意的是，消息自动回复 1 个小时内需回复 1～2 条内容；暂不支持设置图文、网页地址消息回复；消息自动回复只能设置一条信息回复。

“关键词自动回复”通过对消息自动回复添加相关规则（规则名最多为 60 字），当订阅用户发送的消息内含有你设置的关键词（关键词不超过 30 字，可选择是否全匹配，如设置了全匹配，则必须关键字全部匹配才生效）时，即可把你设置在此规则名中回复的内容自动发送给订阅用户。

设置“关键词自动回复”，需要注意以下几点。

（1）文字中可以输入网页链接地址，但不支持设置超链接。

（2）关注用户发送消息命中，设置关键字回复规则后会有 5 秒钟的响应时间。

（3）规则名称自己设定，作为区分作用。

（4）关键字配置，作为粉丝发来命中的关键字。

（5）回复信息，作为命中关键字后自动回复的信息内容。

（6）勾选了“回复全部”选项，只要粉丝命中关键字，就会自动回复该规则内的所有回复，若未勾选，会随机回复。

（7）建议在一个规则里设置一个关键字，以便粉丝获得想要的答案。

“关键词自动回复”的规则主要包括以下几点。

（1）字数限制。

微信公众平台认证与非认证用户的关键字自动回复设置规则上限为 200 条规则（每条规则名，最多可设置 60 个汉字），每条规则内最多设置 10 条关键字（每条关键字，最多可设置 30 个汉字）、5 条回复（每条回复，最多可设置 300 个汉字）。

（2）规则设置。

可通过微信公众平台设置多个关键字，如订阅用户发送的信息中含有你设置的关键字，则系统会自己回复。

同一规则中可设置 5 条回复内容，如你设置了“回复全部”，粉丝发送信息中含有你设置的关键字，就将设置的多条回复全部发送，若未设置“回复全部”，则会随机回复。

（3）关键字设置。

每个规则里可设置 10 个关键字，若设置了相同的关键字，但回复内容不同，系统会随机回复。每个规则里可设置 5 条回复内容，若设置了多个回复内容（没有设置“回复全部”），系统会随机回复。若设置多条回复，进入编辑者模式，单击“关键词自动回复”→“添加规则”→“输入关键词匹配内容”后，再添加内容，然后选择“回复全部”选项即可。

微信公众平台可以在会话界面底部设置自定义菜单，菜单项可按需设定，并可为其设置响应动作。用户可以通过点击菜单项，收到你设定的响应，如收取消息、跳转链接。

微信公众平台自定义菜单设置方法为：进入微信公众平台→“功能”→“添加功能插件”→“自定义菜单”→“添加菜单”→单击“+”按钮添加子菜单→设置动作→发布。在设置自定义菜单时，最多只能创建 3 个一级菜单，一级菜单名称名字不多于 4 个汉字或 8 个字母。每个一级菜单下的子菜单最多可创建 5 个，子菜单名称不多于 8 个汉字或 16 个字母。在子菜单下可设置动作，如“发送信息”，可发送信息类型包括文字、图片、语音、视频和图文消息等（未认证订阅号暂时不支持文字类型）；“跳转到网页”，所有公众账号均可在自定义菜单中直接选择素材库中的图文消息作为跳转到网页的对象，认证订阅号和服务号还可直接输入网址。如图 6-4 所示为公众号“品乐工作室”的菜单设置。

3. *编辑图文信息并发布*

结合微信营销目的等前期策划，设计有创意的微信图文信息，并通过微信公众平台发布。微信图文信息的编辑与发布有两种途径，一是通过素材管理功能新建相关图文信息或语音、视频等并保存，待需要发布时通过群发功能从素材库中选择并发送，如图 6-5 所示。另一种是通过群发功能直接创建新的图文信息并实时发送，如图 6-6 所示。

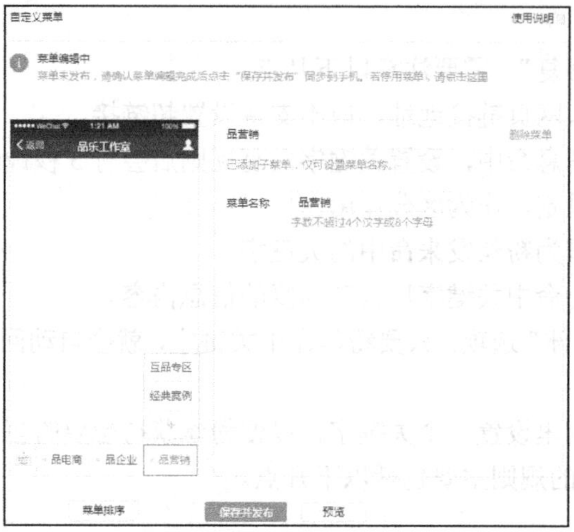

图 6-4　自定义菜单设置

图 6-5　通过素材管理创建图文信息

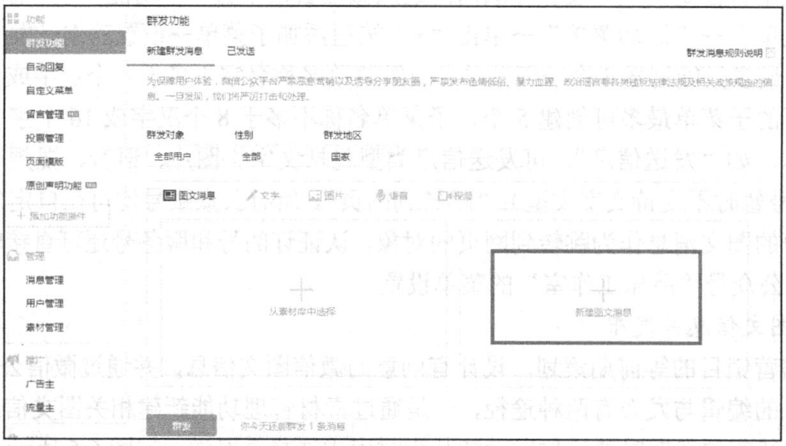

图 6-6　通过群发功能直接创建图文信息

为了取得更好的推广效果，图文信息的编辑、发布应把握以下原则。

（1）每次发送的图文信息文章数量控制在 2～4 篇。

公众平台每次发送的图文信息并不是越多越好，一般控制在 2～4 篇比较适宜。同时，在文章主题的选择方面，第一篇文章要求做到与公众平台定位相符，以突显公众平台的专业性；后面最好有一篇具有一定病毒性质的文章，以便于用户在看到之后能够产生分享的冲动，从而带来浏览量和关注。

（2）固定发布时间和频率。

为了减少对粉丝的干扰，以及培养粉丝的阅读习惯，公众平台图文信息发布应做到发布时间尽量固定，发布频率尽量固定。比如每天早上 8 点前发布，坚持每天发布或隔天发布等。

（3）标题要尽可能短且吸引人。

只要时机恰当，你展示的内容标题是当前用户订阅号里最新的内容，就会被展示在微信首页，可以看到标题内容，这无疑是一次很好的展示机会。而当用户进入订阅号栏目内开始挑选阅读的时候，订阅号发出的文章标题内容就显得格外重要了。因此，标题的设计应具有创意、突出主题，同时能够吸引用户的眼球。

（4）巧用封面图片。

调查显示，互联网上图片信息的点击率远高于文字信息，而拥有类似的优秀图片的点击率又远高于普通图片。因此在进行微信图文信息编辑时，在图片的选择上，特别是封面图片，一方面除了与主题相关，另一方面，做一些适当的修饰和优化是十分重要的。巧妙地将标题和封面有机地结合起来，可以大大提高图文信息的浏览量。

（5）文章标题下面的公众号名称可点击关注。

在每一篇图文标题下面有一个公众号名称展示的地方，虽然字体很小，却可以直接点击进入公众号资料页进行其他操作。应该很好地利用这个位置，引导用户点击添加关注。具体方法就是在正文内容的篇首和篇尾用适当的文字或图片引导。这个方法是让朋友圈里的陌生人关注公众号最简单的方法。

（6）善用“作者”栏引导读者关注。

微信 5.0 版本之后新增了一个作者栏目，只能做静态展示，且字数不能超过 8 个字。对于绝大多数缺少原创内容的人来说，作者不需要填写；致力于打造品牌的目的，填写作者似乎展示的效果也不大。但是如果配合该位置右边的公众号名称一起来用，就可以引导用户点击公众号名称进行添加关注了！

（7）文章摘要有创意并吸引人。

用户在很多情况下，第一眼看到微信图文信息的内容主要有三个：一是标题，二是封面图片，第三就是文章摘要。文章摘要便于用户在打开图文信息之前了解文章内容的梗概，以便其做出是否需要进一步打开文章阅读的决定。因此，文章摘要一定要有创意，要吸引人，要从摘要起就把文章的价值传递给用户，让其做出是否打开的决策。

（8）文章内容要有价值、原创。

用户关注一个公众平台，源于该公众平台可以给其带来一定有价值的信息，这些信息可以是对其专业学习、工作有帮助的，或者是可以陶冶情操、调节心情的等。因此，公众平台发布的图文信息一定要从用户的关注点出发，编辑发布有价值的信息。

同时，为了保护知识产权，现在主流网站和各类平台都提倡内容的原创性，微信公众平台也提倡公众号发布的信息的原创性，并为此开通了原创申请和原创声明等功能。

同时为了方便用户在手机端阅读，并乐于阅读，公众平台图文信息最好图文结合、篇幅适中，切忌纯文字的长篇大论（当然，学术性较高的公众平台例外）。

如图 6-7 所示为公众号“品乐工作室”发布的图文信息之一（缩减版）。

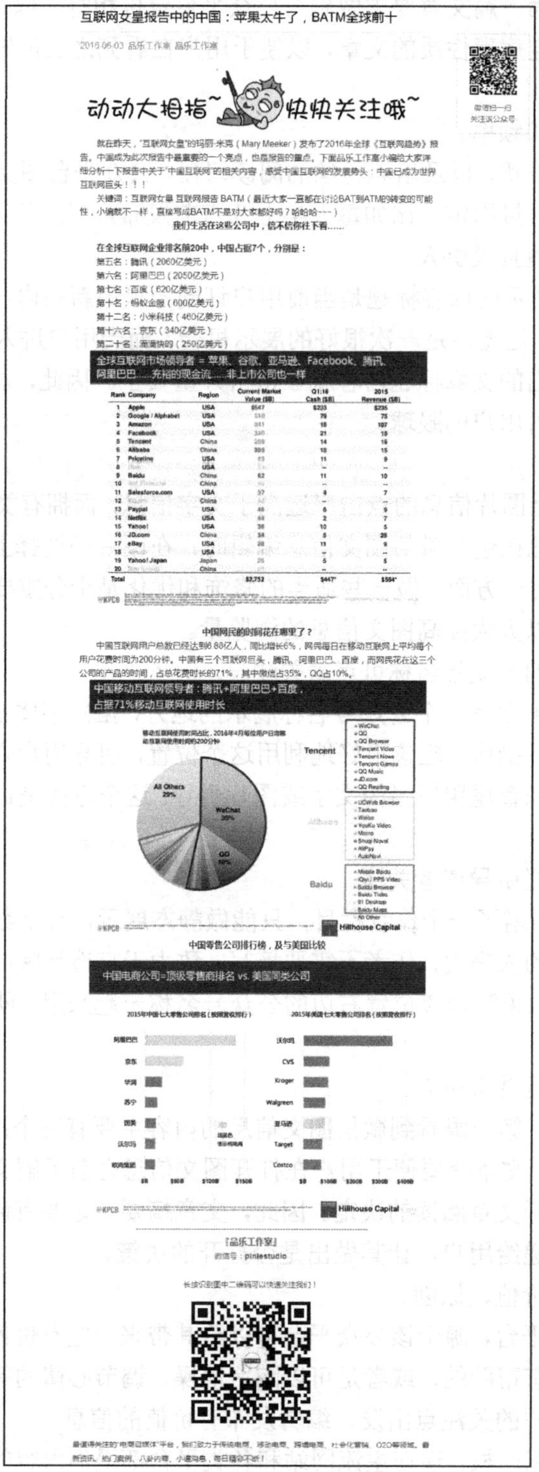

图 6-7　微信图文信息结合示例

4. 微信传播运作

构建了微信个人账号和微信公众平台，同时不断地发表微信图文信息，并不意味着微信营销效果就会水到渠成。在大数据时代，互联网信息量十分庞大，即使是十分有价值的信息，假如没有进行适当的宣传推广，也很难传递给目标受众。因此，在搭建起微信营销的平台之后，除了坚持每天发送优秀的图文信息，还要对这些有价值的信息进行适当的宣传推广，使它们以某种更有效的途径传递到目标受众，并使其关注公众平台，扩大公众平台的粉丝数量，从而真正发挥微信公众平台的营销价值。具体而言，微信传播运作可以从以下几方面着手。

（1）微信个人账号运作。

拥有大量粉丝的微信个人账号一方面可以直接进行企业营销活动，另一方面也可以给公众平台带来流量和粉丝。个人账号的运作主要包括增加粉丝、粉丝互动和图文信息分享等方面，具体可实施的内容包括以下几点。一是个人账号头像、昵称、个性签名等的设置，比如作为营销大号，网站 Logo、网站名称的设置可以增加网站的知名度；作为一个小号，采用美女头像可以快速地增加粉丝。二是利用位置信息和 LBS 功能分享个人信息。三是利用微信漂流瓶，在里面放入具体属性需求的、较有吸引力的文字或者语音，扔出瓶子，等待自己的瓶子被别人“捡走”，同理可以捡到别人的瓶子，捡到瓶子后即可选择回应添加好友或者扔回海里。漂流瓶的缺陷是时间成本太高。四是摇一摇增加粉丝。利用摇一摇功能可以与同时间使用摇一摇功能的网友进行互粉。摇一摇互粉的缺陷是粉丝需求不明确。五是通过 QQ 群等其他社交工具增加个人微信粉丝。通过加入不同 QQ 群，或者社交群，进而开展互粉。六是通过朋友圈分享公众平台图文信息，并与粉丝开展互动，给公众平台带去流量和粉丝。七是通过建立或加入微信群，与群友互动，增加粉丝，并推广公众平台图文信息。

（2）微信公众平台运作。

微信公众账号的运作主要包括三个方面。

一是内容运营。粉丝是否愿意关注公众平台、关注公众平台之后是否时刻浏览信息，以及关注后是否取消关注，最重要的是取决于微信公众平台的内容对其是否有价值。因此做好内容编辑，提供用户有价值的图文信息是公众平台运作首要的任务。

二是做好用户运营，利用公众平台自带功能增加平台与用户互动性，提高用户关注黏性。如通过消息自动回复可以实时提醒用户查看本期及往期内容，无论用户在账号中回复什么，已设定好的消息都将会发送给用户，引导用户使用账号及查看内容。通过消息自动回复功能可以有效提高平台与用户的黏性。当然，自动回复功能可能无法解决部分粉丝的疑问，因此，坚持每天通过消息功能查看粉丝提问并做出及时、准确的反馈十分重要。

对于开通微信图文信息评论功能的公众平台，还应及时与留言、评论的粉丝进行互动，甚至可以利用个人账号进行评论、留言，营造氛围。

三是做好平台自身的推广。通过分享二维码，利用其他社会化媒体营销工具，或者开展线上/线下互动活动，进行微信公众平台的推广，扩大粉丝数量。

5. 微信营销效果监控

做好微信营销过程的监控，能够根据阶段性营销效果做出及时的改进，从而获得更加显著的营销效果。

微信营销效果的监控主要包括以下几个方面。

（1）粉丝互动言论的跟踪。

在微信营销过程中，实时关注粉丝评论、留言，及时做出反馈，有利于解决粉丝的疑虑，提高粉丝活跃度，增加粉丝黏性。特别是在事件营销等过程中，跟踪、导向用户言论意义重大。

（2）关注微信账号的粉丝数量等数据。

微信营销的直接效果是微信账号粉丝数量和影响力的增加，包括微信公众平台的粉丝数量和文章浏览量；个人账号微信群的数量、人数和活跃度；个人账号朋友圈的活跃度和影响力等。

（3）关注微信营销对象的数据变化。

作为网站推广的一种手段，微信营销最终的目的还是要实现网站推广的相关目标，包括带动网站流量的增加，提高网站知名度，扩大产品销量等。

基于微信营销的实施，从微信账号和网站数量两个角度分析统计网站推广效果，将结果填入表 6-4。

表 6-4　微信营销效果分析

微信账号数据	公众平台	粉丝量、文章平均浏览量等
	个人账号	朋友圈、微信群、粉丝等数据
目标网站数据	网站基础数据	PV、IP 等
	销量促进数据	销售量提升情况

三、任务分析

（一）微信的简介

微信，是腾讯旗下推出的一款语音产品，是当前应用最为广泛的手机通信软件，其支持发送语音短信、视频、图片和文字，具有群聊的功能。但作为一种更快速的即时通信工具，微信还具有零资费、跨平台沟通、显示实时输入状态等功能，与传统的短信沟通方式相比，其具有灵活、智能且节省资费的特点。并且微信在 iPhone、Android、Symbian、Windows Phone、BlackBerry 等手机平台上都可以使用，并提供有多种语言界面。微信已不单单只是一个充满创新功能的手机应用，而今，它显然已经成为中国电子革命的代表，覆盖了 90%以上的智能手机，并被称为人们生活中不可或缺的日常使用工具。微信已成为亚洲地区具有最大用户群体的移动即时通信软件。

（二）微信的历史

微信由深圳信息技术公司腾讯控股有限公司（Tencent Holdings Ltd.）于 2010 年 10 月筹划启动，由腾讯广州研发中心产品团队打造。腾讯公司总裁马化腾在产品策划的邮件中确定了这款产品的名称叫作“微信”。2011 年 1 月 21 日，腾讯正式推出即时通信应用微信，其以支持通过手机网络发送语音短信、视频、图片和文字，可以单聊及群聊，还能根据地理位置找到附近的人等一系列便捷新潮的功能，带给了用户全新的移动沟通体验。同时在腾讯 QQ 邮箱、各种户外广告和旗下产品的不断宣传和推广下，微信的用户也在逐渐增加。至 2011 年 5 月前，微信就已积累了四五百万用户，微信对讲功能的加入使得用户数量进一步增长。2011 年 8 月，微信添加了“查看附近的人”的陌生人交友功能，用户进而达到 1 500 万。到 2011 年底，微信用户已超过 5 000 万；2012 年 3 月，微信用户破亿。2012 年 4 月，腾讯公司开始做出将微信推向国际市场的尝试，为了微信的欧美化，将其 4.0 英文版更名为 Wechat，之后推出多种语言支持。2012 年 9 月 17 日，腾讯微信团队发布消息称，微信用户数突破 2 亿。2013 年 1 月 15 日深夜，腾讯微信团队在微博上宣布微信用户数突破 3 亿。2013 年 2 月因进行实名化，要求用户上传手持身份证照片引起部分网民反感。2013 年 8 月，微信 5.0 上线，其游戏中心内置经典游戏《飞机大战》。2014 年 9—10 月，iOS 版和安卓版微信 6.0 分别发布，增加了微信小视频（在聊天或朋友圈拍摄一段小视频，让朋友们看见你眼前的世界）、微信卡包（可以把优惠券、会员卡、机票、电影票等放到微信卡包里，方便使用，还可以赠送给朋友）、微信钱包手势密码等重要功能。

在 2015 年新年发布的 6.1 版本中，微信红包来了。春节的微信红包活动让微信支付开始与支付宝争夺移动支付的阵地。微信 6.0 和 7.0 之间相隔了 52 个月，也就是超过 4 年。在移动互联网斗转星移的这几年里，是值得关注的更新。2018 年 12 月 30 日，微信 7.0 for Android 正式版上线，继 9 天前已经推送的 iOS 版本，微信在 2018 年年底终于告别 4 年前的 6.0 版本，开始了新的进化。微信 7.0 用人的连接塑造内容和社交形态。

微信接管这大半个中国的社交，即使是极其微小的功能改动，都会被放大到千万级甚至亿级。这些功能会变成一种趋势、现象甚至生态，带着用户共同经历移动社交演变的各个阶段。

从 1.0 到 7.0，这个应用最核心的聊天功能依然在优化。而围绕这个核心功能，微信已经实现了从通信工具→社交平台→移动互联网枢纽→移动商业城池的进化。

（三）微信的受众

2019 年 1 月 9 日，腾讯公司发表了 2018 年年度微信数据报告。在报告中，微信数据显示，截止到 2018 年 9 月，每年的每个月都有 10.825 亿的用户为在线活跃用户，而其中 55 岁以上的用户就多达 6300 万位。此外，每日都会有 450 亿次的信息被发送，有 4.1 亿次的音频呼叫成功，而视频通话用户则比三年前多了 570%，通信录的朋友人均比三年前多了 110%；此外，每个月的微信零售消费的用户也比 2017 年增加了 1.5 倍。

从年龄来看，“00 后”爱晚睡早起，睡眠时间最短。晚上 22:00 点后开始活跃，夜猫人群集中；数据显示，“00 后”偏爱冷饮和甜品，每个月微信支付冷饮和甜品的“00 后”人数，相比 2017 年增长 230%。

“90 后”起床最晚，公共交通出行最频繁，每个月 25 次。阅读内容也从三年前爱看娱乐八卦，转向生活情感。

“80 后”无论早晚都热爱阅读，日间精力主要用来工作，阅读内容与三年前一致，始终关注国家大事。

“70 后”休闲时刻爱刷朋友圈，每天 23:30 左右睡去。

55 岁以上人群爱早睡早起，与太阳同步作息。日间线上娱乐丰富：刷圈、阅读、购物，晚餐后习惯与子女视频通话。三年前热爱阅读励志文化，三年后关注养生健康。

与此同时，越来越多的人使用微信过上了更智慧的生活。每个月使用微信搭公交、地铁的乘客，比 2017 年增加 4.7 倍。每个月使用微信高速出行的人数，比 2017 年增加 6.3 倍。每个月使用微信零售消费的买家比 2017 年增加 1.5 倍。每个月使用微信吃饭买单的食客比 2017 年增加 1.7 倍。每个月使用微信支付医疗费用的人数比 2017 年增加 2.9 倍。

（四）微信的优势

当一种社交媒体拥有大量的用户群体时，那么该社交媒体便具有了一定的营销价值。当这个用户群体规模不断扩大，则其营销价值将进一步提升。微信作为社交媒体，在功能上，不仅能够通过手机网络给好友发送语音、文字消息、表情、图片和视频，还可以分享照片到朋友圈；通过摇一摇、查看附近的人，就可以认识新的朋友；使用扫一扫，可以扫描二维码、条码、图书和街景；可以在游戏中心玩游戏，也可以使用微信支付；与公众号互动，还能够听明星唱歌、看新闻、设提醒等；支持 iPhone、Android、Symbian、Windows Phone、BlackBerry 等手机平台，并提供有多种语言界面。同时，目前微信又具有超过 7 亿的用户人群（微信官网首页显示的数据），因此微信的营销价值显而易见。借助微信平台开展网站推广、客户服务营销已成为继微博之后的又一新兴的渠道。

（五）微信的基本功能

随着微信版本的更新，其功能也越来越完善，越来越强大，后期也会随着使用情况不断更新功能。具体而言，微信功能包括基本功能和其他功能两方面。

1. 基本功能

（1）聊天。支持发送语音短信、视频、图片（包括表情）和文字，是一种聊天软件，支持多人群聊。目前微信还支持语音电话和视频电话两种聊天方式。

（2）添加好友。微信支持查找手机号、微信号、查看QQ好友添加好友、查看手机通讯录和分享微信号添加好友、二维码查找添加好友和漂流瓶接受好友等方式。

（3）实时对讲机功能。用户可以通过语音聊天室和一群人语音对讲，但与在群里发语音不同的是，这个聊天室的消息几乎是实时的，并且不会留下任何记录，在手机屏幕关闭的情况下也仍可进行实时聊天。

2. 其他功能

（1）朋友圈。用户可以通过朋友圈发表文字和图片，同时可通过其他软件将文章或者音乐分享到朋友圈。用户可以对好友新发的照片进行“评论”或“点赞”，用户只能看相同好友的评论或点赞。

（2）语音提醒。用户可以通过语音提醒功能，提醒打电话或是查看邮件等。

（3）通信录安全助手。开启后可上传手机通信录至服务器，也可将之前上传的通信录下载至手机。

（4）QQ邮箱提醒。开启后可接收来自QQ邮箱的邮件，收到邮件后可直接回复或转发。

（5）私信助手。开启后可接收来自QQ微博的私信，收到私信后可直接回复。

（6）漂流瓶。通过扔瓶子和捞瓶子来匿名交友。

（7）查看附近的人。微信将会根据用户的地理位置找到在用户附近同样开启本功能的人。

（8）语音记事本。可以进行语音速记，还支持视频、图片、文字记事。

（9）群发助手。通过群发助手把消息发给多个人。

（10）微博阅读。可以通过微信来浏览腾讯微博内容。

（11）流量查询。微信自身带有流量统计的功能，可以在设置里随时查看微信的流量动态。

（12）游戏中心。可以进入微信玩游戏（还可以和好友比高分），例如“飞机大战”。

（六）微信营销的诞生

微信营销是网络经济时代下，企业营销模式的一种创新，是伴随着微信的火热而兴起的一种网络营销方式。由于微信不存在距离的限制，用户在注册微信后，便可与周围同样注册的用户通过微信这个“媒介”形成一种联系。在微信上，用户可以自由选择订阅自己所需的信息，而商家就可以通过为用户提供所需要的信息来推广自己的产品，从而实现点对点的营销。

微信营销主要体现在以安卓系统、苹果系统的手机或者平板电脑中的移动客户端进行的区域定位营销，商家通过微信公众平台，展示商家微官网、微会员、微推送、微支付、微活动，使微信成为一种主流的线上/线下微信互动营销方式。

（七）微信营销的特点

1. 点对点精准营销

微信借助移动终端、天然的社交和位置定位等优势，现今已累积并拥有了庞大的用户群体，同时，为了做好微信营销，可以充分利用微信每个信息都是可以推送的特点，让每个用户个体都有机会接收到这条信息，继而帮助企业实现点对点的精准化营销。

2. 形式灵活多样

（1）漂流瓶：用户可以通过发布语音或者文字将漂流瓶投入大海中，如果其他用户“捞”到则可以展开对话，逐步实现营销的转化。如招商银行的“爱心漂流瓶”用户互动活动就是个典型案例。

（2）位置签名：企业可以利用“用户签名档”这个免费的广告位为自身做宣传，方便附近的微信用户查看企业的信息，从而起到宣传的目的。

（3）二维码：用户可以通过扫描识别二维码身份来添加朋友、关注企业账号。企业可以利用这一特点，设定自己品牌的二维码，用折扣和优惠来吸引用户关注，开拓 O2O 的营销模式。

（4）开放平台：通过微信开放平台，应用开发者可以接入第三方应用，还可以将应用的 Logo 放入微信附件栏中，使用户可以方便地在会话中调用第三方应用进行内容选择与分享。如，蘑菇街的用户可以将自己在蘑菇街中的内容分享到微信中，可以使一件蘑菇街的商品得到不断的传播，进而实现口碑营销。

（5）公众平台：在微信公众平台上，每个用户都可以通过一个 QQ 号码，打造一个属于自身的微信公众账号，并在微信平台上实现和特定群体的文字、图片、语音等全方位的沟通和互动。

3. 强关系的机遇

微信的点对点产品形态注定了其能够通过互动的形式将普通关系发展成强关系，从而产生更大的价值。通过互动的形式与用户建立联系，互动方式可以是聊天，可以是答疑解惑、可以是讲故事甚至可以是“卖萌”，通过这种“物尽其用”的方式使企业与消费者形成朋友的关系，创造出“友情式营销”。

（八）微信营销的技巧

（1）注册微信公众账号，获得微信官方认证。

（2）根据自己的定位，建立所需的知识库。例如，把某个定向领域的信息通过专业的知识管理整合起来，建成一个方便用户使用的知识检索库，同时将知识与最新的社会热点相结合，提供给目标客户，变成对目标客户的增值服务内容，从而提高目标客户的满意度。

（3）加强与用户的互动，例如每周感悟、竞猜游戏或是送小礼物等。

（4）积极吸收会员，并定制特权开展优惠活动。

（九）微信营销的模式分析

1. 品牌活动式

品牌模式就是利用微信的漂流瓶功能进行微信营销，漂流瓶有两个简单功能。一是“扔一个”，用户可以选择发布语音或者文字然后将漂流瓶投入大海中；二是“捡一个”，“捞”大海中无数个用户投放的漂流瓶，“捞”到后可以和对方展开对话但每天每个用户只有 20 次捞瓶子的机会。不但如此，微信官方还可以对漂流瓶的参数进行更改，这样就可以使得合作商家推广的活动在某一时间段内抛出的漂流瓶数量大增，这样的好处是使普通用户“捞”到的频率增加。与此同时，漂流瓶模式本身就可以发送不同的文字内容甚至语音小游戏等，可以让用户感觉更加真实。只要营销得当，就能产生不错的营销效果。

2. O2O 折扣式

O2O 折扣式利用的是微信的扫一扫功能，对现今来说，二维码发展在商业用途上越来越广泛，只要将二维码图案置于取景框内，就可以获得会员折扣、商家优惠或是一些新闻资讯，也因其便利性，微信日益受到商家的喜爱，故微信也就顺应潮流结合 O2O 展开商业活动。对于坐拥上亿用户且活跃度足够高的微信来说，以此来作为营销的基础，价值不言而喻。

3. 互动营销式

互动营销式是基于微信公众平台诞生的。对于大众化媒体、明星以及企业而言，微信开放平台+朋友圈的社交分享功能的开放，已经使得微信成为一种移动互联网上不可忽视的工具，也正因为这种需求，尤其是对企业商家来说，微信是一种不可忽视的营销渠道，那么微信公众平台的上线，则可以使这种营销渠道更加细化和直接。

（十）微信与微博的本质区别

1. 传播属性不同

微信是一对一的信息推送，推送到达率为100%。微博是广播式传播，虽然用户加了关注，但也未必能看到用户的详细资料。

2. 粉丝属性不同

微信是精准的人群覆盖，关注者是高黏性用户。微博的粉丝是基于兴趣的关注，黏性一般比较低。

3. 传播时间的同步性不同

微信具有实时提醒功能，因而它的传播具有同时性。微博是默认的时间排序，可通过智能排序、热门微博、搜索等功能实现差时传播。

4. 阅读信息的方式不同

微信用户关注一个账号就可接收来自它的信息（除非进行屏蔽设置），自主选择的空间小。微博的阅读近似于关注订阅，通过分组功能，自主选择是否阅读该信息。

（十一）微信营销的推广方法

常用的微信营销推广方法有以下两种。

1. 微信平台推广通道

中国有句俗话叫“近水楼台先得月”。对于微信营销来说，最重要的是要分清楚推广的方向，例如要做什么样的平台，要以什么方式进行推广才能有好效果等，故由此归纳在微信平台上可以推广的渠道主要有以下几类。

（1）草根大号直推。草根大号直推最大的优点在于高到达率、高打开率。一般情况下，其到达率为100%，打开率在50%以上，但是通过草根大号直接推送的成本比较高。

（2）微信导航站。微信导航站就是利用品牌号在微信上推广，要想做好微信营销这个渠道必不可少。其主要优点是软性推送，占住入口，准确抢占更多商机。同时要明确的一个道理是，微信互动营销方式还处在初级阶段，随着微信推出更多的功能，更多的营销方式也会随之出现，只要把握好先机，才能创造出好的未来。

2. 非微信平台推广账号渠道

（1）微博平台转化通道。微博平台转化通道可以说是最早的微信草根大号，其均由微博草根大号们发起，并在微博上不断推自己的微信，成功收获了第一批微信粉丝。在这个现有的大数量粉丝基础的帮助下，可以使其微信快速变为推广账号。但唯一缺点是其转化率很低，且成本相对要高，适合自有微博且粉丝群庞大的情况下使用。

（2）网站论坛转化通道。网站论坛转化通道主要采用者为网站媒体，其主要是充分发挥靠山吃山靠水吃水的原理。在已有网站用户群的基础上将其转化为微信粉丝，但这种情况主要适合自有媒体的用户，并且转化率不高。

（3）二维码线下转化通道。二维码线下转化通道是品牌商最乐于使用的方式。其主要优点在于高转化率，但也存在着粉丝增长缓慢、消耗老用户资源等问题。

四、任务拓展

对当地的企业进行调研，了解他们对于微信营销推广的需求。选择一家自己感兴趣的行业企业，对其提出微信营销推广的建议，为其开通微信公众平台，并负责其完整的运营实施。

任务二　微博营销

一、任务导入

“微博是地球的脉搏”，这是美国《时代》周刊对微博强大的信息传播功能的评价。李开复说：微博改变一切。从戴尔的微博销售柜台到微软的微博客服，微博为新商业注入了新的活力，让人们意识到微博营销时代的到来。那么，如何在企业网站推广和产品营销的过程中利用好微博这一工具呢？

本任务要求针对中小企业网站推广这一实际背景，进行微博推广工作。具体涉及微博营销的策划、建立微博、发布微博、微博自身的推广与管理等一系列有序的工作，其中突出原创博文的写作（即软文写作）和微博自身的推广与管理。

二、任务实施

1. 微博营销策划

要实施微博营销，首先要做好微博营销策划工作，明确微博营销的实施目的及欲达到的目标、受众群体及其特征、微博的定位和微博营销的实施计划等，制定出详细全面的策划书。与博客营销一样，微博营销策划过程中最重要的工作是做好微博的定位。在微博营销策划阶段，完成表 6-5 所示内容。

表 6-5　微博营销策划

<table>
<tr><td>实施目的</td><td></td><td>实施目标</td><td></td></tr>
<tr><td rowspan="4">目标受众群体</td><td>目标受众类型</td><td colspan="2">目标受众特征</td></tr>
<tr><td></td><td colspan="2"></td></tr>
<tr><td></td><td colspan="2"></td></tr>
<tr><td></td><td colspan="2"></td></tr>
<tr><td>微博定位</td><td colspan="3"></td></tr>
<tr><td colspan="4">微博营销实施计划</td></tr>
<tr><td>时间阶段</td><td>主要任务</td><td>任务描述</td><td>备注</td></tr>
<tr><td></td><td></td><td></td><td></td></tr>
<tr><td></td><td></td><td></td><td></td></tr>
<tr><td></td><td></td><td></td><td></td></tr>
<tr><td></td><td></td><td></td><td></td></tr>
</table>

2. 建立微博

微博开通的过程类似于博客，首先选择并登录微博平台，然后填写注册信息，完成邮件激活即可登录微博。以新浪微博（http://weibo.com/）为例，其注册页面如图 6-8 所示，包括电子邮箱注册和手机号码注册两种方式，可任选一种进行注册。

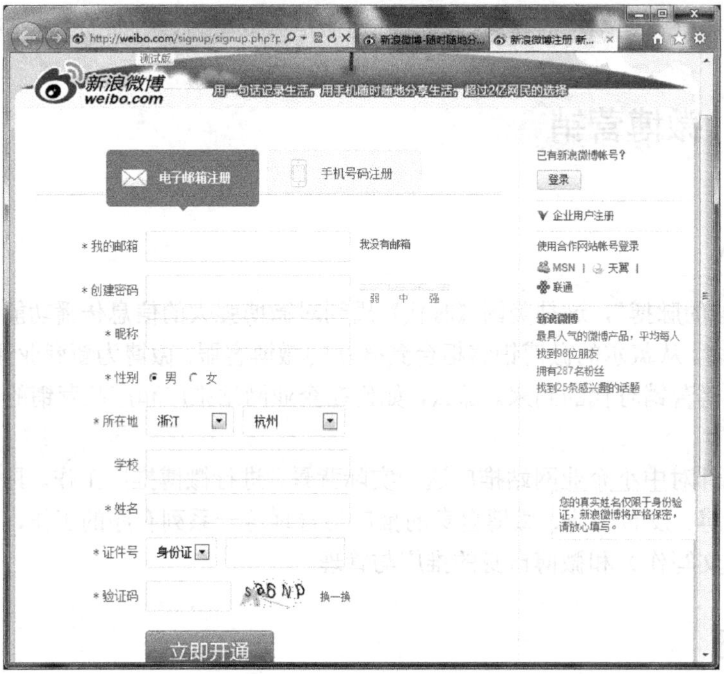

图 6-8　新浪微博注册页面

假如已经是新浪会员，则可以用已有的会员账号登录后开通新浪微博，如图 6-9 所示。

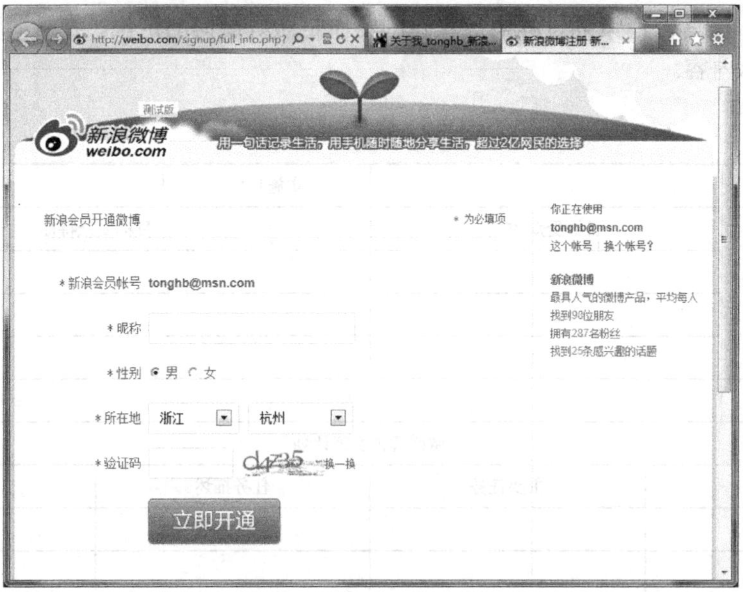

图 6-9　新浪会员开通微博页面

开通微博后，新浪微博将按不同的分类为用户推荐一些知名的微博，如图 6-10 所示。

图 6-10　新浪知名微博推荐

单击“下一步，找到朋友”按钮，可通过邮箱好友、公司、学校等途径查找已经在新浪开通微博的好友，如图 6-11 所示。

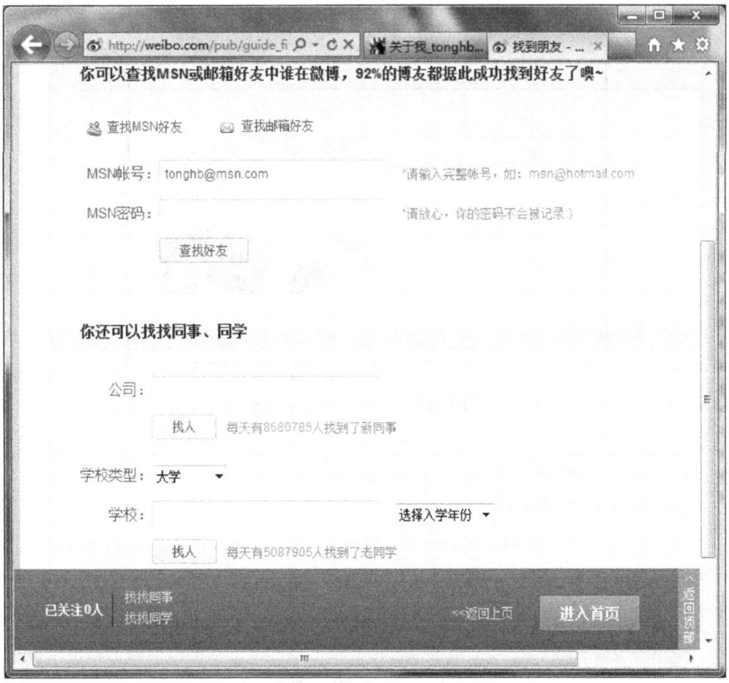

图 6-11　查找微博好友

最后单击“进入首页”按钮，登录新浪微博，如图 6-12 所示。

图 6-12　新浪个人微博首页

登录新浪微博后，系统会提示用户完善个人资料和发布第一条微博，如图 6-13 和图 6-14 所示。

图 6-13　完善个人信息

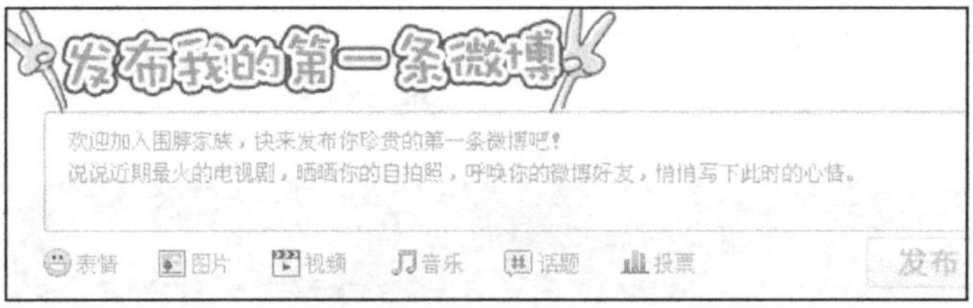

图 6-14　发布第一条微博

同时，用户可以通过网页顶部的导航进行微博的设置和相关应用的使用，如图 6-15 所示。

图 6-15 微博应用导航

3. 发布微博

微博不同于博客，微博用户可以通过各种终端，如手机、笔记本等随时随地发布信息，并且微博一般不能超过 140 个字。因此如何利用好这 140 个字，如何很好地组织即时新闻，需要具备一定的智慧，同时掌握微博写作的技巧，才能真正做好微博，为企业网站推广、品牌宣传所用。

微博的写作，一般应掌握以下要点。

（1）微博内容的选取。作为承担了企业网站推广、品牌宣传重任的微博，在微博内容选取时应在突出营销目的的基础上，考虑社会的热点趋势、用户的喜好，同时随时随地留意发生在身边的事，将其作为微博的内容，吸引用户的眼球。

（2）140 个字的组织。作为社会化新闻媒体，微博内容的组织必须做到言简意赅，重点突出，清晰准确，巧妙地利用好 140 个字。一般情况下，微博的第一句就像标题，非常重要。有经验的博主一般通过特殊的符号，如“【】”等将其突出标识，以吸引读者注意。微博的最后可以附上一条链接，用以链接到外部资源，如介绍微博内容详细的报道等，这也恰好起到了推广内容网站的目的。图 6-16 所示的是来自新浪“新浪房产”的一条微博，“【6000 多家开发商或出局】”起到了微博标题的作用，而“http://t.cn/zOZLaLY”则链接到内容网站。

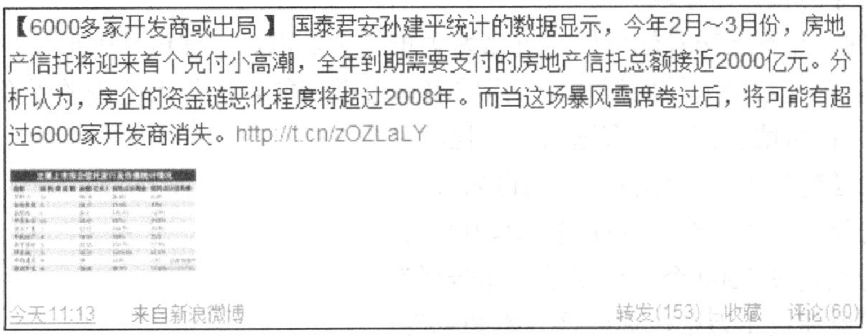

图 6-16 微博内容的组织

（3）图文并茂更具感染力。一般微博提供发布图片和视频的功能，因此在发布微博时添加相关的图片和视频将发挥更大的说服力，起到更好的宣传作用。图 6-17 所示的是来自新浪 NBA 的一条微博，视频不仅增加了该条微博的信息量，同时也起到了吸引用户阅读的目的。

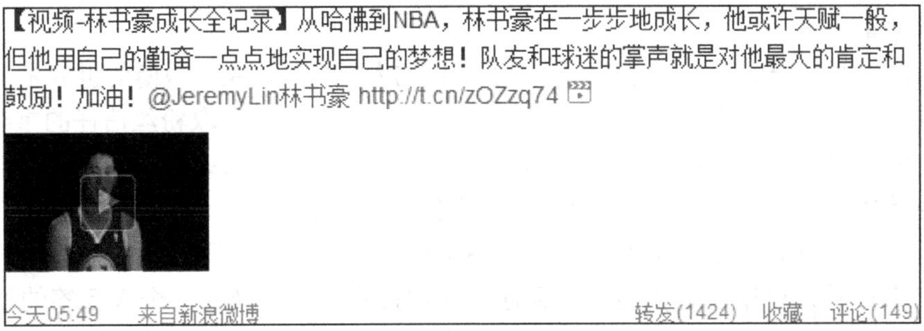

图 6-17 在微博中加入视频

（4）在可能的情况下，微博语言应幽默煽情。微博作为社会化媒体，是人们生活中一种重要的社交工具，因此在写微博时，应以放松的心情去写微博，语言幽默，将给读者带来快乐，让他们乐于接受。

（5）恰到好处发“广告”。微博营销不可能不发广告，但是微博作为社交的一种媒介，频繁地发广告会让粉丝觉得厌烦。因此，在发广告时应掌握频率、措辞，提供对粉丝有价值的广告内容，并且留意粉丝的评论。

（6）写微博时，要谨防错别字、表达不清或疏漏的地方，不要影响用户的体验。

在新浪微博中，单击“发微博”按钮，或者在个人微博首页，即可发布微博，如图 6-18 所示。

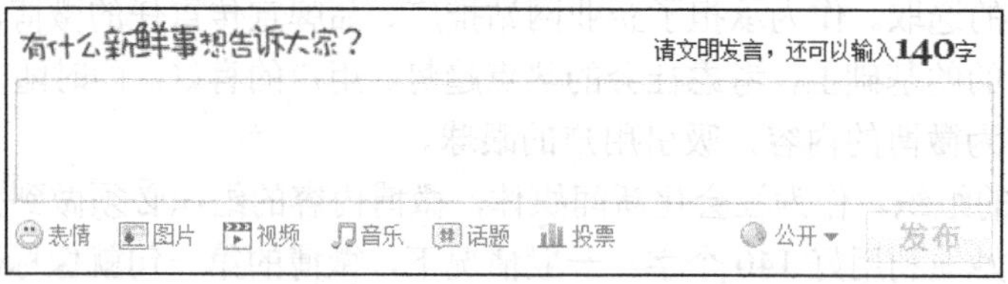

图 6-18　新浪微博发布界面

在发布微博时，可以通过单击“表情”“图片”“视频”等选项，插入相应的内容，同时还可以选择微博是否“公开”还是“私密”。

4. 微博自身的推广与管理

开通了微博，并不意味着就可以通过微博去推广企业网站、宣传品牌形象了。只有当一个微博账号具有了相当数量的粉丝群体，才意味着通过微博能够进行大范围的受众传播，才具备网络营销价值。在微博营销中，有这么一个比喻：

“当你的粉丝超过 1 个，你就是自娱自乐”；

“当你的粉丝超过 100 个，你就是一本内刊”；

“当你的粉丝超过 1000 个，你就是个布告栏”；

“当你的粉丝超过 1 万个，你就是一本杂志”；

“当你的粉丝超过 10 万个，你就是一份都市报”；

“当你的粉丝超过 100 万个，你就是本地电视台”；

“当你的粉丝超过 1000 万个，你就是省级电视台”；

“当你的粉丝超过 1 亿个，你就是中央电视台了”。

因此微博自身的推广就其本质而言，是获取微博粉丝的过程。通过以下途径可以增加自己微博的粉丝数量。

（1）通过微博身份认证。微博是一种基于信任的人际关系网络，微博的世界是一个虚拟的世界，通过微博认证，对于不管是个人还是机构而言，都是一种获取粉丝信任的重要凭证。以新浪微博为例，包括新浪个人认证和新浪机构认证两类，如图 6-19 所示。根据自身微博的类型，在满足基本认证标准后，单击“立即申请”按钮，申请成为新浪认证微博。

（2）优化个人标签，设置个性域名。标签是自定义描述自己职业、兴趣爱好的关键词。通过优化个人标签，可以让更多的人找到你，让你找到更多同类人。个人标签的设置应突出微博内容的专注点，同时避免选择过于热门或冷门的关键词。新浪微博中个人标签的添加与修改如图 6-20 所示。

图 6-19 新浪微博认证

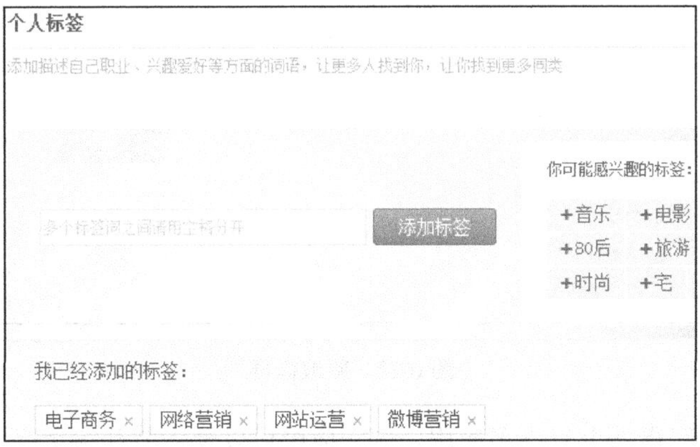

图 6-20 添加个人标签

微博域名和一个网站的域名一样，个性化、简单易记的域名能够让粉丝记住，便于粉丝访问。新浪微博设置个性化域名如图 6-21 所示。新浪微博还可以申请“微号”作为微博的数字地址。

图 6-21 设置个性化域名

（3）从身边的同学、朋友入手。微博作为一种社会化媒体，其核心便是人际关系链，因此让同学、朋友成为粉丝便是顺其自然的一种做法。同时，在刚开通微博之时，由于粉丝基数小，因此从身边的同学、朋友着手，也是比较容易的一种做法。通过同学、朋友，你的微博又可以展示在更多的人面前。

（4）发现微群。微群，是微博群的简称，是新浪微博推出的社交类群组产品。微群能够聚合有相同爱好或者相同标签的朋友，将所有与之相应的话题全部聚拢在微群里面，让志趣相投的朋友们以微博的形式更加方便地参与交流。因此，加入微群，可以在潜在读者面前展示自己的微博，提升微博的曝光度。图 6-22 所示为新浪微群首页，在“找微群”搜索框内输入关键字（也可以是微群号、发言），符合条件的搜索结果会按照群名、等级、标签、人数等要素依次显示出来。

图 6-22　新浪微群

（5）巧用应用。在微博上有很多应用，这些应用可以使微博获得更高的曝光率。如可以将值得收藏的文件上传到自己的“微盘”供人下载；可以使用“粉丝颁奖典礼”了解谁最爱转发你的微博，谁最喜欢评论你的微博，谁是你最资深的粉丝；可以使用“粉丝工具箱”管理你的关注和粉丝等。图 6-23 所示为新浪微博应用广场，通过左侧菜单栏或者通过“搜应用”搜索框可以找到合适的应用。

（6）借力微博中的大号和中号。在微博的使用中有很多人已经具有了大量的粉丝，因此可以借用他们的影响力宣传自己的微博。通过关注他们并经常将好的微博信息@他们，争取获得他们的转发。

（7）多关注、多评论、多转发。为了使自己的微博能够获得较多的曝光机会，从而被潜在读者所关注，应多关注、多评论、多转发别人的博客。关注是一种策略，关注的对象应是粉丝数量相当的用户、标签有共同点的用户、同地区的用户、言辞方式相近的用户等。在关注了这些人的微博之后，应主动与他们进行互动，同时转发一些高质量的微博，当然转发的信息不局限于来自这些微博用户。

图 6-23　新浪微博应用广场

（8）主动加粉和求粉。新浪微博中有一项功能，叫“求关注”，在博客首页头像基本信息的下边，如图 6-24 所示。只要点击了“求关注”按钮，对方就有可能成为你的粉丝。同时，你也可以将“互粉”的字眼添加到你的话题中，让感兴趣的朋友通过关键字找到你。

图 6-24　主动求粉

（9）在自己的个人媒体上加入微博关注按钮。在社会化媒体营销中，一个基本的原则是：要有一个网络枢纽来连接所有的社会化媒体活动。所以，可以在网站中加微博按钮来提高各个平台之间的联系。如可以在自己的博客、QQ、论坛等社交平台添加自己的微博关注按钮，获得更多的关注机会。

（10）内容为王。和博客一样，作为一个信息发布的渠道，内容始终应放在首位。微博的内容必须是对读者至少有以下功能的：有价值、愉悦人心、兴趣点、需求点……这样的微博才会被读者所长期关注。

（11）把握发微博的时间与频率。不同的时间段，用户的数量和对象都是不同的，因此要了解自己的潜在客户可能的上网时间，并在该时间段提高发微博的频率。

微博的发布频率也很重要，在微博经营中，应做到天天发微博，每天 10~15 条左右，这是一个比较合适的数量（新闻报道等特殊的行业需要根据实际情况，一般数量会比较大），但是切记“宁缺毋滥”。

（12）学会奖励粉丝。很多人在增加粉丝的过程中使用各种奖励措施，如承诺粉丝数量到达多少后就抽奖等，对于微博经营初期，应特别关心谁是你的忠实粉丝。如通过前面提及的“粉丝颁奖典礼”等应用，发现这些忠实的粉丝，主动与其互动，并在可能的情况下给予形式多样的各种奖励，如产品的优惠券、邀请参加线下活动等。

三、任务分析

（一）微博和微博营销的定义

1. 微博的定义

维基百科认为微博是支持即时更新和发布的博客，内容简短，公开范围可以设定为任何人也可是用户选定的群组。

微博的百度名片为“微博，即微博客的简称，是一个基于用户关系的信息分享、传播以及获取平台，用户可以通过 Web、WAP 以及各种客户端组建个人社区，以 140 字左右的文字更新信息，并实现即时分享。”

在《2009 年中国信息服务十大应用热点》一文中描述微博是新推出的开放互联网社交服务，其功能支持将生活中所见、所闻、所感以有限话语或者图片的形式发布，实现信息分享。该文还特别指出微博与传统博客最大的区别是可以脱离计算机更新和接收内容。

简言之，微博是一种将篇幅限制在 140 字内的，能够通过多种渠道实现信息即时发布的社会化媒介。

2. 微博营销的定义

微博营销目前并没有一个权威的定义。一般认为微博营销是一种基于 Web 2.0 的新媒体营销模式，企业可利用微博发布新闻，宣传其产品与文化，并在此基础上构建一个有固定圈子的互动交流平台。

微博具有广泛的适用性，微博营销不应局限于企业领域，公共文化机构也可以参与其中，通过与粉丝互动，扩大文化机构（如博物馆、公共图书馆）的知名度和影响力。

简单而言，从广义上说，微博营销指的是不同的个人与组织运用微博客这种网络应用工具，借助于各类微博客平台，结合微博客的传播特性所进行的市场营销、品牌推广或公共关系维护活动。

（二）微博的发展历程

1. 微博在国外的发展历程

Twitter 网站是最早建立的微博应用平台，其创办人为埃文・威廉姆斯。该网站秉承“communicate whenever and wherever possible”的理念，用“what are you doing？”的提问调动用户积极性。正是秉着这样的发展思路，使 Twitter 网站能够保证人人都能参与其中，并且随时随地参与其中。Twitter 网站在一定程度上代表了美国微博市场的发展进程，本节以 Twitter 网站为研究对象，展现微博在美国的发展历程，其大致经历了四个阶段。

（1）初创期。

2006 年 Twitter 新出炉之际，还处于默默无闻的状态，不被人们关注。直到 2007 年 4 月至 2008 年 2 月期间，Twitter 才开始展现出自己的独特价值，也开始真正地被广大网民所熟知和喜爱。这不得不归功于 Twitter 在全美最大音乐节举办期间的成功表现和推广，用其独特的功能赢得了广大用户的芳心，一时间声名鹊起。在随后的发展中，Twitter 公司不断壮大并实现单独发展，同时还通过精心策划，广泛地吸引了社会名流、知名单位团体的入驻，当然在名人效应的带动下也吸引了大批普通用户的加入，使得应用得到进一步推广。

（2）发展期。

这一时期从 2008 年 3 月一直持续至当年 12 月间。Twitter 一方面在技术变革方面大做文章，另一方面也充分地利用了美国大选这一时机。随着使用者数量的提升，Twitter 也不断进行技术改良，增强了实时搜索功能。同时，在政治领域 Twitter 也大展风采。美国总统大选期间，奥巴马团队充分地运用 Twitter 平台，网罗广大网民支持，一时间奥巴马似乎成了 Twitter 发展的代言人，扩大了 Twitter 的平台注册量。可以说，Twitter 在美国大选期间上演了一出精彩的政治秀，赚足人气。

（3）腾飞期。

特指 2009 年的前四个月。Twitter 在这一时期意识到了网络平台发展的局限性，开始着手实施与移动服务商的合作，希望借此来扩大移动终端所连接的庞大市场。当然，这一计划有双重功效，不仅扩大了受众市场的范围，而且公司因此所掌握的大量信息还为其盈利产品的研发做了充分铺垫。

（4）平台期。

2009 年 5 月至今，Twitter 以用户量波动不大进入稳定阶段。Twitter 在此阶段工作重心有所调整，除了继续进行技术维护外，它开始考虑自身盈利问题，同时也在寻找机会体现其在社会价值方面的影响力。

2. 微博在国内的发展历程

在国内，微博的发展可以追溯到 2007 年 5 月。Twitter 开拓事业在国外如火如荼之时，我国本土微博服务商出现。经过十多年的发展，我国微博发展大致经历了三个阶段。

（1）开始期。

在 2007 年 5 月中国第一家网站推出微博应用，即饭否网，它由校内网的创始人王兴筹建。随后叽歪网、做啥网相继开通微博，腾讯滔滔也于 2007 年 8 月 13 日开始运行，中国微博拉开发展序幕。这一阶段开始于 2007 年 5 月，陆续有新成员加入，大致持续到 2008 年年初，多家网站推出微博应用。

（2）沉寂期。

好景不长，正当用户尝试使用新的互联网应用时，国内第一阶段出现的微博（除腾讯滔滔外）由于内容管理等诸多方面的问题开始无法访问。随后在长达一年的时间内，国内微博进入平台整顿阶段，此间微博市场处于完全停顿状态，没有新的运营商再做尝试。

（3）崛起期。

调整一年后，国内微博业重新整装待发，微博网站活力被重新点燃。2009 年上半年，Follow 5、嘀咕网、9911 微博客等微博网站相继出现，用户数量呈直线上升趋势。具有里程碑意义的是，2009 年 8 月，新浪强力推出新浪微博，以名人微博为带动点，微博用户得到迅速发展，成为中国最有影响力的微博。在随后的一年中，网易、搜狐、人民网也开始推出各具风格的微博应用。2011 年，腾讯、新浪等微博纷纷宣布用户数量突破亿人大关。

据 CNNIC《第 29 次中国互联网络发展状况统计报告》显示，截至 2011 年 12 月底，我国微博用户数达到 2.5 亿，较上一年年底增长了 296.0%，网民使用率为 48.7%。微博用一年时间发展成为近一半中国网民使用的重要互联网应用。

分析微博在 2011 年内的增长情况，其用户的爆发出现在上半年，到下半年，用户增速回落至 28.2%，可见在微博使用率步入高位后，已经结束了爆发式的增长。

分析未来微博的走向，主要取决于三个要素：首先，由于不同门户发展微博平台的战略意图存在较大差距，所以当前微博的发展道路较为多元，各大门户均根据自身优势，为微博赋予不同的功能和特性，其突出表现便是微博社交网络功能和社会化媒体功能的侧重；其次，微博盈利模式较为模糊，目前发展情况较好同时对微博寄予较大盈利期望的网站已经开始尝试多方面盈利模式；最后，微博实名制政策已经在 2011 年底出台，如何有效规范微博上的信息传播秩序成为政府十分关注的问题，这些监管措施的落实将会对微博的未来发展产生重要影响。

（三）微博的特点和分类

1. 微博的特点

微博在技术上融合了 Web 2.0 互联网交互技术、即时通信技术与移动互联网通信技术，在形式上融合了博客与社交网站两种模式，如图 6-25 所示，因此其特点也呈现出多样性与复合性。

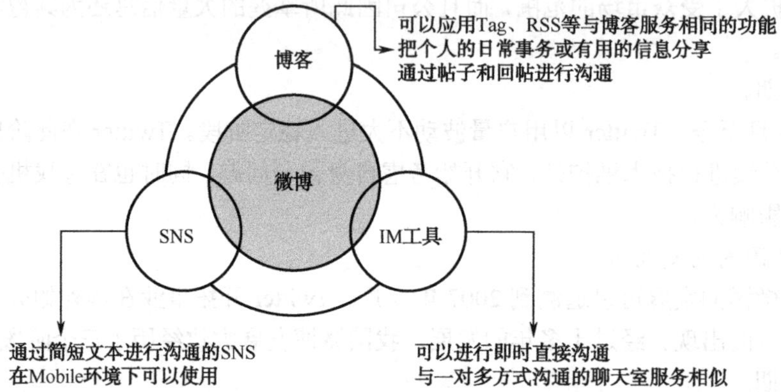

图 6-25 微博的特性

（1）即时性。

微博信息的即时性来源于微博多途径的发布方式。微博免费开放接入端口鼓励第三方接入，通过这种方式，微博与互联网中各个客户端相连，用户可以在与微博捆绑的第三方客户端发布信息，所发布信息同时更新在微博网站平台上；微博与移动通信终端相连，目前手机已经成为人们身体的一部分，“人机一体化”使得微博用户在不能使用电脑的情况下依然可以发布微博信息。线上/线下的发布途径组合让微博真正成为“anyone、anytime、anywhere、anyway”的 4A 媒体。

（2）草根性。

140 个字符的限制与“what are you doing？”的信息内容使得微博区别于博客的高门槛而成为草根也能广泛使用的媒体平台，不需要多高的文字水平，更不需要多深奥的思想，随心随性的表达让其成为真正的草根媒体。

（3）开放性。

微博平台上的一切信息都是公开的，不仅用户发布的微博信息，甚至用户间的评论与交流也是公开的。不但如此，一些个人信息如用户的受关注程度，用户所关注的人，以及社会信息如微博网站的热点话题，人们对某话题的态度倾向等都是可获知的。微博给予有表达欲望的用户充分的表达机会，同时给予那些有求知欲与窥探欲的用户更多的信息。

（4）信息碎片化，缺乏逻辑，缺乏理性思维，大部分内容没意义。

微博传播的内容最大的特点是碎片化，想到什么就可以写什么，其内容既可以是经过优化过的信息，也可以是琐碎的，毫无章法可言。用户使用不一定有特别明确的目的，要达到什么传播效果，有时仅仅是为了传播而传播。用户更乐意记录日常发生的事情，与他人分享发生在自己身上的或者是世界其他地方发生的新鲜事，一个新想法或者新的情绪就会驱使用户利用移动的介质如手机等随时随地地进行信息的传播。

微博的上述属性共同造就了微博不仅是一个个人媒体平台，更成为一个社会化媒体平台。其公共的社会媒体性质和巨大的用户数量使得微博具有前所未有的媒体影响力。

2. 微博的分类

（1）按照微博的存在方式可以将微博分为两种：独立专业微博和附属网站微博。第一种是独立的专业微博网站，如饭否、嘀咕等，都是将微博作为独立网站形式运营的。第二种是依附于网站建立的微博，最具代表性的为传统门户网站建立的微博，如新浪微博、腾讯微博等门户网站微博，门户网站将微博作为一个栏目添加到网站功能设置之中。除此之外还有各媒体网站微博，如凤凰网、百度贴吧等。

（2）按照微博形态可将微博分为名人主导与普通人主导两种。虽然目前各微博或多或少吸纳了一些名人开微博，但是在主观意愿与名人数量上有很大的区别。新浪微博作为名人传播主导的典型，其创立之初便主打名人牌，以名人作为自己的核心竞争力和吸引用户的主要方法。名人主导的微博在传播中主要呈现以名人为中心的放射状传播，即大众媒体传播的特性。而普通人为主体的微博其主要用户是普通人，早期独立网站饭否和叽歪都是以普通人为主要用户的，意在创造一个草根媒体平台。以普通人为传播主体的微博其传播形态呈网状，即人际传播的特性。

（四）如何实施微博营销推广

微博等社交网络平台由于其巨大人气将越来越成为企业和商家关注的目标点，在这些虚拟的社区中混杂着各类消费者和商家的目标客户群，商家和企业开始重视微博等体现的强大号召力，纷纷投入大量人力物力打造微博营销和推广的方案策略。

1. 专人负责维护微博，提供迅速客户服务

微博是在 Web 2.0 环境下的一种传播即时、影响力大的新媒体。微博通过一条消息，简单的几十个字就可能引起用户的兴趣、关注和围观，立即收藏和转发，而且传播速度惊人。微博超快的信息更新速度，大大增加了信息传播效率。企业可以把最近的产品、活动、品牌理念以及企业和消费者之间的故事，在最短的时间内通过微博来传播，并引发消费者评论和增强彼此间的互动。

在这种背景下，如果不设立专人负责管理微博网络系统，瞬时产生的大量信息将很难进行反馈和整理。特别是大型的微博营销策划活动面对复杂而又多元的即时信息反馈将具有很大的高风险性。微博集聚粉丝裂变式传播模式，使得微博具有影响力大和传播快速的特点，如果运营商或者营销策划者在内容管理上的处置不合理、做法不完善，微博的这些特点将反过来致使微博博主难以控制微博信息的传播方向、速度及原义表达，无论是运营商，还是一个集体都将无能为力，难以控制。不但如此，如果客户不能及时收到企业的有效反馈，很有可能会失去对企业的兴趣和信赖。因此，为了改善这些问题，应该先设立专人负责管理系统。

另一方面，由于微博所具有的迅速推广传播特点，负面信息也很容易产生病毒式的扩散。但如果处理得当，作为博主的企业和商家也可以将负面信息转换成正面信息，将危机转换成机遇，来提升企业的品牌形象。实际上大部分的企业运营微博营销时，将注意力和精力都集中在信息传播速度和扩散上，其实同时应该加强应对危机管理的意识和练习。

微博的快速传播是把双刃剑，为博主带来危机的同时也为其带来了实时沟通中争取的时间差优势，企业和商家博主可以快速获取消费者们的反应，第一时间通过微博快速掌握消费者们的意见或投诉，因此也可以将微博用作危机管理的窗口。

总而言之，企业和商家在运用微博进行营销的过程中通过设立专人负责维护微博，不仅可以迅速地为客户提供服务，提升品牌知名度与信赖度，还可以及时地收集客户的意见与需求，以便快速有效地改进产品生产、销售及服务。

2. 多种媒体手段结合，实现优势互补

微博营销的单打独斗效果并不会太理想，企业需要思考应该和什么样的媒体相结合才能够最大程度上提升微博媒体营销效果的问题。从互联网和电视、手机和户外广告等组合案例来看，企业需要对与微博相结合的最佳结合形态进行研究和探索。因此，旨在弥补微博缺点，为提升微博优势的网络整合营销战略显得非常必要。

事实上，微博呈现和传递的信息偏向简化和碎片化，140字的内容很难呈现系统信息，因而，微博营销必须与其他媒体手段相结合才能发挥最佳的效果。

微博虽然有140字的限制，但是出于传播的目的要求，其中枯燥乏味的内容越少越好，应尽可能简短有效地传达信息，甚至做到惜字如金。同时，在微博上发布相关的图片和视频也是化解枯燥乏味的好办法，人类本能地对视觉图像有兴趣，因此，每篇博文配上对应的图片或视频对提高博客质量、提升传播效果将很有帮助，如任务实施中所提到的案例。

通过微博进行营销并非是大企业独有的专利，不管大企业还是规模较小的企业都能利用这一网络营销工具。目前，在韩国利用微博作为营销渠道的历史并不长，成功的案例也不算多。但在美国和日本等国，大企业之外有很多规模较小的企业或自营业组织已经开始利用微博进行网络营销并取得了不错绩效。对于企业的微博营销来说，关键在于如果想要利用微博作为营销的平台，首先必须深度地了解包括微博、博客及所有的SNS网站等自媒体和社会媒体的本质，然后通过这些网络媒体寻求自身适应的营销策略和方法，才能达到成功营销的目的。

3. 定时更新微博内容，引导用户积极参与和分享

微博的独特魅力还在于用户参与和互动交流，所以拥有一群不说话而又不参与的粉丝（网络上称为“僵尸粉丝”）是很危险的，因为他们慢慢会变成不看发布内容的粉丝，最后更可能选择离开。因此，用户的参与和互动交流是使微博持续发展的关键。为了引导用户的积极参与，无论是企业还是个体商户等应该连续制造和发布内容，并更加努力地提供参与机会。

思考如何能够拥有并激活大量的粉丝群和关注者持续地关注企业和企业发起的微博营销活动值得深思。首先，企业的微博营销有必要在个人和业务相关信息之间保持平衡。因为在与顾客之间的互动过程当中过多地、机械性地提供业务信息，很难与顾客之间形成亲密的关系，进而无法实现既定的营销目标。此外，如果过多强调个人特性信息，也很难实现企业的既定营销目标。因此，把握一个恰到好处的平衡点（为顾客带来亲密感的同时为顾客不知不觉之间灌输品牌或产品信息）显得尤为重要。

微博营销的主要因素是Contents、Idea和感性要素，因而制造内容时应该注意的问题就是，有关企业宣传信息不应过多，而更多的信息应该融入粉丝感兴趣的内容之中。

比如说，大家对不为人知的事情都很感兴趣，那么适当加入一些隐私性话题会增加微博用户黏性。当然，这里的隐私性话题并不是指个人私生活隐私，而是产品背后的故事，生产中不为人知的工艺、企业员工或领导者的小故事等，这些都会给粉丝带来新鲜感和获知欲。此外，微博用户一般都是以休闲的心态来使用微博的，因此，如果发布的内容较为轻松幽默的话，将能够给受众很有趣的感觉。这样让粉丝本能地愿意去关注企业的微博。

“活动+奖品+关注+评论+转发”是目前微博互动的主要方式，但实质上，更多的人是在关注奖品，对企业的实际宣传内容并不关心。相较赠送奖品，微博经营者认真回复留言，用心感受粉丝的思想，更能唤起粉丝的情感认同。这就像是朋友之间的交流一样，时间久了会产生一种微妙的情感连接，而非利益连接，这种联系持久而坚固。当然，适时结合一些利益作为回馈，粉丝会更加忠诚。因此，发布微博时应该多考虑更为吸引用户眼球的方法和内容，在此基础上运营微博营销可以起到事半功倍的效果。

总的来说，通过连续发布有价值的信息而提供Contents，并不断地提供用户参与的机会，将能够引导用户的积极参与和分享，在此过程中可以得到口碑传播的效果，最终提升营销效果。

4. 与客户进行深度交流，加强关系维系

在网络空间形成与固有顾客和潜在客户关系层面上，企业有必要追求尽量真实的客户关系。在微博当中的关系是指人与人之间的关系，并不是指一次性或机械式的关系，而是具有长期的、持续性的、可发展的关系。因此，从企业角度来说，并不能仅仅只是发出声音和信息，而应该定期倾听顾客的声音，并保持好与顾客进行对话的姿态。

从社会媒体营销来说，营销人员的第一任务，是积累客户和潜在顾客，无论是在今天，还是在未来；第二任务则是形成和营造能够吸引人们眼球的魅力环境。

如你通过微博平台很自然地与目标人群进行深度交流，你的真诚、纯真的热情将间接地向顾客传递你的企业的价值观和企业的产品、服务等，既取得了较好的宣传效果，又吸引了更多的新客户。

由此可见，在微博平台上通过与客户更加深入地进行交流，聆听他们的意见，可以拉近与客户之间的距离，加强与客户关系的维系，还可以把握固有客户与潜在顾客。通过微博收集意见可及时地对媒体内容、市场定位等进行微调，从而使微博成为一种预警系统，提醒媒体业务和营销人员及时注意客户动向。

5. 通过用户数据库分析，实现精准营销

随着传统营销效果的弱化和无力，企业开始采用一些新的营销方法，但无论何种营销方式，都会面临一个共同的问题——如何精准地锁定目标客户以及精准地找到潜在客户，创造尽可能高的效益。由此可见，精准营销可以视为其他营销方式的助力器，只有通过精准营销的定位，才能发挥出更大的效果。

要利用微博进行精准营销，首先需要掌握基于微博的目标消费者的规模、特征及其需求。需要了解消费者是哪些人，他们又需要些什么，他们需要哪些方面的帮助，他们主要活动的时间段是什么，活动地点又集中在哪里，是否在外面活动的过程中使用了微博……在掌握上述这些情况之后，企业才能够评估微博所带来的营销效果，并展开符合顾客诉求的相关的市场营销活动。

以时间点为例，对顾客的微博使用习惯以不同时间段进行分析来看，与星期四或星期五之间的RT率（转推率：将时间轴中的tweet重新导入时间轴，旨在面向更多人群传播信息的功能）相比，星期一和星期三之间的RT率会更高一些；而从细微的时间段来看，上午9点到下午6点之间的RT量增长较为明显。营销人员在制定营销战略时，如果能够将上述这些时间段因素考虑进去，将能够有效提升针对目标人群的网站或品牌的曝光度和tweet曝光度。

另外值得注意的是，如何定位精确客户的问题。微博粉丝众多当然是好事儿，但是，对于企业微博来说，粉丝质量更重要。因为企业最终要从微博粉丝身上挖掘和发现商业价值，这就需要拥有有价值的粉丝。如何在庞大数量的粉丝中撷取和筛选企业目标客户群粉丝部分，使这个巨大的数量级具有实实在在的质量价值，这涉及微博定位的问题，很多企业抱怨：微博人数都过万了，可转载、留言的人却很少，宣传效果不明显。这其中一个很重要的原因就是定位不准确。

假设自己为服装行业，那么就围绕你产品目标顾客关注的相关信息来发布，吸引目标顾客的关注，而非只考虑吸引眼球，导致吸引来的都不是潜在消费群体。现在很多企业博客陷入这个误区当中，完全以吸引大量粉丝为目的，却忽视了粉丝是否是目标消费群体这个重要问题。

因此，企业只有精确定位目标受众群，才能保证营销策略达到最有效的效果。对此，笔者提出用户数据库的分析，因为在微博上，除了基本的个人注册信息外，还可以通过研究用户的关注人群、转发话题推测出该用户的兴趣取向，通过用户评论和转发的活跃度推测用户的忠诚程度，以此来推测出消费者的喜好，使企业达到精确定位目标受众的目的，从而实现精准营销。

四、任务拓展

从纵向（新浪微博初创时期、圈地时期和商业布局时期三个阶段）和横向（用户维度、产品维度和盈利维度）两个角度对新浪微博的商业模式进行分析，并做出个人评价。

（1）新浪微博有何成功之处，有何败笔？

（2）新浪微博的盈利途径有哪些？

习　题

一、选择题

1．目前亚洲地区具有最大用户群体的移动即时通信软件是（　　）。

A．微博　　B．阿里旺旺　　C．易信　　D．微信

2．目前微信的功能不包括（　　）。

A．朋友圈　　B．导航　　C．语音通话　　D．LBS

3．目前朋友圈不能实现的功能是（　　）。

A．转发　　B．评论　　C．点赞　　D．语音通话

4．能够实现一对一信息推送的是（　　）。

A．微信　　B．微博　　C．博客　　D．轻博客

5．微信的扫一扫功能可以实现（　　）模式。

A．C2B　　B．LBS　　C．O2O　　D．GIS

6．信息以广播式方式传递的是（　　）。

A. 微信　　B. 易信　　C. 微博　　D. 阿里旺旺

7. 微信的英文名字是（　　）。

A. wechat　　B. weixin　　C. wichat　　D. weichat

8. 通过（　　），微信开发者可以接入第三方应用。

A. 微信　　B. 朋友圈　　C. 微信公众平台　　D. 微信开放平台

9. 最早建立的微博应用平台是（　　）。

A. 新浪微博　　B. 腾讯滔滔　　C. Twitter　　D. 雅虎微博

10. 微博的独特魅力也在于用户参与和互动交流，网络上把那些不说话且不参与的粉丝以及虚假用户称为（　　）。

A. 普通粉丝　　B. 僵尸粉丝　　C. 作弊粉丝　　D. 草根粉丝

二、填空题

1. ________是腾讯旗下推出的一款语音产品，是当前应用最为广泛的手机通信软件。

2. 在微信中，通过与________互动，还能够听明星唱歌、看新闻、设提醒等。

3. 在微信朋友圈中，用户只能查看________好友的评论或点赞。

4. 微信 5.0 版本在游戏中心内置了经典游戏________。

5. 用户通过发布语音或者文字将漂流瓶投入大海中，如果其他用户“捞”到则可以展开对话，逐步实现营销的转化，这是应用了微信的________功能。

6. 在《2009 年中国信息服务十大应用热点》一文中描述________是新推出的开放互联网社交服务，其功能支持将生活中所见、所闻、所感以有限话语或者图片的形式发布，实现信息分享。

7. 2009 年 8 月，新浪强力推出新浪微博，以________为带动点，微博用户得到迅速发展，成为中国最有影响力的微博。

8. 线上/线下的发布途径组合让微博真正成了具备“anyone、anytime、anywhere、anyway”的________媒体。

9. 微博传播的内容最大的特点是________，想到什么就可以写什么，其内容既可以是经过优化的信息，也可以是琐碎的，毫无章法可言。

10. 微博营销的主要因素是 Contents、Idea 和________，因而制造内容时应该注意的问题就是，有关企业宣传信息不应过多，而更多的信息应该融入粉丝感兴趣的内容之中。

三、操作题

博客虽然没有字数限制，但是缺乏社交属性；微博虽然方便了用户之间的社交、互动，但是字数却被限制在 140 字以内。为了既保留微博的社交属性，又打破字数的限制，新浪推出了长微博，迎合了大量博客、微博用户的需求。请登录 http://blog.sina.com.cn/changweibo.html 了解并体验新浪长微博。

项目七

电子商务网站推广之其他推广方式

本项目的工作任务是以中小企业网站推广为目的，进行多种形式的网站推广工作。项目包含 5 种独立定义的网站推广方式：论坛营销推广、网络视频营销推广、博客（软文）推广、移动营销推广、事件营销推广等。要求以某一中小企业网站为对象，进行上述几种网站推广方式的策划和运作。在项目实施过程中，突出各种营销推广方式的内在特点，把握其实施的重点，以取得最佳的网站推广效果。

能力目标

- 能够熟练地使用论坛发表个人言论；
- 能够设计和制作简单的、富有创意的网络视频；
- 能够撰写优秀的软文，并通过博客形式发布；
- 能够利用常用工具设计和制作简单的 App；
- 能够针对某一主题设计和运营一起事件营销。

知识目标

- 了解论坛、网络视频、软文、移动营销、事件营销等的定义和特点；
- 了解论坛、网络视频、软文、移动营销、事件营销在电子商务网站推广中的作用；
- 了解常用的论坛、网络视频、软文、移动营销和事件营销的手法及技巧。

任务一　论坛营销推广

一、任务导入

论坛（BBS，全称 Bulletin Board System）是微博出现之前网络最佳的口碑营销阵地，是最具互动营销特征的场所之一。大家熟悉的“芙蓉姐姐”“天仙妹妹”等最初都是从论坛走进人们视野的。而论坛的讨论、转帖以及网络推手的幕后推动正是形成论坛巨大营销推广能力的根源。近年来，随着微博、微信等新兴社交媒体的出现，论坛的使用率快速下降，但是，如果作为一种推广辅助手段，论坛可以使一个话题瞬间爆炸。因此，掌握论坛推广的手法对于引导舆论，营造口碑意义重大。

本任务要求以项目小组的形式，针对中小企业网站推广这一实际背景，进行论坛营销推广工作。具体涉及论坛营销推广的策划、发现论坛、注册论坛账号、发帖和回帖、效果和过程监控等一系列有序的工作。在实施过程中应注重如何创造自己的论坛影响力，汇聚网民的口碑。

二、任务实施

1. 论坛营销推广策划

要实施论坛营销推广，首先要做好论坛营销推广的策划工作。论坛营销推广的策划工作主要包括以下内容。

（1）明确论坛营销推广的实施目的及欲达到的目标。

（2）确定论坛营销推广的目标受众群体并分析目标受众特征。

（3）制订论坛营销推广的实施计划。

论坛营销推广不同于其他推广方式，其用户群体主要以“草根”为主，论坛的互动交流比较自由，对论坛营销推广形成基本的认识是进行论坛营销推广策划的前提和基础。通过简单了解论坛的基本信息后进行论坛营销推广策划，结果形成表 7-1。

表 7-1　论坛营销推广策划

<table>
<tr><td>实施目的</td><td colspan="2"></td><td>实施目标</td><td colspan="2"></td></tr>
<tr><td rowspan="4">目标受众群体</td><td colspan="2">目标受众类型</td><td colspan="3">目标受众特征</td></tr>
<tr><td colspan="2"></td><td colspan="3"></td></tr>
<tr><td colspan="2"></td><td colspan="3"></td></tr>
<tr><td colspan="2"></td><td colspan="3"></td></tr>
<tr><td colspan="6">论坛营销推广实施计划</td></tr>
<tr><td colspan="2">时间阶段</td><td>主要任务</td><td colspan="2">执行人</td><td>备注</td></tr>
<tr><td colspan="2"></td><td></td><td colspan="2"></td><td></td></tr>
<tr><td colspan="2"></td><td></td><td colspan="2"></td><td></td></tr>
<tr><td colspan="2"></td><td></td><td colspan="2"></td><td></td></tr>
<tr><td colspan="2"></td><td></td><td colspan="2"></td><td></td></tr>
</table>

2. 发现论坛

国内有许多知名的论坛，它们有着各自的优势或者在各自的行业领域、地区有着巨大的影响力，如天涯、猫扑等。在实施论坛营销推广之前，应充分认识和了解国内论坛行业的格局和竞争情况，确定自己实施论坛营销推广的几个重要“阵地”，同时在进入这些“阵地”之前进行深入的分析。

进行国内论坛行业的调研，分析各论坛的特点，结果形成表 7-2。

表 7-2　国内论坛调研分析

序　号	论 坛 名 称	所 属 行 业	热 门 板 块	论 坛 评 价
1				
2				

续表

序　号	论坛名称	所属行业	热门板块	论坛评价
3				
4				
5				

比较分析完各大论坛的特点之后，接下来就是选择目标论坛并针对目标论坛进行更加深入的分析。目标论坛应该有多个，并且在选择目标论坛时应考虑论坛的人气、所属的行业、论坛的功能等因素。对于目标论坛的分析，应了解自己要推广的网站、产品或服务在目标论坛中所处的状态，了解目标论坛中有哪些"意见领袖"，为下一步论坛营销推广做好准备。

3. 注册论坛

注册论坛账号是进入论坛的重要一步，以天涯论坛为例，说明论坛注册的步骤及注意事项，并完成在多个目标论坛注册账号。

（1）登录天涯论坛（http://www.tianya.cn/bbs/），单击"免费注册"按钮，进入注册页面，填写注册信息，如图 7-1 所示。填写完注册信息并通过邮箱激活账号即完成论坛注册。

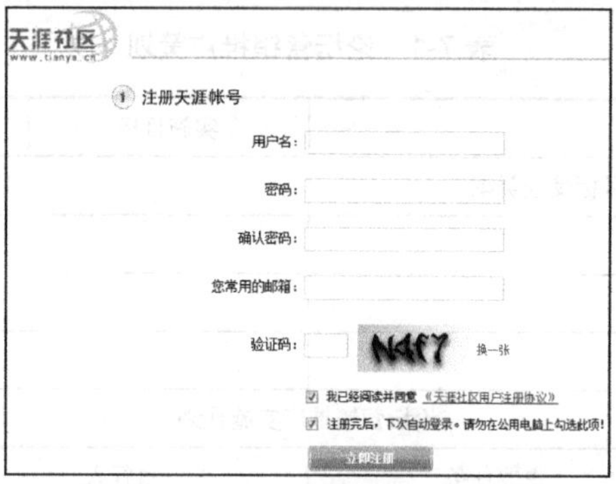

图 7-1　天涯论坛账号注册页面

填写注册信息时，论坛 ID 一定要有个性，要简单易记。在多个论坛注册账号时，要避免各个论坛之间用户名重复。

（2）完善个人信息，填写个性化签名。论坛账号激活后，论坛会引导用户填写个人信息，如图 7-2 所示。个性化签名犹如一个广告牌，因此应设计好自己的签名，但要避免纯广告式的签名。

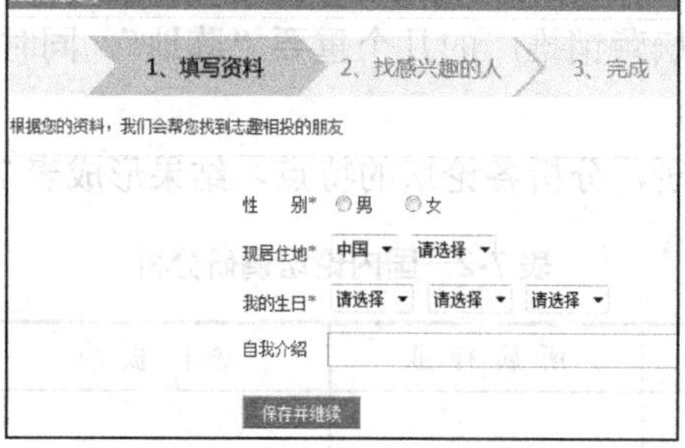

图 7-2　个人信息填写

（3）以同样的方式注册多个“马甲”账号。为了营销推广的需要，在同一个论坛可注册多个账号，以便在进行论坛炒作、互动时使用。同时论坛营销推广要获得效果，非常重要的一点就是“养账号”。一个注册日期较短、经验值较低的账号、在坛子里面生疏的账号很难取得“坛友”的回应或信任。此外，论坛辅助 ID（马甲）要和论坛主 ID 在用户名、个性化资料等方面区别开来。

4. 发帖和回帖

发帖和回帖是论坛营销里面进行网站推广、品牌营销、网友互动的主要手段，是论坛营销推广的核心工作。

以天涯论坛为例，在论坛中发帖应首先找到合适的板块，然后单击“发表帖子”按钮进入主题帖发表页面，如图 7-3 所示。

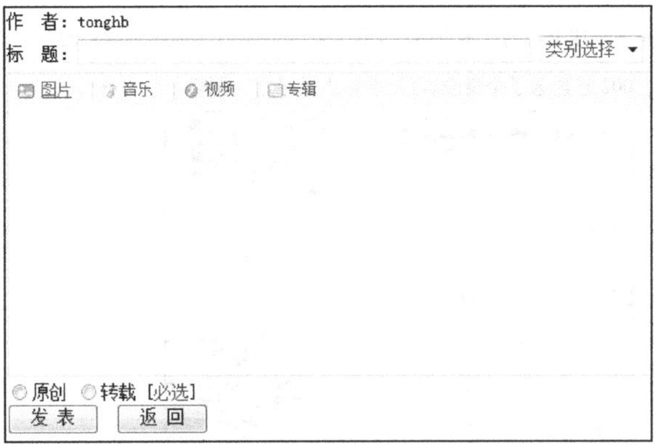

图 7-3　发表主题帖

回帖操作是在浏览主题帖之后，单击“回复”按钮进行回帖。回帖操作可以针对楼主发布的帖子内容，也可以针对其他回帖者的回复内容。回帖界面类似于发主题帖，只是少了主题一栏。

在发帖和回帖的过程中，即论坛营销推广实施的过程中，应把握以下要点。

（1）帖子内容的编写。论坛帖子的编写可以说是软文写作的一种，类似于博客、微博等的写作。帖子要能吸引人，让人回帖，原创、趣味和价值是帖子内容的重要标准。

（2）长帖连载效果好。将一个帖子分成几段，以跟帖连载的形式发，给人造成一种悬念，或者一环套一环，就像电视连续剧一样，是一种很好的发帖方式。

（3）广告帖不要单独发。单纯的广告帖不仅不会引起人们的兴趣，反而会面临管理员删帖的危险，因此要注意广告发布的形式，如发表一篇很有价值的，后面注明“来自某某网站转帖”的帖子，不仅起到了宣传作用，还有可能被管理员“加精”“置顶”“加分”处理呢。

（4）勤回帖、巧回帖。回帖一来是与用户互动的主要途径，二来可以避免自己的主题帖沉下去，此外还可以通过回帖巧妙地做广告，所以做好回帖、勤回帖很重要。

在回帖时要发挥“马甲”账号（即小号）的优势，同时要明白好帖不一定是一楼的道理。

如表 7-3 所示是一个网友在猫扑论坛发布的一个连载帖，帖子标题叫“童鞋们千万不要在小摊上买藏宝图——《敦煌寻宝记 1》”，帖子通过巧妙的故事情节设计，很自然地插入了多个广告，不仅没有让人反感，反而让人觉得很有创意，获得管理员的奖励，被加原创，被置顶。目前该帖点击数达到了 50 万次。

表 7-3　优秀帖示例点评（为了便于展示，已经做过处理）

序　号	帖 子 内 容	备　注
主帖	 001 故事的起因是在小摊上买的一本书中，上面记载了宝藏《飞天图手稿》的藏宝地	一本破旧的书，充满武侠色彩，吸引人的眼球
1 楼	002 赶紧选了个良辰吉日 准备出发寻宝（图略）	故事情节
2 楼	 003 备足了粮草，为横穿大漠做准备	插入第一个广告，图片中有金锣、红牛等，这些在后面都有单独特写的广告帖
3 楼	过了吗？过了再继续发好了	
4 楼	004 为了抵御野兽，带上俺的探险工具（图略）	
5 楼	005 穿上探险服，拿好指示图，出发！（图略）	
6 楼	006 行踪暴露，**这张照片中的人已经被我干掉了（图略）	故事情节
7 楼	007 几千里的行程，终于到达了西部（图略）	
8 楼	008 来到了寻宝路线的起点——嘉峪关（图略）	
9 楼	 009 站在城楼上，缅怀千古豪杰，品一口上等的爽歪歪，傲视群雄	爽歪歪广告
10 楼	网友回帖	
11 楼	终于有人看了，兄台你的出现让楼主知道自己不是在玩单机	

续表

序　　号	帖 子 内 容	备　　注
12 楼	 010 嘉峪关客栈好穷，连肉都没有，只好把随身多年的双节棍吃掉了	金锣特香王广告
13 楼	以下略去	

5. 效果和过程监控

效果监控可以帮助实时调整营销推广战略，是论坛营销推广中很重要的一个环节。在效果监控中，主要做好以下几个方面的工作。

（1）了解哪些论坛发的帖子最火，带来的流量最大。在日后的论坛推广中，应针对这些论坛进行重点布局，专门研究，设计更加有吸引力的帖子。

（2）了解哪些论坛的哪些帖子被管理员删除了。在日后的论坛推广中，应注意在这些论坛中对发布的帖子内容进行优化，避免重蹈覆辙。

（3）了解哪些论坛的哪些帖子沉下去了，应及时顶起，或者发布新的主题帖。

（4）利用网站统计工具中的“来路分析”功能，统计论坛帖子给网站带来的流量，并根据效果改进论坛营销推广策略。

三、任务分析

（一）相关概念

1. 论坛

论坛，即 BBS，完整的中文表述是“电子公告系统”或“电子公告板系统”。论坛是一种交互性强、内容丰富且及时的 Internet 电子信息服务系统。根据维基百科的解释，“论坛是供人们讨论的地方。讨论题材有很多，例如：娱乐、新闻、教育、旅游、休闲等。有些论坛设有多项讨论题材，包罗万象，有的则只专注讨论某题材。在论坛中，很多使用者还会跟他人分享资源，例如：音乐、短片、图片等。有些公司、机构又或是学校，都会设有论坛，供该组织的成员做讨论之用。”

论坛的日常维护由论坛站长负责。当浏览者进入讨论区后，他可以浏览该区其他访问者留下的文章、问题和建议，也可以发表文章或回复他人，这被称为“贴帖子”。总之在论坛上大家可以对一个共同感兴趣的问题进行讨论，并且能直接与其他人进行沟通。

把握论坛概念，可以从以下两个方面去理解。

（1）论坛是一种信息资源。它最大的特点就是开辟了一块“公共”空间供所有用户读取其中信息。这些信息所涉及的领域几乎无所不包，无论用户的兴趣是政治、经济、军事还是文化，论坛都有特定的系统在某处等着为你服务。不同的论坛上存放着各种不同的文件和信息，用户可以检索关于一个话题的所有信息，或只是最近的信息，或某一个人的所有信息，或与某一信息相关的其他信息，或者在某标题行有某一个特殊字眼的信息……凡此种种，都可检索。

（2）论坛是一种通信方式。正如其名字所示，电子公告板是提供信息给人们阅读的地方。当人们对信息做出反应时，公共交谈就产生了。论坛通常会提供一些多人实时交谈、游戏等服务，许多使用的人只是为了和朋友、同事甚至陌生人交流信息。各个用户通过在站上发表文章和信件、上线交谈等方式，能够迅速快捷地传递信息，参与讨论，发表意见，征询建议，结交朋友。另外，论坛是一个网上社会，它有着自己特有的文化氛围。用户登录论坛，一定要记住：在每一条线路的背后，都有一个或几个和你一样热情友好的用户。你在上面所看到的每一条信息、每一篇文章背后，都有着专门对其负责的人。人们通过使用论坛，不仅可以利用上面的一切信息，而且每个用户同时也可以是信息的提供者。大家可以通过发表文章、共享文件等方式与他人分享自己的东西。

2. 意见领袖

意见领袖在传播学中的传统定义是：“在将媒介信息传给社会群体的过程中，那些扮演某种有影响力的中介角色者。”比起一般受众，意见领袖具备更强的交际能力和舆论影响能力，他们是“大众传播中的评介员、转达者，是组织传播中的闸门、滤网，是人际沟通中的广播”。

由于意见领袖的作用不仅仅是在影响舆论方向和受众观点上，因此，消费行为学者对于意见领袖做出了定义，那就是：“较其他消费者更频繁或更多地为他人提供信息，从而在更大程度上影响他人购买决策的人”，认为意见领袖的言行举止更容易对消费者的购买决策产生影响。

营销大师菲利普·科特勒在他的《营销管理》一书中深入探讨了意见领袖的作用，并将“意见领袖”定义为：在一个参考群体里，因特殊技能、知识、人格和其他特质等因素而能对群体里的其他成员产生影响力的人。

网络意见领袖的概念目前还没有明确的定义，Burson-Marsteller 研究小组经过多年的持续调研，发现约有 10%左右的网民通过博客、BBS、邮件、电子杂志、播客、Wiki、手机短信、MSN、QQ 等多种传播手段在有意无意之间影响着其他 90%网民的观点和态度，Burson-Marsteller 研究小组将这 10%的人群定义为“E-fluentials”。

论坛中的意见领袖则指的是通过不断在 BBS 上发帖、回帖，引发网民的关注，从而形成讨论、提供信息、提出建议、影响决策的人。他的表现形式或者一般人们的提法为“知名论坛ID”。

3. 网络推手

2005 年 10 月 13 日，《成都晚报》上的一篇名为“‘乖妹儿’引来‘天仙 MM’”的报道中首次提出了“网络推手”一词，作为一个新兴名词，学术界对其并没有统一的界定。

从商业角度讲，网络推手是在网络世界走向商业化运作背景之下涌现出来的新鲜事物。网络推手通常是这样一种人，他们利用网络操作规则和大众接受心理，利用互联网资源，以事件策划和舆论引导手法让受众知晓、关注某些特定信息。而这些信息通常是与特定的人物、产品和品牌紧密相关的。简而言之，他们就是借助网络媒体推广企业产品、品牌和人的一群人。网络推手作为新名词看似造就了一个新兴职业，实则，网络推手的行为具备网络营销的诸多特征，所以他们又被称为“网络策划师”。

4. 帖子

帖子在词典中的意义为请柬、喜帖，邀请客人时送去的通知、回帖、谢帖等。在 BBS 论坛中，“帖子”指的是 BBS 论坛中由版主或者注册用户所发布的信息，包括标题和正文两部分，它是论坛信息的载体和表现形式。

5. 点击数

在论坛中，点击数是衡量一个论坛中帖子质量和效果的重要指标。一般指 BBS 论坛中的帖子在一定时间内被网友点击浏览的次数，该数值一般由论坛系统计数器计算得来。

6. 主题帖、跟帖

主题帖和跟帖是两个相对的概念。简单说，主题帖就是“楼主”发表的帖子，在论坛中一般表现为顶楼（或 1 楼）帖子，一个帖子即一个主题。相对主题帖而言，跟帖就是围绕主题帖所提出的主题，网友回复的帖子，在论坛中一般表现为 1 楼（或 2 楼）以上的帖子，跟帖也称为回帖或者“盖楼”。

7. 回复数

在论坛中，回复数是衡量一个论坛中帖子质量和效果的又一重要指标。一般指 BBS 论坛中的某一个帖子在一定时间内获得的网友跟帖的数量（即回复的数量）。该数值一般由论坛系统计数器计算得来。

（二）论坛和跟帖的分类

网络论坛是当前与即时通信（如 QQ 和微信等）、电子邮件、微博、博客、社交网站等相并列的网友沟通交流的重要渠道之一。据不完全统计，中国目前有大大小小论坛几十万个，近年来使用率虽有所下降，但 2016 年仍保持在 15%（来源 CNNIC）以上。也就是说，在当前的网民数量中，每七个左右网民就有一个使用网络论坛。

目前在国内比较知名的论坛有新浪论坛、网易论坛、搜狐论坛、腾讯论坛、天涯论坛、中华网论坛、强国论坛、猫扑论坛等。这些论坛都有着各自的优势，专注于不同的行业领域，有着自己的特色产品。

1. 论坛的分类

论坛的分类有多种不同的依据，如可以从主题、内容、形式，时间的长短，网站的使用对象和网站性质等角度进行划分。

（1）从主题、内容、形式来划分，可以分为时事论坛、思想文化对话论坛、网友俱乐部论坛和公益论坛四个。

（2）从时间的长短来划分，分为临时论坛和永久论坛两种。

（3）根据使用对象和网站性质可以分为校园 BBS、专业 BBS、商业 BBS、非商业 BBS 和新闻媒体 BBS 五类。

2. 跟帖的分类

跟帖是个人意见的表达和传递，没有固定的限制和模式，具有自由性。游客和会员都可以跟帖，又具有随意性的特点。这也就决定了跟帖的内容和形式具有任意性的特点：一段文字，一个画面，一个系统自带的魔法表情，同意楼主，反对楼主，甚至带有肆意的谩骂和贬斥，对主题帖正解或是曲解，甚至只是为了“抢沙发”，等等，这些都可称之为跟帖。一般情况下，跟帖分为以下三类：表态帖、灌水帖和知识帖。

（1）表态帖。

表态帖是指明确地表达自己态度和意见的跟帖，赞成、支持楼主意见的称之为支持帖，反对、质疑楼主意见的称之为反对帖。表态帖是跟帖里最常见的一种，它占跟帖数量的大多数。

（2）灌水帖。

“灌水”一词指发表没有实际阅读意义的水文，即纯粹为了增加经验而跟的帖。一般表现为：跟帖里不断地重复一句没有意义的文字却占据了大量的篇幅，纯粹骂人的跟帖，发布广告的跟帖等。

原则上来说，灌水帖是没有什么意义的，但是根据美国心理学家亚伯拉罕·马斯洛看来，它也是跟帖人的一种需求。灌水并不是简单意义上的灌水，而是背后有其自身的内涵。发表灌水帖的网民大概有以下几种：

无聊。看了帖子后觉得很没意思，自己想说的上面的帖子都已经说了，想做的别人也都已经做过了，于是便灌灌水，打发一下时间，增加一些人气。

发泄。对现实不满，面临巨大的生活压力，心情抑郁或者是帖子里的事情引起了跟帖者强烈的愤慨，因此就会口吐脏言，说一些骂人的脏话，排遣心中的怨气和愤恨，这类的灌水帖比较常见。

恶作剧。没有目的，没有想法，就是为了搞怪一下，热闹一下气氛，给自己寻个开心。生活节奏的加快，市场竞争的加剧使得人们身心疲惫，论坛的零门槛可给重压下的人们解压，使平日里被压抑的情感得到释放和宣泄，而且跟帖摒弃了网民的各种差异，人人平等，畅所欲言。学习、工作之余可以来论坛灌灌水、浇浇花、打发打发无聊、散散心、漫漫步。因此，可以说灌水帖是受众舒解压力的一种方式，一种需求，因此更是感情营销的重要阵地。

（3）知识帖。

知识帖就是对某一现象进行解释或是澄清，向受众展示事实、解答受众疑问的帖子。它一般出现在疾病、灾难等突发性事件发生，或针对某一特殊产品或服务，人们心存疑虑的特定背景中。知识帖是论坛跟帖中不可或缺的一种帖子，它不但解释事实真相，而且解除受众疑虑，维护社会稳定，促进和谐发展。

（三）影响帖子点击数和回复数的因素

点击数和回复数是论坛营销推广中效果监控评估的一个重要指标，了解影响论坛帖子点击数和回复数的因素有助于论坛营销推广有的放矢，提升效果。

1. “成分搭配异常”可以促使点击数增长

语言符号是帖子存在的物质形式，人们接触帖子也是首先在感官上接触到帖子的语言表达形式，因此，帖子的语言表达形式对帖子点击数和回复数都有一定的影响。

语言表达形式的集纳性和异常性都会引起帖子点击数或回复数的变化。如案例“童鞋们千万不要在小摊上买藏宝图——《敦煌寻宝记 1》”中楼主的语言表达就非常有意思，如“终于有人看了”“兄台你的出现让楼主知道自己不是在玩单机...”。

2. “汇总枚举”同时提升点击数和回复数

各种语言成分搭配异常对于点击数的影响也有所不同，一般情况下，修饰成分与被修饰成分搭配异常，也就是“形容词性成分与名词性或代词性成分搭配异常”一类帖子的平均点击数最高。

3. 帖子不同事件性质对点击数影响不同

人们对于帖子事件的性质的关切程度也会对帖子的点击数造成影响，总体而言，具有感官刺激性质的帖子具有较高的平均点击数，如有关“女性”话题的帖子的平均点击数很高。而在不同性质事件的回复数上，“论坛事件”类帖子回复数较高。

4. 媒体来源对点击数和回复数的影响

内容来自网络媒体的帖子无论在平均点击数和平均回复数上都高于来自传统媒体的帖子。网络媒体信息量大，时效性强，双向性强，参与度高，这样的信息特质使网络媒介充满活力与生机。

5. 发帖动机对点击数和回复数影响不同

网民的发帖动机，也就是网民试图在论坛上发帖要达到的目的也会对帖子的点击数和回复数产生一定的影响。描写事物、人物，叙述一个事件、一个过程，求助、征求意见、提出某种疑问之类的帖子一般点击数和回复数较高。

6. “有人”帖点击数高于“无人”帖

帖子标题中表现对人的关切的帖子的平均点击数和平均回复数，都高于标题中没有表达对人的关切的帖子。

7. 多媒体形式影响点击数和回复数

触及整体的感官系统的帖子比只触及单一感官的帖子可获得更多的点击数，即含有图片等多媒体表现形式的帖子要比不含有的帖子获得更多的平均点击数。

8. 发帖者身份对回复数有促进作用

网民作为一个社会成员而存在，因此具有一定的社会属性，即使在网络社区中活跃的网民实际上也是生活在现实社会之中的。一般情况下，发帖者具有版主、意见领袖等特殊身份，将影响帖子点击数和回复数。

（四）如何有效地实施论坛营销推广

上述影响帖子点击数和回复数的因素分析从较宏观的视角给论坛营销推广提供了指导策略，在具体执行时，则会有“隔靴搔痒”之感。因此，了解论坛营销推广具体实施策略才能让论坛营销推广真正“动”起来，而不是“怀抱”许多指导原则却无从下手。

1. 培养自己的论坛账号，使其成为著名ID，即意见领袖

论坛里的著名ID对于口碑传播的效果起着重要作用，许多立志于口碑营销的企业都在寻找各自需要的意见领袖。例如宝洁公司寻找并培养“联络员型消费者”，为其担当新型的营销团队，开展口碑营销。在论坛营销推广中，意见领袖化身为著名ID活跃在各种虚拟社区中。

论坛著名ID是通过知名度和可信度的累积形成的，具有后天获得性。从中可以得到启发：通过积极发帖，频繁参加讨论等具体行动可以将自己培养成著名ID，即论坛口碑传播中的意见领袖。网站推广人员利用著名ID的各种传播优势有针对性地进行网站推广活动，从而拥有论坛口碑的主动权。

2. 引导消费者发布帖子信息

商场如战场，知己知彼方可百战不殆。对于一个企业来说，与自身以及竞争对手相关的市场信息和消费者特性是其制定营销推广策略的主要依据。

绝大多数咨询求助类帖子信息都会得到很多的关注和回复。所以网站推广人员可以自己发布这类信息获得消费者的反馈，同时也可以利用这类帖子引导网友的舆论方向进行网站营销推广活动。

3. 设计帖子内容加强推广效果

设计与自身产品相关的帖子信息是论坛推广的主要方法。不同的帖子信息所引发的传播效果是不同的。盲目地、缺乏针对性地制造、传播信息只会形成资源的浪费。对帖子内容进行针对性的设计，从而加强网站推广效果。

趣味性的话题和异常的语言表现形式是论坛推广的“催化剂”，可以正向影响论坛推广的效果。所以，在对帖子内容进行设计时，应加强内容的趣味性和语言表达的创意。

4. 及时回帖，注重互动

在论坛推广的过程中，当发布与产品相关的信息时，人们在接受时会有较高的不确定性，需要与其他回复者进行讨论沟通，从而引导和确定网民的态度。互动的特点是众多 ID 之间相互回复，讨论进行得较为深入。由于参与到互动中的 ID 数量较多，且彼此之间联系紧密，所以在互动过程中影响其他 ID 较为容易，且影响范围较大。在进行互动时，为了取得更好的效果，引导网友的舆论方向，应充分发挥论坛辅助 ID（即马甲）的优势。

上述几点简单说明了论坛营销推广的具体技巧，结合任务实施中提及的相关策略，进行整体的论坛营销推广策划，将会取得较好的效果。

四、任务拓展

论坛是网络社区的一种表现形式，请针对中小企业网站推广这一主题，谈谈网络社区还有哪些表现形式，并通过网络社区实施网站推广工作。

任务二　网络视频营销推广

一、任务导入

网络视频改变了人们的阅读习惯，较传统的图文形式的网页信息而言，网络视频能够给人带来更加直观和动感的视觉、听觉享受，更加全面的信息展示。作为新兴的一种网络营销推广方式，网络视频营销推广目前还处在开发应用的初期，是一块宝贵的处女地。

本任务要求以项目小组的形式，针对中小企业网站推广这一实际背景，进行网络视频推广工作。具体涉及网络视频营销推广的策划、视频创意、视频拍摄、视频剪辑处理、上传视频、视频自身推广、效果监控等一系列有序的工作。在实施过程中突出视频的创意及视频本身的推广工作，以取得较好的网站推广效果。

二、任务实施

1. 网络视频营销推广策划

网络视频营销推广的第一步是策划工作，通过策划，明确以下问题。

（1）明确网络视频营销推广的实施目的及欲达到的目标。

（2）确定网络视频营销推广的目标受众群体并分析目标受众特征。

（3）制订网络视频营销推广的实施计划。

网络视频营销推广不同于其他媒体形式，其强烈的视觉冲击力是传统网络推广手段无法比拟的，也是人们乐于其中的重要原因。通过简单了解网络视频的基本信息后进行网络视频营销推广策划，结果形成表 7-4。

表 7-4 网络视频营销推广策划

实施目的		实施目标		
目标受众群体	目标受众类型		目标受众特征	
网络视频营销推广实施计划				
时间阶段	主要任务	执行人	备注	

为了网络视频营销推广能够取得更好的效果，还必须对国内主流视频网站有非常清晰的认识，了解它们各自的特点，为后期视频的拍摄、宣传做好准备。对各大视频网站的调研分析形成表 7-5。

表 7-5 国内主流视频网站分析

序　　号	视频网站名称	网 站 特 色	备　　注
1			
2			
3			
4			
5			

2. 视频创意

网络视频能否取得预期的网站推广效果，除了视频本身具备的视觉冲击力，更重要的一点是策划的视频要有创意。如 2005 年胡戈制作的网络视频《一个馒头引发的血案》，以极其简单的形式，对影片极有创意的解构手法，恶搞了陈凯歌导演当年的影片《无极》，在网络上取得了极大的影响。参考优秀的网络视频，通过灵活运用“头脑风暴法”“水平思考法”“联想法”“逆向思维法”等方法，进行网络视频的创意设计，形成视频脚本。

3. 视频拍摄

依据网络视频策划、创意脚本进行网络视频的拍摄。拍摄工作应具体完成以下内容。

（1）道具准备。小型 DV 或数码相机一部，视频拍摄主题涉及的相关物品，“演员”服装等。

（2）场景布置。为了达到更好的效果，应进行拍摄选址和场景布置，特别是室内拍摄，需要进行比较专业的布置，以达到比较好的拍摄效果。

（3）工作人员和“演员”到位。“演员”是诠释视频的主角，同时拍摄视频时要有一定数量的工作人员。

（4）依据脚本进行拍摄前的排练，以达到较好的演出效果。

（5）视频拍摄。视频长度一般介于 30 秒至几分钟之间，拍摄时切勿抖动，要求拍摄多个镜头，其中根据需要，包括一定数量的特写、中景、全景、大全景等。

4. 视频剪辑处理

拍摄完的视频还需要经过专门的处理制作成一个完整的剪辑版视频才能上传到网上。视频的剪辑处理具体完成以下工作。

（1）将视频导出到电脑。运用采集卡或者 USB 采集模式，将拍摄好的视频导出到电脑，保存格式建议选择 AVI，以方便后期编辑和转化。

（2）准备相关素材。为了制作出效果好的视频，在视频剪辑处理中可能需要用到一些素材，可以从一些 DVD 视频中采集。

（3）进行视频剪辑处理。选择一定的视频剪辑软件，如 Premiere、绘声绘影等，进行视频的剪辑处理，最终将完整的视频以 AVI 格式输出。

5. 上传视频

视频制作完成后，接下来就是将视频上传到视频网站。在上传视频时，首先了解视频网站对上传视频的格式、大小等的要求，进行视频的压缩和格式转换，然后上传视频。以新浪视频为例，视频的上传过程如下。

（1）进入新浪视频首页（http://video.sina.com.cn/），单击“上传视频”按钮，进入视频上传页面，选择要上传的视频，单击“下一步”按钮，如图 7-4 所示。

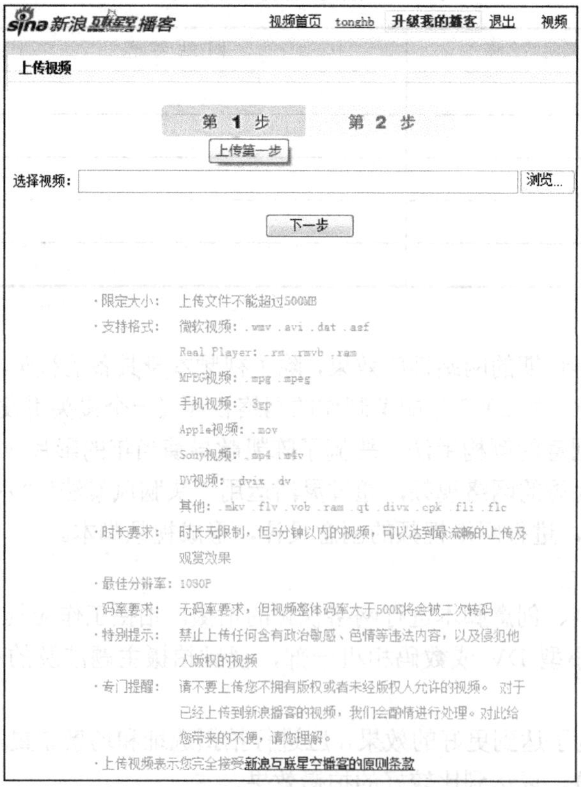

图 7-4　新浪视频上传第一步：选择视频

（2）视频上传后，进入第二步。填写视频相关信息，如图 7-5 所示。输入完成后，单击“完成”按钮，网站会提示你：恭喜您，视频上传成功。

图 7-5 新浪视频上传第二步：填写视频信息

在新浪视频中，视频上传成功后，还需要进行格式转换后才能进行在线播放。根据视频文件的大小，视频转换时间可能从几十秒到几十分钟不等，因此需要耐心等待一段时间。不过在新浪播客管理中心“管理视频”页面能随时查看到视频转换的状态，并进行视频的管理。

运用同样的方式，将制作好的视频上传到多个视频网站。

6. 视频自身推广与管理

网络视频上传成功后，能否起到预想的宣传效果，还必须对视频本身进行推广。视频的推广除可以通过在视频播放页面对视频的点击与进行评价提高排名和影响外，还可以通过博客、论坛等其他途径进行。当然，好的视频不需要太多的推广也可以达到预期的效果，这就看视频的创意等因素了。

如图 7-6 所示，在新浪视频播放页面中视频的下方，可以通过将视频转帖到其他媒体平台，或者运用不同的账号对视频进行点击与评论、制造舆论等手段进行宣传。

图 7-6 新浪视频转发与评论

7. 效果监控

很多视频网站都提供了网络视频的一些监测数据，如视频被点击播放的次数、被转载的次数、评论的条数、网站视频排名等。实时了解并统计视频在各个网站的播放效果，为视频营销方案的进一步优化做好准备。

三、任务分析

（一）网络视频概述

1. 网络视频的定义

所谓网络视频，简言之，就是指由网络视频服务商提供的、以流媒体为播放格式的、可以在线直播或点播的声像文件。网络视频一般需要独立的播放器，文件格式主要是基于 P2P 技术占用客户端资源较少的 FLV 流媒体格式。

百度百科关于网络视频的解释是：网络视频就是在网上传播的视频资源，狭义地指网络电影、电视剧、新闻、综艺节目、广告等视频节目；广义的还包括自拍 DV 短片、视频聊天、视频游戏等行为。

2. 网络视频的发展现状

网络视频作为 Web 2.0 的典型应用，自 2006 年步入发展元年，中国网络视频行业发展迅速，目前形成了 4 类网络视频网站。

（1）以爱奇艺（http://www.iqiyi.com/）、优酷网（http://www.youku.com/）、土豆网（http://www.tudou.com/）、酷六网（http://www.ku6.com/）等为代表的网络视频分享网站。

（2）以中国网络电视台（http://www.cntv.cn/）、芒果网（http://www.imgo.tv/）等为代表的网络视频“国家队”。

（3）以搜狐视频（http://tv.sohu.com/）、新浪视频（http://video.sina.com.cn/）等大型门户网站为代表的视频网站。

（4）以 PPlive（http://www.pptv.com/）、PPS（http://www.ppstream.com/）、风行（http://www.funshion.com/）、迅雷看看（http://www.xunlei.com/）、企鹅直播（http://live.qq.com）等为代表的网络电视。

截至 2018 年 12 月，网络视频用户规模达 6.12 亿，较 2017 年底增加 3309 万，占网民整体的 73.9%。手机网络视频用户规模达 5.90 亿，较 2017 年底增加 4101 万，占手机网民的 72.2%。2017 年 12 月—2018 年 12 月网络视频/手机网络视频用户规模及使用率如图 7-7 所示。

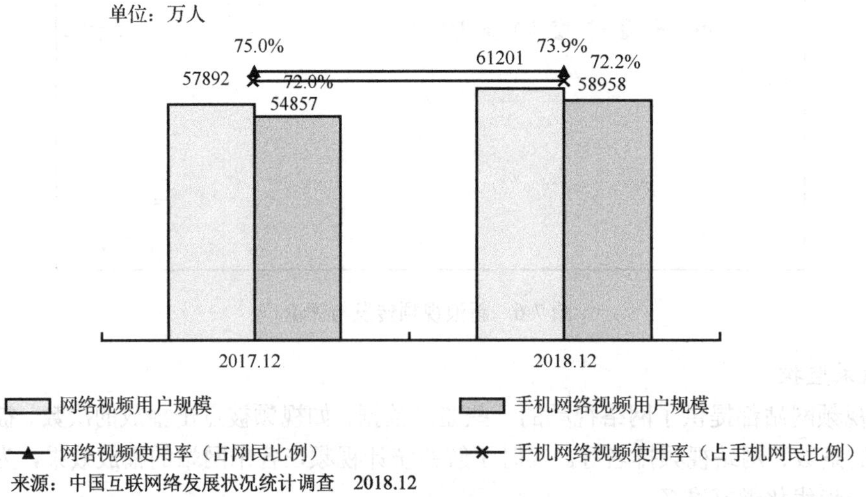

图 7-7 2017.12—2018.12 网络视频/手机网络视频用户规模及使用率（数据来源于 CCNIC）

在收看设备层面，智能手机与智能电视齐发力，分别满足个人、家庭网络视频服务需求。一方面，智能手机作为个人网络视频服务中最重要的一屏，使用率在高位的基础上不断提升，手机网络视频用户规模与整体网络视频用户规模之间的差距也不断缩小；另一方面，随着家庭宽带提速降费、智能电视价格持续下降，智能电视市场占有率不断提升。截至 2018 年 9 月底，智能电视覆盖终端达 3.22 亿台，激活终端 2.18 亿台，一半以上的网络视频用户通过智能电视收看网络视频节目。

在视频内容层面，各大平台注重节目内容质量提升，自制内容走向精品化。2018 年网络视频平台新上线的网络剧、网络综艺、网络电影等自制节目数量与去年同期相比呈持平或下降趋势，但播放总量、单剧播放量均大幅增长，精品、独播、创新的内容形态更受用户青睐。以网络综艺为例，2018 年网络综艺在题材创新上卓有成效，篮球、机器人、航天、演艺等专业团队竞技真人秀节目凭借高品质带来高口碑，获得较大影响力。

在市场格局层面，网络视频行业用户、内容、流量均向腾讯视频、爱奇艺、优酷三大平台集中，马太效应凸显。就用户规模而言，三大平台用户占整体网络视频用户的近九成；就内容、流量而言，2018 年新上线的自制节目八成左右在这三大平台独播，播放量占整体播放量的八成以上。第二、第三梯队平台的用户使用率下降，自制、独播内容较少，市场集中度进一步提升。

在短视频领域，众多互联网企业竞相布局，特色优质内容成竞争关键。2018 年，短视频市场获得各方广泛关注，百度、腾讯、阿里巴巴、微博持续在短视频领域发力，网易、搜狐等也纷纷推出新的短视频应用，短视频市场迅速发展。截至 2018 年 12 月，短视频用户规模达 6.48 亿，用户使用率为 78.2%。随着短视频市场的逐步成熟，内容生产的专业度与垂直度加深，同质化内容已无法立足，优质内容成为各平台的核心竞争力。为此，各短视频平台纷纷加强与优质 MCN 机构、达人合作，打造优质 PGC（专业生产内容）并带动 UGC（用户生产内容），共同生产更优质的内容。

（二）网络视频制作的方法与技巧

1. 网络视频压缩方法

视频压缩方法有两种，一是同格式转化：降低分辨率（视频播放窗口大小），改变编码方式（主要适用于 AVI），降低音频质量。通常在转化时设置“高级”选项内容即可；二是不同格式转化：转化成 rmvb 或 mov 都是不错的选择。转化成 rmvb 前，最好先安装最新版的 Realone 播放工具，以获得解码器。

2. 从 DVD 或 VCD 光盘里导出视频的方法

第一步：右键单击光盘符，选择“资源浏览器”命令打开光盘。

第二步：找到视频文件。一般来说，DVD 里的视频为 VOB 格式，但是由于各家标准不同，也会有其他格式。方法很简单，就是每个文件夹都打开看看，文件特别大的（通常几十 MB 以上）就是真实的视频了。找到视频以后，复制粘贴到硬盘就可以了。DVD 光盘里有多个视频文件，通常一个大场景一个视频文件。

第三步：把视频文件转化成其他格式，即可进行编辑。

3. 视频格式转化

（1）AVI、WMV、RM 和 VCD/SVCD/DVD 到 AVI 等的转化。

推荐软件：WinAVI Video Converter。WinAVI Video Converter 支持包括：第一，AVI、MPEG1/2/4、VCD/SVCD/DVD、DivX、XVid、ASF、WMV、RM 在内的几乎所有视频文件格

式；第二，自身支持 VCD/SVCD/DVD 烧录；第三，支持 AVI→DVD、AVI→VCD、AVI→MPEG、AVI→MPG、AVI→WMV、DVD→AVI 及视频到 AVI/WMV/RM 的转换。

当进行视频编辑或储存时，最好将视频转化成 AVI 格式，因为很多格式是很难编辑和转化的。另外，在将视频转化成 AVI 格式时，最好在“高级”里选择 Intel Indeo Video 5.10、MPEG-4、DivX 5.0 或 Xvid 视频编码方式。音频格式选择 MP3 就可以了。

（2）3GP 格式的转化。

手机拍摄的视频多数为 3GP 格式，个别国产手机为 MJP 格式。这两种格式可以直接上传到新浪互联星空播客，但如果想对其进行编辑，就必须转化成其他格式，AVI 格式为首选。

推荐软件：ImTOO 3GP Video Converter。该软件几乎适合将所有格式转化成 3GP 和从 3GP 到其他格式的转化，也支持其他手机常用的视频格式之间的转化。

（3）MJP 格式的转化。

很多国产手机只支持 MJP 格式的视频，目前还没有相应的软件把 MJP 转化成其他格式，且类似新浪播客等视频网站目前不支持这种格式。

视频的制作经常需要对视频进行切割、截取及合并，同时为了获得更好的视频展示效果，需要嵌入视频字幕，相关的技巧可以查阅一些视频网站提供的帮助文件。

（三）常见网络视频格式

视频文件可以分成两大类：一是影音文件，比如常见的 VCD；二是流式视频文件，或称流媒体视频文件。

1. 影音文件

影音文件的应用非常广泛，是一类传统的视频格式。VCD 就是影音文件。它分轨记录着视频和音频信息。

（1）AVI 格式。

AVI 专业的名字叫音频视频交错（Audio Video Interleaved）格式，是由 Microsoft 公司开发的一种数字音频与视频文件格式，原先仅仅用于微软的视窗视频操作环境（Microsoft Video for Windows，VFW），现在已被大多数操作系统直接支持。AVI 格式允许视频和音频交错在一起同步播放，但 AVI 文件没有限定压缩标准，即后缀名同是 AVI，却由不同的算法压缩，由此就造成了 AVI 文件格式不具有兼容性。不同压缩标准生成的 AVI 文件，就必须使用相应的解压缩算法才能将之播放出来。这就是有些 AVI 能够顺利播放，有些则只有图像没有声音，甚至根本无法播放的原因。

小提示：AVI 编码的选择。

在压缩 AVI 时，需要综合考虑播放机器的软硬件环境、文件体积、播放质量、编码时间、兼容性等各种因素，选择最为恰当的一种。一般在文件体积、播放质量、编码时间方面均占优势的是 Intel Indeo Video 5.10，并且它的兼容性也很好，适用于目前主流的软硬件环境。

不过要想保证视频质量，源文件解码方式的选择很重要，建议使用 Intel Indeo Video 5.10、DivX MPEG-4 或 DivX 5.0 编码方式，既能保证视频质量，又能尽量缩小体积，便于上传。

（2）MOV 格式（QuickTime）。

QuickTime 格式是 Apple 公司开发的一种音频、视频文件格式。QuickTime 用于保存音频和视频信息，现在它被包括 Apple Mac OS、Microsoft Windows 95/98/NT/7/10 在内的所有主流电脑平台支持。QuickTime 文件格式支持 25 位彩色，支持领先的集成压缩技术，提供 150 多种视频效果，并配有提供了 200 多种 MIDI 兼容音响和设备的声音装置。新版的 QuickTime 进一步扩展了原有功能，包含了基于 Internet 应用的关键特性。因此，QuickTime 因具有跨平台、存储空间要求小等技术特点，得到业界的广泛认可，目前已成为数字媒体软件技术领域的事实上的工业标准。

（3）MPEG / MPG / MPA / DAT 格式。

MPEG 是 Moving Picture Experts Group （动态图像专家组）的缩写，由国际标准化组织 ISO （International Standardization Organization）与 IEC（International Electrotechnical Commission）于 1988 年联合成立，专门致力于运动图像（MPEG 视频）及其伴音编码（MPEG 音频）标准化工作。MPEG 是运动图像压缩算法的国际标准，现已被几乎所有的计算机平台共同支持。MPEG 压缩标准是针对运动图像而设计的，其基本方法是：在单位时间内采集并保存第一帧信息，只存储其余帧相对第一帧发生变化的部分，从而达到压缩的目的。MPEG 的平均压缩比为 50 : 1，最高可达 200 : 1，压缩效率之高由此可见一斑。同时图像和音响的质量也非常好，并且在微机上有统一的标准格式，兼容性相当好。MPEG 标准包括 MPEG 视频、MPEG 音频和 MPEG 系统（视频、音频同步）三个部分，MP3 音频文件就是 MPEG 音频的一个典型应用，而 Video CD（VCD）、Super VCD（SVCD）、DVD（Digital Versatile Disk）则是全面采用 MPEG 技术所产生出来的新型消费类电子产品。

2. 流媒体文件

流媒体文件是互联网发展的产物，是视频格式发展的方向。流媒体视频文件支持在线播放、现场直播等。通俗地说，就是边下载边播放。由于视频文件的体积往往比较大，网络带宽限制了视频数据的实时传输和实时播放，于是一种新型的流式视频（Streaming Video）格式应运而生了。这种方式是先从服务器上下载一部分视频文件，形成视频流缓冲区后实时播放，同时继续下载，为接下来的播放做好准备。这种“边传边播”的方法避免了用户必须等待整个文件从 Internet 上全部下载完毕才能观看的缺点。

（1）RM / RMVB（Real Media）格式。

RM 格式是 RealNetworks 公司开发的一种新型流式视频文件格式，包括 RealAudio、RealVideo 和 RealFlash。RealAudio 用来传输接近 CD 音质的音频数据，RealVideo 用来传输连续视频数据，而 RealFlash 则是 RealNetworks 公司与 Macromedia 公司新近合作推出的一种高压缩比的动画格式。目前，Internet 上已有不少网站利用 RealVideo 技术进行重大事件的实况转播。

（2）MOV 文件格式（QuickTime）。

MOV 也可以作为一种流文件格式。QuickTime 能够通过 Internet 提供实时的数字化信息流、工作流与文件回放功能，为了适应这一网络多媒体应用，QuickTime 为多种流行的浏览器软件提供了相应的 QuickTime Viewer 插件（Plug-in），能够在浏览器中实现多媒体数据的实时回放。此外，QuickTime 还提供了自动速率选择功能，当用户通过调用插件来播放 QuickTime 多媒体文件时，能够自己选择不同的连接速率下载并播放影像。QuickTime 还采用了一种称为 QuickTime VR 的虚拟现实（Virtual Reality，VR）技术，用户只需通过鼠标或键盘，就可以观察某一地点周围 360 度的景象，或者从空间任何角度观察某一物体。

（3）ASF / WMV（Advanced Streaming Format）格式。

Microsoft 公司推出的 Advanced Streaming Format（ASF，高级流格式）是一个在 Internet

上实时传播多媒体的技术标准。ASF 的主要优点包括：本地或网络回放、可扩充的媒体类型、部件下载以及扩展性等。ASF 应用的主要部件是 NetShow 服务器和 NetShow 播放器。

（4）FLV 格式

FLV 是 Macromedia 公司开发的流式视频格式。这种格式是在 Sorenson 公司的压缩算法的基础上开发出来的。FLV 格式不仅可以轻松地导入 Flash 中，也可以通过 RTMP 协议从 Flashcom 服务器上流式播出。目前很多视频网站采用这种方式实现流媒体播放。

3. 其他视频格式

（1）MP4 格式。

用 MPEG-4 编码，适合所有手机，特别是带存储卡的手机，优点是图像清晰，文件大小适中。

（2）3GP 格式。

适合所有手机，特别是内存小的手机。优点是文件小，但清晰度略差。

（3）AMV 格式。

MP3 的视频格式，很多可以播放视频的 MP3 播放器用的就是这种格式，与 MP4 的区别就像 VCD 和 DVD 的区别一样。

（四）如何有效地实施视频营销推广

网络视频营销推广是指企业或者组织机构利用各种网络视频，比如科学视频、教育视频、企业视频等网络视频发布企业的信息、企业产品的展示、企业的各种营销活动，以及各种组织机构，利用网络视频把最需要传达给最终目标客户的信息通过各种网络媒体发布出去，宣传企业产品和服务，在消费者心中树立良好的品牌形象，最终达到企业的营销目的。

在网络视频成为第五大互联网应用的背景下，如何借用网络视频进行企业网络营销及网站推广工作，成为大家关注的焦点。如何更好地发挥网络视频的营销推广作用，除了任务实施中提及的相关策略，还应注意以下几点。

1. 巧妙叙事

不管是用于网站推广的网络视频还是面向用户的感谢信，优秀的视频一定要学会讲故事，以此留住观众的注意力。

在 YouTube 的最受关注排行榜上曾经出现过这样一个系列视频：一个叫汤姆的家伙把所有能够想到的玩意儿都塞进了桌上的搅拌机里——扑克、火柴、灯泡……甚至还有手机！每段视频的开头，老头儿都会戴着防护眼镜来上一句："搅得烂吗？这是一个问题。"（Will it blend? That is a question.）

"搅得烂吗"系列视频的最新牺牲品是一台苹果公司早年出产的 iPod 随身听。汤姆把 iPod 往搅拌机里一扔，盖上盖子，20 秒的吱吱嘎嘎之后，iPod 变成了一堆冒着灰烟的金属粉末。自从 2006 年 12 月 13 日被上传到 YouTube 之后，这段惊人的视频在两个月内被观看了将近 270 万次。没有哪个观众不被那台无所不能的搅拌机所征服，纷纷点击节目说明中的网址去一探究竟。这便是生产家用食品搅拌机的 Blendtec 公司的杰作。

2. 言简意赅

效果最好的在线视频长度介于 30 秒至几分钟之间。如果你有长达一小时的话要说，那么就分成几个小段，这样观众会觉得更有趣一些，而且容易找到主题。

上述 Blendtec 公司搅拌机的实验涉及了诸如大理石、高尔夫球等大量的实验品，但公司没有把这些实验制作成一个视频，而是制作成了近 30 段的一个系列视频，并根据网友的反应不断推波助澜。“我们的目标就是加深品牌和市场认知度”，在接受美国《商业周刊》采访时，市场总监赖特说，“很多人家里的搅拌机可能连冰块都没法弄碎，他们会牢牢记住这个可以搅拌大理石的机器。”

3. 创意第一

在网络营销推广活动中，视频的效果可能并不像想象中的那样会获得成功，因为创新就有风险。如当年财大气粗的索尼在拍摄液晶电视广告时，包下了一栋废弃的大楼，出动了 250 人的队伍花了 10 天才拍摄完毕。其间投入了 7 000 升环保颜料、400 个微型炸弹和 300 多门小型迫击炮，最后却帮助其他公司搭上了顺风车。

4. 做足功课

谁也无法保证一个视频营销策略注定会引发病毒式的传播效果。即便如此，依然得先弄明白消费者想要什么，就像在传统营销方面做过的事情一样。因此了解消费者的真正需求点、关注点，以此确定网络视频的主题，同时够创意，才能吸引消费者的眼球，才能使视频营销推广起到预期的效果。

奥美广告公司曾经给联合利华公司旗下的多芬（Dove）美容品牌策划了一个 1 分多钟的网络视频广告，在视频中，观众将会亲眼看见毫不上相的面孔如何在化妆师、摄影师和 Photoshop 软件的帮助下，变成公路广告牌上美若天仙的超级模特。广告最后的字幕写道：“毫无疑问，我们的美感已经被扭曲了。”（No wonder our perception of beauty is distorted.）这支妙趣横生的“揭密”视频在吸引消费者眼球的同时，向公众准确地传递了该品牌“自然美”的概念。当然，切合了“女性爱美”的真实需求才是该视频的真正核心。

5. 精确计算

虽然“病毒视频”日趋流行，但是这并不意味着那些乐此不疲的观众就会是你的目标群体。最好能够获取受众的构成报告，然后看看究竟有多少人会转变为最终用户。转化率才是企业最应该关注的，假如视频只能给观众带来愉悦感，不能让观众记住你的产品或品牌，那说明网络视频策略发生了问题。

做好网络视频营销推广并不是一件很容易的事情，除了做好上述提及的几点外，还应关注很多细节问题，如应避免在网络视频营销推广中出现以下问题而造成负面影响。

1. 弄虚作假

如果有大公司想要假扮成普通网民的话，那么必须冒真相大白之后被唾沫淹没的风险。最好老实交代自己是谁，因为诚信在网上显得更为重要。

2. 处心积虑

最好的推广视频一定要让员工用自己的话讲述自己的故事。费力不讨好地准备一大堆演讲稿让人照本宣科只能弄巧成拙。

3. 极度润色

公司如果打算进行视频推广的话，未必非得让制作的视频作品都保证极高的质量。实际上，过高的视频质量容易被人误解成传统的电视广告。

4. 年轻过头

根据最新的调查结果，相比于 18 至 24 岁的年轻人，35 到 54 岁的中年观众对于网络视频的热情绝对不相上下。应充分认识自己的目标客户群体，如果只把目标受众定为年轻人，那么就会丢掉大块市场。

5. 忘记品牌

独一无二的滑稽视频在互联网上能够取得极佳的传播效果。但是如果这个视频不能强化品牌形象，那么结果将变成——观众人山人海、用户大惑不解、买家寥寥无几。

四、任务拓展

微电影的设计与制作。设计制作一则“爱护地球、保护环境”的公益视频广告，并上传到视频网站。要求在视频的情节设计上突出创新、创意。视频制作不超过 2 分钟。

任务三　博客（软文）推广

一、任务导入

博客（Blog）作为重要的网络自媒体，是软文营销的重要途径，众多企业将其作为一种重要的网站推广方式。如何利用好博客这一“网络信息播种机”，获得更大的网站知晓度和美誉度，树立企业品牌形象，形成良好的口碑效应，甚至影响和引导大多数网民的思维及舆论，是博客（软文）推广的目标。

本任务要求以项目小组的形式，针对中小企业网站推广这一实际背景，以博客为工具进行软文推广。具体涉及博客（软文）推广的策划、建立博客、发表博文（软文）、博客自身的推广与管理等一系列有序的工作，其中突出原创博文的写作（即软文写作）和博客自身的推广。

二、任务实施

1. 博客（软文）推广策划

利用博客开展软文推广，首先要做好软文推广策划工作，明确软文推广的实施目的及欲达到的目标、受众群体及其特征、博客的定位和软文推广的实施计划等，制定出详细全面的策划书。博客的定位是软文推广中最重要的工作之一。简单地讲，它表明了你将要开设的是一个关于什么方面的博客，适合哪些受众。博客的定位一般可以根据软文推广的目的来确定，一般情况下，博客主题明确及信息的专业性是博客定位的重要标准。在软文推广策划阶段，完成表 7-6 所示内容。

表 7-6　博客（软文）营销策划

实施目的		实施目标	
目标受众群体	目标受众类型	目标受众特征	
博客定位			

续表

博客（软文）营销实施计划			
时间阶段	主要任务	任务描述	备注

2. 建立博客

开通博客主要包括三个方面的重要工作，一是博客平台的选择，二是博客名称的选取，三是博客的注册与设置。

博客平台的选择一般有两种途径，一种是建立自己独立域名的博客，类似于国内早期的个人主页；另一种是选择第三方博客托管平台，如新浪博客、腾讯博客等。了解两种途径建立博客的差异，同时分析一下目前国内比较知名的博客平台，它们各自有何特点，将结果填入表7-7。通过上述分析，确定在哪些平台建立博客。

表 7-7　国内博客平台的比较

博客平台	网　址	特　点

一般情况下，博客名称的选择应把握简单易记、个性鲜明、凸显主题、特立独行等特点，或者以自己的名字作为博客的名称，突出博客的真实性。企业博客或者营销型博客还应考虑自己的企业品牌、产品等要素。

通过登录新浪、搜狐等国内几大知名博客平台，了解优秀博客在博客名称和域名选择上的特点，确定博客名称和博客域名，将结果填入表 7-8。

表 7-8　博客名称和博客域名的选择

博客名称	理　由	博客域名	理　由

在确定了博客平台、博客名称和博客域名之后，就可以进行博客的注册和相关设置了。以新浪博客为例，一般情况下，注册并设置博客的过程如下。

（1）打开新浪博客平台首页（http://blog.sina.com.cn/），进入注册页面。

（2）填写注册信息。在填写用户注册信息时，应注意博客昵称的填写。作为营销型个人博客，应从博客的定位着手，选择一个与主题吻合且简单易记的昵称。

（3）熟悉并完成博客的基本设置。通过页面设置，进行博客风格、版式、组件等的设置。通过个人中心，进行应用、消息、博友、内容和账户信息等的设置，其中比较重要的是添加“友情链接”和“订阅我的博客”等组件，填写“个人信息”和“博客地址”。

3. 发表博文（软文）

博客的影响力主要建立在博文（软文）的基础上，并且其影响力和关注度都不可能是一夜之间建立起来的，因此撰写优秀的博文（软文）并且持之以恒是软文推广最重要的工作。在进行博文撰写时，应把握以下一些要点。

（1）博客内容的真实性。

（2）博客内容要原创。

（3）博客要保持前沿性。

（4）博客观点要鲜明。

（5）博文长度要适中。

（6）博文的标题应恰到好处，切忌做标题党。

（7）博文形式要多样化。

（8）博客要定期更新。

（9）避免错别字等细节问题。

在新浪博客中，单击“发博文”按钮，将进入博文编辑页面，其中主要有标题、文本编辑区、分类、标签、设置、投稿到排行榜、投稿到参与的圈子、同步等内容，在发表博文时，这些内容都应尽可能完整地进行填写和设置。

4. 博客自身的推广与管理

建立了博客，不断地发表优秀的博文，并不意味着软文营销就会成功。在信息泛滥的当今互联网上，并不会出现“酒香不怕巷子深”的好事，因此还必须通过适当的方法对自身的博客进行推广与管理。博客的推广可以遵循以下一些方法。

（1）加入一个好“圈子”。“圈子”是博客托管平台所提供的一个重要功能，用于网聚兴趣相同的博友，从而形成一股合力。进入新浪博客圈，查看新浪推荐的圈子，找到适合自己的加入。

（2）自荐博文。要想让自己的博客真正起到广而告之的功能，可以通过将优秀的博文自荐给博客管理员，获得博客平台的推荐。

（3）交换链接。交换链接能够吸引其他博客的读者访问自身博客，由此提升博客的流量，甚至带来更大的营销价值。查找与自身博客有着相似内容定位或者内容互补的博客，特别是已经有一定影响力的博客，与其交换链接。

（4）登录搜索引擎。博客（软文）推广可以有效地提高网站的外链数量和质量，从而提升网站的搜索引擎排名。博客自身也可以通过搜索引擎优化、提交搜索引擎等获得搜索引擎的青睐，从而提升博客的影响力。

（5）查看并回复读者留言。当读者在阅读了博文之后进行评论或留言，应及时与读者进行互动，以促进与读者的感情，同时也从读者的评论或留言中获取对博文写作有价值的信息。

（6）访问优秀的博客并发表评论或留言。优秀的博客有着大量的读者群，通过浏览同业优秀的博客，发表评论或者留言，与博主进行互动，同时也将自己的一些观点、想法主动地展示在自己的目标受众面前。

在博客推广的过程中，还可以通过主动认识博客管理员、邀请知名人士或者名博博主对自己的博文发表评论或者写专题文章等方式进行推广。

三、任务分析

（一）博客和软文营销的定义

1. 博客的定义

博客，又被译为网络日志、部落格或部落阁等。最初的名称是 Weblog，按字面意思就是网络日记。

博客是一种通常由个人管理、不定期张贴新的文章的网站。博客上的文章通常根据张贴时间，以倒序方式由新到旧排列。许多博客专注在特定的课题上提供评论或新闻，其他则被作为个人日记。一个典型的博客结合了文字、图像、其他博客或网站的链接及其他与主题相关的媒体。能够让读者以互动的方式留下意见，是许多博客的重要因素。大部分的博客内容以文字为主，少数博客专注在艺术、摄影、视频、音乐、播客等主题。

博客的五个重要特征是个人性、互动性链接与评论、时间序列、不断更新和在线出版。

2. 博客营销的定义

博客营销是公司、企业或者个人利用博客这种网络交互性平台，发布并更新企业、公司或个人的相关概况及信息，密切关注并及时回复平台上客户对于企业或个人的相关疑问以及咨询，并通过较强的博客平台帮助企业或公司零成本获得搜索引擎的较前排位，以达到宣传目的的营销手段。

简言之，博客营销就是企业利用博客这种网络应用形式开展网络营销活动，其目的一般为提升企业品牌形象、促进产品或服务销售、进行危机公关等。在企业网站推广、网络营销中发挥了巨大的作用。

3. 软文营销

软文营销就是指通过特定的概念诉求，以摆事实讲道理的方式使消费者走进企业设定的“思维圈”，以强有力的针对性心理攻击迅速实现产品销售的文字模式和口头传播。从本质上来说，它是企业软性渗透的商业策略在广告形式上的实现，通常借助文字表达与舆论传播使消费者认同某种概念、观点和分析思路，从而达到企业品牌宣传、产品销售的目的。软文的常见形式如新闻、第三方评论、访谈、采访、口碑等。

（二）博客的发展历程

博客起源于美国，早期博客的出现是出于个体想在互联网世界寻找稳定而持久的空间来表达自我。从一开始的个人日志，逐渐发展成具有影响力的新兴媒介，并展现出巨大的商业价值，博客发展至今，经历了以下几个阶段。

1. 博客萌芽于美国（1994—2001 年）

最早的博客可以追溯到 1994 年 1 月，是作为网络“过滤器”出现的，主要就是挑选一些特别的网站，并作简单介绍。最早的博客先驱，当时还在大学就读的贾斯廷·霍尔（Justin Hall）用 HTML 语言手动编码网页“Justin Hall’s Link”（http://www.link.net/）。主页上很多是指向互联网社区的链接，内容大多是一些生活和旅行中的奇闻轶事。他的《来自地下的链接》（Links From the Underground）可能是第一个重要的网络日志，时间远远早于专门的博客软件工具的出现。

贾斯廷·霍尔的手动主页作为雏形，具备了博客主页的一些功能：个人空间、导向其他网站的页面链接、日志存档、逆时序排列、读者评论和评论回复。虽然他的主页没有实现工具的自动化，也不具备成熟博客主页所有的流量统计、引用通告、RSS 等全面的功能，但是在写作风格的个性化、用主页充当网络导航和全方位生活平台的意向上，与真正意义上的博客页面一脉相承。

1997 年 12 月，Jorn Barger 运行的“Robot Wisdom Weblog”第一次使用“Weblog”这个正式的名字。至今，在博客领域，他还是一位非常有影响力的人物。Jorn Barger 的贡献主要体现在形式上，他将 Log 的意义从接近航海日志那种无人称、拟客观、机械式写作，转换成较接近旅游日志的“有人称、有个性”的自由书写。

1999 年起，Blogger、Pita、Manila、Diary land、Big Blog Tool 等众多简单易用的免费软件涌现，开始了真正意义上的博客运动。它们的问世清除了横亘在普通公众面前的网页制作技术壁垒，消除了传统出版人和公众的界限，博客开始爆发式增长。当时，Blogger.com 成为美国最有影响力的博客托管网站，短短几个月内，该网站就涌现出成千上万的新博客。

2. 博客在世界范围内崛起（2001—2004 年）

2001 年的“9・11”事件是博客赢得读者群和影响力的重要转折。当时几乎所有的主流媒体网站都因访问量过大而瘫痪，人们在寻求新闻信息的迫切要求下，将注意力转向了博客。面临着巨大的灾难，民众需要通过各种渠道发泄悲痛祈祷平安、传递信息、评论政治，产生了强烈的表达和宣泄的需求。在这种背景之下，博客有力地补充了主流媒体的缺陷，以更具个性化和人情味的资讯吸引读者。伴随着幸存者们对悲剧的目击陈述，未经中介的博客新闻报道展现了巨大的力量。至此，博客开始进入主流社会的视野。

到了 2002 年，博客现象已经引起了《纽约时报》等主流媒体的广泛报道，哥伦比亚新闻评论开始常规报道博客。当年最后一天，“在线新闻评论”（Online Journalism Review）网站预测，2003 年博客将进入主流：“2003 年将是博客真正突破性的一年，更多的记者使用它，更多的普通人和名人使用它。”

博客在 2004 年得到了爆发性的增长，并得到了主流媒体的强烈关注，给传统媒体带去了强烈的冲击。

3. 博客在中国的发展历程

2001 年 11 月 20 日，美国新闻传播学教授 Dan Gillmor 先生应邀参加“清华阳光传媒论坛”，演讲主题是“9・11 后世界新闻传媒的走向”。在他的演讲中特别提到了“网络日记”，并且向大家显示了他自己的网络日记。这是中国人第一次知道“网络日记”这个概念。

2002 年 7 月，Blog 的中文“博客”由方兴东、王俊秀正式命名，同时起草了《博客宣言》。同年 8 月，方兴东、王俊秀开通博客中国（blog china）网站，开始了博客在中国的全面启蒙和推动。

真正使博客成为中国民众的热门话题，是发生于 2003 年的“木子美性爱博客事件”。2003 年 6 月，性专栏作家木子美（李丽）将其性体验日记在博客中国网站上登载，随即引起了巨大的轰动。一时间，有关木子美和博客中国的网站点击率急剧攀升。至 2003 年 11 月 11 日零时 30 分，其性爱日记《遗情书》的访问量已到达 162682 次。

“木子美事件”对于中国网民了解博客现象，起到了意外的推动作用。方兴东也坦言：“是木子美让‘博客’概念走向大众，木子美对博客概念的普及功不可没，这一点毫无疑问。所以木子美的大名在中国博客的发展历史上必然是一个留下重要墨迹的名字，她躲也躲不掉，你拦也拦不住的。”

2004 年开始，网易、新浪、腾讯、天涯等知名网站相继推出自己的博客平台，博客开始进入主流媒体视野。

网络媒体推陈出新，微博的出现使得博客的使用率在2011年开始下降。作为最早的Web 2.0应用形态，博客呈现了传统的信息传播特征，一些名人博客依旧受到关注，是意见领袖们传送信息的重要渠道。然而对于普通网民来说，微博、SNS、微信等新兴媒体快速、简单、互动性和社交性强的特点更迎合他们的需求。

（三）博客的特点和分类

1. 博客的特点

博客不是一种由上至下的直线式的单向传播，而是一种去中心化的互动表达方式，正是由于这种“草根”特色，博客才得到了网民的积极响应。

（1）博客所属个体性。个体性是博客最基本的特征。博客为博主个人所有，他们可以在这块儿自留地上“任意”发表自己的所思所想所见所闻，具有强烈的个性化印记。

（2）博客访问开放性。博客的开放性，加速了信息的交流，也使得众多博客可以实现资源共享。

（3）博客读者交互性。博客的阅读者可以随时在博主文本后面发表评论，表达意见，甚至可以两者同时在线，对某一问题实现真正意义上的即时对话，这种快速的交互性实现了博客和阅读者的平等对话，改变了传统传播的单向性。

（4）博客信息即时性。博客的便捷性使得博主可以方便地将个人观点、心情等通过博客发布，这有效提高了博客信息的即时性。

（5）信息发布集中性。博文发布通常是固定的一人或团队，相对集中，加之博客内容不断更新，在时间上具有持续性，使其信息集中性加强。

2. 博客的分类

（1）按照内容划分。一是以某类专门知识为主的博客，这类博客往往专注于某一特定领域，阐述见解或者学术分析；二是以时效性内容为主的博客，比如各类过滤新闻的博客；三是以个人表达交流为主的博客，比如描写生活点滴，记录心路历程的博客。

（2）按照汇聚方式划分。一是“单打独斗”的纯个人博客；二是由几个或几十个兴趣相近的人组成的群体博客；三是博客、非博客等汇聚在一起形成的社区博客。

（3）按照存在方式划分。一是托管博客；二是附属博客；三是个体独自建立网站博客。目前个人博客以托管博客和附属博客居多。

（4）按照博客个体的层次划分。一是草根博客，主要将博客作为个人表达的方式；二是精英博客，他们拥有大量的点击量，如博客名人徐静蕾。

在现实应用中，往往一个博客“身兼数职”，是多种属性的集合体。

（四）软文写作的原则与技巧

了解软文写作的原则和技巧，才能写出优秀的软文，发挥软文的营销价值。一般而言，软文写作应遵循以下原则。

（1）本质是广告。因此在写作时不要忘记目标，不要回避商业的本性。

（2）伪装的形式。软文必须以新闻资讯、管理思想、企业文化、技术文档、评论、包含文字元素的游戏等各种文字资源来伪装自己，传递广告信息。

（3）培养信任。软文的宗旨是巧妙地通过文字获得受众的信任，然后再实施营销行为。

（4）找准利益点。要想说服受众，就必须要在软文写作中着力于受众的利益点。

（5）制造口碑。优秀的软文不仅要让受众信任并接受，还要能够引起受众评论转发的兴趣。

软文写作的技巧主要有以下几点。

（1）学习标题党，发力软文标题。

标题党曾在网络中红极一时，原因在于其为网站赢得了流量。后来之所以覆灭，是因为其背离了用户体验，好的开始（标题）却没有好的过程（内容），让人有一种受骗的感觉。换言之，标题党的成功是因为标题，失败是因为内容。因此标题党的拟题技巧值得学习。软文写作时要仔细地推敲、斟酌、三思，把题目拟得有创意，或悬疑、或夸张、或搞笑……，总之要吸引人，让人看了能产生兴趣，有点击阅读的动机。如果软文标题能达到这样的效果，那就为软文的成功奠定了一个良好的基础。

（2）抓住时事热点，借势热门事件。

时事热点，顾名思义就是那些具有时效性、最新鲜、最热门的新闻。这些事件往往能够吸引大多数网民的注意力，带来眼球效应。因此，如果能够有效利用时事新闻制造的热点，成功借势，则可以在内容上顺利引起网民的关注。

（3）软硬适中，巧妙叙事。

软文的“软”意在广告内容的隐蔽，因此一篇优秀的软文，首先要做到的是不能让受众直观地感受到广告的信息；其次是不能只追求“软”，而忽视自己的商业诉求。软硬适中是一篇优秀的软文必须做到的。因此在软文写作时，应进行巧妙叙事，通过讲故事、发新闻、写评论等方式，将广告信息巧妙地融入软文而不留痕迹。

（五）如何利用博客进行软文推广

1. 利用博客设置议程，制造热点话题

“议程设置功能”理论由美国传播学家 M·E·麦库姆斯和 D·L·肖在 1972 年提出，他们认为：大众传播具有一种为公众设置“议事日程”的功能，传媒的新闻报道和信息传达活动以赋予各种“议题”不同程度的显著性（salience）方式，影响着人们对周围世界的“大事”及其重要性的判断。也就是说，传播媒介对于外部世界的报道并不是“镜子”式的反映，而是一种有目的取舍选择活动。传播媒介根据自己的价值观和报道方针，从现实环境里“选择”出认为重要的部分进行加工整理，然后报道给大众。

企业在策划博客内容时，具有名人效应、新闻价值以及社会影响的人物或事件，吸引媒体、社会团体和消费者的兴趣与关注，以此达到快速宣传企业品牌形象的目的。同时，博客传播兼具大众传播和人际传播的特点，在传播的过程中极易形成二次传播。在博客形成的舆论圈中，不仅博主和受众之间进行传播，受众和受众之间同样存在有效的传播，这样就形成了大众传播和口碑传播有机结合。当博客内容在网络形成一定影响力后，反过来还会影响传统大众媒介的“议程设置”，引来传统媒体的竞相报道，从而将博客内容的新闻效应发挥到最大程度。

2. 打造 CEO 博客，争夺公众注意力

博客的模式和影响力已经引起 CEO 们的重视，越来越多的 CEO 开始巧妙地利用博客来发展其与客户和消费者之间的关系，力图利用他们自身的专业魅力来潜移默化地影响他们的服务对象。根据调查，美国《财富》周刊榜 500 强企业中，至少有超过 20%的企业高管拥有自己的博客，如 Sun 总裁乔纳森·施瓦兹、微软高层罗伯特·斯考伯，以及 IBM、Google、惠普、苹果、甲骨文、通用等大型跨国企业的高管。这些企业高管由于拥有较高的企业决策地位和管理素养，往往和公司的对外形象联系在一起，成为企业资产的一部分。他们所发出的声音能够在一定程度上代表企业的形象和行业走向，甚至市场走向，因此极受公众的注意。

在中国地产界，利用博客进行企业营销的手段已经成为一种潮流。王石、任志强、潘石屹、冯仑等，这些地产 CEO 们无一不是深谙博客营销传播之道。

3. 利用意见领袖博客扩大企业影响力

“意见领袖”，是指活跃在人际传播网络中，经常为他人提供信息、观点或建议并对他人施加个人影响的人物，是大众传播效果的形成过程的中介或过滤的环节。由他们将信息扩散给受众，形成信息传递的两级传播。在每一个阶层、行业和领域里，都存在相关方面的意见领袖。这些领袖因其掌握的相关方面的信息而受到追随者的追捧，他们的意见成为周围人做决定时的重要参考甚至是决定性因素。

利用意见领袖在博客上的二次传播中对企业的品牌和产品进行的正面宣传，将会给企业带来巨大效益。如尼桑汽车公司在推广新车型 TIIDA 时，就专门成立了一个博客，邀请一些在汽车方面有影响力的车主进行新车体验，并请他们将试车心得以文字、图片以及视频的形式发布在这个博客上，与潜在用户讨论新车性能，公司的配套服务以及售后，等等。基于试车者意见领袖的身份，他们所发布的博客内容具有很强的可信度以及感染力，形成良好的沟通宣传效果。

4. 灵活应用博客技术手段

互联网世界自诞生以来就一直处于高速发展的状态，其表现形态之一就是技术的不断革新。从 Web 1.0 时代过渡到 Web 2.0 时代，技术上的变化主要是出现了博客、RSS、TAG、SNS、网摘等。企业想要利用博客这个平台对市场和公众发挥有效的影响力，必须对相关行业博客有所了解，并能够灵活地运用它。

（1）RSS 订阅。

RSS，英文全称是 Really Simple Syndication，意为真正简单新闻聚合，是一种新兴的传播技术形式。它形成于 20 世纪末，由美国网景（Netscape）公司所研发，最初的目的为了提高企业在互联网中符合信息的筛选效率。

只要博客支持 RSS 订阅，读者就可以利用客户端进行订阅，博客内容的更新可以通过 RSS 订阅以信息列表的形式自动传递给读者。读者不用直接浏览网站，就能及时直接地通过 RSS 了解到博客新近更新的内容，第一时间为企业博客增加人气。

（2）添加 TAG。

TAG，又称为“标签”，简单地说是一篇文章的“关键词”。企业博客营销中，可以将博文或者照片，选择一个或多个词语（卷标）来标记。这样一来，凡是博客网站上使用该词语的文章自动成为一个列表显示，添加标签的文章就会被链接到网站相应标签的页面。这样，浏览者在访问相关标签时，就有可能访问到企业的文章，增加了企业博客的文章被访问的机会。TAG 是加强文章之间或者用户间联系的一个纽带，通过文章所使用的 TAG，可以将文章内容或者用户关心的内容联系起来，从而增加文章或用户间的互动。

另一方面，企业可以很方便地查找到使用了同样 TAG 的文章，可以方便地查找到文章的发布者，从而建立一定范围的博客圈子。

（3）添加链接。

互联网信息传播的重要特性之一是扩散性，它也是通过无限交织在一起的链接实现的，如果博客在与一些知名网站或者行业相关的博客交换链接，是具有一定资源互补优势的网站之间的简单合作形式，即分别在自己的网站上放置对方网站的 Logo 或网站名称，并设置对方网站或博客的链接，使得用户可以从合作网站中发现自己的博客。另外，Google、百度等搜索引擎都具有强大的博客内容搜索功能，如果企业博客时常保持内容更新，就会增加其被搜索引擎搜索到的机会，从而为企业博客带来更多的访问量和潜在客户。搜索引擎还会根据交换链接的数量，以及交换链接网站质量等对一个网站做出综合评价，这也将是影响网站在搜索引擎排名的因素之一。

一些专家或者在某个知识领域具有发言权的博客作者对于消费者影响力很大，如果企业博客在相关知识领域发布博文时，链接到他们的博客，或者请这些博客作者在他们的博客链接自己的企业博客，都能够博得消费者的信赖，从而进一步展开营销传播活动。

5. 交叉互补应用各类网站推广方式

网站推广是借助一切被目标用户认可的网络应用服务平台开展的引导用户关注的行为或活动，为的是博客推广获得更好的效果。在实施过程中，应充分发挥各种网站推广手段的作用，如搜索引擎推广营销、软文写作、论坛推广等，这些方法手段交织应用，将最大限度发挥博客推广的效果。

四、任务拓展

对当地的企业进行调研，了解他们对于博客（软文）推广的需求。选择一家自己感兴趣的行业企业，对其提出博客（软文）推广的建议，并为其开通企业博客。

任务四　移动营销推广

一、任务导入

互联网的发展已经进入移动互联网时代，智能手机开始成为人们上网的主要途径之一，并逐渐侵蚀传统 PC 机市场。基于智能手机、移动互联网的应用（App）开始成为人们日常生活、工作离不开的网络工具。近几年来，各大知名电商企业都在抢占移动互联网市场，培养网民对自身 App 的使用习惯。

本任务要求以项目小组的形式，针对中小企业网站推广这一实际背景，开展移动营销活动，具体包括移动营销策划，App 调研、设计与开发，移动营销实施、效果监控等阶段。

二、任务实施

1. 移动营销推广策划

移动营销推广的第一步是策划工作，通过策划，明确以下问题。

（1）明确移动营销推广的实施目的及欲达到的目标。

（2）确定移动营销推广的目标受众群体并分析目标受众特征。

（3）选择恰当的移动营销方式。

（4）制定移动营销推广的实施计划。

移动营销是近几年才兴起的一种营销方式，其主要的市场基于移动网络，因此有着完全不同于传统网络市场营销的特征。了解移动市场的特征，及其用户群体类型，然后进行移动营销推广策划，结果形成表 7-9。

表 7-9　移动营销推广策划

<table>
<tr><td>实施目的</td><td colspan="2"></td><td>实施目标</td><td></td></tr>
<tr><td rowspan="4">目标受众群体</td><td colspan="2">目标受众类型</td><td colspan="2">目标受众特征</td></tr>
<tr><td colspan="2"></td><td colspan="2"></td></tr>
<tr><td colspan="2"></td><td colspan="2"></td></tr>
<tr><td colspan="2"></td><td colspan="2"></td></tr>
<tr><td>方式选择</td><td colspan="4"></td></tr>
<tr><td colspan="5">移动营销推广实施计划</td></tr>
<tr><td colspan="2">时间阶段</td><td>主要任务</td><td>执行人</td><td>备注</td></tr>
<tr><td colspan="2"></td><td></td><td></td><td></td></tr>
<tr><td colspan="2"></td><td></td><td></td><td></td></tr>
<tr><td colspan="2"></td><td></td><td></td><td></td></tr>
<tr><td colspan="2"></td><td></td><td></td><td></td></tr>
</table>

2. App 应用调研

简单而言，移动营销是基于移动网络（或针对移动终端）的一种营销方式，因此其具体采取的营销手段可以多种多样，如短信营销，利用 WAP 网站开展营销活动，或者基于 App 开展移动营销等。由于短信成本较高，移动终端文字输入不便等原因，使得 App 成为移动营销的一种主要方式。目前几乎所有的大型电商企业都拥有自己的 App 及大量的用户人群。

通过主流 App 应用商店，了解目前网络购物、便捷生活、社交通信、教育学习等垂直细分领域优秀 App，并分析其界面设计、核心功能、用户人群及特征、市场表现等信息，结果形成表 7-10。

表 7-10　App 市场调研

细 分 市 场	优秀 App	特 点 分 析
网络购物		
便捷生活		
教育学习		
……		

3. App 界面与功能设计

根据前期策划，结合优秀 App 调研，设计 App 的界面和功能，结果形成表 7-11。

表 7-11　App 界面和功能设计

设 计 对 象	设 计 内 容	设 计 说 明
界面		
功能		

4. App 开发与发布

基于设计，利用部分常见的 App 开发工具，如 AppMobi 公司的 XDK、APICloud、Titanium 可以实现 App 的开发。由于 App 开发需要掌握相应的编程语言，对大多数网站推广人员而言具有一定的难度，因此部分软件开发商推出的 App 工具使用也非常便捷。如 RunRev 公司推出 LiveCode 是一款强大的图形化开发环境，不仅免费，还可以提供 10 倍的效率提升并减少 90% 的代码，其强大之处在于非常容易学习和使用，可以让一个不会编程的人在很短的时间内就能开发出原生的，能够运行于 PC、服务器、移动设备上的应用程序。AppMobi 的开发工具 XDK 使得开发者可以使用 HTML5 构建网络和移动平台的应用程序。

App 开发完成后就可以提交到苹果或 Android 的应用程序商店，供用户下载使用。

5. 基于 App 开展移动营销

当用户通过应用商店下载使用网站相应的 App 之后，就可以通过 App 开展移动营销活动，具体的方式包括以下几种。

（1）通过 App 提供的功能满足用户的需求，提升用户满意度，从而便于客户关系营销的的展开。

（2）通过 App 获取用户地理位置、行为习惯等信息，开展针对性强、一对一的精准营销。

（3）通过 App 实时发布企业和网站动态等信息，与用户展开互动，提高用户的活跃度和用户黏性。

6. 移动营销效果监控

通过 App 开展网站推广，可以提高网站在移动网络用户人群中的知晓度，提高网站流量。基于 App 开展移动营销的效果统计可以从两个角度进行，一是 App 自身的推广和应用效果，包括 App 在各大应用商店的下载情况、评论情况、使用率等；二是 App 对网站流量、销量，以及知名度等的影响，即分析从 App 引入的流量等信息。

三、任务分析

（一）移动营销的概念

移动营销主要是指伴随着手机和其他以无线通信技术为基础的移动终端的发展而逐渐成长起来的一种全新的营销方式。移动营销的发展依赖并受限于移动终端的发展和普及，其面向移动终端（手机或平板电脑）用户，在移动终端上直接向分众目标受众定向和精确地传递个性化即时信息，通过与消费者的信息互动达到市场营销目标。

移动营销早期称作手机互动营销或无线营销。移动营销是在强大的云端服务支持下，利用移动终端获取云端营销内容，实现把个性化即时信息精确有效地传递给消费者个人，达到“一对一”的互动营销目的。移动营销是移动商务的一部分，它融合了现代网络经济中的“网络营销”和“数据库营销”理论，是经典市场营销的派生，为各种营销方法中最具潜力的部分，但其理论体系才刚刚开始建立。

（二）移动营销的内容

移动营销是基于定量的市场调研、深入地研究目标消费者，全面地制定营销战略，运用和整合多种营销手段，来实现企业产品在市场上的营销目标。移动营销是整体解决方案，它包括多种形式，如短信回执、短信网址、彩铃、彩信、声讯、流媒体等。短信群发只是众多移动营销的手段之一，是移动营销整体解决方案的一个环节。

移动营销的目的非常简单——增大品牌知名度；收集客户资料数据库；增大客户参加活动或者拜访店面的机会；改进客户信任度和增加企业收入。

（三）移动营销的 4I 模式

移动营销的模式可以用“4I 模型”来概括，即 Individual identification（分众识别）、Instant message（即时信息）、Interactive communication（互动沟通）和 I（我的个性化）。

Individual Identification。移动营销基于手机进行一对一的沟通。由于每一部手机及其使用者的身份都具有唯一对应的关系，并且可以利用技术手段进行识别，所以能与消费者建立确切的互动关系，能够确认消费者是谁、在哪里等问题。

Instant Message。移动营销传递信息的即时性，为企业获得动态反馈和互动跟踪提供了可能。当企业对消费者的消费习惯有所觉察时，可以在消费者最有可能产生购买行为的时间发布产品信息。

Interactive Communication。移动营销“一对一”的互动特性，可以使企业与消费者形成一种互动、互求、互需的关系。这种互动特性可以甄别关系营销的深度和层次，针对不同需求识别出不同的分众，使企业的营销资源有的放矢。

I。手机的属性是个性化、私人化、功能复合化和时尚化的，人们对于个性化的需求比以往任何时候都强烈。利用手机进行移动营销也具有强烈的个性化色彩，所传递的信息也具有鲜明的个性化。

（四）移动营销的市场意义

1. 收集目标用户手机号码实现精准营销

我国从 2010 年 9 月 1 日起正式实施手机用户实名登记制度，手机号码对应特定的手机用户，而且手机号码的使用周期一般较长，因此手机号码极具营销价值。企业通过收集目标用户信息可以有效地实施精准营销。

2. 辅助市场销售分析

移动营销可以辅助市场调查、数据采集和市场分析。比如，赛拉图推出“我的车我命名，cerato 中文名称有奖征集活动”，通过手机媒体对潜在顾客进行了数据采集与上市宣传。中小企业可以借鉴它，以此了解企业产品市场的实际情况。

3. 加强广告效果，进行有效监测

利用传统大众媒体进行营销项目的宣传费时费力，移动营销可以迅速提升传播效果。其中的典例就是 2005 年的超级女声。蒙牛集团以 1 400 万元冠名费和 8 000 万元后续资金，通过手机短信投票互动的方式，吸引了多达 60 万人的参与。从而达到广告推广的效果。最终蒙牛的销售额实现由 2004 年的 7 亿元到 2005 年 25 亿元的超越。

4. 增加消费者黏性

移动营销通过一对一的互动，可以有效增强消费者黏性。例如雀巢推出了消费者发送“积分密码”到手机短信平台，参与雀巢花心筒积分竞拍。市场活动设计巧妙，指明清晰的晋级方式，让参与者感觉大奖就是为其设置的。该活动应用了移动娱乐式营销，让参与者在对抗中放松对消费的警惕并持续关注此品牌，增加了消费者黏性。

5. 分众和本地化做到极致

本地化移动营销传播可以拉近企业与客户之间的距离，使更多用户可以参与进来。例如福特区别于以往的活动形式，采用区域智能回复功能，实现服务本地化。直接互动翼虎的全国性活动“你需要的是最近的那家 4S 店”平台号码直接导入 CRM 系统，进行潜在用户资料备份。

（五）App 应用商店

App 即 Application 的简写，因此被称为应用。App 通常分为个人用户 App 与企业级 App。个人用户 App 是面向个人消费者的，而企业级 App 则是面向企业用户开发的。

当互联网进入移动互联网时代，众多企业与个人开发者希望从中掘金，但多数人的目光聚焦在了面向个人用户的应用上而忽略了企业级移动应用。如今个人市场的竞争已进入白热化阶段，发展速度已趋于缓慢，2013 年预计市场规模为 110.9 亿。相比之下，此时的企业级市场才刚刚起步，2013 年预计市场规模将高达 124.4 亿，且正以 50%的增幅高速发展。教育、政府、金融及电信行业需求较大，均占总需求比例的 10%以上。面对如此广阔的企业级应用市场，市场却没有一种商业模式能够解决开发者与有开发需求的企业各自的商业目标。对于服务企业的开发者，他们面临着诸如项目来源不稳定、服务能力有限、企业规模和渠道有限等无法突破的因素；对于即将接触移动互联网的企业需要面临的制约因素则更多，比如找不到同行业产品的参考、没有可信赖的合作伙伴、产品质量如何检测评估、售后服务如何保障等。在此市场环境下，需要第三方服务来解决企业及开发者双方的问题，起到双向需求汇聚、营销分发、效率提升、成本降低的效用，并能针对双方提供相应的服务。

目前比较知名的 App 应用商店主要有以下几个。

1. 苹果商店

App Store 是一个由苹果公司为 iPhone 和 iPod Touch、iPad 以及 Mac 创建的服务，允许用户从 iTunes Store 或 Mac App Store 浏览和下载一些为了 iPhone SDK 或 Mac 开发的应用程序。用户可以购买或免费试用，让该应用程序直接下载到 iPhone 或 iPodtouch、iPad、Mac。其中包含：游戏，日历，翻译程式，图库，以及许多实用的软件。App Store 从 iPhone 和 iPod Touch、iPad 以及 Mac 的应用程序商店都是相同的名称。

2. 谷歌商店

Google Play 前名为 Android Market，是一个由 Google 为 Android 设备开发的在线应用程序商店。一个名为“Play Store”的应用程序会预载在允许使用 Google Play 的手机上，可以让用户去浏览、下载及购买在 Google Play 上的第三方应用程序。2012 年 3 月 7 日，Android Market 服务与 Google Music、Google 图书、Google Play Movie 集成，并将其更名为 Google Play。

3. 微软商店

Windows Phone 应用商店提供用户知道并喜爱的品牌的所有热门应用，为用户推荐 120 000 多个经过认证的应用和游戏。

4. 黑莓商店

BlackBerry World 提供应用软件下载中心，在黑莓中国官网可以免费下载 BlackBerry World，然后通过 BlackBerry World 试用、购买海量应用程序，轻松寻找喜爱的游戏、应用和主题。

App 应用对于有志在移动应用领域有所表现的开发者来说，能很容易掌握开发技术，同时也能容易地将自己开发的应用投入到 iOS 等平台上，包括移动游戏在内的移动应用创业将会是移动互联网领域最有前景和最有商机的方向。在越来越多的大型开发企业和发行商不断涌入到这一新兴领域的背景下，个人开发者如何才能开发出让人眼前一亮的移动应用，每个 App 的用途都有所不同，不过它们都一定是源自同一个开始，那就是一个最初的创意。

App Store 模式为第三方软件的提供者提供了方便而又高效的软件销售平台，使得第三方软件的提供者参与其中的积极性空前高涨，适应了手机用户们对个性化软件的需求，从而使得手机软件业开始进入了一个高速、良性发展的轨道，是苹果公司把 App Store 这样的一个商业行为升华到了一个让人效仿的经营模式，苹果公司的 App Store 开创了手机软件业发展的新篇章，App Store 无疑将会成为手机软件业发展史上的一个重要的里程碑，其意义已远远超越了“iPhone 的软件应用商店”的本身。

（六）移动营销的发展现状

随着新媒体技术的发展，手机成为人们生活中重要的信息传递工具，成了人类的“影子媒体”，其传递信息的快捷、便利、准确超越了以往的任何媒体，并实现了精确的分众化传播——到达每个受众点，同时每个受众都可以成为信息的传递者。在新媒体的研究中，受众研究处于中心位置。移动服务就必须能够满足消费者个人的媒体目标，也就是满足个人在使用移动设备时对所追求目标的认知需求。

据市场研究公司 BI Intelligence 发布的分析报告，除了移动游戏，移动商务将是未来移动互联网最有前景的用户行为。移动商务在智能手机时代增长迅猛，已占到电子商务总量的 20%。报告显示，人们越来越多地使用智能手机来支付购物款，目前超过 30%的美国手机用户利用智能手机购物；2015 年，欧美购物者通过智能手机和平板电脑购物的支出达 670 亿美元。移动支付的爆炸性增长将对消费者的行为产生深远影响。

移动营销作为移动商务的一部分，企业对移动营销方面也表现得更加重视，越来越多的企业开始觊觎移动营销这片市场。据 CNNIC 报道，截至 2018 年 12 月底，中国手机网民规模达 8.17 亿，网民中使用手机上网人群占比 98.6%，远远高于通过台式计算机接入互联网的比例（48.0%）。如此庞大的手机终端用户及使用率，为未来移动营销创造了广阔的发展天地。

四、任务拓展

除了利用 App 开展移动营销，手机短信、WAP 网站等也是移动营销的主要途径。通过网络调研工具，对目前手机短信、WAP 网站等移动营销途径进行调研，了解这些推广方式的优势及不足。

任务五　事件营销推广

一、任务导入

互联网的不断发展给网络事件的传播提供了一个绝佳的互动平台。任何事件，通过互联网，都可以传播到世界的各个角落，由此给事件营销推广带来了巨大的契机，也造就了“王老吉”等事件营销推广的成功典范。

本任务要求以项目小组的形式，针对中小企业网站推广这一实际背景，进行事件营销推广工作。具体涉及事件营销推广的策划、事件传播的运作、效果监控等一系列有序的工作。在实施过程中突出事件的创意及巧妙地“借势”和“造势”，以起到有效的推广效果。

二、任务实施

1. 事件营销推广策划

事件营销推广的第一步是策划工作，通过策划，明确以下问题。

（1）明确事件营销推广的实施目的及欲达到的目标。

（2）确定事件营销推广的目标受众群体并分析目标受众特征。

（3）确定事件营销推广的话题、传播途径和传播手法。

（4）制定详细的事件营销推广实施计划。

事件营销推广形式简单，但是策划阶段的好坏将直接影响到事件营销推广的成败，甚至影响到企业的品牌形象，带来公关危机。通过简单了解事件营销推广的基本信息后进行事件营销策划，结果形成表 7-12。

表 7-12　事件营销推广策划

<table>
<tr><td>实施目的</td><td colspan="2"></td><td>实施目标</td><td colspan="2"></td></tr>
<tr><td rowspan="4">目标受众群体</td><td colspan="2">目标受众类型</td><td colspan="3">目标受众特征</td></tr>
<tr><td colspan="2"></td><td colspan="3"></td></tr>
<tr><td colspan="2"></td><td colspan="3"></td></tr>
<tr><td colspan="2"></td><td colspan="3"></td></tr>
<tr><td colspan="6">事件营销推广实施计划</td></tr>
<tr><td colspan="2">时间阶段</td><td>主要任务</td><td colspan="2">执行人</td><td>备注</td></tr>
<tr><td colspan="2"></td><td></td><td colspan="2"></td><td></td></tr>
<tr><td colspan="2"></td><td></td><td colspan="2"></td><td></td></tr>
<tr><td colspan="2"></td><td></td><td colspan="2"></td><td></td></tr>
<tr><td colspan="2"></td><td></td><td colspan="2"></td><td></td></tr>
</table>

关于事件营销推广话题、传播途径和传播手法的确定，实施中如何巧妙地“借势”和“造势”，在结合前期所学各种电子商务网站推广手段的基础上，制订出详细的实施文案。

2. 事件传播的运作

在前期策划的基础上，进行事件传播工作。

（1）找到事件传播的“借势”点，第一时间巧妙介入。如果当前没有“势”可借，则需要“造势”，制造新闻事件。

（2）通过论坛、博客、微博、视频、IM 等途径进行事件传播。传播一则遵循前期策划工作的计划安排，二则巧妙运用前期所学各种电子商务网站推广手段的使用技巧。

参考案例：“封杀王老吉”事件营销论坛推广手法。

第一步：论坛主帖的发布。

策划团队按照事先策划，2008 年 5 月 19 日晚 19 点 46 分在“天涯互助—互助救灾”板块发表营销主帖“让王老吉从中国的货架上消失！封杀它！”，如图 7-8 所示。同时安排部分马甲以 40 秒～2 分钟的回帖速度刷新主帖，确保主帖的核心位置。回帖的内容主要为顶帖和支持，引导用户发表留言，协作推广王老吉，如图 7-9 所示。

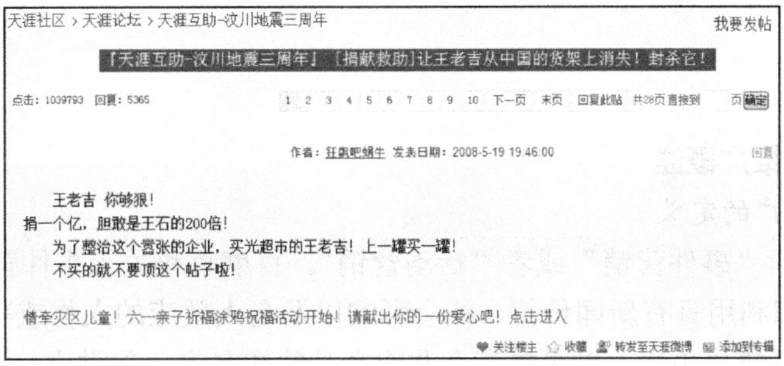

图 7-8　“封杀王老吉”事件营销天涯主帖

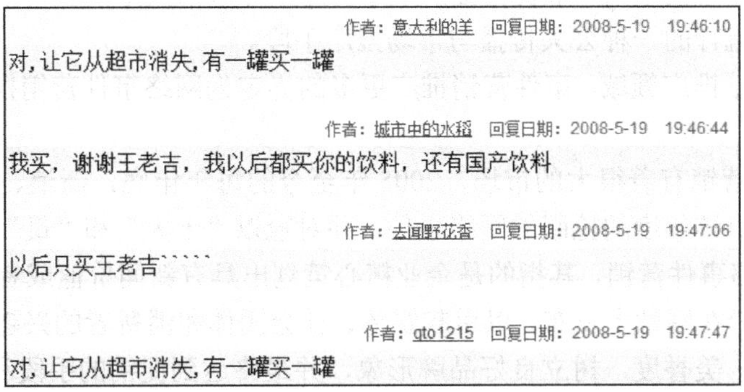

图 7-9　“封杀王老吉”事件营销马甲顶帖

（2）营销辅助帖的发布。

基于营销主帖惊人的效果，板块内出现了网友自发的呼应与转帖，此时，策划团队及时地推出了辅助帖，进一步渲染王老吉品牌。2008 年 5 月 20 日至 22 日，策划团队通过“马甲”发表一连串“王老吉”品牌利好消息，促进该版面“王老吉”的焦点地位，进一步争取网友的呼应。

（3）其他论坛的跟进。

天涯论坛的人气火爆，使得其他论坛开始争相推举“封杀王老吉”，同时策划团队及时安排“马甲”跟进这些帖子，并做出回应，使得该事件在互联网上产生涟漪效应，波及更多区域。

3. 效果监控

事件营销推广是一项综合性的网络营销、电子商务网站推广手段，其营销推广效果的监控也涉及多个方面，应从各个渠道了解事件营销推广所产生的效果。

（1）事件营销推广带来的网站流量的增加情况。

（2）论坛、博客、微博等途径传播中，帖子、博文等的点击率、转帖（转载）量、评论数等。

（3）各大媒体的新闻报道情况，以及新闻报道后面网友的评论情况。

（4）搜索引擎关键字排名情况。

实时了解并统计各个渠道的营销推广效果，并根据跟踪情况做出反馈和改进。

三、任务分析

（一）事件营销推广概述

1. 事件营销推广的定义

事件营销推广即“事件营销”或者“活动营销”。百度百科关于事件营销的定义是：指企业通过策划、组织和利用具有新闻价值、社会影响以及名人效应的人物或事件，吸引媒体、社会团体和消费者的兴趣与关注，以求提高企业或产品的知名度、美誉度，树立良好品牌形象，并最终促成产品或服务的销售的手段和方式。由于这种营销推广方式具有受众面广、突发性强，在短时间内能使信息达到最大、最优传播的效果，为企业节约大量的宣传成本等特点，近年来越来越成为国内外流行的一种公关传播与市场推广手段。

在电子商务网站推广领域，事件营销推广更多的界定为网络事件营销推广行为，这也是本书所做的定位。

在国内，事件营销有着很大的市场，2005年至今的每年年底，新浪、猫扑、天涯、网易等主流网媒都会盘点该年度的抢眼的网络事件，并对冠以“十大”和“最”的网络事件进行阐述与总结。针对网络事件营销，其指的是企业精心策划出具有新闻价值或者社会影响力的人物或事件，以草根身份在网站上发布，以引起媒体、社会团体和消费者的兴趣与关注，来提高企业或产品的知名度、美誉度，树立良好品牌形象，并最终达到促销的手段和方式。

简言之，网络事件营销，指的是国内企业或个人以营销为目的，精心策划、实施，巧妙植入宣传点的事件类新闻，通过整合各种网络资源进行传播，吸引受众关注的同时积极参与到事件传播中来。

2. 事件营销推广的特点

（1）目标的阶段性。

事件营销目标的阶段性体现在两个方面。

一方面，企业运用事件营销的最终目的就是要宣传网站、促进销售等，但由于事件营销并不是直接推销和销售产品或服务，因此其销售目的是通过阶段性的目标而达成的。一般过程是让利益相关者对企业品牌产生认知，提高企业品牌的关注度和美誉度，在企业形象塑造的基础上达成销售产品的目的。

另一方面，企业发展的不同阶段或产品生命周期的不同阶段，运用事件营销的目标也是不同的。一个新企业或新产品在运用事件营销时的目标首先是要传递相关的信息，提高关注度；成长中的企业在运用事件营销时的目标多为提高认知度；成熟的企业在运用事件营销时主要是提高企业品牌的美誉度。

（2）高度参与性。

在事件营销中，事件的独特性与创意性吸引了更多的注意，催促了利益相关者积极参与的欲望。传播渠道与营销体系的多样性让他们能够更方便、更简单地参与到事件营销中。参与的提高与多样使得营销传播的效率大大提升，利益相关者从中获得更多的信息和体验，从而加强了企业或产品品牌的接触，形成消费习惯的转向。

事件营销的参与性体现在两个方面。一个方面是具体的事件或活动的参与，另一个方面是舆论或观点的参与。

（3）风险与效果的不确定性。

事件营销是一个系统营销的过程，在其具体实施过程中，不仅需要满足各相关利益者的需求，还要整合其他营销资源配合事件营销，并且在事件营销的实施过程中，事件的发展需要前后的逻辑关系和时间顺序推动。因此，事件营销实施过程中会出现更多的“变数”，甚至出现“意外事件”，这就需要企业有较强的风险意识和随机应变的综合能力。

3. 事件营销的类型

按照不同的划分标准，事件营销可以分成不同的类型。如按照事件本身的性质，分为：重大突发事件型、公众高关注事件型、公益活动型、社会问题型、营造事件型等。

以下就企业选取和实施事件营销的角度进行分类。

（1）造势与借势。

造势型与借势型是按企业选择事件的方式进行分类。所谓造势型是指企业整合自身资源，通过策划、组织和制造具有新闻价值的事件，吸引媒体、社会团体和消费者的兴趣与关注。奥克斯从 1994 年进军空调市场后，展开的“一分钱空调套餐”“米卢作秀”“爹娘革命”“空调价格白皮书”等一系列的营销活动都是成功的“造势”型事件营销。

借势型是指企业及时抓住广受关注的社会新闻、事件，结合企业或产品在传播或销售上的目的而展开的一系列相关的活动。在借势上成功的典范是蒙牛，2004 年借“神五”飞天，2005 年借《超级女声》热播，从此蒙牛牛奶全国皆晓。2008 年加多宝借捐款一亿使王老吉名声大振。2010 年南非世界杯足球赛期间，德国奥伯豪森水族馆利用德国章鱼“保罗”精准的预测，吸引了全世界的目光，在全球引起轰动。国际知名度、美誉度暴增，参观的游客数也暴涨，取得了巨大的经济效益和社会效益。如图 7-10 所示为搜狐南非世界杯首页的一个 Flash 广告，其中在广告语“搜狐世界杯 见证南非传奇”的“奇”字放大后，“口”中写了一句话“德国章鱼说西班牙必胜！”，如图 7-11 所示。可以说，搜狐也很好地利用了德国章鱼这一事件炒作。

图 7-10 搜狐南非世界杯首页的 Flash 广告

图 7-11 搜狐借势德国章鱼

在事件营销的实践中，经常是造势与借势两种方式相互融合运用，造势中有借势，借势中有造势。

（2）单一与复合。

单一型和复合型是按企业在实施事件营销过程中是否使用其他营销工具或活动来划分的。2005年，如果蒙牛只是冠名湖南卫视的《超级女声》，仅仅以冠名权的形式出现于公众之中，那这就属于单一型事件营销。但是，蒙牛在冠名《超级女声》的同时，还开展了大量的营销活动配合此次活动赞助，如请张含韵做活动代言并唱代言歌曲，蒙牛产品包装上印上活动的内容，参与者需要购买蒙牛的奶产品才能参与活动，在各赛区城市举行促销路演活动，在超市进行产品促销等。附加的这些营销活动与冠名《超级女声》一起组成了一次完整的事件营销，这样的事件营销就是复合型的事件营销。

企业在实施复合型事件营销的时候，需要整合自身的资源，明确事件营销的目的，分清主次，合理调整营销工具的使用。

（3）隐性与显性。

隐性和显性事件营销是按实施事件营销的企业是否实际公开露面进行划分。对活动的赞助或冠名是最直接的显性事件营销。“蒙牛酸酸乳—超级女声”“中国石化F1中国大奖赛”“黄金搭档第七届CCTV模特电视大赛”“闪亮新主播”“江中亮嗓红楼梦中人”等，企业都直接出现在活动中的显著位置，加深企业品牌或产品与事件、活动的关联性，具有受众明显的识别性，使企业品牌或产品全面渗透到事件的传播中。隐性事件营销的应用并不是很多，因为隐性事件营销中企业不直接出现在事件中，降低了受众对事件与企业之间的关联性。

（4）常态与危机。

常态和危机事件营销是按企业的生存或经营状态的不同来划分的。企业在经营过程中经常发生危机，危机是指危及组织利益、形象、生存的突发性或灾难性的事故与事件。危机事件营销就是指企业在危机状态下为了维护或改善其形象，维持其生存和利益而采用的事件营销。与之相对的就是常态事件营销。

（二）事件营销推广的发展历程

事件营销的概念源于20世纪80年代的美国。当时的美国经济复苏，各种政治活动、体育赛事、主题旅游、会议会展、娱乐狂欢也随之暴增，事件营销就是为适应这样的增长而产生的一项营销活动。它既不同于普通政府行政管理也不同于商业企业管理的跨组织的高度综合性的管理活动。事件营销以其组织的系统性与事件活动所具有的艺术魅力和文化内涵相结合，迅速地改变着受众的习惯、品味、记忆、理解的同时，完成事件品牌、形象、概念的成功营销。

在中国，事件营销虽然还未形成完整的事件营销理论体系，但关于事件营销的实践活动早就已经出现了，并且事件营销在我国的实践发展经历了一个曲折的过程。

（1）第一阶段，改革开放之前，事件营销在我国萌芽阶段。

在这个阶段，事件营销的概念并没有被提出，但企业已经在没有任何系统策划的前提下实施了企业宣传行为。最典型的案例就是“茅台酒”事件。1915年在美国旧金山举行的巴拿马万国博览会上茅台酒“在世界博览会上故意打破酒瓶，酒香四溢，并获得金奖”的故事。

（2）第二阶段，改革开放后，事件营销的启动阶段。

随着经济的复苏，企业开始意识到广告、公关、促销等传播工具在产品营销中发挥的作用。但这一阶段出现的事件营销尚处于无意识或者说是误打误撞的阶段。通常是一些大型企业的发展状况或者优秀企业家的先进事迹在媒体上出现，虽然在一定意义上促进了企业的知名度，但多数企业并没有把事件营销作为企业市场工作的关键工作。在这个阶段，事件营销的经典案例就是海尔张瑞敏“砸冰箱”事件。1985 年，张瑞敏命令责任者对 76 台检验不合格的“瑞雪”牌冰箱当众砸毁，这一举动不仅激起了职工的质量意识，更重要的是提升了海尔的知名度和信誉度，加快了张瑞敏提出的“品牌战略”的发展速度。

（3）第三阶段，20 世纪 90 年代，事件营销的起步阶段。

随着具有中国特色的市场经济的建立，大量的报纸、电视台的涌现，企业开始认识到，通过制造良好的公关事件，甚至只要引起社会轰动效应的事件都可以通过新闻媒介传播出去。企业开始运用事件营销作为一种营销手段与广告宣传、店面促销宣传等其他企业行销手段配合作业。1992 年，美国总统老布什访问中国，天津自行车厂将其生产的“飞鸽”自行车作为礼品送给了布什夫妇。就此“飞鸽”不仅带去了中国人民的友谊，也带来了企业的经济效益——“飞鸽”自行车从此进入美国市场。在这一时期，企业成功地运用事件营销，为事件营销在中国的迅猛发展奠定了基础。

（4）第四阶段，20 世纪末至今，事件营销快速发展阶段。

随着技术的革新和文化需求的多元化，以及经济政策和法律体制的日益完善，尤其是互联网的飞速发展，事件营销作为集各类传播工具和传播渠道为一体的营销方式越来越被企业所关注。通过各种媒体渠道，一个事件或话题可以快速地传播到公众之中，引起巨大的轰动效应，企业开始主动应用事件营销进行企业品牌传播。在这阶段涌现出许多成功并不乏经典案例，如：2000 年，富亚“喝涂料”事件；农夫山泉“谋杀纯净水”事件；牛群上任蒙城副县长；海信“50 万叫板全球黑客”。2001 年，武汉野生动物园“砸大奔”事件；奥克斯“爹娘革命”；2002 年，奥克斯“一分钱卖空调”；宝洁激爽“沐浴劲歌大赛”。2003 年，蒙牛协“神五”飞天；威露士“非典”成就霸主；金庸华山“论剑”。2004 年，肯德基渡过“禽流感危机”；中石化“登陆 F1”；杰士邦牵手敏感电影。2005 年，蒙牛“超级女声，超级营销”；华帝创意之火点燃十运火炬；美的空调乡镇市场普及革命。2006 年，联想在美政治公关；马云邀三大名导拍搜索广告；奥克斯 8 000 万元拟投央视广告。2008 年 8 月 18 日，李宁点燃奥运圣火，使“李宁”品牌价值飙升；Sohu 借奥运报道获得了前所未有的点击率。次贷危机爆发后，通过导演“阿里巴巴马云内部电子邮件泄露”事件，通过“冬天里的使命”这篇邮件，强化了马云集团的企业社会责任形象，强调阿里巴巴将帮助中小企业渡过这个也许相当漫长的冬天。还有前面提及的封杀王老吉、德国章鱼等众多事件营销推广成功案例，可见当前能审时度势熟练运用事件营销的企业已经为数不少。

（三）企业实施事件营销存在的问题与误区

在我国，事件营销方式早在 20 世纪 90 年代就已经应用于部分企业的市场营销过程，但是，事件营销概念的明确提出却是在 21 世纪初。国内企业长期以来以“瞎子摸象”的方式探讨和应用着事件营销，势必存在许多问题和认识的误区。

1. 事件营销目标不明确

在事件营销实践中发现，有很大一部分企业运用事件营销的初衷都是认为事件营销可以花很少的钱而达到很大的营销效果，还有一部分企业认为事件营销能产生巨大的轰动效应，能快速提高企业的知名度。事件营销确实有这样的特性，但其实很多企业不清楚实施事件营销真正要达到什么样的目标或效果。

目标的明确一方面来自对营销目的的明确，包括是要传递信息还是要提高认知度，还是要强化品牌形象；另一方面来自对利益相关者定位的明确，主要包括目标消费者和新闻媒体。

2. 事件与企业品牌、产品缺少关联

国内不少企业盲目跟风，看到其他企业运用事件营销获得成功，自己也想运用事件营销来打品牌。但是，对于事件营销的本质他们根本不了解，牵强附会地将产品品牌与事件搭上关系，生搬硬套将二者“撮合”在一起，不考虑产品与事件的相关性，最终造成产品形象混乱、目标市场模糊。

事件作为载体是要传递企业所要传播的信息，如果企业传递的品牌或产品信息不能和事件有机融合，那么事件在发展、传播的过程中使企业信息与事件相脱离，受众将很难记住或联想到企业与事件之间的相关性。

3. 不讲究事件营销策略

在国内，很多企业尤其是中小企业为了快速提高企业或产品的知名度，不惜用滑稽、荒诞的事件进行“炒作”，的确企业的知名度得到了提高，但在知名度提高的同时，消费者对企业的美誉度却大大降低了。“思薇尔”内衣曾用“玩美女人”的宣传口号意图造成新闻效应，借机打响品牌，反而遭到上海有关部门的勒令处罚，其结果就是让消费者对企业丧失信任，无功而返。

你借助“神五”飞天，那我就借助“神六”飞天；你请娱乐明星代言，那我就请体育明星代言；你赞助歌手大赛，那我就赞助模特大赛。这样的现象在国内企业中经常见到，“神五”的飞天让大家记住了蒙牛，然而“神六”的飞天大家又记住了谁呢？事件的独创性和新颖性是事件营销操作中的关键因素之一，盲目地跟随效仿是不会让消费者留下太多印象的。

4. 只考虑战术层面，不从战略角度审视事件营销

许多企业认为事件营销是一种营销战术，不能从战略层面上对整个营销过程进行指导。从单个事件营销的角度来说，事件营销是一种短期的营销战术，从长期来看则属于企业品牌塑造链上的一环，是一种有关品牌塑造的战略行为。

企业应该放弃试图通过一两次事件营销来确保企业永葆生机的观念，因为单凭一次或几次事件营销很难使品牌的核心文化获得消费者的全部认同。企业只有有效地整合自身资源，使企业品牌的概念主题与事件保持一致性和连续性，将事件营销贯穿到企业品牌建设的全过程中，才能让消费者对企业品牌记忆常新。

5. 只强调事件，没有构建有效的营销体系

有些企业只迷恋于事件本身，将事件实施得尽善尽美，而忽略了事件是用来传播，是用来营销的。实施事件只是过程，最重要的是要达到企业的宣传目的。

6. 忽视风险的存在

事件营销存在着很大的风险，这与它具有很好的营销效果是分不开的。然而在营销实战中，很多企业只看最后的营销效果，却忽视了其高风险的存在。事件营销是借助事件为载体，事件本身存在着太多的不确定因素，很多企业对此把握不够，缺少事前风险的评估，造成适得其反的结果。

（四）如何有效地实施事件营销推广

网络媒体的特性，造就了企业事件营销的独特优势，利用事件营销能够使企业在品牌推广时更具有效力。但是在实际的营销运作中，为了发挥事件营销的巨大威力还需要坚持一些网络事件营销的原则，注意一些事件营销操作上的策略，才能够取得良好的效果。

1. 良好的创意

事件营销的成功之处首先在于良好的创意。近些年成功的事件营销，很多都有一个争议的

焦点，且为不合乎常理的焦点，通过“唱反调”引起人们的广泛关注，为企业赚足眼球，提升其业绩。2005 年，一个叫作“吃垮必胜客”的帖子在网络上疯传。好多消费者看到此帖后，都纷纷前往必胜客一探究竟。其结果可以想象，随着帖子点击率的急速飙升，这样一个唱反调的事件营销最终使必胜客的顾客流量迅速增长。因此，企业要善于出奇招，善于打破常规，通过创造争议将人们的目光吸引过来，以达到出奇制胜的效果。

2. 把握网民关注动向

消费者需求始终是营销人员关注的核心，把握好网民关注的动向，营销才能有的放矢。大多数受众对新奇、反常、变态、有人情味的东西比较感兴趣。网络事件要能够抓住网民的兴趣与关注点。

3. 抓住时机，善于“借势”

所谓借势，是指企业及时地抓住广受公众关注的事件、社会新闻或者明星人物的光环效应等，结合企业或产品在传播上的目的而展开的一系列相关活动。在企业自身不具备足够的新闻价值而引发互联网甚至社会关注时，可以采取“借势”这一手段，将已有的关注度进行转移，把视线带到本企业或者产品上来。

4. 传播与推广

在网络事件营销的实施过程中，传播与推广是非常重要的一个环节，其好坏直接影响到事件营销的效果。在利用网络进行事件传播时，企业应该安排专门人员（如网络推手）来把控网络信息的传播，既掌握企业的全面状况，又能巧妙运用网络媒体的特性，还能尊重公众的感情和权利，保护沟通渠道的畅通完整，最终保护企业的自身利益。

5. 诚信为本

互联网环境下，诚信显得尤为重要。同广告一样，可以尽量展示产品或者企业形象良好的一面，但不能虚假，不能仅仅为了营销的趣味性或者关注度，而抛弃诚信的最基本原则，企业形象一旦损毁，重新建立，难之又难。

四、任务拓展

近年来，网络上有关个人的炒作不绝于耳，如芙蓉姐姐、天仙妹妹、贾君鹏、凤姐等，这些都是企业网络营销策划团队有组织、有计划的事件营销推广行为。以项目小组的形式，通过网络对团队中的某一成员进行正面的事件炒作。要求有具体的事件营销推广方案并达到一定的宣传效果。

习 题

一、选择题

1.“楼主”发表的帖子，在论坛中一般表现为顶楼（或 1 楼）帖子，一个帖子即一个主题。这个帖子一般称为（　　）。

A．主题帖　　B．跟帖

C．水帖　　D．盖楼

2．一般情况下，跟帖分为三类，其中不包括（　　）。

A．表态帖　　B．知识帖
C．灌水帖　　D．主题帖

3．一般手机拍摄的视频多数为什么格式（　　）。
A．AVI　　B．3GP
C．WMV　　D．RM

4．企业及时地抓住广受公众关注的事件、社会新闻或者明星人物的光环效应等，结合企业或产品在传播上的目的而展开的一系列相关活动，称为（　　）。
A．造势　　B．感情营销
C．借势　　D．明星效应

5．目前全球最知名的视频网站是（　　）。
A．土豆网　　B．新浪视频
C．YouTube　　D．Facebook

6．中国互联网络信息中心（CNNIC）报告称，目前第五大互联网应用是（　　）。
A．博客　　B．网络视频
C．微博　　D．网络社区

7．以下属于校园 BBS 的是（　　）。
A．天涯论坛　　B．校内网
C．猫扑论坛　　D．水木清华

8．“Jerry's Guide to the World Wide Web”是以下哪家网站的雏形（　　）。
A．网易　　B．AOL
C．雅虎　　D．MSN

9．王石博客属于以下哪一类（　　）。
A．CEO 博客　　B．员工博客
C．专题博客　　D．社会博客

10．事件营销的成功之处首先在于（　　）。
A．诚信为本　　B．善于“借势”
C．抓住时机　　D．良好的创意

二、填空题

1．论坛的日常维护由论坛站长负责。当浏览者进入讨论区后，他可以浏览该区其他访问者留下的文章、问题和建议，也可以发表文章或回复他人，这被称为________。

2．2005 年 10 月 13 日，《成都晚报》上的一篇名为《“乖妹儿”引来“天仙 MM”》的报道中首次提出了________一词。

3．________指的是 BBS 论坛中由版主或者注册用户所发布的信息，包括标题和正文两部分，它是论坛信息的载体和表现形式。

4．________，简言之，就是指由网络视频服务商提供的、以流媒体为播放格式的、可以在线直播或点播的声像文件。

5．视频压缩方法有两种，一是同格式转化，二是不同格式转化。降低分辨率（视频播放窗口大小），改变编码方式（主要适合 AVI），降低音频质量是________转化。

6．________指的是国内企业或个人以营销为目的，精心策划、实施，巧妙植入宣传点的事件类新闻，通过整合各种网络资源进行传播，吸引受众关注的同时积极参与到事件传播中来。

7. 事件营销的参与性体现在两个方面。一个方面是具体的事件或活动的参与，另一个方面是________的参与。

8. 移动营销的模式可以用________来概括，即 Individual identification（分众识别）、Instant message（即时信息）、Interactive communication（互动沟通）和 I（我的个性化）。

9. 视频文件可以分成两大类：一是________，比如常见的 VCD；二是流式视频文件，或称流媒体视频文件。

10. 论坛是供人们作讨论的地方，论坛的日常维护由________负责。

三、操作题

移动营销是利用以手机为主要传播平台的第五媒体，是对“网络营销”的“无线”延伸，它使得人们可以在任何时间（Any time），任何地点（Any where），做任何事情（Any thing）。特别是在 4G 时代的今天，移动营销给人们的学习、生活和工作带来了翻天覆地的变化。

在移动营销中，除了常见的 App 营销，手机网站也是一种重要的营销途径。手机网站，又叫 WAP 网站，是指用 WML（Wireless Markup Language，无线标记语言）编写的专门用于手机浏览的网站。随着 4G 技术的不断成熟与普及，手机网站已成为商家争夺无线网络市场的一个重要途径。请针对某一中小企业，为其进行手机网站开发前期的系统分析、系统设计工作。要求最终形成完整的手机网站开发分析、设计报告。

项目八

电子商务网站推广评估管理

本项目的工作任务是对前期中小企业网站推广的效果进行评估管理。要求以某一中小企业网站推广实际经历过程为背景，构建电子商务网站推广评估体系，评价网站推广的成效。项目实施包括统计电子商务网站推广效果和进行电子商务网站评价两个方面。在项目实施过程中，突出网站评价的准确性和客观性。

要点

- 能够提出合理的电子商务网站推广效果评估体系；
- 能够制定合理的电子商务网站评价体系；
- 能够熟练使用各种电子商务网站推广效果监控和统计工具；
- 能够进行电子商务网站推广效果的评估分析；
- 能够进行电子商务网站的价值评估。

重点内容

- 熟悉电子商务网站推广效果统计的指标和方法；
- 熟悉电子商务网站评价的指标和方法；
- 了解电子商务网站评价的原则；
- 掌握电子商务网站推广效果统计的常用工具的使用方法；
- 掌握电子商务网站评价的常用工具的使用方法；
- 了解电子商务网站推广效果统计的重要性；
- 了解电子商务网站评价的重要性。

任务一　统计电子商务网站推广效果

一、任务导入

经过一系列的网站优化和宣传推广工作，究竟成效如何：网站的流量是否提升，网站是否更加受网民喜欢，网站推广工作给企业网站带来了哪些新的变化，是成功还是失败，需要通过实际的监控和数据统计才能定论。

本任务要求以项目小组的形式，针对中小企业网站推广这一实际背景，统计电子商务网站推广效果。具体要求基于详细、全面的网站推广效果评估体系，运用各种常见的网站监控、统计工具等，进行网站流量、网站搜索引擎表现等的监控和统计。

二、任务实施

1. 网站流量统计的设置和查看

为了更好地了解企业网站流量情况及受众来源等信息，可以通过事先在企业网站设置安装网站流量统计工具，然后进行实时监控。目前网络上提供很多功能强大且免费的网站流量统计工具，如站长统计、我要啦统计等。下面以百度统计为例，说明详细的设置和使用过程。

（1）首先打开百度统计（http://tongji.baidu.com/），注册并登录，进入如图 8-1 所示的内容界面，获取网站访问分析代码。

图 8-1　获取网站访问分析代码

（2）将代码安装到网站上，如图 8-2 所示。

图 8-2　安装代码

（3）代码安装后，进行相关统计设置，包括统计规则设置、子目录管理、页面转化目标、事件转化目标、时长转化目标、指定广告跟踪等，如图 8-3 所示。

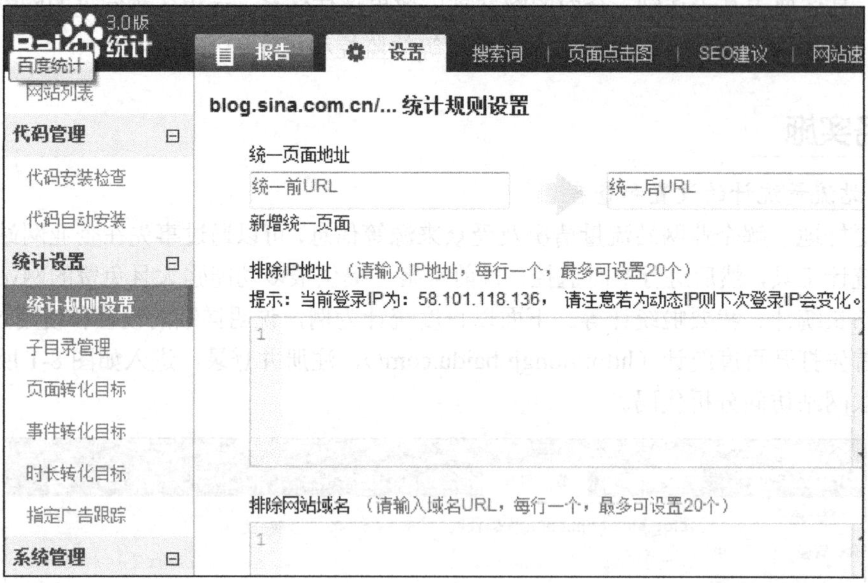

图 8-3　统计设置

以同样的方式还可以新增目标网站，并设置统计图标、设置子目录等操作。

（4）查看统计效果。单击页面顶端“报告”按钮，进入网站统计报告页面，了解网站浏览量（PV）、访客数（UV）、IP 数等数据信息，如图 8-4 所示。

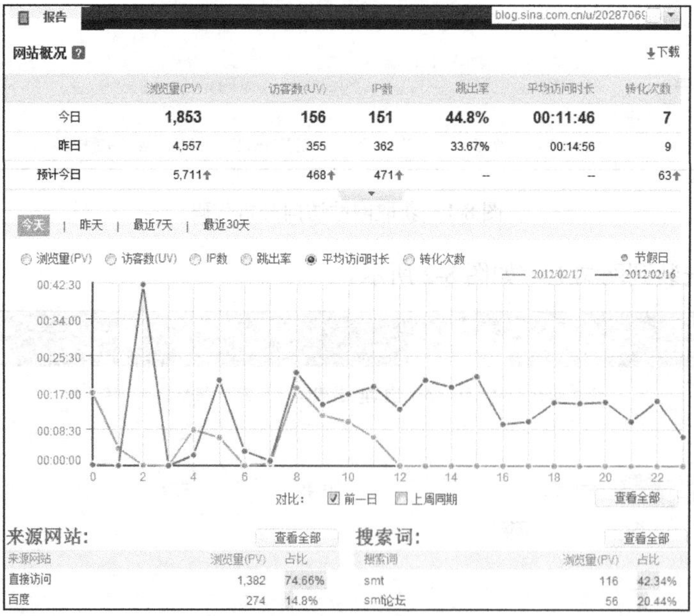

图 8-4　查看统计报告

通过百度统计工具，可以进行趋势分析、来源分析、网页分析、访客分析、定制分析、优化分析等方面的统计分析，如图 8-5 所示。

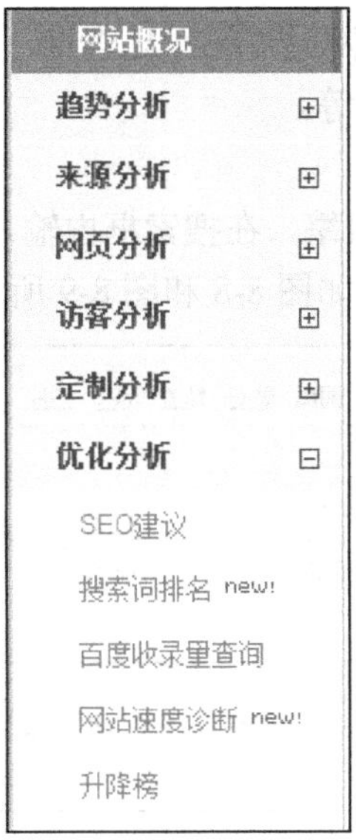

图 8-5　百度统计工具的统计功能

2. 查看网站 Alexa 综合排名

登录站长之家，进入站长工具（http://tool.chinaz.com/），可以进行网站 Alexa 排名等信息的查询，如图 8-6 所示。

图 8-6　网站 Alexa 排名查询

以百度网站（http://www.baidu.com/）为例 ，统计结果如图 8-7 所示。

当日排名	排名变化趋势	一周平均排名	排名变化趋势	一月平均排名	排名变化趋势	三月平均排名	排名变化趋势
5	0	5	0	5	0	5	0

网站排名数据 统计的 Baidu.com 下属子站点 被访问比例 及 人均页面浏览量 列表

被访问网址 [36 个]	近月网站访问比例	近月页面访问比例	人均页面浏览量
baidu.com	92.46%	59.05%	10.9
zhidao.baidu.com	31.56%	6.98%	3.77
tieba.baidu.com	14.36%	6.82%	8.11
image.baidu.com	12.15%	4.66%	6.55
video.baidu.com	12.43%	4.10%	5.63
baike.baidu.com	21.22%	3.75%	3.02
news.baidu.com	8.84%	2.13%	4.11
hi.baidu.com	9.06%	1.64%	3.09

图 8-7　Alexa 综合排名查询结果页面

通过网站统计工具，还可以对多网站进行对比查询，如将自己的网站与竞争对手的网站进行比较，了解自己的竞争优势和劣势等。

3. 查询网站搜索引擎收录情况

登录百度、Google 等各大搜索引擎，在搜索框内输入查询语句“site：网站域名”即可查看网站被各大搜索引擎收录的数量，如图 8-8 和图 8-9 所示。

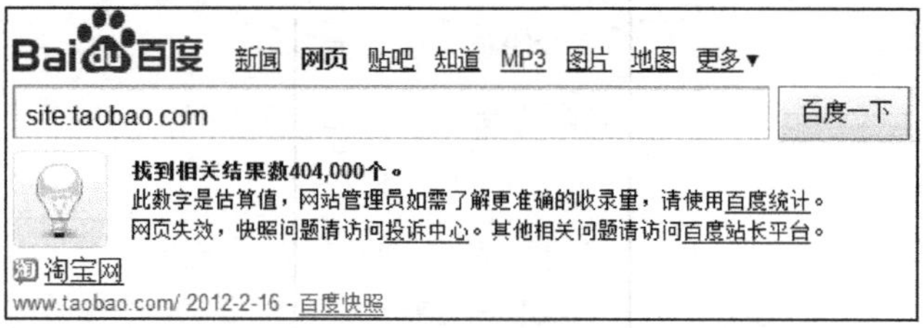

图 8-8　百度收录查询结果页面

图 8-9　Google 收录查询结果页面

4. 查询网站的外链数量

不同搜索引擎查询网站外链的语法也不同，以百度和 Google 为例，百度查询外链的语法是“domain：网站域名”，Google 查询外链的语法是“link：网站域名”，如图 8-10 和图 8-11 所示。

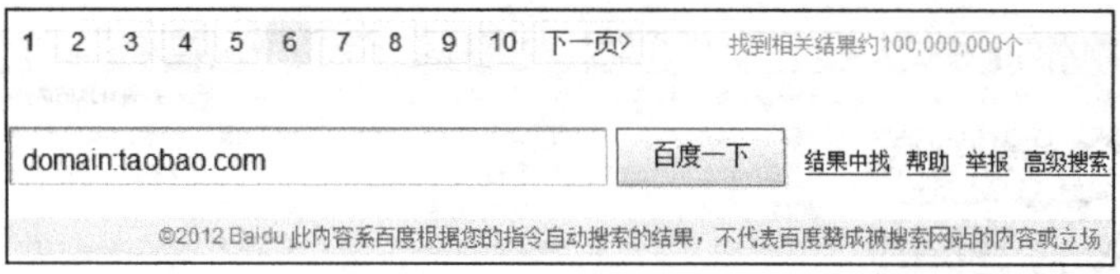

图 8-10　百度外链查询

图 8-11　Google 外链查询

5. 查询关键词在各大搜索引擎中的排名

通过登录各大搜索引擎检索相关关键词，可以直接查看该关键词在搜索引擎中的排名情况，为搜索引擎关键词优化提供依据。如图 8-12 和图 8-13 所示，以关键词“网站推广”为例进行检索，可以查看不同网站的排名情况。由图 8-12 可见，在百度中，排除前面做百度推广的网站外，排名第一的网站是百度百科。这也提示我们，在对百度实施搜索引擎优化的过程中，应充分利用百度提供的各项服务，如百度百科、百度知道、百度贴吧等。

图 8-12　“网站推广”关键词在百度的排名情况

图 8-13　“网站推广”关键词在 Google 的排名情况

通过各种网站工具还可以进行关键词在搜索引擎中排名的查询，如通过站长之家提供的关键词排名查询工具（http://tool.chinaz.com/KeyWords/），如图 8-14 所示。当然，类似站长之家的网站所提供的功能非常强大，可以帮助用户方便地从各个方面去监控和了解一个网站的数据。

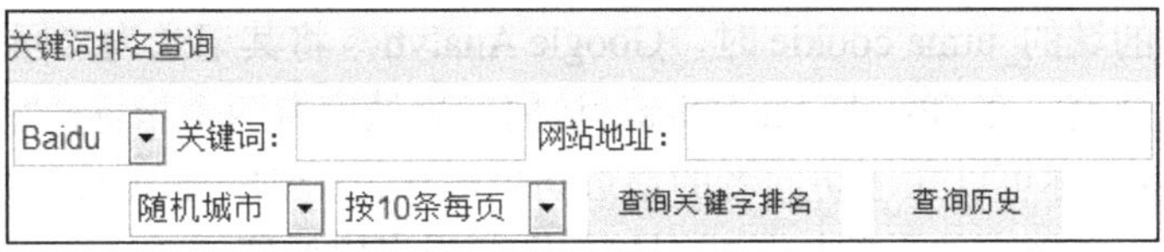

图 8-14　关键词排名查询

6. 查询网站的 PR 值、SR 值

PR（Page Rank）是 Google 推出的页面权重定级指标，影响到一个网页在 Google 中的排名。SR（Sogou Rank）是搜狗（Sogou）模仿 Google PR 推出的页面等级值，影响网站在搜狗中的排名。通过站长之家提供的 PR 值查询工具可以进行网页 PR 值的查询，如图 8-15 所示。

图 8-15　PR 值和 SR 值查询

通过各种网站站长工具还可以统计和查询网站访问者的行为和方式，如了解：① 用户的来源网站（即“引导网站”，说明用户从什么网站进入目标网站）；② 用户所使用的搜索引擎或关键词；③ 在不同时段的用户访问量情况；④ 用户访问网页的路径；⑤ 用户访问的网页；⑥ 用户在网站的停留时间；⑦ 忠实用户访问率；⑧ 用户浏览网站的方式等。例如，可以通过之前提到的“百度统计”中的“来源分析”分析全部来源、搜索引擎、搜索词和外部链接等信息；通过“访客分析”分析访客的地域分布、系统环境、新老访客、访客属性和忠诚度等信息。

三、任务分析

（一）电子商务网站推广效果评价指标

在电子商务网站推广实施之前，必须进行详细而全面的电子商务网站推广策划，制定相应的网站推广效果评价指标体系。而指标体系所涉及的内容实现的程度直接反映了网站推广实施的效果如何。为了有效地实施网站推广效果统计，掌握相关数据，必须熟悉网站推广指标体系所涉及的相关概念，如网站访问用户、流量、访问量等，下面是对这些概念的详细描述。

1. 与访问用户有关的概念

（1）网站访问者。网站访问者是指访问网站的某一特定用户。在实际情况下网站程序可以通过 IP 地址、注册账号（会员管理）等方式来唯一识别某一网站访问者。

（2）新访问者和新注册用户。新访问者是指第一次访问网站的某一特定用户，即该用户在此次访问之前从未访问过该网站。以谷歌分析程序（Google Analytics）为例，当某个网络浏览器首次访问网站中的任何一个网页时，Google Analytics 会将该访问者记录为新访问者。此操作是通过在此浏览器中设置第一方 cookie 来完成的。因此，Google Analytics 不是根据在网站上提供的个人信息来识别新访问者，而只是通过访问者使用的网络浏览器来对其进行识别。

新注册用户是指第一次通过网站的程序填写注册信息，并且提交到网站的用户。

（3）回访者。回访者是指访问网站的某一用户，该用户在此次访问之前 24 小时内曾访问过此网站。此次访问属于第二次来访，称为回访。以 Google Analytics 为例，当访问你的网站的浏览器中存在你的域的_utma cookie 时，Google Analytics 将其记录为“回访者”。

（4）访问者忠诚度。在 Google Analytics，访问者忠诚度有两个指标：“新近度”和“忠诚度”。查询“新近度”你可以知道访问者的最近访问时间；查询“忠诚度”可以了解到访问者访问的频率分布。该功能有助于站长了解网站黏性和用户忠诚度。

（5）访问者访问深度。访问者访问深度是指用户在一次浏览你的网站的过程中浏览了你的网站的网页数量。如果用户一次性地浏览你的网站的网页数量越多，那么就可以认定，你的网站有他感兴趣的东西。用户访问网站的深度用数据来表示就是 PV 和 IP 的比值，这个比值越大，用户体验度越好，网站的黏性也越高。

（6）访问者访问时长。访问者访问时长是指访问者一次访问过程中在网站上逗留的时间。

（7）访问区域。访问区域是指访问者所在的地区，可以根据 IP 地址确认到每个城市的分区。

2. 与网站流量有关的概念

（1）访问量。访问量是指一定的时间段内被统计网站按不同的访问者 IP 地址统计所获得的 IP 地址的数量。

(2) 浏览量。浏览量是指一定的时间段内被统计网站(的网页)所接收的页面浏览的次数总和。本数据指标在一定程度上反映了网站的活跃程度。

(3)最大浏览量。最大浏览量是指在一定的时间段内被统计网站数据量最大的一个时间段,一般来说,按照天来划分(24 小时内)。

(4) 最小浏览量。最小浏览量是指一定的时间段内被统计网站数据量最小的一个时间段,一般来说,按照天来划分(24 小时内)。

3. 与页面对访问者吸引程度有关的概念

(1) 跳出率。跳出率是指在一定时间段内,浏览量为 1 页面的访问者占总访问者的比率。

(2) 二跳率。二跳率是指在一定时间段内,浏览量大于 1 页面的访问者占总访问者的比率。

4. 访问者对页面的访问指标

(1) 访问者页面数。访问者页面数是指在一定时间段内,访问者浏览页面的数量,一般来说,按照天来划分(24 小时内)。

(2) 访问者访问时长。访问者访问时长是指在一定时间段内,访问者浏览一定数量的页面所需要的时间,一般来说,按照天来划分(24 小时)。

5. 与访问量来源统计相关的概念

(1) 访问来源(网页)。访问来源是指网站访问者经由特定的方式或网络空间到达目标网站的页面。一般分两大类:第三方来源和直接输入 URL。其中第三方来源又可进一步划分为搜索引擎、门户网站、行业网站等;直接输入 URL 又可分为真正直接手动输入 URL 和通过收藏夹实现访问。

(2) 访问来源(网站)。访问来源(网站)是指来源中的页面地址截取主机域名,统计的域名数量。

6. 网站网页的统计指标

(1) 热门页面。热门页面是指在一定时间段内,站内页面的访问量由高到低来排序。

(2) 热门页面标题。热门页面标题是指在一定时间段内,站内页面的访问量由高到低来排序,用页面的标题属性来替代页面链接地址。

(3) 入口页面。入口页面是指在一定时间段内,访问者第一次来到网站所访问的页面,这是会话的开始。

7. 与全局信息相关的概念

(1) 操作系统语言。操作系统语言是指用户浏览特定网站时所采用的版本语言设置。

(2) 系统时区。系统时区是指用户浏览特定网站时所采用的系统时区设置,如 GMT+08:00。

(3) 操作系统。操作系统是指使用的系统,如 Windows 10、UNIX、Linux。

(4) 浏览器。浏览器是指用户浏览特定网站时所采用的工具系统,如 IE、Google Chrome 等。不同的浏览器反映了不同用户的系统应用特点,同时特定网站在不同浏览器下可能有不同的表现,因此可能影响用户的浏览效果。浏览器一般反映了使用者的专业背景特征。

(5) 屏幕尺寸。屏幕尺寸是指用户浏览特定网站时所采用的显示器可视面积的尺寸,如 1 024×768 像素。

(6) 屏幕颜色位数。屏幕颜色位数是指用户浏览特定网站时所采用的显示器色彩的深度,如 32 位。

(7) 浏览器插件。浏览器插件是指用户浏览特定网站时所采用工具系统安装的各种插件,如 Java、Flash。

8. 与搜索引擎有关的概念

（1）搜索引擎访问量。网站访问量中定义的标准来源为搜索引擎的网站访问量。本数据指标在数值上反映了搜索引擎对网站推广宣传的作用程度。

（2）关键字。关键字是指包含特定意义的特定字符或字符组合，用户使用它们在搜索引擎进行搜索。

（3）关键字类别总数。关键字的种类之和，在一定时间段内，被统计网站所接收的访问中一共包含了多少种类的关键字。本数据指标在一定程度上反映了网站内容和推广活动的广度。

9. 与网络广告效果分析有关的概念

（1）广告导入量。广告导入量是指网站访问者从经由特定的广告地址到达目标网站所带来的页面浏览量。

（2）广告导入率。广告导入率是指广告导入量占网站总的浏览量的百分比。

（3）IP 导入量。IP 导入量是指网站访问者从经由特定的广告地址到达目标网站所带来的访问者的数量。

（4）IP 导入率。IP 导入率是指 IP 导入量占总的访问者的百分比。

（5）广告二跳量。广告二跳量是指 IP 导入量中页面浏览量大于 1 页面的访问者的数量。

（6）广告二跳率。广告二跳率是指 IP 导入量中页面浏览量大于 1 页面的访问者的数量占总的访问者的百分比。

10. 与数据统计分析有关的指标概念

（1）统计开始日期。统计开始日期是指统计数据的最早日期。

（2）统计截止日期。统计截止日期是指统计报告的截止参考日期。

（3）统计天数。统计天数是指被统计网站从统计开始日期直到当前日期内经过的天数总和。如果统计开始日期为当前日期，则统计天数为 1 天。

（4）每日统计。每日统计是指将一天按照标准 24 小时分成 24 个时间段统计序列。时间段的划分主要是用来反映被统计网站的流量、来访者特征分析在一天中各小时的分布情况。

（5）每周统计。每周统计是指将一周按照标准 7 天分成 7 个时间段统计序列。时间段的划分主要是用来反映被统计网站的流量、来访者特征分析在一周中各天的分布情况。

（6）每月统计。每月统计是指将一年分成 12 个时间段统计序列。时间段的划分主要是用来反映被统计网站的流量、来访者特征分析在一年中各月的分布情况。

（7）每年统计。每年统计是指将从统计开始算起，到现在的总的时间按照年划分。时间段的划分主要是用来反映被统计网站的流量、来访者特征分析在每年的分布情况。

（8）区间数据对比。区间数据对比是指在选取的两个时间段内，进行特定对象的比较。分析该对象在两个时间段内的平均数据走势。

（9）网站搜索引擎指数。网站搜索引擎指数是指搜索引擎访问量占总网站访问量的比例：

搜索引擎指数=搜索引擎流量÷网站访问量×100%

（10）网站推广指数。网站推广指数是指基于统一截止日期为比较基准的网站非直接输入 URL 地址的流量与网站的总访问量的比值。该指数反映了网站推广对网站人气的贡献和依赖程度。

推广指数=(网站访问量−直接 URL 访问量)÷网站访问量×10

（11）重复访问用户比例。重复访问用户比例是指在一定时间段内，回访者数量所占总的访问者数量的百分比。

（12）用户黏度指数。用户黏度指数是指在一定时间段内，总的浏览量与总的访问者的比值。

（13）重度用户访问比例（深度）。重度用户访问比例（深度）是指在一定时间段内，浏览量大于 10 的访问者与总的访问者的比值。

（14）重度用户访问比例（时长）。重度用户访问比例（时长）是指在一定时间段内，访问时间长度大于 10 分钟的访问者与总的访问者的比值。

（15）轻度用户访问比例（深度）。轻度用户访问比例（深度）是指在一定时间段内，浏览量在 2 页以内的访问者与总的访问者的比值。

（16）轻度用户访问比例（时长）。轻度用户访问比例（时长）是指在一定时间段内，访问时间长度在 1 分钟以内的访问者与总的访问者的比值。

（17）访问者平均停留时间。访问者平均停留时间是指在一定时间段内，每个访问者的访问时间长度之和与总的访问者的比值。

（18）平均浏览停留时间。平均浏览停留时间是指在一定时间段内，每个访问者的访问时间长度之和与总的浏览量的比值。

（19）访问者平均访问深度。访问者平均访问深度是指在一定时间段内，总的浏览量与总的访问者的比值。亦称用户黏度指数。

（20）访问者忠诚度指数。访问者忠诚度指数是指在一定时间段内，总的回访者与总的访问者的比值。

（二）常用电子商务网站推广效果统计系统简介

电子商务网站推广效果统计系统帮助网站运营工作人员（如个人网站站长等）时刻自动监控网站推广的各项数据，了解网站推广效果。因此了解和掌握目前市场上知名的第三方网站统计系统，将有助于网站推广工作的顺利展开。

1. 百度统计（http://tongji.baidu.com/）

百度统计是百度推出的一款专业网站流量分析工具，能够告诉用户访客是如何找到并浏览用户的网站，以及如何改善访客在网站上的使用体验，让更多的访客成为客户，不断提升网站的投资回报率。

百度统计提供了几十种图形化报告，全程跟踪访客的行为路径，并且帮助监控各种网络媒介推广效果，让用户及时了解哪些关键词、创意的效果最好。同时，百度统计集成百度推广数据，帮助用户及时了解百度推广效果并优化推广方案。

基于百度强大的技术实力，百度统计提供了丰富的数据指标，系统稳定、功能强大但操作简易。登录系统后按照系统说明完成代码添加，百度统计便可马上收集数据，为用户提高投资回报率提供决策依据。

代码正确添加后，进入百度统计，即可看到含有丰富数据的概况页，为用户提供网站最重要的流量报告，方便用户从全局了解网站流量情况，如图 8-16 所示。

（1）通过趋势分析，用户可以洞悉网站的流量趋势：上方表格显示流量概况，下方趋势图显示指标趋势（通过左上角的指标选择），通过时间标签可以快速切换不同的时间段，趋势图中还标出周六、周日，方便用户分析周末流量的差异。

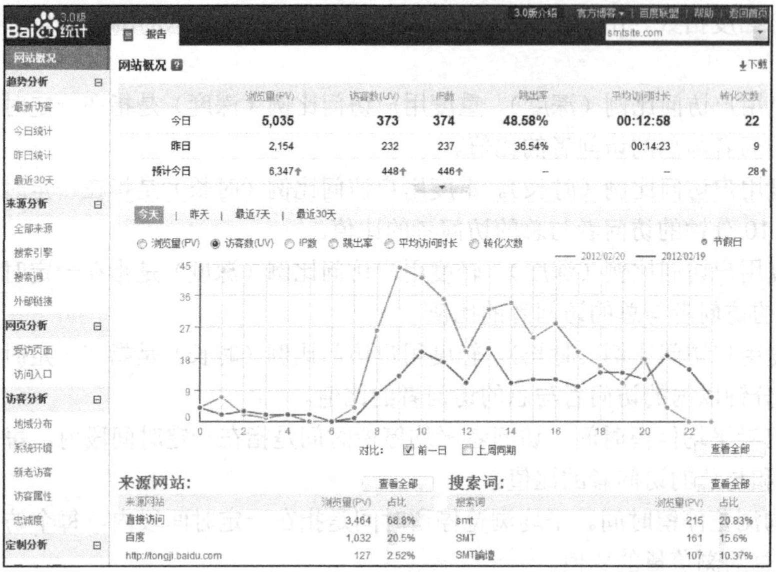

图 8-16　百度统计网站概况报告页面

（2）访客来自哪些地区：了解昨天一天，网站的访客来自哪些地域，单击“查看完整报告”按钮可查看更多地域的情况。

（3）访客来自哪些网站：了解昨天一天，网站的访客来自哪些搜索引擎和推介网站，单击“查看完整报告”可查看更多来源的情况。

（4）消费 TOP10 百度推广关键词报告：了解昨天一天，用户消费最多的百度推广关键词带来的流量，可以单击报告下方“查看完整报告”按钮查看更多关键词的情况。

（5）受访 TOP10 网页报告：了解网站上哪些页面最受访客欢迎，可以单击报告下方“查看完整报告”按钮查看更多页面的情况。

访问更多百度统计的报告，可以单击页面上方的“查看全部报告”或在底部“更多报告”区域寻找。

2. CNZZ 站长统计（http://www.cnzz.com/）

CNZZ 是由国际著名风险投资商 IDG 投资的网络技术服务公司，是中国互联网目前最有影响力的免费流量统计技术服务提供商之一，专注于为互联网各类站点提供专业、权威、独立的第三方数据统计分析。同时，CNZZ 拥有全球领先的互联网数据采集、统计和挖掘三大技术，专业从事互联网数据监测、统计分析的技术研究、产品开发和应用。

通过 CNZZ 站长统计，站长可以随时知道自己网站被访问情况，每天多少人看了哪些网页，新访客的来源是哪里，网站的用户分布在什么地区有非常有价值的信息数据。根据 CNZZ 站长统计，可以一目了然地知道自己的网站的访问情况，及时调整自己的页面内容、推广方式，并对自己网站的调整做出客观公正的评测。CNZZ 站长统计报告如图 8-17 所示。

3. 我要啦免费统计（http://www.51.la/）

我要啦是目前国内最大的提供免费网站统计服务的网站之一，其以项目详细、服务人性化等优点深受广大站长的喜爱。我要啦站长统计主要提供以下方面的功能。

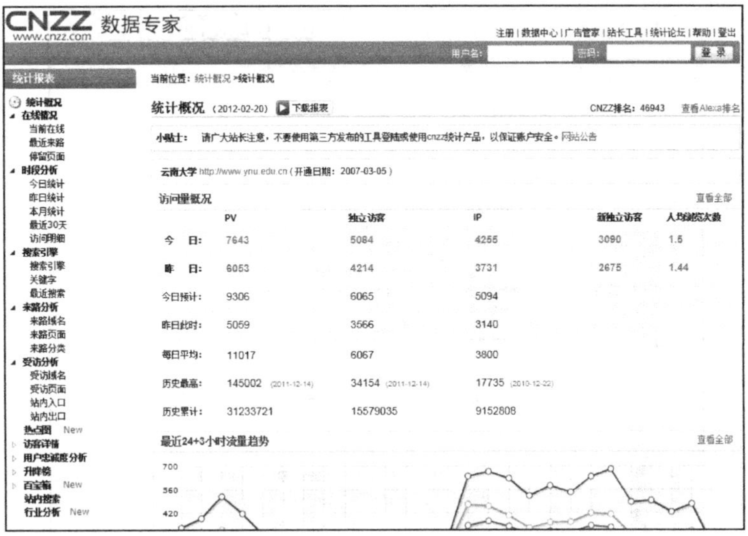

图 8-17 CNZZ 站长统计报告页面

（1）全面完整的常规功能。

点击量：记录每小时的 IP 数和 PV 数，提供多种形式供用户对任意时间段进行查询。IP 数完全基于 24 小时 IP 防刷。

客户端：记录来访者所处的地区、访问者的浏览器、操作系统、语言、时区、屏幕尺寸、屏幕色彩、IP 地址及 Alexa 安装情况，并可对这些数据按任意时间段查询。

流量源：记录点击来源，并根据来源对关键词和搜索引擎进行分析。可对来路信息按时间段和特征字查询，提供多种排序方式。

关键词：精确地辨别并记录各大搜索引擎搜索进入时用户所搜索的关键词，兼容各种编码格式，无乱码，可按时间段和特征字查询分析，提供多种排序方式。

被访页：记录用户进入网站时的网页被进入的次数（入口网址）和每个网页被浏览的次数。可按时间段和特征字查询，提供多种排序方式。

明细：访问明细和在线用户栏目细致到用户的全部信息，并可追踪任意用户的浏览记录。

（2）我要啦特殊统计功能。

升降榜：我要啦 2006 版首创。升降榜提供方便的多日数据对比查看方式，想知道每天来路和关键词的变化吗？升降榜让用户一目了然。

排名：我要啦排名及曲线让用户知道自己在数万我要啦用户中的位置。

史和列：我要啦 2006 版首创，对于来路和关键词，可罗列全部相关的具体来路，并罗列最近 40 天某个来路或关键词每天的来访量。

引用：万能数据引用功能让用户可以在网站上任何位置显示统计数据，并且样式是可以任意更改的。2006 版的改进使数据引用在输出到任意位置的同时不影响页面加载速度。

多 ID：我要啦 2005 版首创，只需申请一个我要啦用户即可方便地申请多个统计 ID 来统计用户拥有的多个网站，多个 ID 更易管理。

我要啦站长统计报告如图 8-18 所示。

图 8-18　我要啦站长统计报告页面

（三）电子商务网站推广相关效果统计方法的说明

1. 不同搜索引擎查询网站外链的语法与效果分析

（1）百度查询外链的语法是“domain：网站域名”。严格来说，百度外链查询的并不是真正的外链，很多只是出现域名和链接的页面等，或者确切一点说是比较接近于网上出现的指向该域名的文本形式链接的数量。所以，百度查询的外链一般来说比较多。

（2）Google 查询外链的语法是“link：网站域名”。Google 对外链的要求非常严格，因此，一般情况下 Google 的外链数量比百度的外链数量要少很多。通过 Google 网站管理员工具也可以查询网站的外链数量，并且较百度查询外链准确，不过通过这种方法只能查看自己网站的外链，而不能查询竞争对手的情况。

（3）通过雅虎中国的站长工具查询。一般认为，通过雅虎中国的站长工具查询外链是较准确的一种方法，并且雅虎中国外链基本是按照重要性从高到低来排名的，所以雅虎中国的外链查询结果有一定参考价值。但是由于雅虎中国的数据库不大，所以会丢掉很多有价值的外链，并且雅虎中国外链最多只能查询显示 1 000 条，还有相同域名不同页面给的外链全部显示，所以雅虎中国外链透露的信息也是有限的。

通过雅虎英文站的站长工具比使用雅虎中国的站长工具所获得信息更加全面，特别是雅虎英文站能够查询整个网站所得到的外链数量（而非单个网页），由此就能更全面地评估一个网站的外链情况。

不过，目前雅虎已经将其搜索后端转移到微软必应，完全由微软搜索平台驱动。也就是说 Yahoo！Site Explorer 的工作内容已经由 Bing Webmaster Center 接替，来进行网站管理和数据分析。如图 8-19 所示是微软必应（bing）网站管理员工具首页。

2. Site 语法的准确性

来自百度对 Site 语法的解释是，Site 语法得到的网站搜索结果数，只是一个估算的数值，仅供参考。

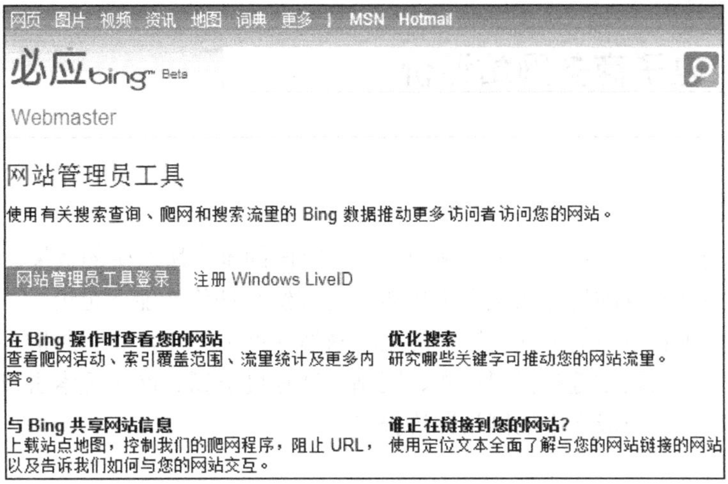

图 8-19 微软必应（bing）网站管理员工具首页

Site 语法设定的初衷，是期望用户可以设定约束搜索范围，实现更加精准的搜索。这与 intitle、inurl 本质上是相同的。而在这些高级语法下的结果数，和常规搜索一样，都是“估值”，而非精确值。因此，很有可能 Site 下的“结果数”减少了，实际被索引数却可能增加了。

3. 关于网站 Alexa 排名的解释

Alexa 排名是指网站的世界排名，主要分为两种：综合排名和分类排名。Alexa 提供了包括综合排名、到访量排名、页面访问量排名等多个评价指标信息，是目前全球较为权威的网站访问量评价指标之一。

事实上，Alexa 排名是根据对用户下载并安装 Alexa Tools Bar 嵌入到 IE 等浏览器，从而监控其访问的网站数据进行统计的。由此可见，Alexa 排名的准确性存在一定的争议，特别是对于排名低于 10 万的网站以及中文站，其准确性大打折扣。

（1）Alexa 的统计原则之一就是域名下的单独页面算为该网站流量。那么，像淘宝网这样有众多网商店铺的 C2C 站点在流量上很占优势。

（2）Alexa 工具条是访问统计的依据，与此同时，Alexa 工具条会被反病毒软件禁止导致无法正常工作。特别是访问量数据会受比较大的影响。

（3）Alexa 工具条目前支持 IE、Netscape、Firefox、Mozilla 等浏览器，但还有些浏览器是不支持的，如 Opera 等，那么面对 Opera 浏览器的站点会减少计算。

（4）Alexa 统计在采样方法上也存在问题。例如，装工具条的人具有某些相同特质，若其数据是用于分析比较不同类型的网站或面向不同群体的，则不够科学。同时，Alexa 工具条没有中文版本，因此用户群体也受到了限制。

四、任务拓展

通过运用各种常见的网站站长工具或网站，对竞争对手的网站进行相关数据的统计和分析，然后据此对自身的网站推广提出针对性改进意见。

任务二　电子商务网站评价

一、任务导入

通过任务一的实施，基本了解了网站经过一段时间的推广所产生的效果，然而，一个网站如何，还需要对网站本身的运行状况和工作质量进行综合评价才能下定论。

本任务要求以项目小组的形式，借用常见的网站评价工具，对中小企业网站进行全面、综合和系统的评估，包括网站链接错误检测、网站下载速度测试、网站搜索引擎优化状况测试、网站信息更新频率等，形成详细的网站评价报告。

二、任务实施

1. 网站结构的评价

网站结构的设置应符合用户浏览习惯并对搜索引擎友好，主要包括网站目录结构是否在三层以内，并以静态 URL 来表示；网站栏目设置是否简洁，能否一目了然；网页布局设计是否合理，符合用户浏览习惯，子页面布局是否规范统一；网站导航是否清晰、是否有网站地图等。网站结构评价结果形成表 8-1。

表 8-1　网站结构评价

评 价 项 目	特 征 描 述
目录结构	
栏目设置	
网页布局	
网站导航	
友情链接	
网站地图	
……	

2. 网站访问速度的评价

网站的访问速度是网站最重要的指标之一，也是用户是否愿意访问网站的重要因素。一个网站假如显示速度过慢，不但会将用户挡在网站大门之外，更有可能形成不良的口碑效应，影响公司的品牌形象。通过网站评价工具可以检测和比较不同网站的访问速度。如图 8-20 所示为通过百度统计进行网站速度的诊断。

输入要诊断的网站地址，选择相应的测试点（网通或电信），单击“开始分析”按钮即得到相应的网站速度诊断报告，以百度（http://www.baidu.com/）为例，其分析结果如图 8-21 所示。

同时，百度统计将给出相应的诊断建议，如图 8-22 所示。

影响网站访问速度的因素有很多，这些也是评价一个网站速度的重要指标，主要包括网站本身的优化和网络运营商自身原因或网站服务器提供商的原因等，如网站服务器的稳定与否还会影响到搜索引擎的收录与排名情况。网站访问速度的评价形成表 8-2。

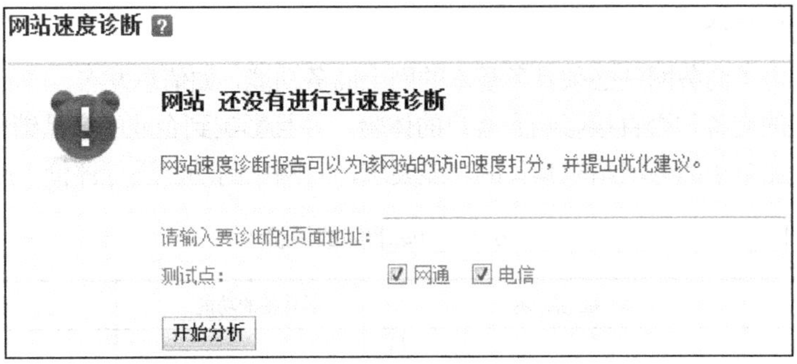

图 8-20　网站访问速度诊断

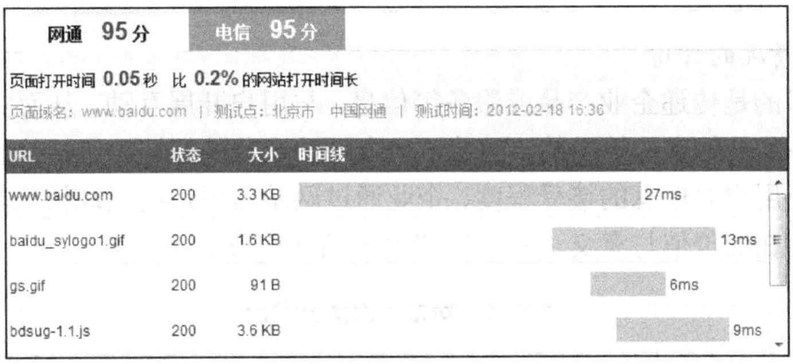

图 8-21　网站访问速度诊断结果

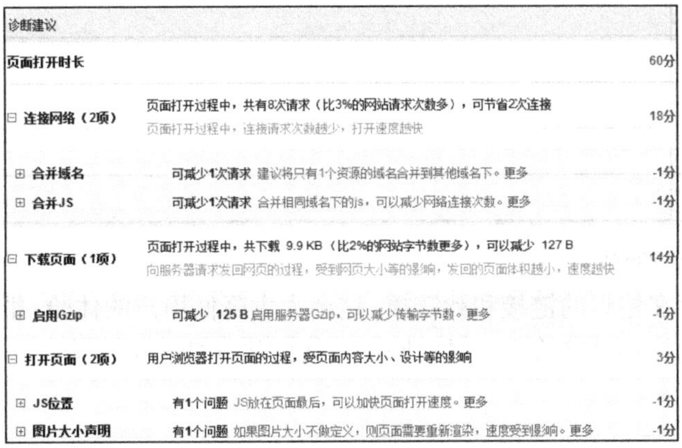

图 8-22　诊断建议

表 8-2　网站访问速度评价

评 价 项 目	特 征 描 述
网站代码	
网站内容呈现形式	
网站框架	
网站服务器	
……	

3. 网站功能的评价

一个中小企业电子商务网站必须具备基本的网上商务功能，如信息发布、产品比较、在线下单、在线客服等。功能的完备与否直接影响到客户的体验，并且影响到企业的产品销售等多个方面。根据一个典型中小企业电子商务网站应具备的功能要求，对网站的功能进行评价，形成表 8-3。

表 8-3　网站功能的评价

具备的功能	特 征 描 述	不具备的功能	特 征 描 述

4. 网站运营情况的评价

网站的主要目的是传递企业产品或服务等信息，与用户开展互动，从而实现产品或服务销售、客户在线服务和品牌宣传等目的。因此，一个网站运营的好坏，包括信息发布的频率、信息对用户的价值及用户对信息的接受程度、企业通过网站与用户的互动情况等，在很大程度上决定了一个网站存在的价值与意义。网站运营情况的评价形成表 8-4。

表 8-4　网站运营情况评价

评 价 项 目	特 征 描 述
信息更新频率	
网站信息量	
信息被认可程度	
用户互动模块	
用户互动程度	
……	

5. 网站链接错误检测

好的网站不应存在错误的链接和死链接，这会大大降低用户的体验，影响网站的整体评价。通过站长之家提供的错误链接检测工具对网站链接的错误情况进行检测，如图 8-23 所示，并修改完善。

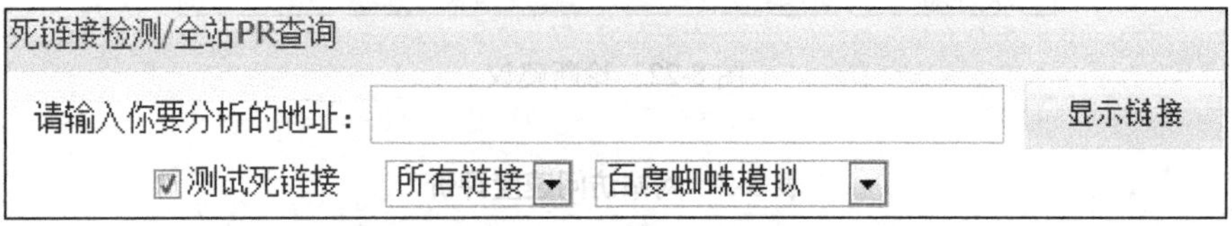

图 8-23　网站链接错误检测

6. 其他方面的评价

一个网站优劣与否，评价指标与评价方法都是非常复杂的，除了上述评价内容，还包括如网站搜索引擎优化情况（关键词和描述信息的设置等）、网站对企业利润的贡献情况（通过网站获得的订单数量的增加情况）等。

三、任务分析

（一）电子商务网站评价的含义与背景

简言之，电子商务网站评价就是根据一定的评价方法对电子商务网站的整体状况进行综合评估。

万维网于 1989 年诞生于欧洲量子物理实验室，最初是为了方便研究员之间交换资料，科技的进步使万维网的功能越来越强大，内容越来越丰富，网站评价理论也随之产生，万维网发展初期的各种 Web 设计规则、规范可以看作是最早的网站评价理论。Web 设计规则源于传统的用户界面（UI）设计理论，Sun 公司于 1994 年提出的 Web 设计规则相当简单，如导航方便、文字可读性强、站内搜索功能等，随后 Microsoft、IBM、Yale 等公司和科研机构都提出了自己的设计准则。2000 年，Jokob Nielsen 提出，Web 设计理念应简单实用，他认为简单和以用户目标为中心是优秀 Web 设计的原则，他将 Web 设计分为网站设计、页面设计、内容设计、网络设计等几个方面，该理论以心理学和认知理论为基础，代表着 Web 设计理论的正式形成。

随着 Internet 的发展，万维网开始用于商业用途，并随着企业网站数量迅速增长和功能不断丰富，越来越多的专家学者与机构开始研究网站在商务领域的贡献，关于企业电子商务网站的评价研究也开始出现。近年来，国内外开展了大量网站评价活动，涌现出许多专门的网站评估机构，如 Aiweb（美国）、Forrester Research（美国）、NetValue（法国）等，这些机构均能提供专业的网站评估服务。在国内，中国互联网络信息中心（CNNIC）对中国互联网的发展状况开展每半年一次的调查研究，其中包括对某些网站在一定程度上的评估。艾瑞市场咨询则根据网站覆盖数、用户日均访问页面数、访问量等指标定期对国内众多网站进行评估排名。更多的网站评估则由网站自身开展，对自身网站或同类网站进行一定的评估。从评估活动的发起者看，有网站管理者、第三方评估机构或个人。评估的执行者有网站管理者本身、专门的网站评估机构和自发开展评估的机构或个人。根据评估的主要目的分为指导性评估、商业评估和学术评估三种，即为改进网站内容及服务功能、引导人们了解网站情况、从学术上加以研究讨论等。

（二）电子商务网站评价的作用与意义

自从进入信息时代，一直到 Web 2.0 时代的繁盛，网络信息存取的日益自由与开放导致了信息爆炸、网站质量参差不齐、网站资源得不到充分利用等问题，网上信息广泛、丰富，但有相当一部分却缺乏有效的组织和质量控制，呈现出无限、无序、优劣混杂的发展状态，即使再优秀的网站也会随着时间的推移逐渐出现漏洞，这就需要对其进行改进，以便符合网站和用户双方需求，而对网站进行评价是改进过程中必不可少的环节。网站评价不仅对被评价的对象（网站本身）具有积极的促进作用，也可以帮助使用者对有用信息进行选择和甄别。当网站评价的结果具有权威的指导意义后，就会使网站的整体质量有较大幅度的提高，用户也将随之得到更好的服务。

（三）电子商务网站评价的方法

对电子商务网站的评价工作意义重大，方法也很多，目前比较常用的有以下 4 种方法。

1. 流量统计法

网站流量指标统计是指通过特定的软件统计和分析网站的浏览量。国内的网站流量统计机构有很多，如中国互联网络信息中心（CNNIC）、网易中文网站排行榜等均是采用这种方法定期发布网站排名。国外采用这种方法的机构也有很多，如Media Metrix等公司。流量统计法应用较多，但是局限性较为明显，主要是国外和国内对网站流量统计指标的选取不相同，而且国内各家机构对网站流量指标的选取也不完全统一，从而影响了国内网站流量指标法排名的权威性和有效性。

2. 专家评价法

专家评价法是指通过规定程序对专家进行调查，依靠专家的知识和经验，由专家通过综合分析研究对问题做出判断和评估。

专家评价法有很多优点，如集思广益、综合专家的专业知识、对各参选网站进行综合评价，但是也有比较明显的局限性。例如，专家团队的数量可能有限，导致代表性不够全面；不可避免部分专家的倾向性；部分影响力较大的权威专家可能主导讨论结果；有些专家碍于情面等原因，即使不同意他人观点，也不会当面提出，因而影响了整个评价结果的公正性。

3. 问卷调查法

问卷调查主要有抽样调查和在线调查两种形式，是目前使用较广泛的方法。这种方法较简单，CNNIC 历次进行的中国十大网站评比，都是基于这种方法。问卷调查法的弊端也较为明显，主要是有人为作弊的可能，需要花费人力和物力去剔除那些无效的干扰问卷。同时，问卷调查结果的准确性和有效性与问卷的设计、抽样方法、样本数量、系统误差、样本分布、调查费用等多种因素有关，实际运用中难以兼顾上述所有因素，因此问卷调查法得到的结果，其客观性和有效性均有待改进。

4. 综合评价法

人们对一个事物的评价不再简单地局限于“好”或者“坏”，或者谁好谁坏，这一切说明都需要以最终的数据来决定。随着科学技术的快速发展，出现了许多定量分析的软件，如SPSS、SAS等。定量数据在网站的数据流量、点击率等方面可以起到准确的说明作用，但是在网站的版面设计、用户的满意程度等主观指标上，单纯地使用定量方法似乎并不合理。所以这就需要在网站评价方法上采用综合的方法，这样才能准确地评价一个网站。

在这种评价方法中，首先是建立加权的综合评价指标体系，然后通过技术测量、专家调查、用户调查等方法收集数据，再采用定性与定量方法、比较分析方法、模型分析方法等对数据进行挖掘和分析。电子商务网站评价需要一种综合性的评价方法，集动态监测、市场调查、专家评估为一体的综合评价模式，这需要有科学的分析评价方法，全面、公平、客观的评价体系，也需要有科学、合理并有足够样本量的固定样本作为基础。

总的来说，电子商务网站评测的机构在进行网站评比时，都要有合适的评价方法和科学的评价标准，自身也必须是中立的第三方机构，这样才具有公信力。但是，就目前的实际来看，无论是专家评价还是在线调查，都无法避免主观因素的影响，这是因为每个人的偏好和经历都不同，其对每种标准的判断也有所不同。因此，无论是定量分析还是定性描述，传统的评比方法都存在一定的缺陷。

（四）电子商务网站评价指标体系

1. 电子商务网站评价指标建立原则

针对不同类型的网站，本着不同的出发点，网站评估指标也各不相同，但是建立电子商务网站评估指标体系，必须遵循一定的原则。

（1）科学性原则。对于网站评估，首先要本着科学的态度，保证待评估的对象所具有的特性与所收集的材料之间存在必然的因果关系，或者存在内在的直接影响。

（2）系统性原则。网站评估指标体系所包含的指标，要能反映电子商务网站的各个主要方面，不遗不漏。

（3）可操作性原则。在指标选择上要尽量选择能反映客观事实且易操作的指标，尽量少用理想化的指标。当然，不能排除有些信息在今天的技术条件和社会生活条件下无法收集，但随着技术和社会的发展，收集它们将变得不仅可能而且十分便利，那么我们所要做的仅仅是修正指标体系。

（4）简洁明确原则。网站评估指标体系中包含的各项指标要简洁明确，易于理解，便于计算和评估。

（5）定性与定量相结合原则。积极采用定量指标，能定量化的指标一般采用定量指标，但也不否认定性指标的作用。

2. 电子商务网站评价指标体系

电子商务网站评价涉及的指标有很多种，一般包括以下几点。

（1）技术指标，如访问速度、系统的稳定性与安全性、链接的有效性等。

（2）界面指标，如网站结构、页面布局、视觉效果等。

（3）资讯指标，如信息的种类、数量、质量、个性化服务等。

（4）功能指标，如功能的完备性、功能的有效性、特色产品、特色功能和特色服务等。

（5）客户服务指标，如物流配送收费标准、配送方式的选择、送货准时性、个性化定制能力等。

（6）经营业绩指标，包括网站流量、交易额、成本利润率，甚至股票价格等。

如何从上述众多指标中针对不同行业类型的电子商务网站选定评价指标体系？如何确定各个指标的权重？如何对各指标进行打分？上述问题一直是学者们研究的重点，目前尚未形成统一的观点。下面以零售型电子商务网站为例，说明一般的三层评价指标体系结构。

三层评价指标体系结构基于层次分析原理建立包含目标层、中间层、指标层的电子商务零售型网站评价指标体系。目标层是评价指标体系的最高层；目标层之下将若干评价指标按不同属性分组形成一级指标（一级指标是评价指标体系的中间层）；每个一级指标之下又分若干方面形成二级指标（二级指标是评价指标体系的最低层）。指标体系具体包括以下 4 个一级指标 16 个二级指标。

（1）技术指标。技术指标反映消费者对网站建设技术上的要求，主要包括网站访问速度、检索功能、导航系统、页面设计友好性。

（2）安全指标。安全指标反映消费者对购物安全的要求，主要包括在线支付安全性、个人隐私保护、网站系统安全。

（3）商务指标。商务指标反映消费者对商品价格质量等方面的要求，主要包括价格竞争力、商品质量保证、商品总数目、商品定制。

（4）服务指标。服务指标反映消费者对网站提供服务质量的要求，主要包括订单处理、网络互动性、商品配送、售后服务、支付方式多样化。

三层评价指标体系结构如图 8-24 所示。

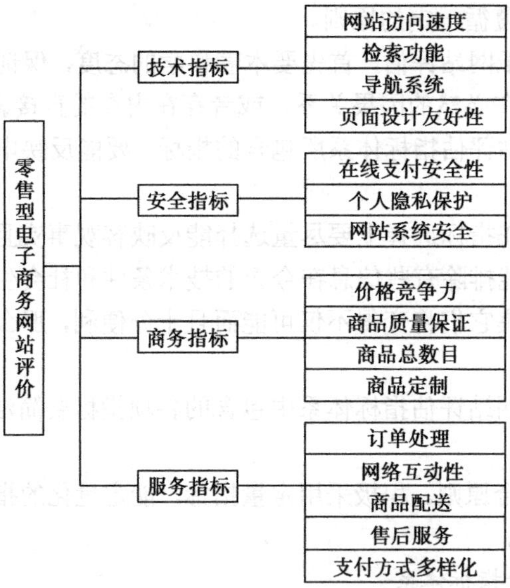

图 8-24　零售型电子商务网站三层评价指标体系

以下是对各指标的详细说明。

（1）网站访问速度，包括连接网站的速度、页面下载的速度及下订单各环节的处理速度，反映为消费者节省时间，提高购物效率。

（2）检索功能，包括网站是否提供检索功能或者检索功能是否强大，反映快速找到所需商品，为消费者提供帮助。

（3）导航系统，包括有无导航系统，有无对购物流程的说明，反映网站对消费者提供的帮助，使购物变得简单快捷。

（4）页面设计友好性，包括页面设计风格、布局、色彩等，反映页面设计的人性化使消费者在整个购物过程中放松、舒适、心情愉快。

（5）在线支付安全性，包括在线支付系统的安全性，银行卡号密码的保护，反映对消费者财产的保护，增强网上消费的信心。

（6）个人隐私保护，包括网站为保护消费者的隐私采取的各项措施，反映对消费者隐私的保护，以免给消费者带来麻烦。

（7）网站系统安全，包括访问该网站个人计算机不被病毒感染、不被黑客入侵及购物账号不被他人盗用，反映出对消费者财产的保护。

（8）价格竞争力，包括价格是否打折扣、一次购大量商品是否享受更优惠的条件等价格措施，反映出本网站的价格优势。

（9）商品质量保证，包括商品质量是否符合国家标准，商家会不会将次品、假冒伪劣商品卖给消费者等，反映出网站质量措施。

（10）商品总数目，包括经营商品数量、能买到本地买不到的商品，商品是否缺货情况等，反映出网站的经营能力。

（11）商品定制，包括商品是否新颖别致，是否能为消费者提供量身定做商品，反映出网站提供个性化服务的能力。

（12）订单处理，包括消费者对订单的操作、网站处理订单的速度，反映网站为消费者提供的便利及网站的工作效率。

（13）网络互动性，包括纵向和横向的互动，纵向指消费者和网站商家的交流，横向指消费者之间就网站服务质量的讨论。

（14）商品配送，包括配送的及时性、配送范围的大小、能否拒收商品及配送方式的多样性，反映网站的配送能力。

（15）售后服务，包括退换商品的政策、退换商品是否顺利及商品在使用过程中出现故障维修是否方便，反映网站的售后服务水平。

（16）支付方式多样化，指网站是否提供多种支付方式，反映为消费者提供的便利性。

四、任务拓展

用户是网站的直接使用者，因此在网站评价的时候最有发言权。设计一份关于网站评价的问卷，采用在线调查、电子邮件调查或者有奖调查等形式，获取用户对网站的评价，并对调查问卷进行统计分析，为后期网站的建设、优化提供宝贵意见。

作为网上零售型网站，调查问卷的内容可以针对以下几个方面进行设计。

（1）产品订购：下订单是否方便、快捷。

（2）产品选择：提供产品的种类是否丰富，规格数量是否明确。

（3）产品信息：产品信息的数量、质量及相关性的描述是否准确翔实，如产品图片是否能真实反映产品样貌，收到的产品与网站描述是否一致等。

（4）产品价格：产品的价格在同类零售网站是否具有优势。

（5）网站友好性：网站的导航是否清晰、界面是否友好，以及网站速度、版面质量、错误链接等情况。

（6）物流情况：物流的速度，快递人员的服务态度，商品的物流包装、价格、损坏率等。

（7）客户服务：顾客支持的水平和质量，如能否及时处理顾客的投诉、解决顾客的疑虑等。

（8）客户隐私：对个人信息的保护和承诺。

习　题

一、选择题

1．在一定统计周期内访问网站的用户数量称为（　　）。

A．主页访问数量　　B．独立访问者数量

C．网页浏览数量　　D．新用户数量

2．以下不属于网站推广的指标的是（　　）。

A．登录搜索引擎的数量和排名　　B．在其他网站链接的数量

C．注册用户数量　　D．主页下载时间

3．以谷歌分析程序（Google Analytics）为例，当某个网络浏览器首次访问你的网站中的任何一个网页时，Google Analytics 会将该访问者记录为（　　）。

A．新访问者　　B．网站访问者

C．网站用户　　D．网站客户

4．以 Google Analytics 为例，当访问网站的浏览器中存在该网站的域的_utma cookie 时，Google Analytics 将其记录为（　　）。

A．新访问者　　B．网站访问者

C．回访者　　D．网站客户

5．用于了解访问者访问的频率分布的指标是（　　）。

A．新近度　　B．忠诚度

C．访问深度　　D．访问广度

6．PV 和 IP 的比值是（　　）。

A．新近度　　B．忠诚度

C．访问深度　　D．访问广度

7．指一定的时间段内被统计网站按不同的访问者 IP 地址统计所获得的 IP 地址的数量是（　　）。

A．访问量　　B．浏览量

C．曝光率　　D．用户量

8．反映了推广对网站人气的贡献和依赖程度的指标是（　　）。

A．搜索引擎指数　　B．重复访问用户比例

C．网站推广指数　　D．用户黏度指数

9．在电子商务网站评价中，关于网站的访问速度、系统的稳定性与安全性、链接的有效性等被称为（　　）。

A．功能指标　　B．界面指标

C．客户服务指标　　D．技术指标

10．CNNIC（中国互联网络信息中心）历次进行的中国十大网站评比所采用的网站评价方法是（　　）。

A．流量统计法　　B．问卷调查法

C．专家评价法　　D．综合评价法

二、填空题

1．在实际情况下，网站程序可以通过________地址、注册账号（会员管理）等方式来唯一识别某一网站访问者。

2．指在一定时间段内，浏览量为 1 页的访问者占总访问者的比率是________。

3．网站访问量中，以定义的标准来源为搜索引擎的网站访问量的是________。

4．对电子商务网站的评价工作意义重大，方法也很多，目前比较常用的有四种方法，分别是流量统计法、________、问卷调查法和综合评价法。

5．万维网发展初期的各种________规则、规范可以看作是最早的网站评价理论。

6．________指网站访问者经由特定的方式或网络空间到达目标网站的页面。一般分两大类：第三方来源和直接输入 URL。

7．________指在一定时间段内，访问者第一次来到网站所访问的页面，这是会话的开始。

8．________是百度推出的一款专业网站流量分析工具，能够告诉用户访客是如何找到并浏览用户的网站，以及如何改善访客在用户网站上的使用体验，帮助用户让更多的访客成为客户，不断提升网站的投资回报率。

9．在一定时间段内，总的浏览量与总的访问者的比值被界定为________。

10．电子商务网站评价不仅可以对被评价的对象（网站本身）具有积极的促进作用，也可以帮助________对有用信息进行选择和甄别。

三、操作题

电子商务网站的评价结果对一个电子商务网站的重要性是不言而喻的。国内外各大电子商务零售网站都提供了用户对交易的评价功能，如图 8-25 所示。通过用户的交易评价可以帮助后续买家在购买前进行不同网站和不同商品的比较，并最终形成购买决策。请分析国内当当网、京东商城、凡客诚品、天猫（淘宝商城）等各大零售网站的用户评价信息，并以此为主要依据，对各个网站的用户满意度进行评价。

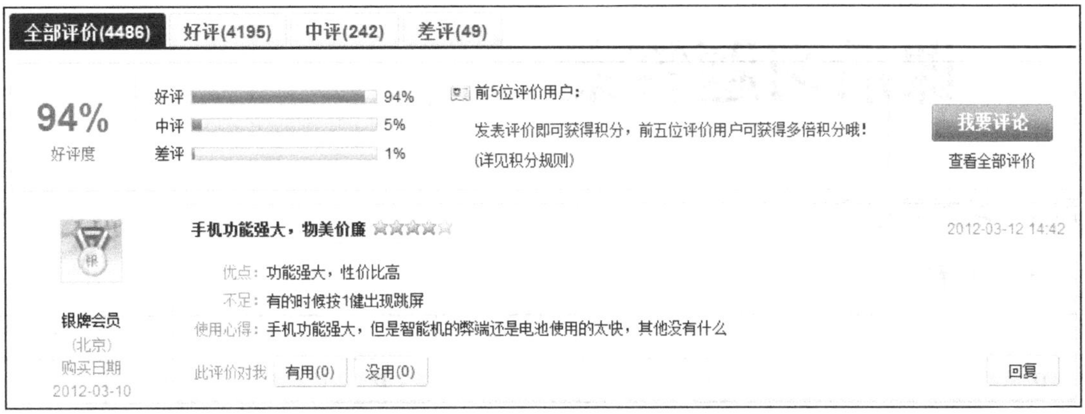

图 8-25　用户购买商品的评论

附录A 课后习题答案

项目一习题参考答案

一、选择题

1	2	3	4	5	6	7	8	9	10
D	A	D	B	C	A	D	B	C	D

二、填空题

1	电子商务网站推广	2	电子商务网站推广
3	域名	4	流氓软件
5	提供有价值的产品或服务　利用别人的资源	6	内部列表 E-mail 营销　外部列表 E-mail 营销
7	商业机密	8	电子商务网站推广计划
9	事件	10	线上网站推广

三、操作题

一个合适的网站运营团队应包括网站运营策划人员（如网站策划、在线市场策划等）、网络技术人员（如营销型网站建设实现和 SEO 技术、网页美工、广告设计专员等）、内容创作人员（如网站编辑、网站文案）、网络推广人员（以获得流量为主或以获得用户为主或双重兼顾）、网站运营专员（在流量的基础上运营网站、进行网站分析、促进转化流量辅助创造和提高销售等）、网络营销管理人员（网络营销经理、策略方案、项目管理等）。

网站运营团队的配置要根据企业及网站的经营现状、营销目标、人力、物力、财力等综合因素进行考虑，对于一家企业来说，拥有了合适的、有方向的、有执行力的网站运营团队，网站推广就已成功一半。

项目二习题参考答案

一、选择题

1	2	3	4	5	6	7	8	9	10
A	B	C	B	A	D	A	D	B	A

二、填空题

1	经济环境　政治法律环境	2	竞争对手分析
3	目标	4	战略规划
5	市场细分	6	单一细分市场　多个细分市场
7	长期预算　短期预算	8	站点设计费用　营销沟通费用
9	360 度绩效评估	10	创意

三、操作题

如图 A-1 所示，戴尔将客户群锁定在“家庭与个人产品”“中小型企业产品”“大中型企业”“政府、教育与医疗结构”“戴尔合作伙伴”“学生专区”等几个目标市场。登录戴尔公司的网站，就可以在首页清晰地看到这种目标客户群的划分。戴尔为每种类型的客户量身定制了网上商店。在这里，用户可以随时对戴尔公司的全系列产品进行评比、配置，并获知相应的报价。用户也可以在线订购，并且随时监测产品制造及送货过程。

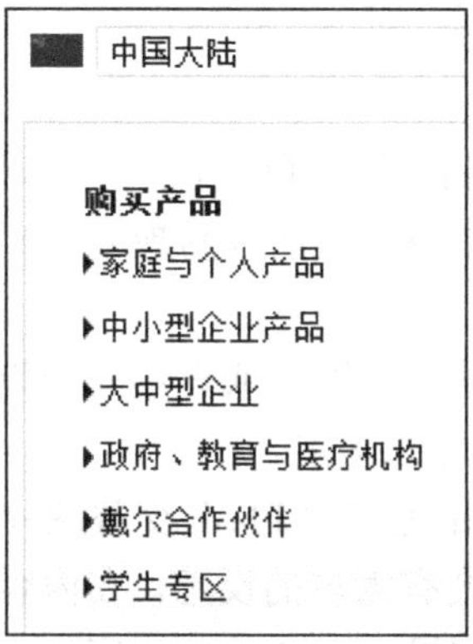

图 A-1

项目三习题参考答案

一、选择题

1	2	3	4	5	6	7	8	9	10
D	C	D	A	B	B	C	C	C	A

二、填空题

1	爬行器（或称为机器人、蜘蛛）	2	越受欢迎（越重要）
3	Google Dance	4	黑帽 SEO
5	长尾理论	6	参数
7	给搜索引擎抓取	8	锚点链接
9	锚文本	10	面包屑导航（或叫面包屑路径）

三、操作题

该题参考答案请参考百度推广帮助文件。

项目四习题参考答案

一、选择题

1	2	3	4	5	6	7	8	9	10
D	A	B	C	D	D	A	A	C	B

二、填空题

1	信息	2	Hotwired
3	插播式广告	4	图形文字
5	网络广告标语	6	曝光时间
7	广泛性	8	CPC
9	转化率	10	网络广告交换

三、操作题

以 eBay（易趣）为例说明。

电子商务网站的客户群就是平日上网的网民，是一些时尚、易于接受和体验新鲜事物的年轻人，是那些才思敏捷，眼光独特的商人，所以易趣要想扩大平台交易量，最重要的是要吸引更多的网民加入 eBay（易趣）。

首先，eBay（易趣）选择在一些门户网站或青年人聚集的网站上投放广告，起到一个宣传告知的作用，提高 eBay（易趣）网站知名度。

其次，eBay（易趣）在一些网站上采用 Flash 交替图片等形式，虽然是广告，但因其精心的设计，给了浏览者美的享受，不会有太多的反感。在内容上，eBay（易趣）多数以畅销类的数码产品为宣传材料，手机、数码相机、MP3 等成为广告中的主要角色。因为这些是电子商务平台上最畅销的商品。

第三，eBay（易趣）通常还在广告中以诱人的价格吸引浏览者点击广告，浏览详细信息，使得更多的浏览者登录 eBay（易趣）网站，浏览感兴趣的产品，并有可能成为 eBay（易趣）的交易用户。

项目五习题参考答案

一、选择题

1	2	3	4	5	6	7	8	9	10
A	B	C	C	C	D	D	A	D	D

二、填空题

1	非许可 E-mail 营销	2	内部　外部
3	讨论型（讨论组）	4	病毒
5	频率选择	6	消费者行为
7	E-mail 地址	8	“送达率”
9	用户增长率	10	开信率

三、操作题

以网易邮件列表服务为例，操作步骤说明如下。

1．登录网易邮箱，进入通信录，如图 A-2 所示。

图 A-2

2．单击打开“邮件列表”选项卡，进入邮件列表说明页面，如图 A-3 所示。

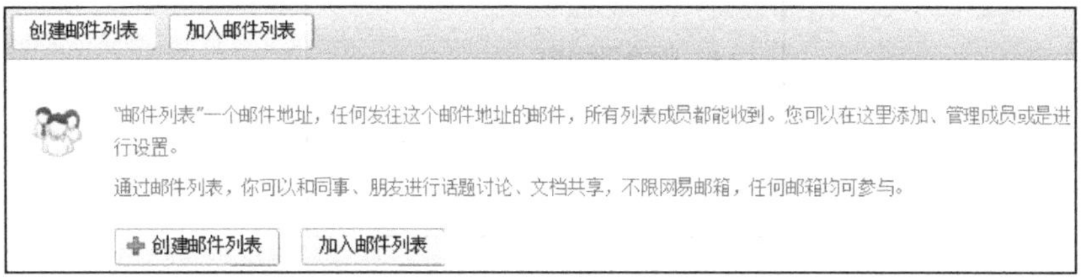

图 A-3

3．单击打开“创建邮件列表”选项卡，进入创建邮件列表页面，如图 A-4 所示。

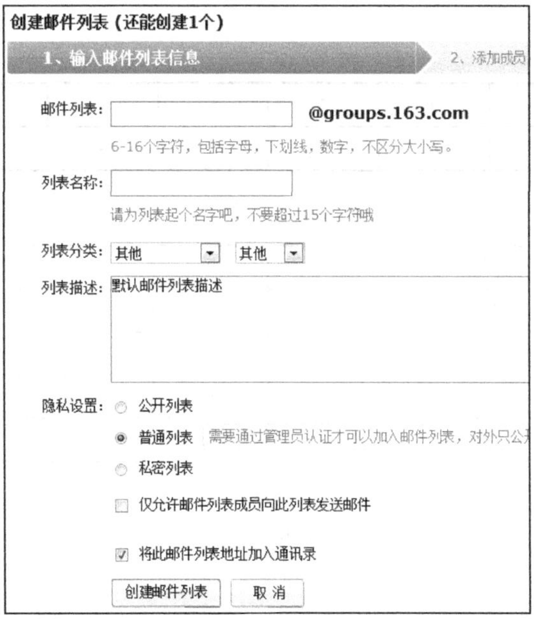

图 A-4

4．填写相关信息，单击打开“创建邮件列表”选项卡，完成邮件列表的创建工作，如图 A-5 所示。同时通过链接邀请好友加入列表。

图 A-5

5．通过邮件列表给好友发送邮件，如图 A-6 所示。

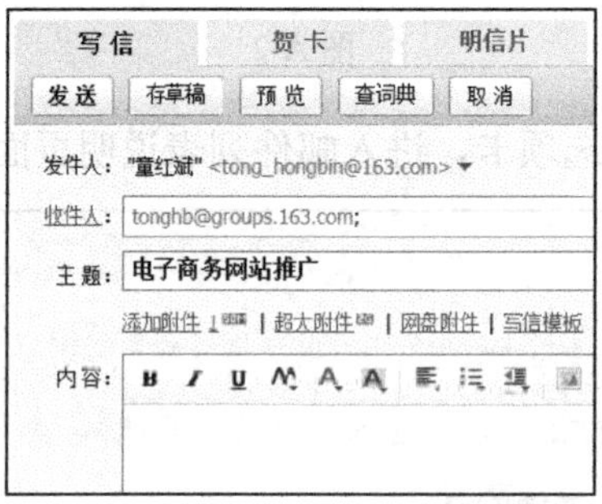

图 A-6

项目六习题参考答案

一、选择题

1	2	3	4	5	6	7	8	9	10
D	B	D	A	C	C	A	D	C	B

二、填空题

1	微信	2	公众号
3	相同	4	飞机大战
5	漂流瓶	6	微博
7	名人微博	8	4A
9	碎片化	10	感性要素

三、操作题

新浪长微博的使用方法参见新浪长微博帮助文件。

项目七习题参考答案

一、选择题

1	2	3	4	5	6	7	8	9	10
A	D	B	C	C	B	D	C	A	D

二、填空题

1	贴帖子	2	网络推手
3	帖子	4	网络视频
5	同格式	6	网络事件营销
7	舆论或观点	8	4I 模型
9	影音文件	10	论坛站长

三、操作题

参考答案略。

项目八习题参考答案

一、选择题

1	2	3	4	5	6	7	8	9	10
B	D	A	C	B	C	A	C	D	B

二、填空题

1	IP	2	跳出率
3	搜索引擎访问量	4	专家评价法
5	Web 设计	6	访问来源（网页）
7	入口页面	8	百度统计
9	用户黏度指数	10	网站使用者

三、操作题

参考答案略。

参 考 文 献

[1] 莱特福特（美）著，马煜译．搜索引擎优化宝典（第 2 版）[M]．北京：清华大学出版社，2010．

[2] 张传玲，王红红．电子商务网站运营与管理[M]．北京：北京大学出版社，2009．

[3] 贾晓丹．电子商务项目管理实训[M]．北京：中国人民大学出版社，2011．

[4] 张书乐．实战网络营销——网络推广经典案例战术解析[M]．北京：电子工业出版社，2010．

[5] 塞诺威兹（美）著，林祝君，李东海译．做口碑[M]．北京：机械工业出版社，2008．

[6] 百度推广：http://e.baidu.com